Frank Romeike/Matthias Müller-Reichart

Risikomanagement in Versicherungsunternehmen

Frank Romeike berät seit mehr als zehn Jahren Unternehmen aller Branchen und Größen. Er ist Gründer von RiskNET, dem führenden deutschsprachigen Internetportal rund um das Thema Risikomanagement, und gleichzeitig Herausgeber von RISKNEWS, dem Fachmagazin für Risikomanagement. Außerdem hat er einen Lehrauftrag für Risikomanagement und Controlling an der FHTW Berlin.

Professor Dr. Matthias Müller-Reichart lehrt Risikomanagement an der Fachhochschule Wiesbaden. Außerdem berät er internationale Erst- und Rückversicherungsgesellschaften und ist Mitglied eines Expertengremiums der EU-Kommission in Brüssel. Neben seiner Lehr- und Forschungstätigkeit ist er Inhaber eines in Familientradition stehenden Einzelhandelsunternehmens.

Frank Romeike/Matthias Müller-Reichart

Risikomanagement in Versicherungsunternehmen

Mit Vorworten von

Gerhard Stahl, Bundesanstalt für Finanzdienstleistungsaufsicht

Bernhard Schareck, Präsident des Gesamtverbandes
der Deutschen Versicherungswirtschaft e. V. und Vorsitzender der Vorstände
der Karlsruher Lebensversicherung AG und Karlsruher Versicherung AG

WILEY-VCH

WILEY-VCH Verlag GmbH & Co. KGaA

1. Auflage 2005

Bibliografische Information der Deutschen Bibliothek
Die Deutsche Bibliothek verzeichnet diese Publikation in der Deutschen Nationalbibliografie; detaillierte bibliografische Daten sind im Internet über <http://dnb.ddb.de> abrufbar.

©2005 WILEY-VCH Verlag GmbH & Co KGaA, Weinheim

Gedruckt auf säurefreiem Papier.

Alle Rechte, insbesondere die der Übersetzung in andere Sprachen, vorbehalten. Kein Teil dieses Buches darf ohne schriftliche Genehmigung des Verlages in irgendeiner Form – durch Photokopie, Mikroverfilmung oder irgendein anderes Verfahren – reproduziert oder in eine von Maschinen, insbesondere von Datenverarbeitungsmaschinen, verwendbare Sprache übertragen oder übersetzt werden. Die Wiedergabe von Warenbezeichnungen, Handelsnamen oder sonstigen Kennzeichen in diesem Buch berechtigt nicht zu der Annahme, dass diese von jedermann frei benutzt werden dürfen. Vielmehr kann es sich auch dann um eingetragene Warenzeichen oder sonstige gesetzlich geschützte Kennzeichen handeln, wenn sie nicht eigens als solche markiert sind.

All rights reserved (including those of translation into other languages). No part of this book may be reproduced in any form – by photoprinting, microfilm, or any other means – nor transmitted or translated into a machine language without written permission from the publishers. Registered names, trademarks, etc. used in this book, even when not specifically marked as such, are not to be considered unprotected by law.

Printed in the Federal Republic of Germany

Satz K+V Fotosatz GmbH, Beerfelden
Druck und Bindung Ebner & Spiegel GmbH, Ulm
Umschlaggestaltung init GmbH, Bielefeld

ISBN 3-527-50106-1

Inhalt

Vorwort von Gerhard Stahl 11

Vorwort von Bernhard Schareck 15

Prolog 17

**Teil I
Grundlagen des Risikomanagements
in Versicherungsunternehmen** 23

Zur Historie des Versicherungsgedankens und des Risikobegriffs 25

Vom Glücksspiel zum modernen Risikobegriff 25

Historische Wurzeln des Versicherungsgedankens 27

Moderne Mathematik, Wahrscheinlichkeitsrechnung und Statistik als
Grundlage des modernen Versicherungswesens 32

**Grundlagen des Risikomanagements
in der Versicherungsbetriebslehre** 47

Definition und Abgrenzung des Risikobegriffs 47

Risikowahrnehmung als subjektives Phänomen 52

Die Risikolandschaft im Versicherungsunternehmen 55

Der Risikomanagementprozess im Versicherungsunternehmen
als Regelkreis 59

Die Risikomanagementebenen eines Versicherungsunternehmens 80

Versicherungsbetriebsrisiken in der Form der Risikokalkulation
(Versicherungstechnik – Betrieb) 82

Versicherungsbetriebsrisiken in der Form der Schadenbearbeitung
(Versicherungstechnik – Schaden) *88*

Finanzrisiken im Versicherungsunternehmen *95*

Versicherungsproduktrisiken *97*

Versicherungsvertriebsrisiken *100*

Operationelle Risiken in der Versicherungswirtschaft *103*

Teil II
Regulatorische und gesetzliche Regulierung der Versicherungswirtschaft *109*

Quantitative und qualitative Beaufsichtigung der Versicherungsunternehmen *111*

Grundsätze und Zielsetzung der Versicherungsaufsicht *111*

Von Solvency I zu Solvency II *116*

Die Architektur von Solvency II *125*

Auswirkungen auf die Versicherungsunternehmen *130*

Corporate Governance im Versicherungsunternehmen *133*

Entstehung, Zielsetzung, Nutzen und Adressaten
des Deutschen Corporate-Governance-Kodex (DCGK) *133*

Der Deutsche Corporate-Governance-Kodex im Überblick *142*

Einfluss der internationalen Corporate Governance
auf deutsche Versicherungsunternehmen *157*

Aufbau und Elemente eines internen Kontrollsystems
im Versicherungsunternehmen *160*

International Financial Reporting Standards (IFRS) im Versicherungsunternehmen *167*

Einleitung *167*

Bilanzierung von Versicherungsverträgen nach IFRS *168*

Offenlegungspflichten im Anhang 174

Inkonsistente Bewertung von Kapitalanlagen und den Verpflichtungen
aus dem Versicherungsgeschäft 177

Schlussbemerkung 182

Teil III
Risikoanalyse und -steuerung im Versicherungsunternehmen 187

Frühwarnsystematik und Ergebnissimulation als Risikomanagement-Tools der Versicherungswirtschaft 189

Ursache-Wirkung-Beziehungen als Grundlage von Planung
und Prognose 189

Entwicklungsstufen von Frühwarnsystemen als Grundlage
eines versicherungswirtschaftlichen Risikomanagements 191

Abschied von der Zeitstabilitätshypothese 195

Konzeption eines Frühwarnsystems durch die qualitative Erweiterung
quantitativer Prognosemodelle 197

Implementierung einer quantitativ-qualitativen Ergebnissimulation
in einem Versicherungsunternehmen 210

Gestaltung eines Excel-basierten Simulationsmodells unter Integration
der Expertensimulation 216

Versicherungstechnisches Risikomanagement im Lichte stochastischer Prozesse 219

Die betriebswirtschaftliche Entwicklung der Versicherungswirtschaft
unter Corporate-Governance-Gesichtspunkten 219

Der Wechsel von der deterministischen zur stochastischen Welt 221

Stochastische Ergebnisprognosen als Schritt in eine regulierende
Dynamik 231

Asset-Liability-Management bei Versicherungsunternehmen 235

Eine kurze Historie des Asset-Liability-Managements
von Versicherungsunternehmen 235

Der Begriff Asset-Liability-Management 237

Interdependenzbeziehungen zwischen finanz-
und leistungswirtschaftlichem Bereich 241

Rechtliche Rahmenbedingungen des Asset-Liability-Managements 244

Der Asset-Liability-Management-Prozess 248

Ziele des Asset-Liability-Managements 250

Analyse der Ausgangssituation 251

Maßnahmen 253

Implementation 254

**Risikoaggregation nach Solvency II
durch ein einfaches Simulationsmodell** 259

Ausgangspunkt 259

Lösungsansatz 260

Entwicklung eines Simulationsmodells 262

Beschreibung eines einfachen Simulationsmodells 264

Beispielhafte Ergebnisse 271

Anwendungsfelder: Rating, Eigenkapitalallokation und Ableitung
von Kapitalkosten 276

Schlussfolgerungen 281

Dynamische Finanzanalyse (DFA) in der Versicherungswirtschaft 285

Traditionelle und integrierte Entscheidungsprozesse
im Versicherungsunternehmen 285

Die Monte-Carlo-Simulation als methodische Grundlage
eines DFA-Modells 289

Funktionsweise und Modellierungskonzept
der Dynamischen Finanzanalyse (DFA)   290

Zusammenfassung und Ausblick   298

Strategische und operative Risiken   301

Einer uralten Risikokategorie auf der Spur   301

Beispiele für typische operationelle Risiken
im Versicherungsunternehmen   304

Identifikation und Quantifizierung operationeller Risiken   305

Aufsichtsrechtliche Ansätze zur Quantifizierung
operationeller Risiken   307

Der Risikomanagementprozess in der Praxis   310

Steuerung operationeller Risiken   315

Teil IV
Integriertes Risikomanagement im Versicherungsunternehmen   321

Enterprise-Wide-Risk-Management der Versicherungswirtschaft
im Lichte interdisziplinärer Risikoforschung   323

Enterprise-Wide-Risk-Management als ganzheitliche,
interdisziplinäre Unternehmenssteuerung   323

Das operationelle Risiko im Enterprise-Wide-Risk-Management   324

Theorie des Enterprise-Wide-Risk-Managements
im Lichte operationeller Risiken   326

Der verhaltenswissenschaftliche Risikoprozess als Grundlage
des Managements operationeller Risiken   328

Verhaltenswissenschaftliche Betrachtung operationeller Risiken
im Lichte des Enterprise-Wide-Risk-Managements   339

Die Integration des Risikomanagements in das Konzept der Balanced Scorecard *343*

Wozu braucht ein Versicherungsunternehmen eine Balanced Scorecard? *343*

Die Integration des Risikomanagements in das Konzept der Balanced Scorecard *370*

Die Balanced Scorecard im Versicherungsunternehmen softwarebasiert unterstützen *376*

Anhang *383*

Glossar *383*

Register *401*

Vorwort

Von der Produktgenehmigung zum integrierten Risikomanagement

Sehr geehrte Leserinnen und Leser!

Erinnern Sie sich noch? Der Schwerpunkt der Versicherungsaufsicht lag bis vor etwa zehn Jahren auf der Genehmigung von Tarifen und Produkten in einem stark regulierten Markt. Das Fahrwasser für Finanzdienstleistungsunternehmen war damals noch eher ruhig und verlief in überschaubaren Gewässern. In den vergangenen Jahren wurden jedoch die nationalen Regulierungen durch neue EU-weite aufsichtsrechtliche Rahmenbedingungen ersetzt beziehungsweise ergänzt. Hintergrund dieser Angleichung ist das – basierend auf Artikel 52 (Recht auf Niederlassung) und Artikel 59 (freier Dienstleistungsverkehr) der Römischen Verträge – verfolgte Ziel der Schaffung eines einheitlichen europäischen Marktes für Versicherungen. Danach soll jedes in der EU zugelassene Versicherungsunternehmen das Recht erlangen, sich in jedem EU-Mitgliedsland niederzulassen sowie Versicherungsprodukte von jedem Standort innerhalb der Europäischen Union zu vertreiben. Nach der Umsetzung des Rechtes der Niederlassungsfreiheit führte in der Zwischenzeit eine weitere Deregulierung der Versicherungsmärkte zu einer neuen branchenübergreifenden und globalen Wettbewerbssituation. Neben diesem für die Assekuranz neuen und unruhigen Gewässer hat insbesondere auch eine veränderte Risikolandschaft zu einem Paradigmenwechsel in der Versicherungswirtschaft geführt.

Zu Beginn dieses Jahrtausends brach in der Versicherungsbranche ein Unwetter los, wie es die Branche bisher noch nicht erlebt hatte. Die Ursachen für diese Turbulenzen konnte man sowohl auf der Aktiv- als auch der Passivseite der Versicherungsbilanzen finden. So riefen uns die katastrophalen Folgen der terroristischen Anschläge vom 11. September 2001 in Erinnerung, wie schwierig doch eine bedarfsgerechte versicherungstechnische

Prämienkalkulation ist. Weitere starke Belastungen resultierten aus der Jahrhundertflut in Ostdeutschland, aus diversen Naturkatastrophen weltweit sowie aus Nachreservierungen für Risiken aus den Asbestschäden in den USA. Während sich diese Ereignisse vor allem auf der Passivseite widerspiegelten, führten die Entwicklungen an den Aktienmärkten zu gravierenden Verschiebungen auf der Aktivseite der Versicherungsbilanzen.

Viele Versicherer haben derartige Kapitalanlagen in der Vergangenheit als sichere Quelle stetig sprudelnder Erträge angesehen (im Rahmen des »Cashflow-underwriting«) und nicht als »Risikopuffer« für schlechte Zeiten. Zahlreiche Gesellschaften wurden hier sehr abrupt von der Realität an den Kapitalmärkten überholt und mussten recht schnell erkennen, dass die deutschen Versicherungen nicht mehr in einem vor den Unbilden der Finanzmärkte geschützten Idyll leben. Neben den Banken sind auch die Versicherungen zum Spielball des Auf und Ab der hochvolatilen Finanzmärkte geworden. Vor diesem Hintergrund wurde der Assekuranz sehr schnell die Bedeutung eines professionellen Managements des Kapitalanlagerisikos bewusst. In der Folge der Marktturbulenzen musste auch die Protektor Lebensversicherung AG gegründet werden, um die im Zusammenhang mit einer Insolvenz entstehenden Risiken für die Versicherungsnehmer zu reduzieren.

Die BaFin forderte im Geschäftsjahr 2003 eine Lebensversicherung auf, ihren gesamten Versicherungsbestand auf die Protektor Lebensversicherung AG zu übertragen. Die besagte Lebensversicherung war im Geschäftsjahr 2003 in finanzielle Schwierigkeiten geraten, weil die Aktienmärkte stark unter Druck standen und sie ihr Risiko nur unzureichend begrenzt hatte. Die versicherungstechnischen Verpflichtungen konnten mit zu Zeitwerten bewerteten qualifizierten Kapitalanlagen nicht mehr ausreichend gedeckt werden, was zu hohen stillen Lasten des Versicherungsunternehmens führte. Protektor hatte erst im Jahr zuvor die Zulassung zum Geschäftsbetrieb erhalten. Die Aktionäre der Auffanggesellschaft, alle im Gesamtverband der Deutschen Versicherungswirtschaft organisierten Lebensversicherer, stellten die Finanzierung von Protektor sicher. Sie zahlten Eigenkapital entsprechend ihrem jeweiligen Marktanteil ein und gewährten nachrangige Darlehen. Analog zu Protektor gründeten im Juli 2003 die privaten Krankenversicherungsunternehmen die Auffanggesellschaft Medicator AG. Ziel von Medicator ist es, die Erfüllung der Versicherungsverträge sicherzustellen, falls ein privates Krankenversicherungsunternehmen in eine finanzielle Notlage geraten sollte.

Erst wenige Monate bevor der große Sturm auf den Finanzmärkten losfegte, wurden zum 1. Mai 2002 die Aufgaben der ehemaligen Bundesaufsichtsämter für das Kreditwesen (BAKred), das Versicherungswesen (BAV) und den Wertpapierhandel (BAWe) unter dem Dach der Bundesanstalt für Finanzdienstleistungsaufsicht (BaFin) zusammengefasst. Damit existiert in Deutschland eine einheitliche staatliche Aufsicht über Banken, Versicherungsunternehmen und andere Finanzdienstleistungsinstitute, die sektorübergreifend den gesamten Finanzmarkt umfasst. Ausschlaggebend für die Schaffung der neuen Bundesanstalt waren die tief greifenden Veränderungen auf den Finanzmärkten. Banken, Versicherungen und andere Finanzdienstleister konkurrieren in immer stärkerem Umfang auf denselben Märkten mit ähnlichen oder sogar fast identischen Produkten. Angesichts dieser grundlegenden Veränderungen im Finanzsektor war die ehemals praktizierte Teilung der Aufsichtskompetenzen zwischen BAKred, BAV und BAWe nicht mehr zeitgemäß. Erst durch Schaffung der BaFin können alle Aufsichtskräfte unter einem gemeinsamen Dach mobilisiert werden, um mit den enormen Verwerfungen fertig zu werden, die in jüngster Zeit die Stabilität der Finanzmärkte beeinträchtigen. Fragen der Solvenzaufsicht und des Kundenschutzes lassen sich bei einer zentralen Anlaufstelle schneller als zuvor klären. So hat sich die integrierte Aufsicht auch bei der Gestaltung des internationalen regulatorischen Umfelds bewährt. Die Meinungsbildung ist erheblich leichter geworden, seitdem die Aufsicht »mit einer Stimme« in allen internationalen Gremien sprechen kann. Die Fusion hat der deutschen Aufsicht aber nicht nur in internationalen Diskussionsforen höheres Gewicht beschert. Der ganzheitliche Aufsichtsansatz der BaFin sorgt für Wissenstransfer und Synergien, die die regulatorischen Weichenstellungen vereinfachen.

In diesem Zusammenhang ist ein Blick auf Solvency II und Basel II sinnvoll. Während das künftige europäische Aufsichtssystem für Versicherungen langsam Gestalt annimmt, geht Basel II, der neue Eigenmittelakkord für Banken, der Vollendung entgegen. Beide Projekte stehen für eine neue Solvenzaufsicht eine Aufsicht, die sich an den individuellen Risiken der Banken und Versicherer orientiert und die deren interne Risikomanagement-Systeme jederzeit im Blick hat. Hierbei wird Solvency II ganz wesentlich von den bankenaufsichtlichen Regelungen von Basel II beeinflusst. So werden die neuen Solvabilitätsregeln Anreizstrukturen schaffen, mit denen diejenigen Unternehmen, die über hoch entwickelte Risikomodelle und ausgefeilte Risikomanagement- und Kontrollsysteme verfügen, für diese besonderen Fähigkeiten im Vergleich zu anderen Versicherern mit niedrigeren Eigenkapitalanforderungen belohnt werden. Sowohl Basel II als auch Solvency II liegen der Gedanke und das Ziel zugrunde, die bestehenden quantitativen Aufsichtssysteme durch risikoadäquate Elemente der Aufsicht zu ergänzen und mittelfristig durch ein im Wesentlichen qualitatives System zu ersetzen, das sich durch den Einsatz unternehmensinterner und -individueller Risikosteuerungsmodelle auszeichnet. Während noch vor wenigen Jahren die Genehmigung der einzelnen Tarife und Bedingungen wesentlicher Bestandteil der materiellen Staatsaufsicht war, fokussiert sich die zukünftige Finanzaufsicht auch auf die Beurteilung und Überprüfung der Qualität des Risikomanagements im Versicherungsunternehmen.

Das vorliegende Buch gibt einen sehr umfassenden Überblick über das Risikomanagement in Versicherungsunternehmen und zeigt auf, dass eine integrierte Unternehmens- und Risikosteuerung die Chance bietet, die Zukunftsfähigkeit der Assekuranz zu stärken. Denn nur die Versicherungsunternehmen, die über moderne und dynamische Methoden zur Steuerung ihrer Risiken verfügen, werden in der globalen stürmischen See überleben.

Ausgehend von einem kurzen Ausflug in die Historie des Versicherungsgedankens und des Risikobegriffs fokussieren sich die Autoren sowohl auf die regulatorischen und gesetzlichen Parameter als auch auf die Änderungen in der Folge der »International Financial Reporting Standards« sowie den gesamten Prozess zu Steuerung von Markt- und Kreditrisiken einerseits und versicherungstechnischen und operationellen Risiken andererseits.

Und eines haben die stürmischen Zeiten verdeutlicht: Rettungsboote werden nicht erst im Sturm gebaut. Versicherungsunternehmen, die frühzeitig und umfassend auf die neuen gesetzlichen und wirtschaftlichen Rahmenbedingungen reagieren und moderne und dynamische Risikomanagement-Systeme verwenden, werden ihr Eigenkapital künftig effizienter einsetzen und damit den Unternehmenswert nachhaltig steigern können.

Bonn, im August 2004

Gerhard Stahl, Bundesanstalt für Finanzdienstleistungsaufsicht

Vorwort

»Risiko« ist gegenwärtig ein Leitbegriff. Er signalisiert ein wachsendes Sicherheitsverlangen – und in ihm spiegeln sich die objektiv wachsenden Lebensrisiken wider. Nun repräsentiert die Versicherungswirtschaft den Wirtschaftszweig, der wie kein anderer die Aufgabe hat, Risiken zu managen und Schadenfolgen aufzufangen. Es ist sozusagen der Geschäftsauftrag der Branche Versicherung, zukunftsorientiertes Leben und Arbeiten zu unterstützen, Chancen und Risiken miteinander zu versöhnen. Versicherung will ja die mit dem Fortschritt verbundenen Risiken kalkulierbar und für den Einzelnen tragbar machen.

Um dieser Aufgabe gerecht werden zu können, muss im Lichte immer größerer Industrierisiken, Naturkatastrophen, volatiler Finanzmärkte, steigender Lebenserwartung und medizinischen Fortschritts und globaler Vernetzung das Risiko des »Schutzanbieters« besonders professionell erfasst, modelliert und gesteuert werden. Er muss überzeugend darlegen können, die übernommenen Risiken ökonomisch und organisatorisch zu jeder Zeit bewältigen zu können, um am Markt zu bestehen.

Die fachlich exzellent ausgewiesenen Autoren legen in ihrem Buch *Risikomanagement in Versicherungsunternehmen* eine Publikation vor, die alle Risikokategorien (Marktrisiken, versicherungstechnische Risiken, Finanzrisiken und operative Risiken) in einem integrierten Ansatz behandelt und aktuelle Entwicklungen im Rahmen kommender Aufsichtsgesetzgebung und Bilanzierung einbezieht.

Langfristig werden die Qualität des Risikomanagements und die zum Einsatz kommenden Instrumente zur Messung und Steuerung die Marktposition und die Wettbewerbsfähigkeit der Unternehmen entscheidend beeinflussen.

So wünsche ich den Autoren eine breite Leserschaft und gute Resonanz auf allen Führungsebenen sowie den Lesern eine erfolgreiche Umsetzung der zahlreichen Vorschläge, Methoden und Hilfsmittel in die Praxis.

Karlsruhe/Berlin, im September 2004

Dr. Bernhard Schareck
Präsident des Gesamtverbandes der Deutschen
Versicherungswirtschaft e.V. (GDV)
Vorsitzender der Vorstände der Karlsruher
Lebensversicherung AG und Karlsruher Versicherung AG

Prolog

Liebe Leserinnen und Leser,

»pánta rheí« – alles fließt: angesichts der Volatilität unserer Lebensumstände eine mehr als treffende Beschreibung unserer von Strukturbrüchen und Umwälzungen beherrschten Zeit. Diese Entwicklung hat nun auch die stets von Konstanz, Homogenität und Geleitzugtheorie[1] gekennzeichnete Versicherungswirtschaft erfasst und mit sich gerissen. Zwar blieb das stochastische Kernprodukt der Versicherungswirtschaft – die Deckung eines durch zufällige Ereignisse hervorgerufenen schätzbaren Bedarfs durch eine (organisierte) Verteilung auf zahlreiche, gleichartig bedrohte Wirtschaftseinheiten oder Personen (Atomisierung des Risikos) – unangetastet, doch haben sich die endogenen und exogenen Faktoren zur Produktion sowie zum Absatz dieses Kernprodukts fundamental verändert. Die Risikolandschaft von Versicherungsunternehmen weist hochgradige juristische, betriebswirtschaftliche, aufsichtsrechtliche Modifikationen auf und lässt diesen Wirtschaftszweig die Notwendigkeit eines versicherungsbetriebswirtschaftlichen Risikomanagements erkennen. Besonders im Hinblick auf die volks- und weltwirtschaftliche Bedeutung der Versicherungswirtschaft als Risikoträger und Kapitalsammelbecken wird offenkundig, dass eine veränderte Risikopolitik makroökonomisch unerlässlich ist.

Das Versicherungswesen ist ein wichtiger Wirtschaftszweig, der zur Schaffung von Arbeitsplätzen in den Volkswirtschaften dieser Welt beiträgt. So beträgt zum Beispiel das jährliche Prämienaufkommen der europäischen Versicherungswirtschaft mehr als sieben Prozent des Bruttoinlandsprodukts der Europäischen Union. Die Kapitalanlagen der Versicherungsunternehmen bilden eine wichtige Kapitalreserve für Investitionen, wirtschaftliches Wachstum und die Schaffung von Arbeitsplätzen.

---

[1] Bonmot von Prof. Dr. Dieter Farny zur Kennzeichnung eines mehr oder minder abgestimmten Verhaltens in der Versicherungswirtschaft.

Seit dem Entstehen des ersten Seeversicherungsvertrags in den italienischen Stadtstaaten gegen Ende des 14. Jahrhunderts sind Risiken in der Versicherungswirtschaft allgegenwärtig. Das komplette Geschäftsmodell eines Versicherers basiert darauf, Risiken einzugehen und durch Kollektivausgleiche sowie Ausgleiche in der Zeit zu diversifizieren. Dabei wird der langfristige Erfolg im Versicherungsgeschäft über die Qualität des versicherungstechnischen und betriebswirtschaftlichen Risikomanagements definiert. Der inhärente Wettbewerbsvorteil der Versicherungsunternehmen, die über gute und effiziente Instrumente zur Messung und Steuerung ihrer Risiken verfügt, kann sich als ein bedeutender Überlebensparameter im nationalen und internationalen Branchenwettstreit erweisen.

Insbesondere in den vergangenen Jahren war die Versicherungswirtschaft mit einer wachsenden Komplexität und Dynamik der Unternehmensumwelt, einem zunehmenden globalisierten Wettbewerb auf deregulierten Märkten, einem steigenden Kostendruck sowie rasanten Entwicklungen im Bereich der Informations- und Kommunikationstechnologie konfrontiert. Dies eröffnet für die Assekuranz neue Chancen, birgt aber gleichzeitig auch neue Wagnisse – denn Wagnis und Chance sind die beiden Seiten einer möglichen Risikoausprägung. Allein mit Hilfe von »unternehmerischer Intuition«, reaktiven Steuerungssystemen und retrograden Unternehmenswertparametern dürfte es heute und in der Zukunft kaum mehr möglich sein, diese Risiken zu identifizieren, zu analysieren und zu bewältigen.

Vor allem die Aktienmarktbaisse der vergangenen Jahre führte zu gravierenden Ertragsschwierigkeiten in der Versicherungsbranche. Prognostizierte und eingeplante nicht versicherungstechnische Erträge, die stets das Rückgrat der betriebswirtschaftlichen Ergebnisrechnung der Versicherungswirtschaft bildeten, brachen weg. Neben dem so entstandenen Bewertungsdruck der Asset-Klassen (Aufbau stiller Lasten) verzeichnen die Versicherer heute zudem auf der Passivseite höhere Risiken (etwa durch umfassendere Deckungsschutzkonzepte, wie beispielsweise All-Risk-Deckungen oder Lösungen des Alternative Risk Financing). Einige dieser Schwierigkeiten haben die Versicherungsunternehmen durch risikoreiche Kapitalanlagen und Produktkonzeptionen selbst verschuldet, da viele Versicherer bisher keine integrierte Kapitalanlage- und Risikosteuerung betrieben und ein notwendiges, abstimmendes Asset-Liability-Management vernachlässigt haben.

Blickt man auf den Markt für Risikomanagementliteratur, so wird man mit einer schier unglaublichen Anzahl von Spezialliteratur für Banken konfrontiert. Für jede denkbare Risikomanagementmethode – etwa zur Steuerung von Markt-, Kredit- oder operationellen Risiken – gibt es mittlerweile umfangreiche Fachliteratur. Sucht man nach einem Buch zum branchenspezifischen Risikomanagement in Versicherungsunternehmen, wird die Auswahl sehr klein und elitär. Dies überrascht, bildet doch letztlich Risikomanagement die Basis des Versicherungsgeschäfts.

Das vorliegende Buch versucht diese Lücke ein wenig zu schließen und fokussiert somit Methoden und Instrumente für evolutionäre und revolutionäre Wege im Risikomanagement in der Assekuranz. Dabei wendet es sich in erster Linie an Unternehmensleiter und Führungskräfte in der Versicherungswirtschaft, aber auch an Unternehmensberater, Wirtschaftsprüfer und ebenso Studenten, die sich über die spezifischen Methoden des Risikomanagements in der Versicherungswirtschaft informieren möchten.

Das Buch ist in vier Teile gegliedert. Im *ersten Teil* beschreiben wir nach einem kurzen Rückblick in die Historie des Versicherungsgedankens den Ursprung des Risikobegriffs und konzentrieren uns auf die Grundlagen und die spezifischen Anforderungen des Risikomanagements in der Assekuranz.

Im *zweiten Teil* stellen wir die aktuellen und für die Versicherungswirtschaft maßgeblichen regulatorischen und gesetzlichen Anforderungen und Änderungen vor. Ein besonderer Fokus liegt hierbei auf der quantitativen und qualitativen Aufsicht in der Folge von Solvency I und II, den aktuellen Entwicklungen im Bereich Corporate Governance sowie den International Financial Reporting Standards (IFRS).

Produktimmanente Risiken bilden die Geschäftsgrundlage der Versicherungswirtschaft und stellen den Kern des *dritten Teils* dar. Dabei spezifizieren wir unsere Betrachtung auf den Blickwinkel risikoadäquater Frühwarnsysteme im Lichte des Wechsels von der deterministischen zur stochastischen Betrachtungs- und Berechnungsweise. Weil zukünftig eine integrierte Steuerung der Kapitalanlagen (Assets) und Verbindlichkeiten (Liabilities) von besonderer Relevanz sein wird (siehe Säule 1 des Solvency-II-Ansatzes), wird in diesem Teil des Weiteren der Versuch thematisiert, finanzielle Ziele für gegebene Risikotoleranzwerte und Risikobeschränkungen zu erreichen. Außerdem wird beantwortet, wie die Assekuranz neben produktimmanenten Risiken auch strategische und operative Risiken steuert. Im *vierten Teil* finden Sie einige Nutzenargumente für die Einführung eines Enterprise-Wide-Risk-Managements und einige Gedanken und Tipps zur Integration des Risikomanagements in das Konzept der Balanced Scorecard.

Uneinheitliche Begrifflichkeiten erschweren häufig den Kommunikationsprozess auch im Versicherungsunternehmen. Daher soll Sie im Anhang ein umfangreiches Glossar rund um den Themenkomplex »Risikomanagement in der Assekuranz« beim Lesen des Buches unterstützen.

An dieser Stelle möchten wir die Gelegenheit nutzen, um denjenigen Personen zu danken, die zum Gelingen unseres Buches beigetragen haben. Als Herausgeber möchten wir Frau Professor Dr. Christiane Jost, Herrn Dr. Thomas C. Varain sowie Herrn Dr. Werner Gleißner für ihre spontane und sehr geschätzte Bereitschaft zur Mitarbeit danken. Herrn Alexander Holzach danken wir für die Illustrationen. Darüber hinaus gilt unser Dank Frau Bettina Querfurth und Frau Ute Boldewin vom Verlag Wiley-VCH, die uns tatkräftig unterstützten.

Wir wünschen Ihnen viel Freude beim Lesen und eine erfolgreiche Umsetzung des Gelesenen in die Praxis. Schreiben Sie uns Ihre willkommene Meinung an buch@risknet.de!

Freiburg im Breisgau und Würzburg, im August 2004

Frank Romeike und Matthias Müller-Reichart

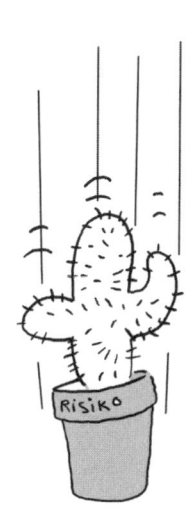

Es gibt kein Leben ohne Risiko!

Teil I
Grundlagen des Risikomanagements in Versicherungsunternehmen

Zur Historie des Versicherungsgedankens und des Risikobegriffs

Frank Romeike

Vom Glücksspiel zum modernen Risikobegriff

Die Ursprünge der modernen Risiko- und Wahrscheinlichkeitstheorie sind sehr eng verbunden mit dem seit Jahrtausenden bekannten Glücksspiel. Bereits seit Menschengedenken haben Menschen Glücksspiele gespielt, ohne von den Systemen der Chancenverteilung zu wissen oder von der Theorie des modernen Risikomanagements beeinflusst zu sein. Das Glücksspiel war und ist direkt mit dem Schicksal verknüpft. Das Glücksspiel ist quasi der Inbegriff eines bewusst eingegangenen Risikos. Bereits seit Jahrtausenden erfreut sich der Mensch daran. So kann man beispielsweise in dem 3000 Jahre alten hinduistischen Werk Mahabharata lesen, dass ein fanatischer Würfelspieler sich selbst aufs Spiel setzte, nachdem er schon seinen gesamten Besitz verloren hatte.

Parallel zur Entwicklung des Glücksspiels verliefen auch die Versuche, gegen das Glücksspiel anzukämpfen. Im antiken Sparta beispielsweise wurde das Würfelspiel verboten, und im Römischen Reich war der Einsatz von Geld bei Würfelspielen untersagt. 813 schloss das Mainzer Konzil all jene von der Kommunion aus, die dem Glücksspiel anhingen. Ludwig IX., der Heilige (König von Frankreich, 1226–1270), verbot 1254 sogar die Herstellung von Würfeln. Und seit damals hat sich auch nicht viel verändert: Auch heute noch reglementiert der Staat das Glücksspiel, verdient aber gleichzeitig kräftig am Glücksspiel mit.

Die ältesten uns bekannten Glücksspiele benutzten den so genannten Astragalus, den Vorfahren unseres heutigen sechsseitigen Würfels. Astragalus war der Urwürfel, der aus den harten Knöcheln von Schafen oder Ziegen gefertigt wurde. Damit war ein Astragalus praktisch unzerstörbar. Das Würfelspiel mit Astragali erfreute bereits die Ägypter, wie archäologische Grabungsfunde bestätigen. Vasen aus der griechischen Antike zeigen Jünglinge, die sich mit Würfelknochen ihre Zeit vertrieben. Auf Abbildung 1 sind zwei römische Mädchen beim Astragalspiel – bei den Römern Tali genannt – zu sehen.

Abbildung 1: Fragment eines Kelches aus Terra Sigillata des Töpfers Xanthus, Vindonissa

Dem Ausgang des Spiels, d.h. dem Zufall, und der zukünftigen Ungewissheit des Lebens standen die antiken Menschen vollkommen hilflos und schicksalsergeben gegenüber. Wenn etwa in der Antike die Griechen eine Vorhersage über mögliche Ereignisse von Morgen suchten, berieten sie sich nicht mit ihrem Risikomanager, sondern wandten sich an ihre Orakel. Das Orakel von Delphi beispielsweise hatte seine Blütezeit im 6. und 5. Jahrhundert vor Christi Geburt. Apollon, einer der griechischen Hauptgötter, sprach durch seine Priesterin Pythia und erfüllte sie mit seiner Weisheit, so dass sie den richtigen Rat geben konnte. Analog zu den modernen Methoden des Risikomanagements waren jedoch sehr häufig die korrekte Interpretation der Weissagungen sowie die Umsetzung der Handlungsalternativen wichtiger als die Weissagungen selbst. So fragte etwa der letzte König von Lydien, Kroisos (560–546 v. Chr.), das Orakel nach dem Ausgang des von ihm geplanten Krieges gegen Kyros. Die Pythia orakelte, ein großes Reich werde versinken, wenn er den Grenzfluss Halys überquere. Kroisos zog wohlgemut in den Krieg. Leider meinte Pythia jedoch des Kroisos' eigenes Reich, und dieses wurde dann auch zerstört.

Der Risikobegriff und die Methodik eines Risikomanagements konnten erst entstehen, als die Menschen erkannten, dass die Zukunft nicht bloß den Launen der Götter entsprang und nicht ein Spiegelbild der Vergangenheit ist. Erst als man sich bewusst war, dass man sein Schicksal auch selbst mitbestimmt, konnten die Grundlagen der Wahrscheinlichkeitstheorie und des Risikomanagements entstehen.

Der Begriff Risiko tauchte im 14. Jahrhundert das erste Mal in den norditalienischen Stadtstaaten auf. Der aufblühende Seehandel führte zur gleichen Zeit zur Entstehung des Seeversicherungswesens. Etymologisch können daher die Entstehung des Risikobegriffs und die Entwicklung der ersten Versicherungsverträge nicht voneinander getrennt werden. »Risiko« bezeichnet die damals wie heute existierende Gefahr, dass ein Schiff sinken könnte, etwa weil es an einer Klippe zerschellt oder von Piraten gekapert wird. Das Risiko quantifiziert das Ausmaß einer Unsicherheit und ermöglicht den kontrollierten Umgang damit. Ein Instrument zur Risikosteuerung war der Abschluss eines Versicherungsvertrags.

Etymologisch kann Risiko auf das griechische »ρίζα« (»rhíza«) für »Wurzel« als auch auf das frühitalienische »riscio« für »Klippe« zurückverfolgt werden. Sowohl eine zu umschiffende Klippe als auch eine aus dem Boden herausragende Wurzel kann ein Risiko darstellen. Unter Etymologen umstritten ist die Rückführung auf das arabische Wort »risq« für »göttlich Gegebenes«, »Schicksal«, »Lebensunterhalt«. Risiko kann daher allgemein als ein mit einem Vorhaben, Unternehmen oder Ähnlichem verbundenes Wagnis definiert werden.

Historische Wurzeln des Versicherungsgedankens

Die ersten Ansätze einer rudimentären Versicherung konnte man bereits im Altertum, insbesondere in Griechenland, Kleinasien und Rom finden. So schlossen sich bereits etwa um 3000 v. Chr. phönizische Händler zu Schutzgemeinschaften zusammen und ersetzten ihren Mitgliedern verloren gegangene Schiffsladungen.

Ein Gesetzbuch des babylonischen Königs Hammurabi (1728–1686 v. Chr., nach anderer Chronologie 1792–1750 v. Chr.) enthielt Bestimmungen, wonach sich Eselstreiber bei Raubüberfällen auf Karawanen den Schaden untereinander ersetzen sollten. Hammurabi kodifizierte das Straf-, Zivil- und Handelsrecht und ist vor allem bekannt durch seine in altbabylonischer Sprache abgefasste und auf einer Dioritstele eingemeißelte Gesetzessammlung (den so genannten Codex Hammurabi, siehe Abbildung 2). So heißt es beispielsweise in dem Text: »Wenn ein Bürger das Auge eines anderen Bürgers zerstört, so soll man ihm ein Auge zerstören. Wenn er einen Knochen eines Bürgers bricht, so soll man ihm einen Knochen brechen. (...) Wenn ein Bürger einen ihm ebenbürtigen Bürger einen Zahn ausschlägt, so soll man ihm einen Zahn ausschlagen. Wenn er einem Palasthörigen einen Zahn ausschlägt, so soll er ein Drittel Mine Silber zahlen.« Unter gesellschaftlich gleichstehenden Personen galt in Babylonien

Abbildung 2: Der Codex Hammurabi – die erste Gesetzessammlung
© Silke Berghof, Schönaich

ein Talionsrecht: Gleiches wird mit Gleichem vergolten, die Strafe entspricht der Tat. Bei gesellschaftlich tiefer stehenden Personen wird eine Kompensation durch Zahlung ermöglicht. Der Codex des Hammurabi enthielt außerdem 282 Paragraphen zum Thema »Bodmerei«. Bodmerei war ein Darlehensvertrag beziehungsweise eine Hypothek, die von dem Kapitän beziehungsweise Schiffseigentümer zur Finanzierung einer Seereise aufgenommen wurde. Ging das Schiff verloren, so musste das Darlehen nicht zurückgezahlt werden. Somit handelte es sich bei Bodmerei um eine Frühform der Seeversicherung.

Insbesondere in Griechenland und Ägypten halfen kultbezogene Vereine ihren Mitgliedern bei Krankheit und sorgten für ein würdiges Begräbnis. Dies war auch die Grundlage für die Gründung erster Sterbekassen. Die Mitglieder einer solchen Sterbekasse hatten Anspruch auf ein würdiges Begräbnis, auf das Schmücken des Grabes und kultische Mahlzeiten, die die überlebenden Mitglieder einnahmen. Deshalb wurden die Mitglieder auch »sodales ex symposio« (Mitglieder an der gemeinsamen Essenstafel) genannt. Andere Sterbekassen (etwa in Rom) versprachen ihren Mitgliedern einen Urnenplatz in unterirdischen Gewölben (Columbaria). Die Mitglieder zahlten eine Grundgebühr sowie einen regelmäßigen jährlichen Beitrag. Erst dann bekam man Anrecht auf einen Platz in der Gewölbeanlage, die durch die Beiträge finanziert, gepflegt und verwaltet wurde.

Im Mittelalter bildeten sich Vereinigungen von Kaufleuten (Gilden), Schiffsbesitzern und Handwerkern (Zünfte), deren Mitglieder sich unter Eid zu gegenseitiger Hilfe etwa bei Brand, Krankheit oder Schiffbruch verpflichteten.

Die ersten Versicherungsverträge sind vor allem sehr eng mit der Seefahrt und der Entstehung des modernen Risikobegriffs verbunden und wurden Ende des 14. Jahrhunderts in Genua und an anderen Seeplätzen Italiens geschlossen. In Deutschland wurden die ersten vertraglichen Seeversicherungen gegen Ende des 16. Jahrhunderts abgeschlossen. Mit derartigen Versicherungsverträgen konnten Schiffseigentümer sich gegen den Verlust ihrer Schiffe durch Sturm und Piraten schützen. Auf Grund der Beobachtungen der Unfälle von Handelsschiffen über einen längeren Zeitraum hinweg wurde eine Prämie von beispielsweise zwölf bis 15 Prozent zur Abdeckung des Risikos verlangt. Aus dieser Zeit stammt auch das folgende Zitat: »Seit Menschengedenken ist es unter Kaufleuten üblich, einen Geldbetrag an andere Personen abzugeben, um von ihnen eine Versicherung für seine Waren, Schiffe und andere Sachen zu bekommen. Demzufolge bedeutet der Untergang eines Schiffes nicht den Ruin eines einzelnen, denn der Schaden wird von vielen leichter getragen als von einigen wenigen.« Zur gleichen Zeit entstand auch der Begriff der »Police«, der sich vom italienischen »polizza« für »Versprechen« oder »Zusage« herleiten lässt. Auch heute heißt die Versicherungspolice im Italienischen »polizza d'assicurazione«. Der englische Philosoph und Staatsmann Francis Bacon (1561–1626) brachte im Jahr 1601 einen Gesetzesantrag zu regulären Versicherungspolicen ein. In Deutschland hat die Seeversicherung jedoch bis Ende des 19. Jahrhunderts nie eine volkswirtschaftliche Bedeutung erlangt, da der Gütertransport über See und der internationale Warenaustausch noch zu gering waren.

Als Pionier im Bereich der Stichprobenauswahl und -verfahren sowie der Versicherungsmathematik gilt John Graunt (1620–1675), der im Jahr 1662 das Buch »Natural and Political Observations made upon the Bills of Mortality« veröffentlichte. Das Buch wird allgemein mit der Geburtsstunde der Statistik gleichgesetzt und enthielt eine Zusammenstellung der Geburts- und Todesfälle in London zwischen 1604 und 1661. Graunt wurde von dem Gedanken geleitet, »erfahren zu wollen, wie viele Menschen wohl existieren von jedem Geschlecht, Stand, Alter, Glauben, Gewerbe, Rang oder Grad und wie durch selbiges Wissen Handel und Regierung sicherer und regulierter geführt werden könnten; weil, wenn man die Bevölkerung in erwähnter Zusammensetzung kennt, so könnte man den Verbrauch in Erfahrung bringen, die sie benötigen würde; auf dass Handel dort erhofft würde, wo er unmöglich ist«. So fand Graunt etwa heraus, dass »etwa 36 Prozent aller Lebendgeborenen vor dem sechsten Lebensjahr starben«. An »äußeren Leiden wie Krebsgewächsen, Fisteln, Wunden, Geschwüren, Brüchen und Prellungen von Körperorganen, Eiterbeulen, Skrofulose, Aussatz, Kopfgrind, Schweinepocken, Zysten« starben weniger als 4 000 Menschen.

Der englische Nationalökonom und Statistiker sowie Mitbegründer der Royal Society William Petty (1623–1687), ein Freund Graunts, griff die Erkenntnisse auf und prägte vor allem den Begriff der »Politischen Arithmetik«. Darunter verstand Petty die zur damaligen Zeit nicht gebräuchliche Anwendung von quantitativen Daten, das heißt Zahlen und Statistiken zur Analyse wirtschaftlicher Fragestellungen. Petty war ein Verfechter mathematisch-empirischer Vorgehensweise und wollte sich mittels Zahlen und statistischer Methoden von subjektiven Wertungen und Abschätzungen lösen, um so zu objektiveren Ergebnissen zu kommen.

Der englische Astronom und Mathematiker Edmond Halley (1656–1742) trieb rund drei Jahrzehnte nach der Veröffentlichung von »Natural and Political Observations made upon the Bills of Mortality« die Arbeiten Graunts weiter und analysierte basierend auf Informationen des Breslauer Wissenschaftlers und Pfarrers Caspar Neumann (1648–1715) Geburten- und Sterbeziffern aus Kirchenbüchern. Halley konnte mit seinen Tabellen »die Wahrscheinlichkeit« zeigen, dass ein »Anteil« jeder gegebenen Altersgruppe »nicht binnen eines Jahres stirbt«. Damit konnte die Tabelle dazu benutzt werden, die Kosten einer Lebensversicherung bei unterschiedlichem Alter zu berechnen, da die Tabelle die erforderlichen Daten zur Berechnung von Jahresrenten lieferte. Heute ist Halley weniger für seine revolutionären Arbeiten im Bereich der Versicherungsstatistik bekannt, sondern eher für den von ihm entdeckten periodischen Kometen mit einer Umlaufzeit von rund 76 Jahren (Halleyscher Komet), der in unserer Zeit unter anderem auch von der ESA-Raumsonde Giotto analysiert wurde.

Parallel entwickelten sich bereits Mitte des 16. Jahrhunderts in Schleswig-Holstein so genannte Brandgilden. Zur damaligen Zeit gab es keine staatliche Absicherung in Notfällen, so dass die Gilden zunächst als standesorientierte Schutzgilden, später auch als berufsständisch ausgerichtete Zunftgilden entstanden. Bei den Brandgilden wurde zunächst nur das Gebäude versichert. Einige Gilden versicherten später auch das Mobiliar, den Diebstahl von Pferden und Vieh von der Weide, Windbruch und die Begleichung der Begräbniskosten. Während ursprünglich der Schaden mit Naturalien (etwa Holz und Stroh für den Wiederaufbau des Hauses oder mit Weizen als Ersatz für die vernichtete Ernte) ersetzt wurde, führten die Gilden gegen Ende des 16. Jahrhunderts auch Geldleistungen ein. Damit war man dem modernen Versicherungsprinzip schon sehr nahe gekommen.

Am 30. November 1676 wurde der »Puncta der General Feur-Ordnungs-Cassa« durch Rat und Bürgerschaft der Stadt Hamburg verabschiedet. Die Hamburger Feuerkasse ist damit das älteste Versicherungsunternehmen der Welt. 1778 wurde mit der Gründung der Hamburgischen Allgemeinen Versorgungsanstalt die erste Lebensversicherungsgesellschaft in Deutschland gegründet, die jedoch zunächst nur für eine elitäre Oberschicht interessant war. In der zweiten Hälfte des 18. Jahrhunderts entstanden die ersten Feuerversicherungsunternehmen, die von den absolutistischen Landesherren eingeführt wurden.

Ein weiterer wichtiger Meilenstein bei der Entwicklung des modernen Versicherungswesens findet man in einem von Edward Lloyd (1688–1713) gegründeten Kaffeehaus in London. Lloyds Kaffeehaus entwickelte sich über die Jahre zum Treffpunkt für Kapitäne und Kaufleute. Dort schloss man zunächst humorig gemeinte Wetten darüber ab, welche Schiffe wohl den Hafen erreichen oder auch nicht erreichen würden. Schließlich wurden aus den Wetten echte Transaktionen, die über einen Makler abgewickelt wurden. Der Risikoträger bestätigte die Risikoübernahme, das heißt, den Verlust gegen eine genau definierte Versicherungsprämie zu übernehmen, durch seine Unterschrift (»Underwriter«). Das damalige »Versicherungsgeschäft« förderte jedoch eher den Wett- und Spielgeist, da Versicherungspolicen gegen quasi jedes nur denkbare Risiko abgeschlossen werden konnten, wie zum Beispiel Tod durch Gin-Konsum, Versicherung weiblicher Keuschheit, todbringende Pferdeunfälle.

Hieraus entstand später die »Corporation of Lloyd's«, eine Vereinigung von privaten Einzelversicherern (Underwriter). Dabei haftet jeder Underwriter unbegrenzt mit seinem gesamten Vermögen für den übernommenen Risikoanteil und muss bei dem einer Aufsichtsbehörde ähnlichen »Lloyd's Committee« Sicherheiten hinterlegen (Lloyd's Deposits) und sich regelmäßigen Audits unterwerfen.

In Deutschland gelang dem Versicherungsgedanken ein Durchbruch durch die Einführung der Sozialversicherung durch Bismarck, um vor allem den Fabrikarbeitern aus patriarchalischer Sorgepflicht und christlichem Verantwortungsbewusstsein in den klassischen Notlagen des Lebens, bei Krankheit, Invalidität und im Alter zu helfen. In Deutschland wurden daher früher als in anderen Ländern die ersten Netze der Krankenversicherung (1883), der Unfallversicherung (1884) und der Invaliden- und Altersversicherung (1889) aufgebaut.

In der folgenden Übersicht (Tabelle 1) sind die wesentlichen Entwicklungen im Bereich des Versicherungswesens, der Versicherungsmathematik und des Risikomanagements von 1300 bis 1900 zusammengefasst.[1]

Moderne Mathematik, Wahrscheinlichkeitsrechnung und Statistik als Grundlage des modernen Versicherungswesens

Während anfängliche Gefahrengemeinschaften eher vergleichbar waren mit einem Wettspiel, ermöglichten erst die Entwicklungen im Bereich der modernen Mathematik, Wahrscheinlichkeitsrechnung und Statistik im 17. bis 19. Jahrhundert die Professionalisierung des Versicherungsgedankens. Bis dahin waren die Menschen der Ansicht, dass die Zukunft weitestgehend den Launen der Götter entsprang und mehr oder weniger ein Spiegelbild der Vergangenheit war. Bereits im Zeitalter der Renaissance (Zeit von etwa 1350 bis Mitte des 16. Jahrhunderts) wurde die mittelalterliche kirchliche und feudale Ordnung in Frage gestellt und damit eine gesellschaftliche Umstrukturierung initiiert, in deren Folge eine von Adel und

---

1) Basierend auf den Übersichten bei Pfeifer, D.: Grundzüge der Versicherungsmathematik, Skript vom 28. 6. 2004, sowie: Milbrodt, H./Helbig, M.: Mathematische Methoden der Personenversicherung. De Gruyter, Berlin 1999.

Tabelle 1: Zeittafel des Versicherungswesens von 1300 bis 1900

1308	Ältester bekannter Leibrentenvertrag, geschlossen zwischen dem Erzbischof von Köln und dem Kloster St. Denis bei Paris.
1347	Der älteste Seeversicherungsvertrag wurde in Genua abgeschlossen.
1370	Erster Rückversicherungsvertrag im Bereich der Seeversicherung in Genua (wird gemeinhin angesehen als Ursprung der Rückversicherung).
1583	W. Gybbons unterzeichnet in London den ersten bekannten Lebensversicherungsvertrag der Welt (dieser war eher ein Wettvertrag): Auszahlung von 400 Pfund bei Tod binnen eines Jahres (bei einer Einmalprämie von 30 Pfund).
1585	S. Stevin stellt in der Schrift »Practique d'Arithmétique« eine Zinstafel sowie eine Tabelle von Endwerten von Zeitrenten in Abhängigkeit von der Laufzeit auf.
1590	Abschluss des so genannten Hamburgischen Seeversicherungsvertrags.
1591	Hamburger »Feuercontract« zur Versicherung der städtischen Brauhäuser.
1662	J. Graunt verfasst auf Anregung von W. Petty die Schrift »Natural and political observations made upon the bills of mortality« mit einer Sterbetafel, die auf dem Londoner Todesregister beruht.
1669	C. und L. Huygens tauschen sich in einem Briefwechsel über Erwartungswert und Median der zukünftigen Lebensdauer unter Zugrundelegung von Graunts Sterbetafel aus, auch für verbundene Leben und Personengruppen, die beim letzten Tod erlöschen.
1670	Kampener »Kommunaltontine«, entsprechend einer Idee von L. Tonti, gestaltet als Rentenanleihe.
1671	J. de Witt verfasst die Schrift »Waerdye van Lyf-Renten naer Proportie van Los-Renten« (Prämienberechnung für Leibrenten, »Rechnungsgrundlagen erster Ordnung«) zum Zweck der Armee-Finanzierung im Niederländisch-Französischen Krieg.
1674	Ludwig XIV. gründete zur Förderung der Kampfmoral das »Hôtel des Invalides«. Jeder Heeresangehörige hatte nach zehntägiger Dienstdauer Anspruch auf Aufnahme, d.h. auf medizinische Betreuung, Bekleidung und Verköstigung. Der Etat wurde aus einer zweiprozentigen Abgabe von allen Militärausgaben bestritten.
1676	Gründung der Hamburger Feuerkasse, des ersten öffentlich-rechtlichen Versicherungsunternehmens der Welt. Verabschiedung der »Puncta der General Feur-Ordnungs-Cassa« durch Rat und Bürgerschaft der Stadt Hamburg, Zusammenfassung der bestehenden Feuerkontrakte.
1680/83	Zahlreiche Schriften von G.W. Leibnitz zu verschiedenen Problemen der Versicherungs- und Finanzmathematik, u.a. mit den Themen Öffentliche Assekuranzen (mit Bezug auf die kurz zuvor gegründete Hamburger Feuerkasse), verschiedene Arten der Zinsrechnung, Leibrenten, Pensionen, Lebensversicherungen (auch auf mehrere Leben), Bevölkerungsentwicklung.
1693	Der Astronom E. Halley verfasst die Schrift »An estimate of the degrees of mortality of mankind, drawn from curious tables of the births and the funerals at the city of Breslaw; with an attempt to ascertain the price of annuitities upon lives.« Konstruktion einer Sterbetafel (Todesfälle von 1687 bis 1691 in Breslau) basierend auf Aufzeichnungen von C. Neumann, Darstellung von Leibrentenbarwerten.
1706	Gründung der Amicable Society, der ersten Lebensversicherungsgesellschaft der Welt, in London.

Tabelle 1: (Fortsetzung)

1725	A. de Moivre verfasst das erste Lehrbuch der Versicherungsmathematik mit dem Titel »Annuities upon Lives«. Sterbegesetz als Approximation von Halleys Sterbetafel, Rekursionsformeln für Leibrentenbarwerte.
1741	J.P. Süßmilch, Probst der Lutherisch-Brandenburgischen Kirche in Berlin, verfasst die Schrift »Die Göttliche Ordnung in den Veränderungen des menschlichen Geschlechts, aus der Geburt, dem Tode und der Fortpflanzung derselben«. Wichtigster Klassiker der Demographie. Zusammen mit dem Mathematiker L. Euler führte er Berechnungen der Lebenserwartung durch, die noch bis ins 19. Jahrhundert von Versicherungsgesellschaften bei der Kalkulation von Lebensversicherungsprämien verwendet wurden.
1755	J. Dodson verfasst »The Mathematical Repository«. Lebensversicherung gegen laufende konstante Prämien, Einführung des Deckungskapitals.
1762	Deed of Settlement (Gründungsurkunde) der »Society for Equitable Assurances on Lives and Survivorships«. Erste Lebensversicherungsgesellschaft auf statistisch-mathematischer Basis. Wahl des auf Dodson zurückgehenden Begriffs des »Actuary« (Aktuar) als Berufsbezeichnung des Versicherungsmathematikers.
1765	D. Bernoulli verfasst die Schrift »Essai d'une nouvelle analyse de la mortalité cuasée par la petite vérole, et des avantages de l'inoculation pour la prévenir.« Zusammengesetzte Ausscheideordnung mit den Ausscheideursachen »Tod ohne vorherige Pockenerkrankung« und »Ausscheiden durch Pockenerkrankung«.
1771	In Österreich entstand das erste Pensionsrecht: Jeder Offizier hatte ohne Rücksicht auf sein persönliches Vermögen Anspruch auf Invalidenversorgung.
1767/76	L. Euler verfasst die Schriften »Recherches générales sur la mortalité et la multiplication du genre humain« sowie »Sur les rentes viagères et Eclaircissements sur les établissements publics en faveur tant des veuves que des morta avec la déscription d'une nouvelle espèce de tontine aussi favorable au public qu'utile à l'état«. Erweiterung der Halleyschen Sterbetafelkonstruktion auf den Fall einer nichtstationären Bevölkerung. Jahresnettoprämien für Leibrenten (auch rekursiv), Bruttoprämien. Beschreibung einer »kontinuierlichen« (zugangsoffenen) Tontinenversicherung.
1785/86	N. Tetens verfasst die Schrift »Einleitung zur Berechnung der Leibrenten und Anwartschaften, die vom Leben einer oder mehrerer Personen abhängen«. Erstes deutschsprachiges Lehrbuch der Lebensversicherungsmathematik (zweibändig); Einführung der Kommutationszahlen.
1792	Gründung der ersten Hagelversicherung in Neubrandenburg.
1820/25	B. Gompertz beschreibt das nach ihm benannte Sterbegesetz in den Texten »A sketch of an Analysis and Notation applicable to the Value of Life Contingencies« und »On the Nature of the Function Expressive of the Law of Human Mortality and on a new Method of Determining the Values of Life Contingencies«.
1845/51	C. F. Gauß erstellt ein Gutachten zur Prüfung der Professoren-Witwen- und Waisenkasse zu Göttingen.
1846	Gründung der Kölnischen Rückversicherungsgesellschaft.
1860/66	W. M. Makeham erweitert das Gompertz'sche Sterbegesetz in den Schriften »On the Law of Mortality« und »On the Principles to be observed in the Construction of Mortality Tables«.

Tabelle 1: (Fortsetzung)

1863	A. Zillmer entwickelt in »Beiträge zur Theorie der Prämienreserve bei Lebensversicherungsanstalten« eine Darstellung des Deckungskapitals unter Einschluss von Abschlusskosten. Dieses Verrechnungsverfahren hat zur Folge, dass in der Anfangszeit eines Versicherungsvertrags kein Rückkaufswert und keine beitragsfreie Versicherungssumme vorhanden sind, da die ersten Jahresprämien ganz oder teilweise zur Deckung der Erwerbskosten dienen.
1871/80	Erste Allgemeine Deutsche Sterbetafel (ADSt) für das gesamte Deutsche Reichsgebiet.
1898	Erste internationale Standardisierung versicherungsmathematischer Bezeichnungsweisen. Die Grundprinzipien dieser Notation gehen zurück auf David Jones (1843): »On the Value of Annuities and Reversionary Payments«.
1900	L. Bachelier leitet in der Schrift »Théorie de la Spéculation« eine Optionspreisformel unter Zugrundelegung einer Brown'schen Bewegung für die Aktienkursentwicklung her. Beginn der sog. Stochastischen Finanzmathematik.

Bürgertum getragene weltliche Kultur entstand. Dies hatte auch direkte Auswirkungen auf die Entwicklung des modernen Versicherungsgedankens und Risikomanagements.

Als Pioniere bei der Entdeckung der Wahrscheinlichkeitsgesetze gelten der italienische Philosoph, Arzt und Mathematiker Geronimo Cardano (1501–1576) und der italienische Mathematiker, Physiker und Philosoph Galileo Galilei (1564–1642). Cardano untersuchte in seinem Buch »Liber de ludo aleae« systematisch die Möglichkeiten des Würfelspiels mit mehreren Würfeln. Dort stellte er fest: »Im Fall von zwei Würfeln gibt es sechs Würfe mit gleicher Augenzahl und 15 Kombinationen mit ungleicher Augenzahl. Letztere Anzahl gibt bei Verdoppelung 30, also gibt es insgesamt 36 Würfe. (...) Würfe mit dreimal gleicher Augenzahl gibt es soviele wie Würfe mit zweimal gleicher Augenzahl im vorangegangenen Kapitel. Also gibt es sechs solche Würfe. Die Zahl der verschiedenen Würfe von drei Würfeln, mit zweimal gleicher Augenzahl und einer davon verschiedenen, ist 30, und jeder dieser Würfe entsteht auf drei Arten. Das ergibt 90. Wiederum ist die Anzahl der verschiedenen Würfe mit drei verschiedenen Augenzahlen 20, und jeder entsteht auf sechs Arten. Das macht 120. Also gibt es insgesamt 216 Möglichkeiten.« Cardano nähert sich bereits dem erst später entwickelten Begriff der Wahrscheinlichkeit. Galileo stellte demgegenüber fest, dass beim wiederholten Wurf von drei Würfeln die Augensumme 10 öfter auftritt als 9, obwohl beide Zahlen durch 6 verschiedene Kombinationen erreicht werden können.

Die Ursprünge der Wahrscheinlichkeitsrechnung, mit deren Hilfe Voraussagen über die Häufigkeit von Zufallsereignissen möglich sind, können im Wesentlichen auf den französischen Mathematiker, Physiker und Religionsphilosophen Blaise Pascal (1623–1662) zurückgeführt werden. Der französische Edelmann Antoine Gombaud (Chevalier de Méré, 1607–1685) sowie Sieur des Baussay (1607–1685) schrieben einen Brief an Blaise Pascal, wo sie diesen um Hilfe bei der Analyse eines »uralten« Problems des Würfelspiels bitten. Es geht um die Anzahl der Würfe mit einem Würfel, die zu zwei hintereinander folgenden Sechsen führen. Man wusste schon damals, dass es beim Spiel mit einem Würfel günstig ist, darauf zu setzen, bei vier Würfen wenigstens eine Sechs zu werfen. De Méré dachte, es müsste dasselbe sein, wenn man bei 24 Würfen mit zwei Würfeln darauf setzt, wenigstens eine Doppelsechs zu erhalten. Während im ersten Fall sechs Möglichkeiten vier Würfe gegenüber stehen, stehen im zweiten 36 Möglichkeiten 24 Würfe gegenüber, das Verhältnis ist also in beiden Fällen 3:2. Entgegen seinen Erwartungen verlor aber Chevalier de Méré auf die Dauer beim zweiten Spiel.

Aus der Anfrage von Chevalier de Méré entstand ein reger Schriftwechsel zwischen Pascal und dem französischen Mathematiker Pierre Fermat (1601–1665). In diesem Schriftwechsel stellte Pascal unter anderem fest: *»Teilweises Wissen ist auch Wissen, und unvollständige Gewissheit hat ebenfalls einen gewissen Wert, besonders dann, wenn man sich des Grades der Gewissheit seines Wissens bewusst ist. ›Wieso‹ – könnte jemand hier einwenden – ›kann man den Grad des Wissens messen, durch eine Zahl ausdrücken?‹ – ›Jawohl‹ würde ich antworten ›man kann es, die Leute, die ein Glücksspiel spielen, tun doch genau das‹. Wenn ein Spieler einen Würfel wirft, kann er nicht im Voraus wissen, welche Augenzahl er werfen wird, doch etwas weiß er, dass nämlich alle sechs Zahlen die gleiche Aussicht haben. Wenn wir die volle Gewissheit zur Einheit wählen, dann kommt dem Ereignis, dass eine bestimmte der Zahlen 1, 2, 3, 4, 5, 6 geworfen wird, offenbar der Gewissheitsgrad ein Sechstel zu. Falls für ein Ereignis die Aussichten auf Stattfinden oder Nicht-Stattfinden gleich sind (wie etwa beim Münzenwerfen die Aussichten auf Kopf bzw. Zahl), so kann man behaupten, dass der Gewissheitsgrad des Stattfindens dieses Ereignisses genau gleich einhalb ist. Genauso groß ist der Gewissheitsgrad dessen, dass dieses Ereignis nicht stattfindet. Natürlich ist es eigentlich willkürlich, der vollen Gewissheit den Gewissheitsgrad 1 zuzuordnen; man könnte etwa der vollen Gewissheit den Gewissheitsgrad 100 zuordnen; dann würde man den Gewissheitsgrad der vom Zufall abhängigen, d.h. nicht unbedingt stattfindenden Ereignisse in Prozent bekommen. Man könnte auch der vollen Gewissheit in jedem konkreten Fall eine* *andere passend gewählte Zahl zuordnen, z.B. beim Würfeln die Zahl 6; dann würde der Gewissheitsgrad jeder der sechs möglichen Zahlen gleich 1 sein. Doch am einfachsten und natürlichsten ist es, glaube ich, der vollen Gewissheit immer die Zahl 1 zuzuordnen und den Gewissheitsgrad eines zufälligen Ereignisses mit derjenigen Zahl zu messen, die angibt, welcher Teil der vollen Gewissheit diesem Ereignis zukommt. Der Gewissheitsgrad eines unmöglichen Ereignisses ist natürlich gleich null; wenn also der Gewissheitsgrad eines zufälligen Ereignisses eine positive Zahl ist, so soll dies heißen, dass dieses Ereignis jedenfalls möglich ist, wenn auch seine Chancen vielleicht nicht eben hoch sind. An dieser Stelle möchte ich bemerken, dass ich dem Grad der Gewissheit eines Ereignisses den Namen Wahrscheinlichkeit gegeben habe. (...) Ich habe aber als Grundannahme meiner Theorie gewählt, dass jedem Ereignis, dessen Stattfinden nicht sicher, aber auch nicht ausgeschlossen ist, also jedem Ereignis, dessen Stattfinden von Zufall abhängt, eine bestimmte Zahl zwischen null und eins als seine Wahrscheinlichkeit zugeordnet werden kann.«*

Pascal und Fermat fanden gemeinsam die Lösung über ein Zahlenschema, welches wir heute als *Pascalsches Dreieck* kennen und das die Koeffizienten $\binom{n}{k}$ des binomischen Lehrsatzes

$$(a+b)^n = \sum_{k=0}^{n} \binom{n}{k} a^k b^{n-k}$$

angibt. Ein so genannter Binomialkoeffizient $\binom{n}{k}$ liefert uns die Anzahl der Möglichkeiten, aus n wohl unterschiedenen Gegenständen k auszuwählen. Ein populäres Beispiel für die Benötigung eines Binomialkoeffizienten ist das Lottospiel, wo man sich die Frage stellen kann, wie viele Möglichkeiten es gibt, um aus 49 Kugeln sechs Kugeln auszuwählen. Die Antwort ist $\binom{49}{6}$ Möglichkeiten. Das Pascalsche Dreieck stellt die Binomialkoeffizienten in Pyramidenform dar. Sie sind im Dreieck derart angeordnet, dass ein Eintrag die Summe der zwei darüber stehenden Einträge ist (siehe Abbildung 3).

Im Pascalschen Dreieck kann man auch die von dem italienischen Mathematiker Leonardo von Pisa (genannt Fibonacci nach der Kurzform von filius Bonacci, 1170–1240) entdeckten Fibonacci-Zahlen ablesen. Ursprünglich waren Fibonacci-Zahlen zur Ermittlung der Anzahl von Kaninchenpaaren gedacht, von denen jedes nach einer Reifezeit von einer Generation in jeder folgenden Generation ein weiteres Kaninchenpaar hervorbringt. Daher folgen

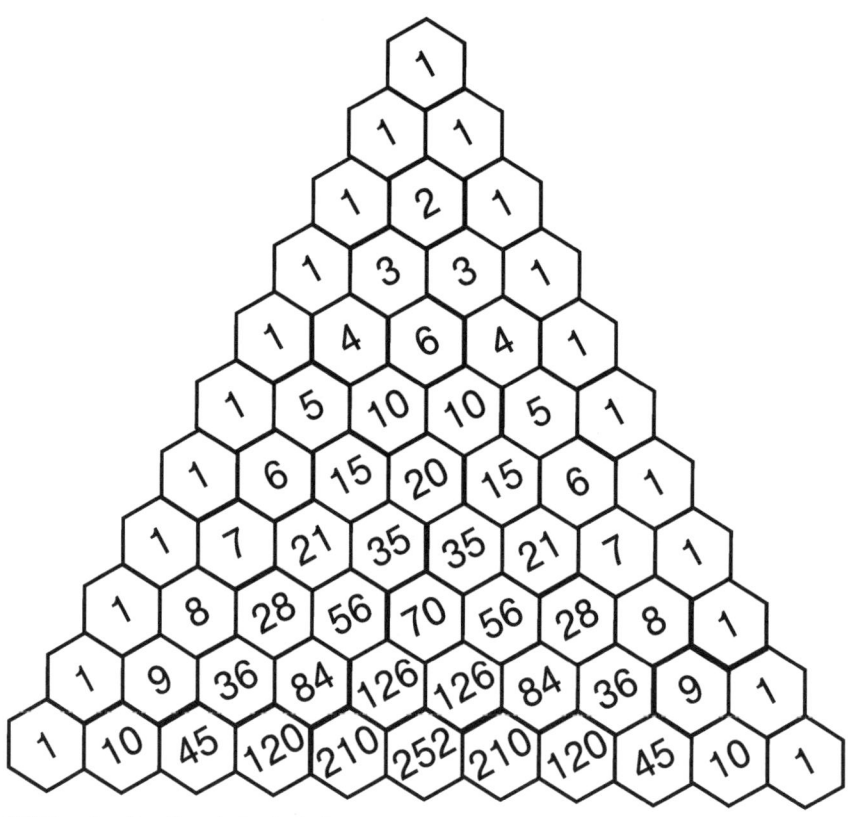

Abbildung 3: Das Pascalsche Dreieck

sie der folgenden Zahlenfolge: 0, 1, 1, 2, 3, 5, 8, 13, 21, 34,..., wobei jede Zahl (ab der dritten) gleich der Summe der beiden vorangehenden ist. Auch in der Natur, etwa bei den nach rechts und nach links gebogenen Spiralen in einer Sonnenblume, treten zahlreiche Phänomene als Fibonacci-Folgen auf.

Schließlich verkündete Pascal am 24. August 1654 die richtige Lösung. Damit war auch gleichzeitig der mathematische Kern des Risikobegriffs definiert. Pascal erkannte vor allem, dass sich nicht voraussagen lässt, welche Zahl ein Würfel zeigt, wenn nur einmal gewürfelt wird. Wird dagegen mehrere Tausend oder Millionen Mal gewürfelt, kann davon ausgegangen werden, dass man jede Zahl des Würfels gleich oft treffen wird. Diese Erkenntnisse hatten insbesondere große Auswirkungen auf die Versicherungsmathematik, da erst so ein Risiko kalkulierbar wird und der Geldbedarf sich schätzen lässt.

Andere Gelehrte griffen die Wahrscheinlichkeitstheorie von Pascal auf und entwickelten sie weiter. So veröffentlichte beispielsweise 1657 der niederländische Mathematiker, Physiker, Astronom und Uhrenbauer Christiaan Huygens (1629–1695) ein Buch über die Wahrscheinlichkeitsrechnung mit dem Titel »Tractatus de ratiociniis in aleae ludo«.

Untrennbar verbunden mit der Geschichte des Risikomanagements ist die Familiengeschichte der Baseler Gelehrtendynastie Bernoulli. Jacob Bernoulli (1654–1705) entwickelte mit seinem Bruder Johann (1667–1748) die höhere Mathematik der Infinitesimalrechnung und begründete die für die moderne Physik fundamentale Variationsrechnung. Im Jahr 1703 äußerte der deutsche Mathematiker und Philosoph Gottfried Wilhelm Leibnitz (1646–1716) gegenüber Jacob Bernoulli, dass die »Natur Muster eingerichtet hat, die zur Wiederholung von Ereignissen führen, aber nur zum größten Teil«. Im Jahr 1713 erschien das Buch »Ars conjectandi« von Jacob Bernoulli zur Binomialverteilung und zum »Gesetz der großen Zahl« (Satz von Bernoulli).

Dieses »Grundgesetz« der privaten Versicherungswirtschaft ermöglicht eine ungefähre Vorhersage über den künftigen Schadensverlauf. Je größer die Zahl der versicherten Personen, Güter und Sachwerte, die von der gleichen Gefahr bedroht sind, desto geringer ist der Einfluss des Zufalls. Das »Gesetz der großen Zahl« kann aber nichts darüber aussagen, wer im Einzelnen von einem Schaden getroffen wird.

Bernoullis »Gesetz der großen Zahl« basierte auf der Vorstellung eines mit schwarzen und weißen Kieseln gefüllten Kruges, wobei das Verhältnis von schwarzen zu weißen Kieseln oder gleichbedeutend das Verhältnis der Anzahl der schwarzen zur Gesamtanzahl der Kiesel im Krug unbekannt sei. Prinzipiell wäre es möglich, die Kiesel schlichtweg abzuzählen. Bernoullis Ansatz war es jedoch, auf empirischem Wege das tatsächliche Verhältnis von schwarzen und weißen Kieseln im Krug zu ergründen. Hierzu wird ein Kiesel aus dem Krug genommen, bei einem schwarzen die Zahl 1, bei einem weißen die Zahl 0 notiert, und der Kiesel wieder in den Krug zurückgelegt. Offenbar sind die Ziehungen X_k unabhängig voneinander, und wir können davon ausgehen, dass die A-priori-Wahrscheinlichkeit $P([X_k=1])$, dass ein Kiesel bei einer beliebigen Ziehung schwarz ist, gerade p ist, also $P([X_k=1])=p$. Bernoulli schließt nun, dass mit einer hohen Wahrscheinlichkeit das Verhältnis $\frac{1}{n}\sum_{k=1}^{n} X_k$ der Anzahl der gezogenen schwarzen Kiesel zur Gesamtzahl der Ziehungen von dem tatsächlichen, aber unbekannten Verhältnis p nur geringfügig abweicht, sofern nur die Gesamtzahl der Ziehungen hoch genug ist. Die von Bernoulli entdeckte Gesetzmäßigkeit wird heute als das »schwache Gesetz der großen Zahlen« bezeichnet und lautet formal

$$\lim_{n\to\infty} P\left(\left[\left|\frac{1}{n}\sum_{k=1}^{n} X_k - p\right| > \varepsilon\right]\right) = 0$$

wobei ε eine beliebig kleine positive Zahl sei.

Schließlich fasste Jacob Bernoulli seine Resultate zur Wahrscheinlichkeitsrechnung in der »Ars conjectansi« zusammen. In diesem Zusammenhang darf nicht unerwähnt bleiben, dass es nicht das Gesetz der großen Zahlen gibt. Stattdessen gibt es eine ganze Reihe von Grenzwertsätzen für Folgen von Zufallsvariablen, die Aussagen über das Verhalten dieser Zufallsvariablen machen, wenn immer mehr konkrete, beobachtete Realisationen betrachtet und berücksichtigt werden.

In diesem Zusammenhang sollte nicht unerwähnt bleiben, dass die zum Risikomanagementstandard avancierte, gleichzeitig aber auch nicht unumstrittene Methode des Value at Risk (VaR) Bernoullis Gesetz der großen Zahlen aufgreift. Der VaR bezeichnet dabei eine Methodik zur Quantifizierung von Risiken und wird derzeit primär im Zusammenhang mit Marktpreisrisiken verwendet. Um aussagekräftig zu sein, muss zusätzlich immer die Haltedauer (etwa ein Tag) und das Konfidenzniveau (beispielsweise 98 Prozent) angegeben werden. Der VaR-Wert bezeichnet dann diejenige Verlustobergrenze, die innerhalb der Haltedauer mit einer Wahrscheinlichkeit entsprechend dem Konfidenzniveau nicht überschritten wird.

In den folgenden Jahrzehnten widmeten sich viele weitere Wissenschaftler wahrscheinlichkeitstheoretischen Problemen. So veröffentlichte der französische Mathematiker Abraham de Moivre (1667–1754) im Jahr 1718 »The Doctrine of Chances«. In dem Buch stellte er systematisch Methoden zur Lösung von Aufgaben vor, die mit Glücksspielen im Zusammenhang stehen. Außerdem untersuchte er die Beziehung zwischen Binomial- und Normalverteilung. Abraham de Moivre wies im Jahr 1730 als Erster auf die Struktur der Normalverteilung hin (auch als »Gaußsche Glockenkurve« bezeichnet). Die Normalverteilung ist die wichtigste aller Wahrscheinlichkeitsverteilungen und unterstellt eine symmetrische Verteilungsform in Form einer Glocke, bei der sich die Werte der Zufallsvariablen in der Mitte der Verteilung konzentrieren und mit größerem Abstand zur Mitte immer seltener auftreten (siehe Abbildung 4).

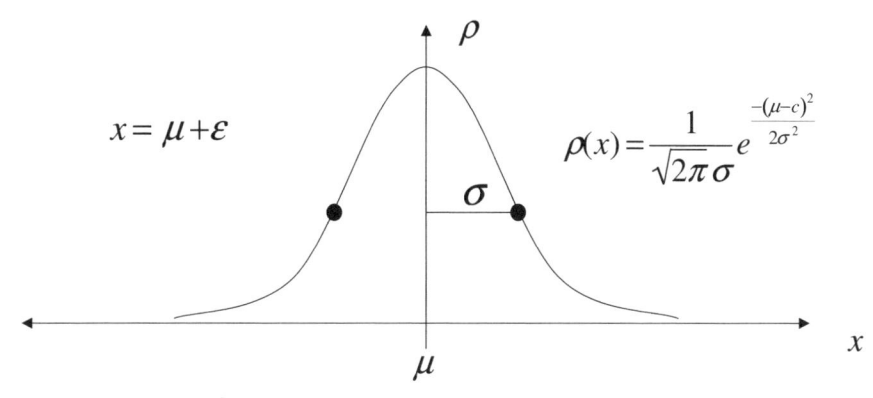

$$x = \mu + \varepsilon \qquad \rho(x) = \frac{1}{\sqrt{2\pi}\sigma} e^{\frac{-(\mu-c)^2}{2\sigma^2}}$$

Abbildung 4: Die Gaußsche Normalverteilung

Ein einfaches Beispiel für normalverteilte Zufallsgrößen sind die kombinierten Ereignisse des Würfel- oder Münzwurfs (siehe Pascalsches Dreieck). Obwohl die Normalverteilung in der Natur recht selten vorkommt, ist sie für die Statistik von entscheidender Bedeutung, da die Summe von vielen unabhängigen, beliebig verteilten Zufallsvariablen annähernd normalverteilt ist. Je größer die Anzahl der Zufallsvariablen ist, desto besser ist die Annäherung an die Normalverteilung (Zentraler Grenzwertsatz). Sowohl die Normalverteilung als auch die von Abraham de Moivre entdeckte Standardabweichung sind wichtige Kernelemente der modernen Methoden zur Quantifizierung von Risiken.

Angeregt durch die publizierten Ergebnisse Abraham de Moivres hat der englische Mathematiker und presbyterianische Pfarrer Thomas Bayes (1702–1761) effektive Methoden im Umgang mit A posteriori-Wahrscheinlichkeiten (a posteriori: lateinisch, von dem, was nachher kommt) entwickelt. Der Satz von Bayes (auch als Bayes-Theorem bezeichnet) erlaubt in gewissem Sinn das Umkehren von Schlussfolgerungen. So wird beispielsweise von einem positiven medizinischen Testergebnis (Ereignis) auf das Vorhandensein einer Krankheit (Ursache) geschlossen oder von bestimmten charakteristischen Wörtern in einer E-Mail (Ereignis) auf die »Spam«-Eigenschaft (Ursache) geschlossen. In der Regel ist die Berechnung von P(Ereignis|Ursache) relativ einfach. Häufig wird jedoch P(Ursache|Ereignis) gesucht.

Der Satz von Bayes gibt an, wie man mit bedingten Wahrscheinlichkeiten rechnet, und lautet:

$$P(A|B) = \frac{P(A)P(B|A)}{P(B)}$$

Hierbei ist *P(A)* die A priori-Wahrscheinlichkeit (a priori: lateinisch, von dem, was vorher kommt) für ein Ereignis *A* und *P(B|A)* die Wahrscheinlichkeit für ein Ereignis *B* unter der Bedingung, dass *A* auftritt. Thomas Bayes hat lediglich zwei mathematische Aufsätze hinterlassen, die erst nach seinem Tod von seinem Freund Richard Price im Jahr 1763 der Royal Society in London vorgelegt wurden und ihm zu einem späten Ruhm verhalfen.

Als Zar Peter I. im Jahr 1724 die Akademie der Wissenschaften (heute: Russische Akademie der Wissenschaften) ins Leben rief und die bedeutendsten ausländischen Fachgelehrten zu gewinnen suchte, waren die Brüder Niklaus II. und Daniel Bernoulli mit ihrem älteren Kollegen Jakob Hermann die Ersten am Platze (1725). Gewissermaßen in ihrem Kielwasser rückte der schweizerische Mathematiker Leonhard Euler (1707–1783) im Jahr 1727 nach. Euler war Schüler von Johann Bernoulli und hinterließ insgesamt fast 900 Arbeiten, die sowohl die reine und angewandte Mathematik als auch die Astronomie und die Physik betrafen.

Niklaus II. und sein Cousin Daniel beschäftigten sich unter anderem mit dem Petersburger Spiel, das die ökonomischen Wissenschaften und vor allem auch das Risikomanagement nachhaltig beeinflusst hat. Das Grundproblem und Prinzip soll an dem folgenden Beispiel skizziert werden:

Peter und Paul vereinbaren ein Münzwurfspiel nach folgenden Regeln. Fällt die Münze beim ersten Wurf so, dass die Seite A oben liegt, so wird Peter Paul einen Dukaten zahlen, und das Spiel ist beendet. Fällt dagegen die Münze so, dass die Seite B oben liegt, so wird die Münze ein zweites Mal geworfen. Sollte dann die Seite A erscheinen, dann zahlt Peter an Paul zwei Dukaten, und falls B erscheinen sollte, wird die Münze ein drittes Mal geworfen, wobei Paul dann vier Dukaten gewinnen kann. Bei jedem weiteren Wurf der Münze wird also die Zahl der Dukaten, die Peter an Paul zu zahlen hat, verdoppelt. Dieses Spiel wird so lange fortgesetzt, bis bei einem Wurf erstmals A erscheint. Dann ist das Spiel beendet. Endet das Spiel also nach $n+1$ Münzwürfen, so wird Peter an Paul 2^n Dukaten auszahlen. Die Frage lautete nun: Wie viel soll ein Dritter an Paul für das Recht zahlen, seine Rolle in diesem Spiel zu übernehmen?

Die Konsequenz daraus erscheint paradox und Bernoulli weist auf dieses Problem auch hin: »*Die allgemein akzeptierte Berechnungsmethode [der Erwartungswert des Gewinns] schätzt Pauls Aussichten in der Tat unendlich hoch ein, [aber] keiner wäre bereit, [diese Gewinnchancen] zu einem gemäßigt hohen Preis zu erwerben (...). Jeder einigermaßen vernünftige Mensch würde seine Gewinnchancen mit großem Vergnügen für zwanzig Dukaten verkaufen.«*

Bernoulli widmet sich diesem Problem sehr intensiv und führt sehr ausführliche Analysen durch. Das skizzierte Phänomen war Gegenstand der im Jahr 1738 in Latein gehaltenen Abhandlung »Specimen Theoriae Novae de Mensura Sortis« – die Darlegung einer neuen Theorie zum Messen von Risiko, die er der St. Petersburger Akademie der Wissenschaften vorlegte. Die Arbeit gilt unbestritten als die erste Publikation, die sich bewusst mit dem Messen und damit mit dem Management von Risiko auseinandersetzt. Vor allem geht es aber um die Analyse des Petersburger Spiels:

Offenbar sind die einzelnen Münzwürfe unabhängig voneinander. Das Ereignis A tritt dabei mit der Wahrscheinlichkeit $P(A) = 1-p$ ein, das Ereignis B entsprechend mit der Wahrscheinlichkeit $P(B) = p$, wobei $0 < p < 1$ sei. Betrachten wir nun die Zufallsvariable X, die angibt, bei welchem Wurf erstmals das Ereignis A auftritt, so wissen wir, dass das Ereignis $[X=n]$ – welches nichts anderes besagt, als dass die Seite A beim n-ten Wurf erstmals oben liegen möge – die Wahrscheinlichkeit

$$P([X = n]) = p^{n-1}(1 - p)$$

besitzt. Die Zufallsvariable X ist dabei auf die Menge N der natürlichen Zahlen konzentriert, das heißt

$$P([X \in \mathbf{N}]) = \sum_{n \in \mathbf{N}} P([X = n]) = \sum_{k=0}^{\infty} p^k (1 - p) = 1$$

Dies bedeutet, dass das Spiel fast sicher nach endlich vielen Würfen abbrechen wird, ganz gleich, wie wir die Wahrscheinlichkeit p ansetzen werden. Wann dies der Fall sein wird, liegt dadurch aber nicht fest. Die Auszahlung bei diesem Spiel wird durch die Zufallsvariable 2^{X-1} beschrieben, deren Erwartungswert sich als

$$E2^{X-1} = \sum_{k=0}^{\infty} 2^k p^k (1 - p)$$

berechnen lässt.

1730 erhielt Leonhard Euler eine Professur für Physik an der St. Petersburger Akademie der Wissenschaften, wurde 1733 schließlich Nachfolger von Daniel Bernoulli und übernahm die Professur für Mathematik. Euler verband unter anderem theoretische Probleme der Völkerkunde und des Versicherungswesens mit Fragen der Wahrscheinlichkeitsrechnung. Auch ein großer Teil der heutigen mathematischen Symbolik geht auf Euler zurück (beispielsweise e, π, Summenzeichen $\sum$, $f(x)$ als Darstellung für eine Funktion).

Außerdem führte er zusammen mit dem Probst der Lutherisch-Brandenburgischen Kirche, Johann Peter Süßmilch (1707–1767), Berechnungen der Lebenserwartung durch, die noch bis ins 19. Jahrhundert von Versicherungsgesellschaften bei der Kalkulation von Lebensversicherungsprämien verwendet wurden. Bekannt wurde Süßmilch vor allem durch einen im Jahr 1741 veröffentlichten Klassiker der Demographie. »Die Göttliche Ordnung in den Veränderungen des menschlichen Geschlechts, aus der Geburt, Tod und Fortpflanzung desselben erwiesen« war das erste systematische Werk der Bevölkerungswissenschaft. Süßmilch prägte den Begriff der »Tragfähigkeit der Erde« und kam basierend auf seinen Untersuchungen zu der Prognose, dass die Erde ein Vielfaches der damals lebenden Menschenzahl »tragen« (im Sinne von ernähren) könne, nämlich sieben Milliarden. Dieses Ergebnis erhöhte er nach einer Überprüfung seiner Berechnungen in der zweiten Ausgabe seines Werkes von 1765 auf vierzehn Milliarden Menschen.

Die Erkenntnis, dass man die Gegenwart systematisch an eine unbekannte und riskante Zukunft koppeln kann, hat sich erst langsam in den vergangenen 500 Jahren durchgesetzt. Ohne diese Erkenntnis und die Entwicklung der Wahrscheinlichkeitstheorie sowie anderer mathematischer Werkzeuge wären weder das moderne Versicherungswesen noch das Risikomanagement entstanden. Alle modernen mathematischen Methoden im Risikomanagement (von der Spieltheorie über Dynamic Financial Analysis bis zur Chaostheorie) basieren im Wesentlichen auf den Erkenntnissen, die zwischen 1654 und 1760 gemacht wurden. Ohne die Gesetze der Wahrscheinlichkeitsrechnung gäbe es die moderne Physik, Biologie, Astronomie beziehungsweise Wirtschafts- und Sozialwissenschaften nicht. Setzten wir heute noch auf die Prophezeiungen des Orakels, so gäbe es weder moderne Kapitalmärkte noch entwickelte Volkswirtschaften.

Literatur

Bernstein, P. L.:	Against the Gods: Remarkable Story of Risk. John Wiley & Sons Inc, New York 1996.
Bernstein, P. L.:	Wider die Götter – Die Geschichte von Risiko und Riskmanagement von der Antike bis heute. Gerling Akademie Verlag, München 1997.
Erben, R. F./Romeike, F.:	Allein auf stürmischer See – Risikomanagement für Einsteiger. Wiley-VCH, Weinheim 2003.
Keller, E.:	Auf sein Auventura und Risigo handeln. Zur Sprach- und Kulturgeschichte des Risikobegriffs. In: RISKNEWS, Heft 1/2004, S. 60–65.
Milbrodt, H./Helbig, M.:	Mathematische Methoden der Personenversicherung. DeGruyter, Berlin 1999.
Pechtl, A.:	Ein Rückblick: Risikomanagement von der Antike bis heute. In: Romeike, Frank/Finke, Robert (Hrsg.): Erfolgsfaktor Risikomanagement: Chance für Industrie und Handel. Lessons learned, Methoden, Checklisten und Implementierung (inkl. CD-ROM). Gabler Verlag, Wiesbaden 2003, S. 15 ff.
Pfeifer, D.:	Grundzüge der Versicherungsmathematik. Vorlesungsskript vom 28. 6. 2004.

Grundlagen des Risikomanagements in der Versicherungsbetriebslehre

Matthias Müller-Reichart, Frank Romeike

Definition und Abgrenzung des Risikobegriffs

Risiken sind das Kerngeschäft der Versicherungswirtschaft, bieten doch Versicherungsunternehmen die Überwälzung eines Risikos (ausgedrückt in der Verteilung einer Versicherungsleistung) gegen eine fixe und somit planbare Versicherungsprämie an. Dabei müssen Risiken jedoch nicht grundsätzlich Synonyme für negative Ereignisse sein. Die Zahl verschiedenartiger Risikodefinitionen ist umfangreich und konzentriert sich umgangssprachlich zumeist auf die negative Komponente der Nichterreichung eines erwarteten Zielzustandes.[1] »Seit dem 16. Jahrhundert hat sich das Wort *Risiko* für alle Arten von Gefährdungen eingebürgert. Der Bedeutungsumkreis des Risikobegriffs ist sehr weit geworden: Man spricht von wirtschaftlichen Risiken wie von gesundheitlichen, von Misserfolgsrisiken wie vom Unfallrisiko.«[2] Ethymologisch lässt sich der Risikobegriff tatsächlich auf diese negative Ausrichtung zurückverfolgen, indem in den Begriffen riza (griechisch = Wurzel, über die man stolpern kann) wie auch ris(i)co (italienisch = die Klippe, die es zu umschiffen gilt)[3] die negativen Aspekte des Risikobegriffs aufscheinen. Dabei existieren ebenso ethymologische Wurzeln des Risikobegriffs, die neben einer negativen auch eine positive Komponente betonen. Im chinesischen Schriftzeichen für Risiko »Wei-ji« beispielsweise sind die beiden Zeichenbestandteile für Chance und Gefahr enthalten[4], womit auch die positive Abweichung eines erwarteten Zielzustandes unter

---

1) Vgl. zum folgenden Kapitel: Müller-Reichart, M.: Empirische und theoretische Fundierung eines innovativen Risiko-Beratungskonzeptes der Versicherungswirtschaft. Verlag Versicherungswirtschaft, Karlsruhe 1994, S. 9 ff.; sowie: Romeike, F.: Zur Risikoverarbeitung in Banken und Versicherungsunternehmen (Teil 1 bis 3). In: Zeitschrift für Versicherungswesen, 46. Jahrgang, Januar bis Februar 1995, Heft 1 bis 3.
2) Vgl. Karten, W.: Existenzrisiken der Gesellschaft – Herausforderungen für die Assekuranz. In: ZVersWiss 3/1988, S. 347.
3) Vgl. Romeike, F.: IT-Risiken und proaktives Risk Management. In: DuD Datenschutz und Datensicherheit, 27. Jahrgang, 4/2003, S. 193–199; sowie: Erben, R.; Romeike, F.: Allein auf stürmischer See – Risikomanagement für Einsteiger. Wiley-VCH, Weinheim 2003.
4) Vgl. Bayerische Rück: Gesellschaft und Unsicherheit. München 1987, S. 7.

Tabelle 2: Entscheidungsmatrix

		w_1	w_2	...	w_j	Wahrscheinlichkeit
		z_1	z_2	...	z_j	Umweltzustände B
Handlungs-	h_1	e_{11}	E_{12}	...	e_{1j}	
optionen A	h_2	e_{21}	E_{22}	...	e_{2j}	
	h_3	e_{31}	E_{32}	...	e_{3j}	
	⋮	⋮	⋮	⋮	⋮	
	⋮	⋮	⋮	⋮	⋮	
	h_i	e_{i1}	e_{i2}	...	e_{ij}	

den Risikobegriff fällt. Analog bezeichnet auch der entscheidungstheoretische Risikobegriff durch das Konstrukt der Standardabweichung die positiven wie auch negativen Zielabweichungen von einem Erwartungswert. Dieser entscheidungsorientierte Risikobegriff berücksichtigt zudem, dass alle menschlichen Tätigkeiten auf Entscheidungen beruhen, die oft unter unvollkommener Information (= Ungewissheit oder Unsicherheit im engeren Sinne[5]) über die Auswirkungen in der Zukunft getroffen werden, womit Informationsdefizite das Risiko vergrößern und zu ungünstigen Abweichungen zwischen Plan und Realisierung führen können[6].

Eine derartige Entscheidungssituation kann in einer Entscheidungsmatrix übersichtlich und allgemein gültig dargestellt werden (siehe Tabelle 2). Unterstellen wir bestehende Eintrittswahrscheinlichkeiten für die Umweltzustände, so handelt es sich um eine Risikosituation.[7]

In der jeweiligen Entscheidungssituation repräsentieren $h_1 \ldots h_i$ die Handlungsoptionen (Aktionen, Alternativen) innerhalb des Aktionsraums A. Diese Optionen umfassen alle Handlungsmöglichkeiten und Unterlassungen des Entscheidungsträgers (absatzpolitische, risikopolitische Instrumente etc.). Die unterschiedlichen Umweltzustände $z_1 \ldots z_j$ sind exogen vorgegeben und können von den Entscheidungsträgern nicht direkt beeinflusst werden. Die Umweltzustände, beispielsweise die Nachfrageelastizität oder Vorgaben des Gesetzgebers, beschreiben den Umweltraum beziehungsweise Ereignisraum B. Die verschiedenen Eintrittswahrscheinlichkeiten, die den jeweiligen Umweltzuständen zugeordnet werden, sind in der

[5] Vgl. Laux, H.: Entscheidungstheorie, 3. Auflage, Berlin 1995, S. 24 ff.
[6] Vgl. Romeike, F.: Zur Risikoverarbeitung in Banken und Versicherungsunternehmen (Teil 1). In: Zeitschrift für Versicherungswesen, 46. Jahrgang, 1. Januar 1995, Heft 1.
[7] Vgl. Romeike, F.: Zur Risikoverarbeitung in Banken und Versicherungsunternehmen (Teil 1). In: Zeitschrift für Versicherungswesen, 46. Jahrgang, 1. Januar 1995, Heft 1, S. 18.

Matrix durch $w_1 \ldots w_j$ definiert. Bei einer Wahrscheinlichkeit $w<1$ wird unter Risiko (als Ausdruck eines Informationsdefizits) entschieden, bei einer Wahrscheinlichkeit von 1 wird eine Entscheidung unter Sicherheit getroffen. Hat man keinerlei Kenntnisse über die Wahrscheinlichkeiten, so spricht man von einer Entscheidung unter Unsicherheit im engeren Sinne respektive von einer Entscheidung unter Ungewissheit.

Durch eine spezifische Handlung h_j und einen Umweltzustand z_j wird ein Ergebnis e_{ij} innerhalb des Ergebnisraumes E determiniert. Diese möglichen Ergebnisse werden durch stochastische Größen, durch bestimmte Wahrscheinlichkeiten, quantifiziert. Beispielsweise sind Schäden, Prämien oder auch Gewinne (e_{ij}) funktional abhängig von bestimmten Aktionen h_j und exogenen Umweltzuständen z_j.

Allgemein kann man damit sagen, dass ein Entscheidungsträger grundsätzlich zwischen verschiedenen Handlungsoptionen wählen kann, die durch individuelle Wahrscheinlichkeitsverteilungen spezifiziert sind. Neben dem probabilistischen Risikobegriff kann man auch einen possibilistischen definieren[8]. Der possibilistische Risikobegriff setzt die Unvermeidbarkeit von Risiken voraus, das heißt er akzeptiert, dass es nicht riskante Entscheidungen nicht gibt. Dies bedeutet, dass es nur dann Risiken gibt, wenn man sich entschieden hat. Hieraus folgt, dass man auch dann, wenn man sich entschieden hat, sich nicht zu entscheiden, mit Risiken operiert (Inverted Risk[9]). Risiko kann demnach als eine der zu unternehmenden Handlung immanente Erscheinung aufgefasst werden.

Für die mathematische Betrachtung des Versicherungsrisikos sind einzig die entscheidungstheoretischen Abweichungen eines erwarteten Zielzustandes ausschlaggebend. Das Risiko einer Handlung wird stets durch eine Wahrscheinlichkeitsverteilung der möglichen Ausprägungen ausgedrückt (siehe Abbildung 5). Diese Wahrscheinlichkeitsverteilung stellt die Grundlage der versicherungsbetrieblichen Betrachtung dar.

Im Risikomanagement und in der ökonomischen Theorie der Versicherungsbetriebslehre basiert die Definition des Risikobegriffs mindestens auf zwei Parametern, nämlich der Eintrittswahrscheinlichkeit und dem Schadensausmaß.

---

[8] Vgl. Romeike, F.: Zur Risikoverarbeitung in Banken und Versicherungsunternehmen (Teil 1). In: Zeitschrift für Versicherungswesen, 46. Jahrgang, 1. Januar 1995, Heft 1, S. 18.
[9] Vgl. Renscher, N.: Risk: Philosophical Introduction to the Theory of Risk Evaluation and Management. New York 1983, S. 10.

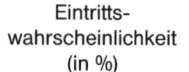

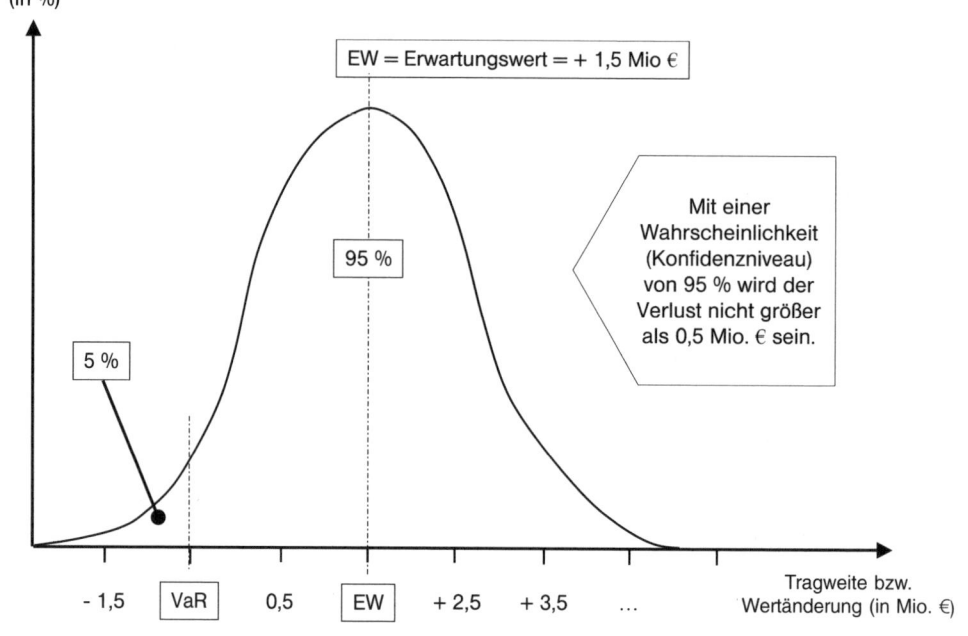

Abbildung 5: Dichtefunktion und Value at Risk bei normalverteilten Risikowerten [10]

Einen Überblick über die Vielfalt der unterschiedlichen Definitionen des Risikobegriffs gibt die folgende, resümierende Zusammenstellung: [11, 12]

- Risiken bezeichnen Noch-Nicht-Ereignisse, die wir uns hier und jetzt vergegenwärtigen müssen, ohne sie jetzt bereits wirklich kennen zu können. Risiken lauern bösartigerweise in den Seitengängen einer Zukunft, die uns den »Blick um die Ecke« verweigert. (Vorwort von Theodor M. Bardmann in: Kleinfellfonder, Birgit: Der Risikodiskurs, Zur gesellschaftlichen Inszenierung von Risiko, Opladen 1996.)

---

10) Quelle: Romeike, F.: Bewertung und Aggregation von Risiken. In: Romeike, Frank; Finke, Robert (Hrsg.): Erfolgsfaktor Risikomanagement: Chance für Industrie und Handel. Lessons learned, Methoden, Checklisten und Implementierung. Gabler Verlag, Wiesbaden 2003, S. 188.
11) Vgl. Erben, R./Romeike, F.: Allein auf stürmischer See – Risikomanagement für Einsteiger. Wiley-VCH, Weinheim 2003.
12) Vgl. Müller-Reichart, M.: Empirische und theoretische Fundierung eines innovativen Risiko-Beratungskonzeptes der Versicherungswirtschaft. Verlag Versicherungswirtschaft, Karlsruhe 1994, S. 9–24.

- Die Besonderheit des Risikos könnte in seiner konstitutiv paradoxen Implikation liegen, dass man es zugleich haben und loswerden, steigern und minimieren möchte. (Vorwort von Theodor M. Bardmann in: Kleinfellfonder, Birgit: Der Risikodiskurs, Zur gesellschaftlichen Inszenierung von Risiko, Opladen 1996.)
- Das Risiko ist der verborgene Gott der modernen Gesellschaft: Man sucht es, man meidet es, man fürchtet es und weiß nie, wer wann zum Sünder wird. (Dirk Baecker)
- Risiko ist ein Konstrukt. Das Material, aus dem Risiken konstruiert werden, liefern uns die Sinne. (Bayerische Rück)
- Risk is the sugar and salt of life. (Professor Gordon C. A. Dickson)
- Das größte Risiko auf Erden laufen die Menschen, die nie das kleinste Risiko eingehen wollen. (Bertrand Russell)
- Risiko [it] das; -s –s u. …ken (österr. auch Risken): Wagnis; Gefahr, Verlustmöglichkeit bei einer unsicheren Unternehmung. (DUDEN, Das Fremdwörterbuch)
- Risiko [italien.] das, I) allg.: Wagnis, Gefahr. 2) Wirtschaft: Bez. für Verlustgefahren, Unsicherheits- und Zufälligkeitsfaktoren, die mit jeder wirtschaftlichen Tätigkeit verbunden sind. Unterschieden werden natürliche Risiken (zum Beispiel Sturmschäden), techn. Risiken (zum Beispiel Produktmängel), soziale Risiken (zum Beispiel Fluktuation), politische Risiken (zum Beispiel Verstaatlichung) und bes. Marktrisiken (zum Beispiel Konjunktureinbruch, Branchenkrise). (Der Brockhaus in fünfzehn Bänden, Bd. 11)
- risk /risk/ n (instance of) possibility or chance of meeting danger, suffering loss, injury. (Oxford Advanced Learner's Dictionary of Current English)
- Risiko ist die Abweichung eines Ergebnisses von seinem erwarteten Wert. Für die Einstufung eines bestimmten Ereignisses als »Risiko« kommt es also nicht darauf an, dass es ein »negatives«, »unerfreuliches« Ereignis ist, sondern dass es nicht »erwartet« wurde. (http://www.moneyfruits.at/)
- Risiko wird … als das Informationsdefizit über die finale Bestimmtheit, das heißt die Ungewissheit über das Erreichen der gesteckten (geplanten) Ziele definiert. (E. Helten)
- Risiko ist nichts weiter als der Gegensatz zwischen Realität und Möglichkeit. (J. Markowitz)
- Risiko ist die vornehmste Quelle der Inspiration. (Hans Magnus Enzensberger)

- Risk is defined as the product: Risk = (Value) × (Vulnerability) × (Hazard). UNESCO 1972
- Risiko ist die bedingte Wahrscheinlichkeit, dass eine zu einem bestimmten Zeitpunkt von einer bestimmten Krankheit nicht befallene Person danach innerhalb einer definierten Zeitspanne an ihr erkrankt. (Dr. J. Weitkamp, gefunden unter http://www.zm-online.de)
- In der Psychologie wird das Wort Risiko beispielsweise verwendet für Fälle, in denen die Verfehlung der Lösung einer Aufgabe für den betreffenden Menschen keinen anderen Nachteil mit sich bringt als Folgen für seine Selbstbewertung. (U. Undeutsch)
- Risiko ist die Möglichkeit des Eintretens eines materiellen, physischen oder psychischen Nachteils beziehungsweise des Verfehlens eines angestrebten Zielzustandes, ausgelöst durch nicht beeinflussbare Umweltparameter respektive durch ein psychophysisch, emotional oder missmotiviert bedingtes Fehlverhalten des Entscheidungssubjektes. (M. Müller-Reichart)

Risikowahrnehmung als subjektives Phänomen

Risiken werden in ihrer Dimension und Materialität oder Immaterialität durch unsere Sinnesorgane wahrgenommen. Die Organe der Sinneswahrnehmung (Gesichts-, Gehör-, Tast-, Geschmacks- und Geruchssinn) erlauben uns die physische sowie neurophysiologische Risikowahrnehmung. Unsere Wahrnehmung wird dabei aber auch von Moden, Meinungen, Moralvorstellungen und zahllosen anderen Einflussfaktoren geprägt. Diese Rahmenbedingungen der Risikowahrnehmung führen in Verbindung mit unseren genetisch bedingten, anerzogenen und erlernten Einstellungs- und Verhaltensmustern zur psychischen Risikowahrnehmung, die aufgrund psychosozialer Unterschiede bei jedem Entscheider differenziert ausfallen kann. Was für den einen aufgrund seiner Risikoaversion ein Unsicherheit stiftendes Risiko ist, braucht für den anderen aufgrund dessen Risikofreude noch lange keine Unsicherheit zu provozieren. Risikobewertung hängt somit von unserer Risikoeinstellung und der von dieser induzierten psychischen Risikowahrnehmung ab[13]. Auch wenn das gleiche Risikoobjekt be-

---

[13] Vgl. Müller-Reichart, M.: Empirische und theoretische Fundierung eines innovativen Risiko-Beratungskonzeptes der Versicherungswirtschaft. Verlag Versicherungswirtschaft, Karlsruhe 1994, S. 44 ff.

trachtet wird, sehen unterschiedliche Entscheider verschiedene Risikosituationen[14].

Der Ursprung unterschiedlicher Risikowahrnehmung liegt somit in der psychologischen, sozialen, kulturellen und kommunikationspsychologischen Basis und Parametrisierung eines jeden Entscheiders.[15] Für die Risikowahrnehmung ist eine ganze Reihe von Faktoren ausschlaggebend:

- Bildungshintergrund des Beurteilenden (Experte, Laie)
- Erfahrungshorizont in Bezug auf das zu bewertende Risiko
- Soziodemographische Milieuzugehörigkeit (konservativ, hedonistisch)
- Zugehörigkeit zu einem bestimmten Kulturkreis
- Religion
- Aberglaube
- Mentalität
- Wertemuster

Ein wichtiger Baustein für die Risikowahrnehmung sind die in den Menschen und der Gesellschaft verankerten Deutungsmuster für Gefahren.[16] Hierdurch können Risiken erst veranschaulicht werden und somit auch das künftige Denken und Handeln steuern.

Dies kann sehr schön an einem Beispiel verdeutlicht werden: Untersuchungen haben ergeben, dass das Schadensausmaß stärker beeindruckt als das tatsächliche Risiko unter Berücksichtigung der Schadeneintrittswahrscheinlichkeit. Während einzelne Verkehrsunfälle an einem Tag mit mehreren Toten von der Öffentlichkeit kaum notiert werden, ist ein Unfall mit einem Reisebus mit der gleichen Anzahl von Toten medienwirksam und von allgemeinem Interesse. Dieses Interesse korreliert stark mit dem Faktum, dass ein Risiko stets als höher eingeschätzt wird, wenn gleichzeitig eine große Menschengruppe umkommt, als wenn die gleiche Anzahl an Personen einzeln Opfer eines gleichartigen Unglücks werden.[17]

Des Weiteren ist für die Wahrnehmung von Risiken der fachliche Hintergrund maßgeblich. Laien nehmen Bedrohungen anders wahr als Experten.

---

14) Vgl. Erben, R./Romeike, F.: Allein auf stürmischer See – Risikomanagement für Einsteiger. Wiley-VCH, Weinheim 2003.
15) Vgl. Müller-Reichart, M./Kurtz, H.J.: Psychologische Hintergründe der individuellen Risikobereitschaft im Lichte des Versicherungsentscheidungsproblems. Versicherungswirtschaft 4/1990, 45. Jahrgang, S. 221.
16) Vgl. Müller-Reichart, M.: Risikomanagement privater Haushalte. In: Handbuch Finanzdienstleistungen, Stuttgart 1993, S. 191–201.
17) Vgl. Zweifel, P./Pedroni G.: Chancen und Risiko. Messung, Bewertung, Akzeptanz. Basel 1988, S. 33.

Untersuchungen ergaben, dass Experten dazu neigen, Ereignisse mit weniger schwerwiegenden Folgen und einer hohen Wahrscheinlichkeit zu unterschätzen, hingegen Laien Ereignisse mit schwerwiegenden Folgen und einer geringen Eintrittswahrscheinlichkeit gern überbewerten.[18]

Für die unterschiedliche Wahrnehmung von Risiken und Wahrscheinlichkeiten gibt es mehrere Gründe:[19]

- Die Einschätzung von Risiken und Wahrscheinlichkeiten basiert auf einem bestimmten Erfahrungshintergrund. So werden in der Regel sehr kleine Wahrscheinlichkeiten, das heißt seltene Ereignisse, oft überschätzt und hohe Wahrscheinlichkeiten, das heißt häufig eintretende Ereignisse, unterschätzt. Dies lässt sich auch auf neue Technologien beziehungsweise neue Risiken übertragen. Neue und unvertraute Risiken werden oft überschätzt und vice versa.
- Die Wahrnehmung von Risiken hängt sehr stark von den vorhandenen Informationen ab. Die moderne und globale Informationsgesellschaft transportiert Informationen innerhalb von Sekunden quer über den Globus. Daher tragen die Medien erheblich zur Risikowahrnehmung bei. Besonders bei der Darstellung komplexer fachspezifischer Risiken und Bedrohungsszenarien agieren die Medien als »Informationstransformator« zwischen der Fachsprache der Wissenschaftler und Experten und dem Allgemeinverständnis des Laien. Die politische Verflechtung von Medien mit Interessengruppen und Lobbyisten kann daher frappierende Auswirkungen auf die Meinungslandschaft, die Sensibilität gegenüber potenziellen Gefährdungen sowie auf die Risikowahrnehmung und die Risikobereitschaft ausüben. Führte man ein Ranking nach risikobedingten Todesfolgen und ein Ranking der wahrgenommenen Risiken in der Öffentlichkeit durch, würden die beiden Analysen deutlich von einander differieren. Dies macht deutlich, dass es eine Diskrepanz zwischen tatsächlichen und wahrgenommenen Risiken gibt.
- Des Weiteren ist die Risikowahrnehmung und -einschätzung stark davon abhängig, ob der Entscheider Risiken beeinflussen kann oder nicht. Hierbei ist auch wichtig, ob man sich freiwillig in eine Gefahr begibt

---

[18] Vgl. Kemp, R.: Risikowahrnehmung: Die Bewertung von Risiken durch Experten und Laien – ein zweckmäßiger Vergleich? In: Bayrische Rück (Hrsg.): Risiko ist ein Konstrukt. München 1993, S. 113.

[19] Vgl. Müller-Reichart, M.: Empirische und theoretische Fundierung eines innovativen Risiko-Beratungskonzeptes der Versicherungswirtschaft. Verlag Versicherungswirtschaft, Karlsruhe 1994, S. 76/77 sowie Erben, R./Romeike, F.: Allein auf stürmischer See – Risikomanagement für Einsteiger. Wiley-VCH, Weinheim 2003

oder ob man dazu gezwungen wird. Der Grad der Selbstbestimmung ist ein wichtiger Filter, wenn es um die Erkennung von Risiken geht. Obwohl jeder die Folgen des Rauchens kennt, setzen sich täglich Tausende einer Vielzahl von Risiken aus, die der Nikotinkonsum mit sich bringt. Die gleichen Menschen sind womöglich aber nicht bereit, in ihrer Nähe Mobilfunkanlagen, Hochspannungsleitungen, Müllverbrennungsanlagen und Kraftwerke zu tolerieren, da sie hierdurch gesundheitliche Schäden befürchten. Man geht vielleicht im Urlaub Extremsportarten nach, auf die Gefahr hin, bleibende Schäden zu erleiden. Oder die Sorge über chemische Lebensmittelzusätze ängstigt die Verbraucher, wobei jährlich weitaus mehr Menschen an einer selbstverschuldeten ungesunden Ernährung sterben.[20] Aus dieser Diskrepanz wird deutlich, dass man glaubt, die Risiken selbst zu steuern und zu kontrollieren. Daher ist man auch bereit, höhere Risiken einzugehen.

- Daneben spielen aber auch kulturelle, soziale und politische Faktoren eine wesentliche Rolle bei der Risikowahrnehmung. Dies beginnt bereits bei der Definition des Risikobegriffs. So berücksichtigt die chinesische wie auch die englische Kultur in ihren Begriffen »Wei-ji« und »Risk« auch den Chancenaspekt in der Risikobetrachtung.

Die Risikolandschaft im Versicherungsunternehmen

Das Risikoprofil eines (Versicherungs-)Unternehmens kann in einer so genannten Risikolandkarte abgebildet werden.[21] Die Risikolandkarte wird häufig auch als Risk Landscape, Risk Map oder Risikomatrix bezeichnet.

Der Begriff Risikolandkarte basiert auf einer Analogie aus der Kartographie (siehe Abbildung 6). Wenn man sich beispielsweise den Stadtplan von Berlin vorstellt, so sieht man zunächst einmal viele Straßen, die man mit den Prozessen in einem Unternehmen vergleichen kann. Jede Straße trägt Risiken (Fußgänger, Autos, Verkehrsführung) in sich.

Daher wird man von Zeit zu Zeit auch an bestimmten Stellen Unfälle (Schäden beziehungsweise Verluste) beobachten. Analog zu einer in einem Risikohandbuch (Risk Policy) definierten Risikopolitik und den gesetzlichen Rahmenbedingungen (KonTraG, Solvency II, Deutscher Corporate Governance Kodex, VAG, VVG) gilt auch für den Straßenverkehr eine ganze Rei-

---

20) Vgl. Jungermann, H./Slovic, P.: Charakteristika individueller Risikowahrnehmung. In: Bayrische Rück (Hrsg.): Risiko ist ein Konstrukt. München 1993, S. 90.
21) Vgl. Romeike, F.: Lexikon Risiko-Management. Wiley-VCH, Weinheim 2004.

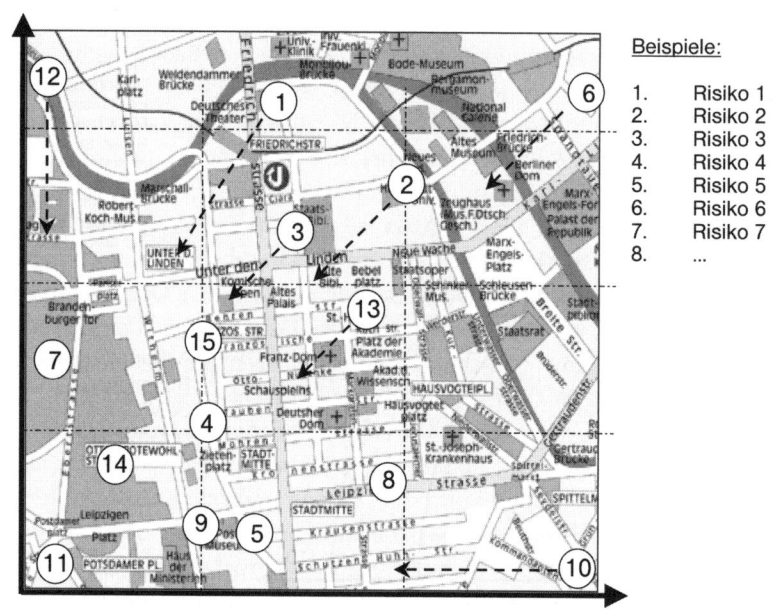

Abbildung 6: Ein Stadtplan als Vorbild einer Risikolandkarte [22]

he von gesetzlichen Regularien (beispielsweise die Straßenverkehrsordnung). Parallel zu den Frühwarnsystemen eines Unternehmens findet man auch in einer Stadt entsprechende Frühwarnindikatoren. So werden bestimmte, stark frequentierte Kreuzungen oder Straßen regelmäßig mit Kameras oder durch die Polizei überwacht. Die Verkehrsüberwachung liefert etwa über das Radio regelmäßige Informationen über die aktuelle Verkehrslage und mögliche Risikoindikatoren.

Ausgangspunkt einer derartigen Risikolandkarte ist die Identifikation aller ein Versicherungsunternehmen betreffenden Risiken. Setzt man nun diese Risikolandschaft in eine Risikolandkarte eines Versicherungsunternehmens um, so werden die identifizierten Risiken in ihre entscheidungstheoretischen Komponenten Eintrittswahrscheinlichkeit und Schadensausmaß differenziert. Mittels dieser Risikoanalyse erhält man nach erfolgter Risikoidentifikation somit die aussagekräftigere Risikolandkarte. Abbildung 7

---

[22] Quelle: Romeike, F.: Bewertung und Aggregation von Risiken. In: Romeike, F./Finke, R. (Hrsg.): Erfolgsfaktor Risikomanagement: Chance für Industrie und Handel. Lessons learned, Methoden, Checklisten und Implementierung. Gabler Verlag, Wiesbaden 2003, S. 183–198.

Beispiele:

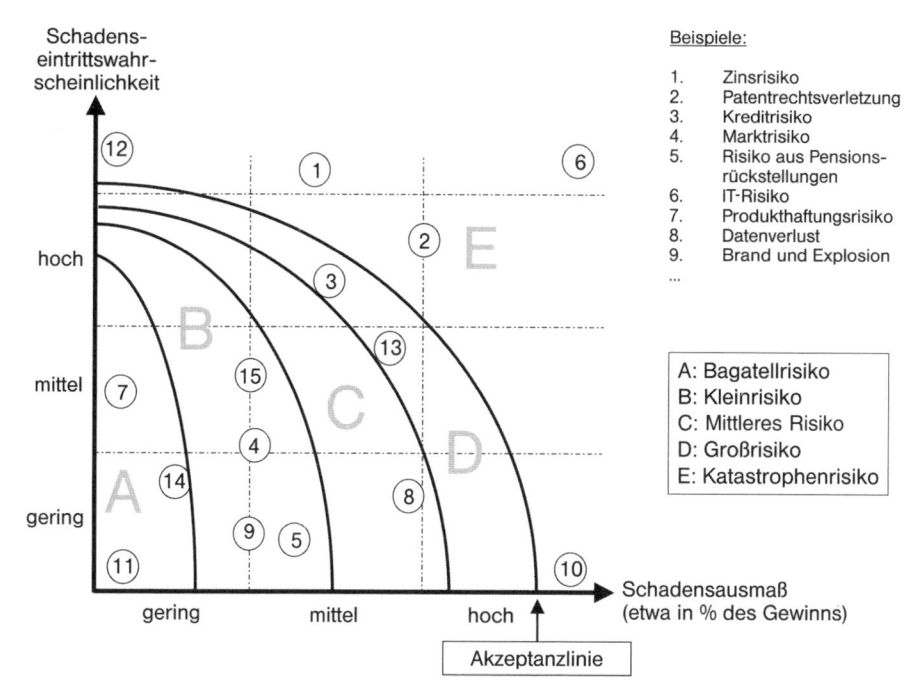

1. Zinsrisiko
2. Patentrechtsverletzung
3. Kreditrisiko
4. Marktrisiko
5. Risiko aus Pensionsrückstellungen
6. IT-Risiko
7. Produkthaftungsrisiko
8. Datenverlust
9. Brand und Explosion
...

A: Bagatellrisiko
B: Kleinrisiko
C: Mittleres Risiko
D: Großrisiko
E: Katastrophenrisiko

Abbildung 7: Risikolandkarte, Risikomatrix, Risk Map, Risk Landscaping – viele Begriffe für eine Methodik [23]

zeigt eine derartige Risikolandkarte, die mittels erfolgter Risikoanalyse den erkannten Risiken quantitative Werte zuordnet.

Traditionell erfolgt eine Quantifizierung der Risiken hinsichtlich des Erwartungswertes. Der Erwartungswert bestimmt sich zweidimensional aus der Multiplikation der Eintrittswahrscheinlichkeit mit dem Schadensausmaß (Risikodimension, Risikopotenzial, Tragweite).

In den vergangenen Jahren – insbesondere vor dem Hintergrund der Umsetzung des Gesetzes zur Kontrolle und Transparenz im Unternehmensbereich (KonTraG) – beschränkten sich viele Unternehmen auf ein

---

[23] Quelle: Romeike, F.: Bewertung und Aggregation von Risiken. In: Romeike, F./Finke, R. (Hrsg.): Erfolgsfaktor Risikomanagement: Chance für Industrie und Handel. Lessons learned, Methoden, Checklisten und Implementierung. Gabler Verlag, Wiesbaden 2003, S. 193.

Tabelle 3: Eintrittswahrscheinlichkeit

Eintrittswahrscheinlichkeit (Beispiel)	
1 = Hohe Eintrittswahrscheinlichkeit (häufig)	Eintritt innerhalb eines Jahres ist zu erwarten bzw. Eintritt empirisch in den vergangenen drei Jahren.
2 = Mittlere Eintrittswahrscheinlichkeit (möglich)	Eintritt innerhalb von drei Jahren ist zu erwarten bzw. Eintritt empirisch in den vergangenen acht Jahren.
3 = Niedrige Eintrittswahrscheinlichkeit (selten)	Eintritt innerhalb von acht Jahren ist zu erwarten bzw. Eintritt empirisch in den vergangenen 15 Jahren.
4 = Unwahrscheinlich	Risiko ist bisher, auch bei vergleichbaren Unternehmen, noch nicht eingetreten. Risiko kann aber auch nicht ausgeschlossen werden.

einfaches System einer Risk Map, in dem die Eintrittswahrscheinlichkeit und das Schadensausmaß mit Hilfe weniger Stufen klassifiziert wurden (siehe Tabellen 3 und 4):[24, 25]

Eine Klassifizierung der Risiken hinsichtlich Risikoausmaß und Eintrittswahrscheinlichkeit muss unternehmensindividuell vorgenommen werden. Inwieweit ein Schaden für das Versicherungsunternehmen Existenz bedrohend ist, hängt in jedem Fall von der wirtschaftlichen Stärke des Unternehmens ab.

Neben den Einzelrisiken beziehungsweise den aggregierten Risiken kann in einer Risikolandkarte auch die individuelle Akzeptanzlinie abgebildet werden. Diese zeigt an, ab welchem Schwellenwert ein Handlungsbedarf ausgelöst wird. In der Praxis wird die Risikolandkarte recht häufig in zwei (unterer und oberer Toleranzbereich) oder drei (unterer, mittlerer und oberer Toleranzbereich) Risikotoleranzbereiche aufgeteilt. Den verschiedenen Risikotoleranzbereichen können unterschiedliche Dringlichkeiten für die Risikosteuerung zugeordnet werden.

In einer Risikolandkarte kann abgelesen werden, mit welcher Priorität die Risiken angegangen werden sollten. Man beginnt mit der Zone der

---

24) Vgl. Romeike, F.: Bewertung und Aggregation von Risiken. In: Romeike, F.; Finke, R. (Hrsg.): Erfolgsfaktor Risikomanagement: Chance für Industrie und Handel. Lessons learned, Methoden, Checklisten und Implementierung. Gabler Verlag, Wiesbaden 2003, S. 183–198.

25) Vgl. zur Thematik der Perceived Risk-Skala auch Müller-Reichart, M.: Empirische und theoretische Fundierung eines innovativen Risiko-Beratungskonzeptes der Versicherungswirtschaft. Verlag Versicherungswirtschaft, Karlsruhe 1994, S. 65/66.

Tabelle 4: Schadens- bzw. Risikoausmaß

Schadens- bzw. Risikoausmaß	
1 = Katastrophenrisiko	Die Existenz des Unternehmens wird gefährdet.
2 = Großrisiko	Der Eintritt des Risikos zwingt zur kurzfristigen Änderung der Unternehmensziele.
3 = Mittleres Risiko	Der Eintritt des Risikos zwingt zur mittelfristigen Änderung der Unternehmensziele.
4 = Kleinrisiko	Der Eintritt des Risikos zwingt zur Änderung von Mitteln und Wegen.
5 = Bagatellrisiko	Der Eintritt des Risikos hat keine Auswirkungen auf den Unternehmenswert.

nichttragbaren Risiken (katastrophales Schadensausmaß). Bei gleichem Schadensausmaß haben grundsätzlich die Risiken mit der höheren Schadeneintrittswahrscheinlichkeit Priorität. Häufig wird dem Ist-Zustand auch der Soll-Zustand gegenübergestellt, so dass die Entscheidungsträger genau erkennen können, an welcher Stelle sie aktiv werden müssen.

Der Risikomanagementprozess im Versicherungsunternehmen als Regelkreis

Bevor eine quantitative Messung oder qualitative Bewertung der Risiken durch ein Versicherungsunternehmen durchgeführt werden kann, müssen die relevanten Risikokategorien stringent voneinander abgegrenzt werden. Die Vielfalt der Risikosituationen in Unternehmen und privaten Haushalten macht es schwierig, eine klare Strukturierung vorzunehmen.

So kann auch in der Versicherungswirtschaft eine *Vielzahl von dichotomischen Begriffspaaren* gegenübergestellt werden: Einzelrisiken und Portfoliorisiken, Geschäftsrisiken und Finanzrisiken, interne und externe Risiken, strategische und operative Risiken, Erfolgsrisiken und Liquiditätsrisiken, produktimmanente und nicht produktimmanente Risiken, versicherungstechnische und nicht versicherungstechnische Risiken, versicherbare und nicht versicherbare Risiken. Einen Überblick über die Vielzahl der Bestimmungsgrößen des Risikos liefert Abbildung 8.

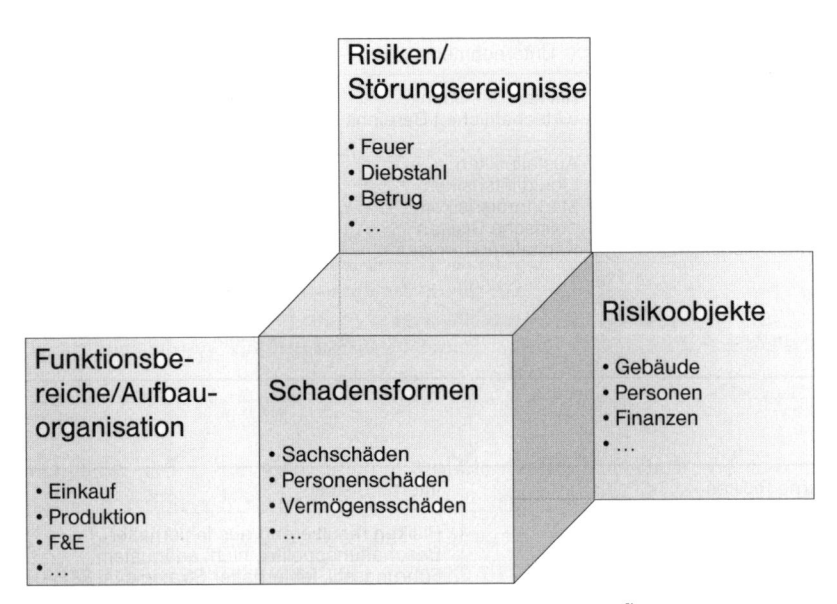

Risiken/Störungsereignisse
- Feuer
- Diebstahl
- Betrug
- ...

Risikoobjekte
- Gebäude
- Personen
- Finanzen
- ...

Funktionsbereiche/Aufbauorganisation
- Einkauf
- Produktion
- F&E
- ...

Schadensformen
- Sachschäden
- Personenschäden
- Vermögensschäden
- ...

Abbildung 8: Die Dichotomie der Bestimmungsgrößen des Risikos [26]

Grundsätzlich lassen sich für alle Unternehmen die Risiken in drei Hauptkategorien unterteilen (siehe Abbildung 9). [27] Zu den Risiken des *leistungswirtschaftlichen Bereichs* werden alle Beschaffungs-, Produktions-, Absatz- und Technologierisiken gezählt. Die Risiken des *finanzwirtschaftlichen Bereichs* können weiter in Liquiditätsrisiken, Marktpreisrisiken, politische Risiken, Ausfallrisiken und Kapitalstrukturrisiken gegliedert werden. Die Risiken aus Corporate Governance und die Risiken des Managements umfassen alle Risiken, die mit dem Ziel einer guten, verantwortungsvollen und auf langfristige Wertschöpfung ausgerichteten Unternehmensführung und Kontrolle verknüpft sind.

Des Weiteren können Risiken durch *externe oder interne Ereignisse und Störungen* verursacht werden. So kann etwa ein Beschaffungsrisiko auf Schwierigkeiten im Beschaffungsprozess oder ebenso auf die Ursache zurückgeführt werden, dass durch ein externes Schadensereignis (beispielsweise Erdbeben, Überschwemmung) bestimmte Produkte auf dem Welt-

26) Quelle: Romeike, F.: Risikoidentifikation und Risikokategorien. In: Romeike, F./Finke, R. (Hrsg.): Erfolgsfaktor Risikomanagement: Chance für Industrie und Handel. Lessons learned, Methoden, Checklisten und Implementierung. Gabler Verlag, Wiesbaden 2003, S. 167.
27) Vgl. Romeike, F.: Risikoidentifikation und Risikokategorien. In: Romeike, F./Finke, R. (Hrsg.): Erfolgsfaktor Risikomanagement: Chance für Industrie und Handel. Lessons learned, Methoden, Checklisten und Implementierung. Gabler Verlag, Wiesbaden 2003, S. 165–180.

Unternehmensrisiken		
Risiken des leistungswirtschaftlichen Bereichs	Risiken des finanzwirtschaftlichen Bereichs	Corporate Governance, Management etc.
Beschaffungsrisiken Produktionsrisiken Absatzrisiken F&E-Risiken Technologierisiken ...	Ausfallrisiken Liquiditätsrisiken Marktpreisrisiken politische Risiken Kapitalstrukturrisiken ...	Risiken bezüglich Corporate Governance Management Organisation Führungsstil Unternehmenskultur Markenführung Personal ...

externe Risiken	interne Risiken
gesetzliche Vorschriften Technologie Naturgewalten politische Verhältnisse ...	Risiken resultierend aus fehlerhafter Beschaffungspolitik, nicht adäquatem Führungsstil, fehlerhafter Strategie im F&E-Bereich etc.

Abbildung 9: Beispiel zur allgemeinen Risikokategorisierung [28]

markt nicht mehr oder nur zu höheren Preisen verfügbar sind. Die Abgrenzung zwischen den einzelnen Risikokategorien ist aufgrund der Vielschichtigkeit und Komplexität häufig nicht unproblematisch.

Für Versicherungsunternehmen existieren verschiedene Ansätze, die unterschiedlichen Risiken zu kategorisieren. Ein Grund hierfür liegt in den unterschiedlichen Perspektiven begründet. Ein weiterer Grund ist in der Tatsache zu sehen, dass Risiken in der realen Welt hochgradig komplex miteinander verknüpft sind. Eine Einteilung in verschiedene »Risikosilos« (operationelle Risiken, Marktrisiken, versicherungstechnische Risiken) ist für die effiziente Steuerung und das Verständnis (basierend auf einer Reduktion der Komplexität) sicherlich sinnvoll, spiegelt allerdings die (Unter-

---

[28] Quelle: Romeike, F.: Risikoidentifikation und Risikokategorien. In: Romeike, F./Finke, R. (Hrsg.): Erfolgsfaktor Risikomanagement: Chance für Industrie und Handel. Lessons learned, Methoden, Checklisten und Implementierung. Gabler Verlag, Wiesbaden 2003, S. 168.

nehmens-)Realität nur sehr begrenzt wider. So zeigen Analysen von Unternehmenszusammenbrüchen sehr gut, dass die Ursachen sehr häufig in einem Geflecht von Risikofaktoren zu finden sind.[29]

(Beinahe-)Zusammenbrüche in der Versicherungswirtschaft dokumentieren, dass die Ursachen sehr häufig sowohl im Bereich der operationellen Risiken als auch im Bereich der strategischen und versicherungstechnischen Risiken liegen. Auch der im Dezember 2002 veröffentlichte Sharma-Report (Details siehe weiter unten) kam zu dem Ergebnis, dass Risikoereignisse nur selten auf singuläre Ursachenkategorien zurückzuführen sind. Die Studie führte auch zu dem Ergebnis, dass eine Mehrzahl der Ereignisse auf »inappropriate technical risk decisions« zurückgeführt werden konnten. Diese Risikokategorie basiert jedoch wieder auf anderen Ursachen, etwa im Bereich der operationellen Risiken. Nur selten führen singuläre Risikoklassen zu größeren Schäden beziehungsweise Unternehmenszusammenbrüchen. Daher sollten einzelne Risiken nicht isoliert betrachtet werden. Dies ist wichtig, wenn ein Versicherungsunternehmen seine Risiken integriert steuern möchte und Risikomanagement als Technik beziehungsweise Methodik versteht, sämtliche Risiken eines offenen Systems beziehungsweise einer Organisation zu analysieren und zu steuern. Diese Überlappungen werden insbesondere bei operationellen Risiken deutlich (weitere Details siehe Kapitel »Strategische und operationelle Risiken«).

Im Rahmen der Diskussionen um die neue Eigenmittelunterlegung für Versicherungsunternehmen (Stichwort: Solvency II) wurden unterschiedliche Risikokategorisierungen identifiziert und vorgeschlagen. Ohne eine detaillierte Risikokategorisierung ist es nicht möglich, eine adäquate Eigenmittelunterlegung zu berechnen oder die identifizierten Risiken zu steuern. Der Sharma-Report[30] beispielsweise unterteilt die Risiken zunächst in interne und externe Risikoursachen und untergliedert die internen Risikoursachen dann weiter (siehe Abbildung 10).

---

[29] Vgl. Romeike, F.: Milchsumpf: Der Zusammenbruch des italienischen Konzerns Parmalat. In: RISKNEWS – Das Fachmagazin für Risikomanagement, Heft 02/2004, S. 52–56; sowie: Erben, R.: Analyse ausgewählter Unternehmenskrisen: Swissair, Enron und Kirch-Gruppe. In: Romeike, F./Finke, R. (Hrsg.): Erfolgsfaktor Risikomanagement: Chance für Industrie und Handel. Lessons learned, Methoden, Checklisten und Implementierung. Gabler Verlag, Wiesbaden 2003.

[30] Vgl. Conference of the Insurance Supervisory Services of the Member States of the European Union: Report – Prudential Supervision of Insurance Undertakings. December 2002, S. 22. (Der Report wird auch nach dem Vorsitzenden Paul Sharma, Head of the Prudential Risks Department of the UK's Financial Services Authority, »Sharma-Report« genannt.)

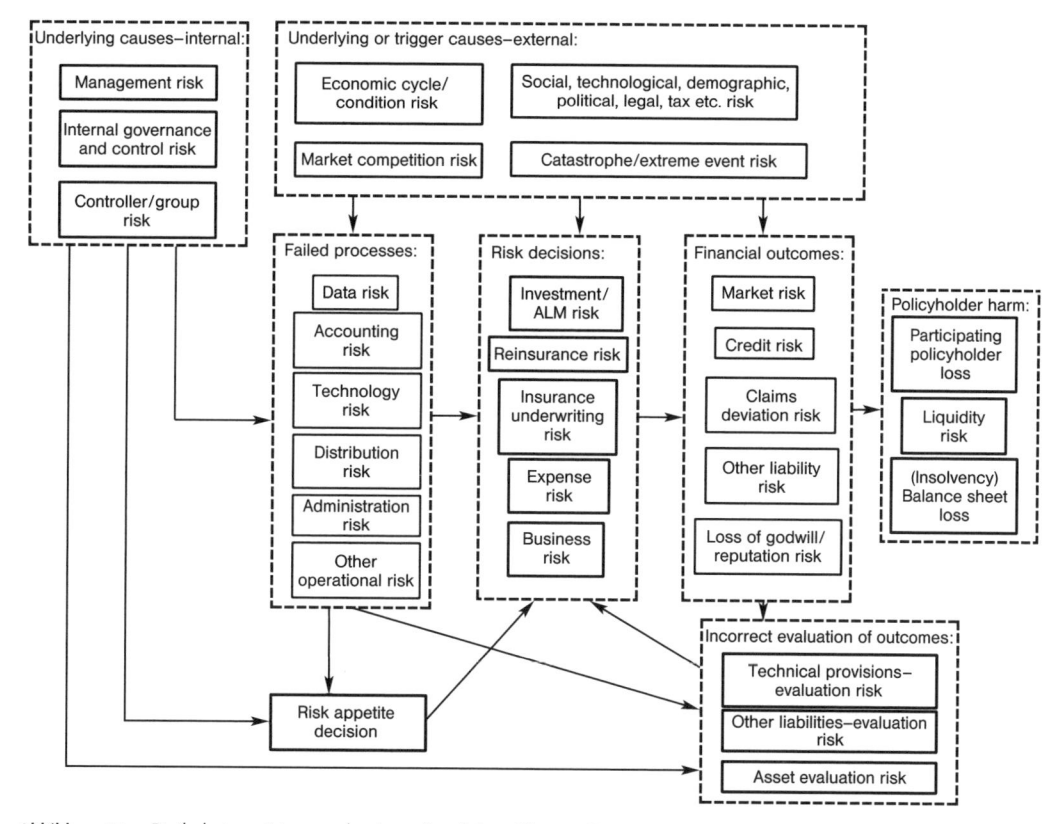

Abbildung 10: Risikokategorisierung, basierend auf dem Sharma-Report

Im Anhang zum Sharma-Report (siehe Tabelle 5)[31] werden die in der Versicherungsbranche identifizierten Risiken mit einer kurzen Definition aufgeführt.

Im Anhang B des Sharma Reports werden weitere mögliche Risikokategorisierungen aufgeführt, wobei der Risikobaum sich auf drei »Level« beschränkt. In einem ersten Beispiel werden die Risiken in »Technical Risks« und »Investment Risks« untergliedert. In einem weiteren Beispiel werden folgende Kategorien verwendet:

---

[31] Vgl. Conference of the Insurance Supervisory Services of the Member States of the European Union: Report – Prudential Supervision of Insurance Undertakings. December 2002, Appendix A.

Tabelle 5: Risikokategorien

Risikokategorie (Underlying causes or trigger causes)	Beschreibung und Beispiele
Underlying causes – internal	
Management & staff, competence risk	The risk that management, staff or other »insiders« lack the skills, experience or other personal or professional qualities to enable them perform their tasks adequately and successfully. It includes the risk of over-reliance on one or more persons (»key person risk«).
Internal governance & control risk	The risk of inadequate or failed systems of corporate governance and overall control, including the risk that arises from an inadequate control culture.
Controller & group risk	The risk of inadequate or inappropriate direction, control or influence from connected persons (natural or corporate) including from major shareholders, parent undertakings and other group undertakings and the management of those undertakings.
Underlying or trigger causes – external	
Economic cycle/condition risk	The risk of adverse change in the economy, including adverse changes in economic variables such as interest, inflation and exchange rates.
Market competition risk	The risk of adverse change within the insurance markets, including increases or decreases within a market of the demand for, or supply of, insurance products.
Social, technological, demographic, political, legal, taxation risks	The risk of adverse change in the social, technological, demographic, political, legal, tax environment.
Catastrophe/extreme event risk	The risk of a catastrophe or other extreme event, including an extreme accumulation of events from the same or related originating cause.
Inadequate or failed processes, systems or people	
Data risk	The risk that insufficient, inadequate or incorrect data is held or collected.
Accounting risk	The risk that inadequate, inappropriate or incorrect financial reporting policies are adopted or applied. This includes both internal and external financial reporting.
Technology risk	The risk of inadequate or inappropriate use (or non-use) of information technology or failure to understand the consequence of advance in information technology, e.g. as a cause of increase claims size or faster claims settlement.

Tabelle 5: (Fortsetzung)

Risikokategorie (Underlying causes or trigger causes)	Beschreibung und Beispiele
Distribution risk	Inadequate control of distribution, especially where distribution is through agents or other intermediaries or relies upon new technologies (e.g. the internet).
Administration risk	The risk of inadequate or failed administrative systems or staff including inadequate or failed communication between front and back office systems.
Other operational risk	Other risks of inadequate or failed internal processes, people and systems, including in respect of outsourced processes (»outsourcing risk«).
Loss of goodwill/reputation risk	The risk of loss of goodwill or reputation.
Inappropriate risk decisions	
Investment/Asset liability management risk	The risk that an inappropriate investment strategy is adopted or that chosen investment strategy is inadequately implemented, including the risks that: • assets and liabilities might not be matched due to an inadequate understanding of their liquidity, maturity and interest rate structure; and • market, credit and other risks inherent from holding assets are not properly understood.
Reinsurance risk	The risk that an inappropriate reinsurance strategy is adopted or that the chosen strategy is inadequately implemented, including the risks that: • the characteristics of gross underwriting or of reinsurance products are inadequately understood leading to the selection of inadequate reinsurance protection; and • the credit-worthiness of reinsurance counterparties is not properly investigated or understood.
Expense Risk	The risk that an inappropriate expense management strategy is adopted or that the chosen strategy is inadequately implemented, including the risk that: • uncontrolled cost escalation may occur, particularly on large projects, or financial and other (e.g. human) resources are used wastefully; • techniques to forecast, monitor and control expense levels may be poorly understood.

Tabelle 5: (Fortsetzung)

Risikokategorie (Underlying causes or trigger causes)	Beschreibung und Beispiele
Underwriting risk	The risk that an inappropriate underwriting strategy is adopted or that the chosen strategy is inadequately implemented. It includes the risks that: • the circumstances and events which might lead to the incidence or aggregation of loss, or expense, under insurance contracts are not properly investigated or understood; and • the terms and conditions in insurance contracts are not properly understood.
Business risk	The risk that other aspects of the business strategy are inappropriate or inadequately implemented including the risks of: • mis-selling (»mis-selling risk«); • uncontrolled or rapid growth (or lack of planned growth) and its consequences for the adequacy or control of administrative resources, expenses, liquidity (»growth risk«); • excessive concentration of business to a particular region or sector or accumulation of exposure to a particular type of risk (»business concentration risk«); • non-insurance activities are inappropriate or inadequately controlled (»contagion risk«).
Financial outcomes	
Market risk	The risk of loss from general or specific changes in the value of assets, including from adverse changes in stock exchange indices and in interest and currency exchange rates.
Credit risk	The risk of loss from the failure of a counterparty to meet its obligations as they fall due.
Claims deviation risk	The risk of loss due to adverse deviation in the amount, frequency or timing of claims.
Other liability risk	The risk of unexpected loss or expense from other causes including: • liability arising from regulatory non-compliance, e.g. mis-selling; and • loss or expense from non-insurance activities.
Loss of business risk	Loss of goodwill or reputation leads to loss of business and erodes the firm's value.

Tabelle 5: (Fortsetzung)

Risikokategorie (Underlying causes or trigger causes)	Beschreibung und Beispiele
Incorrect evaluation of financial outcomes	
Technical provisions, evaluation risk	The risk that the technical provisions may prove to be insufficient.
Other liabilities, evaluation risk	The risk of non-recognition, under recognition or delayed recognition, of liabilities.
Asset evaluation risk	The risk that assets are incorrectly valued.
Policyholder harm	
Participating policyholder loss risk	The risk that variable benefits to participating (with-profits) policyholders will fail to meet their reasonable expectations.
Liquidity risk	The risk of delay in meeting policyholder claims due to inadequate liquidity.
(Insolvency) balance sheet risk	The risk of inability to meet policyholder claims in full due to insolvency, i.e. liabilities exceed assets.

- Global Risks: globalisation, deregulation and liberalisation of insurance markets, standardisation of accounting, general trend in claims, legal and political changes, demographic changes.
- Strategic Risks: visions and strategies, strategies of individual undertakings of a group, risks arising from business relations with banks, strategic risks, ties between individual companies and groups, corporate culture.
- Operative Risks: risks inherent in the internal organisation, marketing, public relations, directing distribution activities, branches and field service having differing sets of objectives and values, risks associated with distribution, use of external parties/outsourcing risks, use of electronic data processing, personnel risks, project risks, risks arising from incorrect accounting.
- Risks arising from the liabilities side of the balance sheet: product development, rating (tariffs), underwriting, selection of clients/risks, portfolio development, settlement of claims and controlling, information and control, outward reinsurance, control of reinsurance.
- Risks arising from the assets side of the balance sheet: strategic and tactical asset allocation/planning and forecast-related risks, asset-liability management, mismatching risk, market risks, information and con-

trol systems (investments), liquidation risks, risks associated with credit standing, credits, counterparty risks.

Der von der Europäischen Kommission in Auftrag gegebene »KPMG-Report« schlägt eine etwas andere Klassifizierung vor und unterteilt die Risiken zunächst in:[32]

- Risks arising at the entity level,
- Risks faced by the insurance industry (Systematic Risks),
- Risks faced by the economy (Systemic Risks).

Ein systemisches Risiko ist die Gefahr, dass ein Ereignis zu einem Verlust an ökonomischen Werten und/oder an Vertrauen in das Finanzsystem führt und schwerwiegende realwirtschaftliche Auswirkungen nach sich zieht. So könnte es etwa durch den Ausfall oder das Nichtvorhandensein von Rückversicherungsdeckung zu einer Beeinträchtigung der wirtschaftlichen Tätigkeit bis hin zum Kollaps von Erstversicherungsunternehmen und deren Kunden kommen. Dies kann wiederum zu schwerwiegenden Schäden in der Realwirtschaft führen.

Basierend auf der Studie existieren auf der Unternehmensebene insbesondere die folgenden Risikokategorien:

- Pure Underwriting Risk: Hier werden vor allem Teile des versicherungstechnischen Risikos subsumiert.
- Underwriting Management Risk: Basierend auf einem »schlechten« Underwriting, einer unangemessenen Produktlandschaft oder einer nicht adäquaten Prämienkalkulation.
- Credit Risk: Hierunter werden vor allem das Ausfallrisiko des Rückversicherers, eines Investors oder der Ausfall von Prämienforderungen subsumiert.
- Reinsurance Risk: Nur ein adäquater Rückversicherungsschutz unterstützt das Risikomanagement. Ein nicht angemessener Rückversicherungsschutz kann bei unerwarteten Schäden oder Extremereignissen zu Schwierigkeiten beim Erstversicherer führen.
- Operational Risk: Risiko von Verlusten infolge der Unangemessenheit oder des Versagens von internen Verfahren, Menschen und Systemen oder von externen Ereignissen.

---

[32] Vgl. European Commission: Study into the methodologies to assess the overall financial position of an insurance undertaking from the perspective of prudential supervision, Brussels 2002, S. 19 ff.

- Investment Risk: Risiko resultierend aus einem nicht angemessenen Kapitalanlagen-Mix beziehungsweise einer nicht ausreichenden Mischung und Streuung. Dies bedeutet generell eine begrenzte Konzentration der Kapitalanlagen auf einzelne Vermögensarten, auf einzelne Schuldner sowie in regionaler Hinsicht.
- Liquidity Risk: Das Risiko, unerwarteten Zahlungsverpflichtungen nicht zu jedem Zeitpunkt in Geldform nachzukommen. Tritt dieses Risiko ein, so tritt Konkurs wegen Illiquidität ein.
- Matching Risk: Insbesondere beim Lebensversicherer sollte die integrierte Steuerung der Kapitalanlagen (Assets) und Verbindlichkeiten (Liabilities) im Fokus stehen. Besteht hier hinsichtlich Zeit, Cashflow und Währung keine Übereinstimmung so besteht das Risiko des »Asset Liability Mismatching«.
- Expense Risk: Hierunter wird das Risiko verstanden, dass insbesondere bei länger laufenden Verträgen die tatsächlichen nicht mit den kalkulierten Kosten übereinstimmen.
- Lapses Risk: Gerade in der Anfangsphase eines Lebensversicherungsvertrags übersteigen häufig die Kosten die Erträge. Eine eventuell gezahlte Provision oder Courtage kann möglicherweise nicht amortisiert werden.
- Provisioning: Eine nicht adäquate Risikovorsorge führt möglicherweise zu einem nicht angemessenen Underwriting oder weiteren nicht angemessenen Managemententscheidungen.

Für den Bereich der »Systematic Risks« unterscheidet die Studie zwischen:

- Jurisdictional and Legal Risks: Insbesondere im Haftpflichtbereich können Änderungen des Rechtssystems oder richterliche Entscheidungen zu gravierenden Implikationen führen (punitive damages).
- Market Changes: Auch Änderungen des Nachfrageverhaltens beziehungsweise des Wettbewerbsverhaltens können gravierende Auswirkungen auf die Risikolandschaft eines Versicherungsunternehmens haben.

Weitere Risiken für ein Versicherungsunternehmen resultieren aus der lokalen oder globalen Wirtschaft sowie weiteren »sozialen« Faktoren. In der Regel kann ein Versicherungsunternehmen diese Risiken nicht beeinflussen, jedoch steuern. Diese »Systemic Risks« sind beispielsweise:

- Market Value Fluctuation of Investments: Veränderungen auf den Kapitalmärkten, wie beispielsweise in den vergangenen Jahren, können gravierende Auswirkungen auf die adäquate Kapitalausstattung und die angemessene und integrierte Steuerung der Kapitalanlagen (Assets) und Verbindlichkeiten (Liabilities) haben.

- Environmental Changes: Auch Naturkatastrophen (Erdbeben, Flut, Sturm) können gravierende Auswirkungen auf die Schadensituation in der Lebens- und Nicht-Lebensversicherung haben.
- Social/Political Changes: Auch veränderte soziale Umstände (resultierend in einer höheren Kriminalitätsrate) oder neue Krankheiten (etwa AIDS) können gravierende Auswirkungen auf die Risikosituation der Versicherungsunternehmen haben.
- Economic Cycle: Die allgemeine wirtschaftliche Situation wird möglicherweise dazu führen, dass während einer Wachstumsschwäche weniger Versicherungen gekauft werden. Eine höhere Arbeitslosenquote führt gegebenenfalls zu steigenden sozialen Konflikten und einer höheren Kriminalitätsrate. Parallel hat die wirtschaftliche Situation auch Auswirkungen auf die Kapitalanlagen des Versicherungsunternehmens (»double trigger«).
- Inflation Rate: Die Inflationsrate hat direkte Auswirkungen auf die Höhe der Schadenzahlungen. So bewirkt beispielsweise eine höhere Inflationsrate auch höhere Kosten im Gesundheitswesen, was einen direkten Einfluss auch auf die Schadenzahlungen etwa in der Krankenversicherung hat. Im Bereich der Sach- und Haftpflichtversicherung kann eine hohe Inflation insbesondere gravierende Auswirkungen auf »long-tail«-Schäden haben.
- Interest Rate: Veränderungen des Zinssatzes haben insbesondere gravierende Auswirkungen auf die Kapitalanlageerträge in der Lebensversicherung.
- Exchange Rate: Währungsrisiken sind dann zu berücksichtigen, wenn Verbindlichkeiten in fremder Währung auszugleichen sind oder Kapitalanlagen in fremder Währung gehalten werden. Ein besonderes Risiko besteht insbesondere dann, wenn potenzielle Schäden nicht durch Fremdwährungs-Investments gedeckt sind.
- Technological Changes: Neue Technologien (etwa im Bereich der Informations- und Kommunikationstechnologie) führen möglicherweise zu steigenden Risiken im Versicherungsportfolio.

Die skizzierten »Risikolandkarten« verdeutlichen die Vielfalt der potenziellen Wege, die Risiken in einem Versicherungsunternehmen zu kategorisieren. Die individuelle Risikolandschaft eines Versicherungsunternehmens basiert in jedem Fall auf den spezifischen Geschäftsprozessen und der Unternehmensumwelt und führt auch zu unterschiedlichen finanziellen Auswirkungen. Eine Risikokategorisierung, die für Versicherer A sinnvoll ist, muss nicht auch für Versicherer B Sinn ergeben. Daher erscheint es auch nicht als sinnvoll, eine allgemein gültige Definition der verschiedenen Risikokategorien vorzustellen, die quasi wie eine Schablone für alle Versicherer Gültigkeit besitzt.

Der im Jahr 1997 veröffentlichte Müller-Report[33] beinhaltete auch eine detaillierte Analyse der Insolvenzursachen in der europäischen Versicherungswirtschaft. Danach führen insbesondere operationelle Risiken (etwa inkompetentes Management, Betrügereien) sowie versicherungstechnische Risiken (beispielsweise im Underwriting, durch nicht adäquate Rückversicherungsverträge sowie eine unangemessene Eigenmittelunterlegung ebenso wie eine fehlende integrierte Steuerung der Kapitalanlagen und Verbindlichkeiten) zu Versicherungsinsolvenzen.

Ein erfolgreiches Risikomanagement ist nur bei einem zielorientierten Versicherungsunternehmen möglich. Dabei kann das Risikomanagement nicht losgelöst von den Unternehmenszielen betrachtet werden.

Die primären Ziele des Risikomanagements sind dabei:

- Nachhaltige Erhöhung des Unternehmenswertes (eine wertorientierte Unternehmenssteuerung und Risikomanagement sind die beiden Seiten ein und derselben Medaille).
- Sicherung der Unternehmensziele (leistungswirtschaftliche, finanzielle Ziele).
- Sicherung des künftigen Erfolgs des Unternehmens.
- Optimierung der Risikokosten.
- Soziale Ziele aus der gesellschaftlichen Verantwortung des Versicherungsunternehmens.

Werden eines oder mehrere dieser Ziele verfehlt[34], so ist ein Unternehmen in seiner Existenz gefährdet. Bei der Festlegung der Risikomanagementziele ist die Geschäftsleitung beziehungsweise der Vorstand die höchste Entscheidungsinstanz. Neben der Zieldefinition erfolgen im Rahmen des strategischen Risikomanagements die organisatorische Einbettung

---

33) Vgl. The Müller Group Report: Solvency of insurance undertakings. Conference of Insurance Supervisory Authorities of the Member States of the European Union, 1997.
34) Ein Verfehlen der Ziele »Erhöhung des Unternehmenswertes« oder »Gesellschaftliche Verantwortung« muss nicht zur Existenzgefährdung des Unternehmens führen.

in ein Unternehmen sowie die Kommunikation der risikopolitischen Grundsatzentscheidungen.

Die Risikomanagementorganisation definiert den aufbau- und ablauforganisatorischen Rahmen. Für die praktische Implementierung in die betrieblichen Prozesse ist es wichtig, dass Risikomanagement gelebt wird und einen Teil der Unternehmenskultur darstellt.

Die Risikopolitik muss in die Unternehmensstrategie, in der die langfristige Ausrichtung des Versicherungsunternehmens festgelegt ist, integriert werden.

Die Organisation des Risikomanagements sowie der Risikomanagementprozess sollten in einem Risikohandbuch oder einer »Risk Management Policy« definiert werden. Eine gute Dokumentation ist von zentraler Bedeutung für eine dauerhafte (auch personenunabhängige) Funktionsfähigkeit des Risikomanagements. Im Übrigen ist solch eine Dokumentation auch gesetzlich über das KonTraG vorgeschrieben. So verlangt etwa das KonTraG und empfiehlt der Deutsche Corporate-Governance-Kodex eine angemessene Dokumentation aller Schritte und Maßnahmen.[35] Gemäß den Empfehlungen des IDW-Prüfungsstandards 340 (Prüfungsstandard des Instituts der Wirtschaftsprüfer) sollten in einer Dokumentation alle organisatorischen Maßnahmen und Regelungen des Früherkennungssystems erfasst werden.

Bestandteile eines Risikomanagementhandbuches sind unter anderem:[36]

- Vision und Ziele des Risikomanagementsystems,
- Risikopolitische Grundsätze: Einstellung zum Risiko, Risikotragfähigkeit,
- Grundsätze für Risikoerkennung und Risikoanalyse sowie Risikokommunikation,
- Begriffsdefinitionen (Risiko, Risikokategorien),
- Risikostruktur sowie Risikofaktoren und -kategorien,
- Definition der Aufbauorganisation, beispielsweise eines institutionalisierten Bereiches Risikomanagement,
- Dokumentation von Risikoverantwortlichen und Maßnahmen,
- Definition der Methoden und Instrumente,

---

35) Vgl. Müller-Reichart, M.: Dynamische Verfeinerung linearer Hypothesen. In: Versicherungswirtschaft, 5/2003, 58. Jahrgang, S. 318.
36) Vgl. Romeike, F.: Der Prozess des strategischen und operativen Risikomanagements. In: Romeike, F./Finke, R. (Hrsg.): Erfolgsfaktor Risikomanagement: Chance für Industrie und Handel. Lessons learned, Methoden, Checklisten und Implementierung. Gabler Verlag, Wiesbaden 2003.

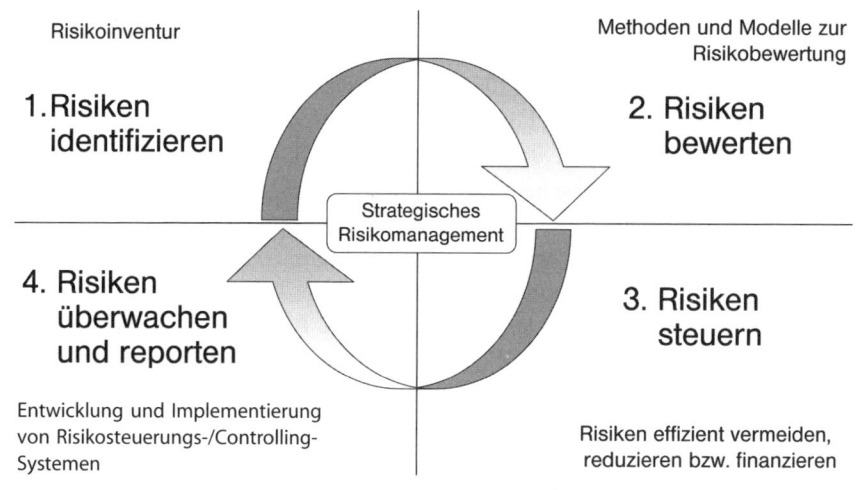

Abbildung 11: Der Risikomanagementprozess als Regelkreis[37]

- Zusammenstellung der wesentlichen integrierten Kontrollen sowie der Aufgaben der internen Revision,
- Geltungsbereich, Inkraftsetzung.

Das operative Risikomanagement (vgl. Abbildung 11) beinhaltet den Prozess der systematischen und laufenden Risikoanalyse der Geschäftsabläufe. Ziel der Risikoidentifikation ist die frühzeitige Erkennung von »den Fortbestand der Gesellschaft gefährdenden Entwicklungen«, das heißt die möglichst vollständige Erfassung aller Risikoquellen, Schadensursachen und Störpotenziale. Für einen effizienten Risikomanagementprozess kommt es darauf an, dass Risikomanagement als kontinuierlicher Prozess – im Sinne eines Regelkreises – in die Unternehmensprozesse integriert wird.

Die Informationsbeschaffung ist die schwierigste Phase im gesamten Risikomanagementprozess und eine Schlüsselfunktion des Risikomanagements, da dieser Prozessschritt die Informationsbasis für die nachgelagerten Phasen liefert – schließlich können nur Risiken bewertet und gesteuert werden, die auch erkannt wurden. Hierbei ist es jedoch nur in den seltensten Fällen möglich, alle Risiken lückenlos zu erfassen. Heute nicht identifizierte Risiken können sich durch die Entwicklung der Gesellschaft oder der

---

[37] Quelle: Romeike, F.: Der Prozess des strategischen und operativen Risikomanagements. In: Romeike, F./Finke, R. (Hrsg.): Erfolgsfaktor Risikomanagement: Chance für Industrie und Handel. Lessons learned, Methoden, Checklisten und Implementierung. Gabler Verlag, Wiesbaden 2003, S. 153.

Technik beziehungsweise durch eine veränderte Risikowahrnehmung erst im Laufe der Zeit ergeben (Problem so genannter Strukturbrüche[38]) und sind daher bei der Risikoidentifikation objektiv nicht erkennbar. Eine weitere Ursache ist darin zu sehen, dass der Mensch im Prozess der Risikoidentifikation auch objektiv vorhandene Risiken schlichtweg nicht erkennt, weil er möglicherweise die unterschiedlichen Methoden der Risikoidentifikation nicht beherrscht.

Um die Ziele des Risikomanagements zu erreichen, ist eine systematische, prozessorientierte Vorgehensweise erforderlich. Die Identifikation kann je nach Unternehmen aus verschiedenen Perspektiven erfolgen; beispielsweise auf der Ebene der Risikoarten (etwa leistungswirtschaftliche, finanzwirtschaftliche, externe Risiken), der Ebene der Prozesse (etwa Projekte, Kern- und Unterstützungsprozesse) sowie der Geschäftsfelder beziehungsweise Versicherungsarten.

Die Betrachtung von Risiken erfordert die Analyse der Zusammenhänge ihrer Entstehung. Auswirkungen von Risikoereignissen stellen oft die Ursachen für andere Ereignisse dar. Operationelle und andere Risikoereignisse und -ursachen bilden so in der Regel mehrgliedrige Wirkungsketten (siehe Abbildung 12).

Die Wahl der Methodik zur Risikoidentifikation hängt stark von den spezifischen Risikoprofilen des Unternehmens und der Branche ab. In der betrieblichen Praxis werden die einzelnen Identifikationsmethoden häufig kombiniert. Abbildung 13 gibt einen Überblick über die verschiedenen Methoden.

Sind die Risiken erkannt, so werden in der nächsten Phase die Risiken hinsichtlich ihres Erwartungswerts und möglicher weiterer Risikomaße quantifiziert. Die Ausgangsbasis der Risikobewertung bilden einerseits die identifizierten Risiken und andererseits das bei der Risikoidentifikation gesammelte Datenmaterial. Die Risikobewertung zielt darauf ab, die Risiken hinsichtlich ihres Gefährdungspotenzials in eine Rangordnung zu bringen sowie ein unternehmensindividuelles Risikoportfolio (siehe Abbildung 7) abzubilden.

---

[38] Vgl. Müller-Reichart, M.: Dynamische Verfeinerung linearer Hypothesen. In: Versicherungswirtschaft, 5/2003, 58. Jahrgang, S. 320.

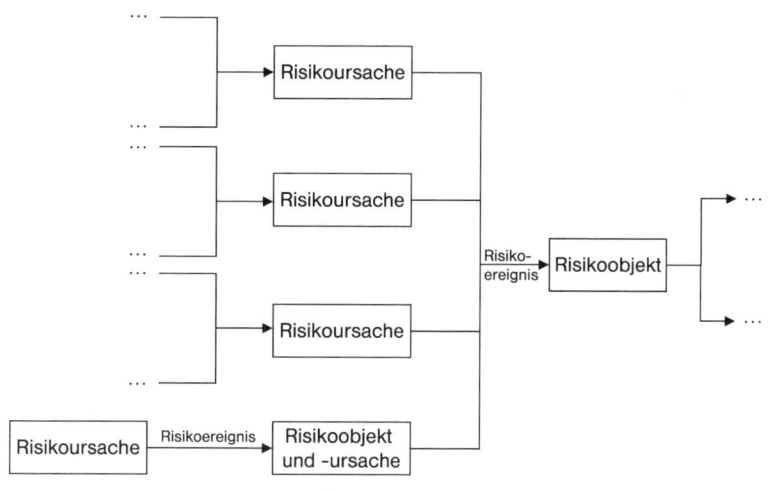

Abbildung 12: Risikoereignisketten [39]

Kollektionsmethoden	Suchmethoden	
	Analytische Methoden	Kreativitätsmethoden
Checkliste SWOT-Analyse/Self-Assessment Risiko-Identifikations-Matrix (RIM) Interview, Befragung	Fragenkatalog morphologische Verfahren Fehlermöglichkeits- und Einflussanalyse Baumanalyse	Brainstorming Brainwriting Delphi-Methode Synektik

Vorwiegend geeignet zur Identifikation bestehender und offensichtlicher Risiken

Vorwiegend geeignet zur Identifikation zukünftiger und bisher unbekannter Risikopotenziale (proaktives Risikomanagement)

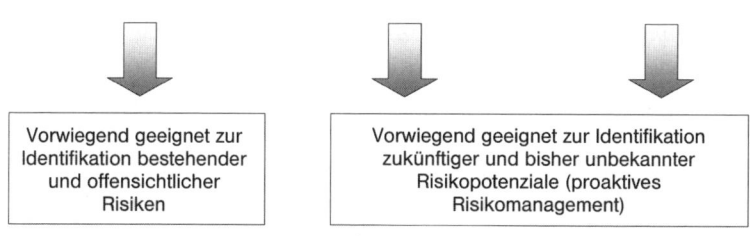

Abbildung 13: Identifikationsmethoden [40]

[39] Quelle: Romeike, F.: Der Prozess des strategischen und operativen Risikomanagements. In: Romeike, F./Finke, R. (Hrsg.): Erfolgsfaktor Risikomanagement: Chance für Industrie und Handel. Lessons learned, Methoden, Checklisten und Implementierung. Gabler Verlag, Wiesbaden 2003.

[40] Quelle: Romeike, F.: Der Prozess des strategischen und operativen Risikomanagements. In: Romeike, F./Finke, R. (Hrsg.): Erfolgsfaktor Risikomanagement: Chance für Industrie und Handel. Lessons learned, Methoden, Checklisten und Implementierung. Gabler Verlag, Wiesbaden 2003.

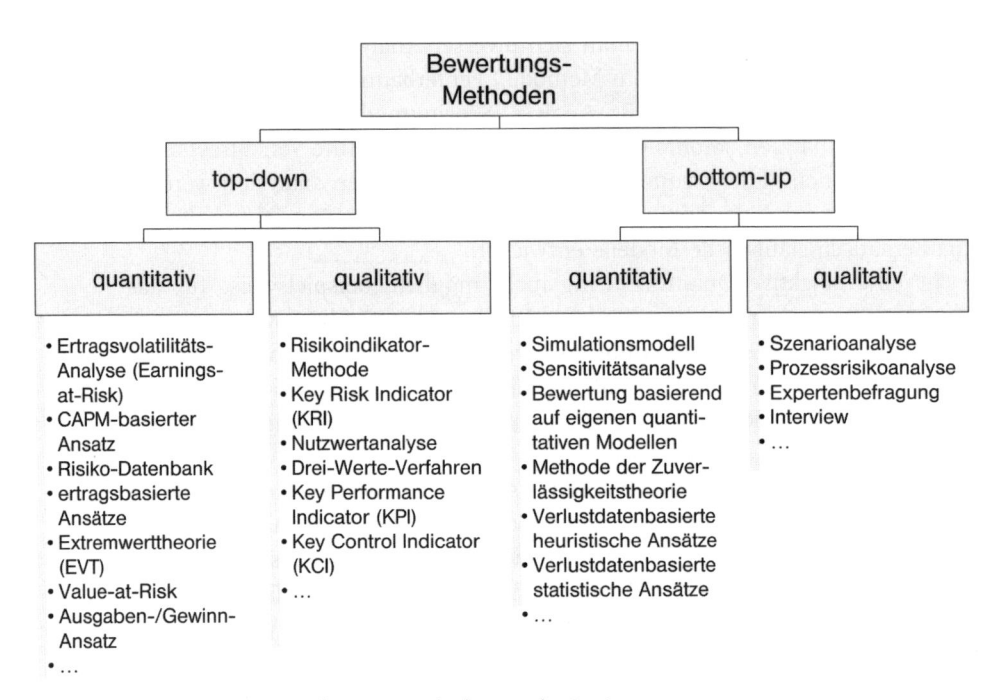

```
                        ┌─────────────────┐
                        │  Bewertungs-    │
                        │  Methoden       │
                        └─────────────────┘
                   ┌──────────┴──────────┐
              ┌─────────┐           ┌─────────┐
              │ top-down│           │bottom-up│
              └─────────┘           └─────────┘
            ┌──────┴──────┐       ┌──────┴──────┐
       ┌─────────┐ ┌─────────┐ ┌─────────┐ ┌─────────┐
       │quantitativ│ │qualitativ│ │quantitativ│ │qualitativ│
       └─────────┘ └─────────┘ └─────────┘ └─────────┘
```

top-down / quantitativ:
- Ertragsvolatilitäts-Analyse (Earnings-at-Risk)
- CAPM-basierter Ansatz
- Risiko-Datenbank
- ertragsbasierte Ansätze
- Extremwerttheorie (EVT)
- Value-at-Risk
- Ausgaben-/Gewinn-Ansatz
- …

top-down / qualitativ:
- Risikoindikator-Methode
- Key Risk Indicator (KRI)
- Nutzwertanalyse
- Drei-Werte-Verfahren
- Key Performance Indicator (KPI)
- Key Control Indicator (KCI)
- …

bottom-up / quantitativ:
- Simulationsmodell
- Sensitivitätsanalyse
- Bewertung basierend auf eigenen quantitativen Modellen
- Methode der Zuverlässigkeitstheorie
- Verlustdatenbasierte heuristische Ansätze
- Verlustdatenbasierte statistische Ansätze
- …

bottom-up / qualitativ:
- Szenarioanalyse
- Prozessrisikoanalyse
- Expertenbefragung
- Interview
- …

Abbildung 14: Quantifizierungsmethoden aus der Praxis

Als Bewertungsmethodik bietet sich entweder ein »Top-down«- oder ein »Bottom-up«-Ansatz an (siehe Abbildung 14). Bei der »Top-down«-Methode stehen für das Unternehmen die bekannten Folgen der Risiken im Vordergrund. Hierbei werden Daten der Gewinn-und-Verlust-Rechnung, wie etwa Erträge, Kosten oder das Betriebsergebnis, im Hinblick auf deren Volatilitäten untersucht. Der »Top-down«-Ansatz bietet den Vorteil einer relativ schnellen Erfassung der Hauptrisiken aus strategischer Sicht. Diese »Makroperspektive« kann jedoch auch dazu führen, dass bestimmte Risiken nicht erfasst werden oder Korrelationen zwischen Einzelrisiken nicht korrekt bewertet werden.

Dem gegenüber stehen beim »Bottom-up«-Ansatz die Ursachen der verschiedenen Risikokategorien im Fokus. Es wird versucht, die möglichen Folgen eines Risikoeintritts für das Unternehmen herzuleiten und zu bewerten. Hierbei ist eine eingehende Analyse der Prozesse sowie deren Korrelationen erforderlich. Die »Bottom-up«-Methode bietet den Vorteil, dass sämtliche Geschäftsbereiche und Prozesse erfasst und analysiert werden können. Allerdings ist der »Bottom-up«-Ansatz auch um ein Vielfaches aufwendiger. In der Praxis bietet sich eine Kombination beider Methoden an.

Bei der Bewertung bedient man sich diverser Analysemethoden, wie beispielsweise Equity-Risk-Contour-Methode, Fehlerbaumanalysen, Störfallablaufanalysen, Value at Risk, ABC-Analyse, Scoringmodelle, Szenariotechnik, Sensitivitätsanalysen, Monte-Carlo-Simulationen. Mit Hilfe von Stresssimulationen können »Low-Frequency-/High-Severity«-Risiken analysiert werden. Insbesondere für Finanzrisiken wurden in den vergangenen Jahren diverse mathematisch-statistische Modelle entwickelt.

Ist eine objektive Quantifizierung nicht möglich (beispielsweise für das Risiko »Imageverlust«), so wird das Risiko subjektiv bewertet (existenzbedrohend, schwerwiegend, mittel, gering, unbedeutend). Eine Bewertung mit Hilfe von mathematisch-statistischen Modellen ist insbesondere auch bei operationellen Risiken problematisch, da häufig keine sinnvolle Datenbasis vorliegt.

Insbesondere so genannte Phantomrisiken entziehen sich einer objektiven Risikobewertung. Ein Phantomrisiko ist hierbei als »vielleicht reale Möglichkeit« einzustufen. Ob etwa die elektromagnetische Abstrahlung von Mobiltelefonen Gehirntumore verursachen kann, bleibt bislang ein Verdacht. Entscheidend ist daher, wie die Gesellschaft derartige Vermutungen künftig bewertet: Stufen wir die tägliche Nutzung von Handys als Gesundheitsrisiko ein, könnten deren Hersteller und Betreiber möglicherweise erfolgreich verklagt werden.

Bei Phantomrisiken stoßen insbesondere die Versicherer an ihre Grenzen, da diese weder kalkulierbar noch hinsichtlich ihrer Ausmaße abzuschätzen sind. Im Jahr 1993 definierten Kenneth R. Foster, David E. Bernstein und Peter W. Huber Phantomrisiken wie folgt: »By phantom risk we mean cause-and-effect relationships whose very existence is unproven and perhaps unprovable«. Im Jahr 1996 wies die SwissRe mit der Publikation »Elektrosmog – ein Phantomrisiko« darauf hin, dass gesellschaftliche Ängste auch ohne Kausalbeweis langwierige und kostspielige Prozesse auslösen und zu veränderten gesellschaftlichen Werten führen können.[41]

Um die einzelnen Risikokategorien quantitativ vergleichen und aggregieren zu können, sollte ein einheitlicher Bewertungsmaßstab angewendet werden. Der »Value at Risk« (VaR) beziehungsweise »Cashflow at Risk« wird seit einigen Jahren als Methode des Risikomanagements zur Überwachung und Messung von Markt- und Zinsrisiken insbesondere im Finanzdienstleistungsbereich eingesetzt. Der VaR stellt dabei die in Geldeinheiten gemessene negative Veränderung eines Wertes dar, die mit einer be-

---

[41] Vgl. Brauner, Ch.: Elektrosmog – ein Phantomrisiko. Schweizerische Rückversicherungs-Gesellschaft, Zürich 1996.

stimmten Wahrscheinlichkeit von beispielsweise 99,9 Prozent (Konfidenzniveau) innerhalb eines festgelegten Zeitraumes nicht überschritten wird. Zur Berechnung des VaR bieten sich sowohl analytische Ansätze (Delta-Normal- und Delta-Gamma-Methode) als auch Simulationsansätze (Historische und Monte-Carlo-Simulation) an.

Um die Gesamtrisikoposition (»Risk Exposure«) des Unternehmens oder einzelner Unternehmensbereiche zu berechnen, müssen die positiven und negativen Rückkoppelungen sowie eine eventuelle Kumulierung der Risiken berücksichtigt werden. Daneben ist es auch möglich, die relative Bedeutung von Einzelrisiken zu ermitteln (Sensitivitätsanalyse).

Eine Methode zur Aggregation der Einzelrisiken ist etwa die Monte-Carlo-Simulation. In diversen Risikosimulationen werden bestimmte Risikoparameter simuliert. Basierend auf einer Risikomodellierung werden mit Hilfe eines Zufallszahlengenerators beispielsweise mehrere Geschäftsjahre durchgespielt und die Auswirkungen auf die Bilanz berechnet.

Die Risikosteuerung (siehe Abbildung 15) umfasst alle Maßnahmen, die zu einer Reduzierung des Gesamt-Exposures führen. Ziel der proaktiven Risikosteuerung und -kontrolle ist es, die Risikolage des Unternehmens posi-

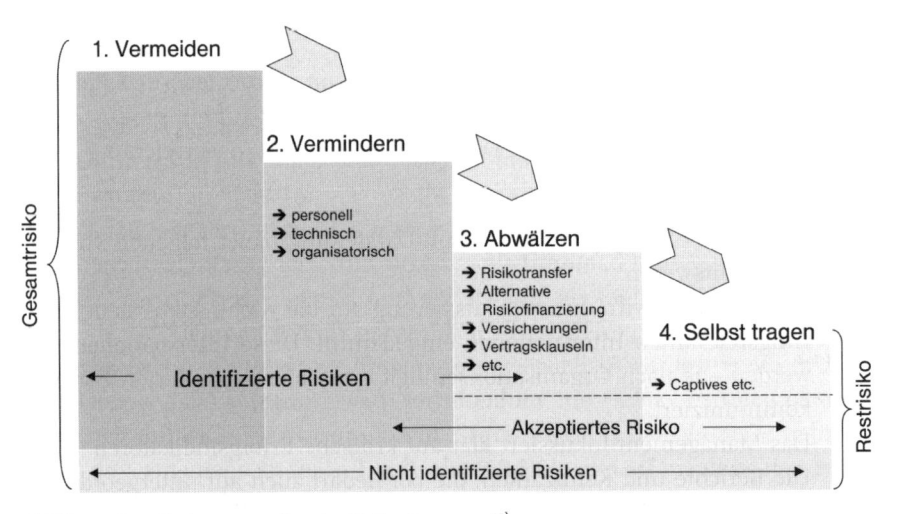

Abbildung 15: Die Prozessstufen der Risikosteuerung[42]

42) Quelle: Romeike, F.: Risikomanagement als Grundlage einer wertorientierten Unternehmenssteuerung (Titelbeitrag). In: RATING aktuell, Juli/August 2002, Heft 2, S. 12–17.

tiv zu verändern beziehungsweise ein ausgewogenes Verhältnis zwischen Ertrag (Chance) und Verlustgefahr (Risiko) zu erreichen. Die Risikosteuerung und -kontrolle umfasst alle Mechanismen und Maßnahmen zur Beeinflussung der Risikosituation, entweder durch eine Verringerung der Eintrittswahrscheinlichkeit und/oder des Schadensausmaßes. Grundsätzlich unterscheidet man zwischen aktiven und passiven Maßnahmen der Risikosteuerung.

Aktive Maßnahmen gestalten und beeinflussen die Risikostrukturen und -verhältnisse positiv, mit dem Ziel, das Risiko tatsächlich zu reduzieren. Synonym wird auch der Begriff »ursachenbezogene Maßnahmen« verwendet.

Passive Risikobewältigungsmaßnahmen lassen demgegenüber die Risikostrukturen und -verhältnisse unverändert und beeinflussen daher die Eintrittswahrscheinlichkeit und das Schadensausmaß nicht. Allerdings werden jedoch die finanziellen Auswirkungen auf das Unternehmen nach einem Risikoeintritt, etwa durch eine vertragliche Haftungsverlagerung auf einen Vertragspartner oder einen Risikotransfer auf eine Versicherung, reduziert. Synonym wird auch der Begriff der »wirkungsbezogenen Maßnahmen« verwendet.

Hinsichtlich des Reportings findet man in der Praxis häufig zwei Darstellungsformen:

- die Ampel-Darstellung: Grüne, gelbe oder rote Signale ergänzen die Balanced Scorecard als Frühwarnsystem,
- die Cockpit-Darstellung: Analog dem Cockpit eines modernen Flugzeugs konzentriert sich der Unternehmenslenker auf ein großes Zentralinstrument und wenige Detailinstrumente zur Zielerreichung (vgl. Abbildung 16)

Die Ampel- beziehungsweise Cockpit-Darstellung bietet folgende Vorteile für das Berichtswesen:
- Die Datenflut wird durch Fokussierung auf die wichtigsten, steuerungsrelevanten Informationen eingedämmt. Diese Informationen werden – je nach Organisationseinheit – in einer aggregierten Form kommuniziert.
- Das Management fokussiert klar auf kritische Erfolgsindikatoren.
- Die Berichte und Kennzahlen, die bei Bedarf auch auf untergeordnete Organisationseinheiten heruntergebrochen werden können, werden integriert betrachtet.

Wenn man unter Risiko im unternehmerischen Sinne die Möglichkeit negativer Abweichungen vom Ertragsziel versteht, so wird mit Hilfe einer

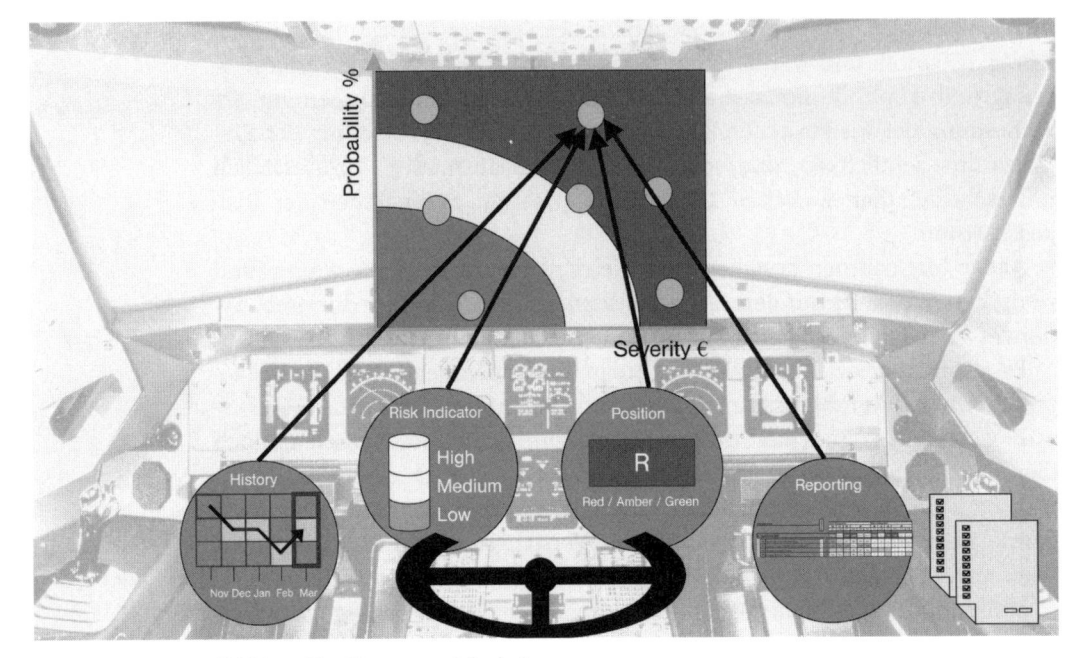

Abbildung 16: Management-Cockpit

proaktiven Risikosteuerung die Streuung der zukünftigen Erträge und des Cashflows eines Unternehmens reduziert. Ziel ist die Steigerung des Unternehmenswertes.

Die Risikomanagementebenen eines Versicherungsunternehmens

Ausgehend von den funktionalen Spezifika eines Versicherungsunternehmens muss das betriebswirtschaftliche Risikomanagement der Versicherungsbetriebslehre diese systemimmanenten Branchenbesonderheiten berücksichtigen. Versicherungsunternehmen können nicht dem klassischen Gutenbergschen betriebswirtschaftlichen Prozess »Beschaffung – Produktion – Absatz« folgen, da ihre Produkte nicht gelagert und erst mit Auftragseingang »gefertigt« werden. Indem jedoch in der Versicherungsbetriebslehre der Absatz der Produktion vorangeht und der Erfolg der Produktion zudem unter einem stochastischen Vorbehalt steht, sind immanente betriebswirtschaftliche Besonderheiten dieser Wirtschaftsbranche vorgegeben. Ergo

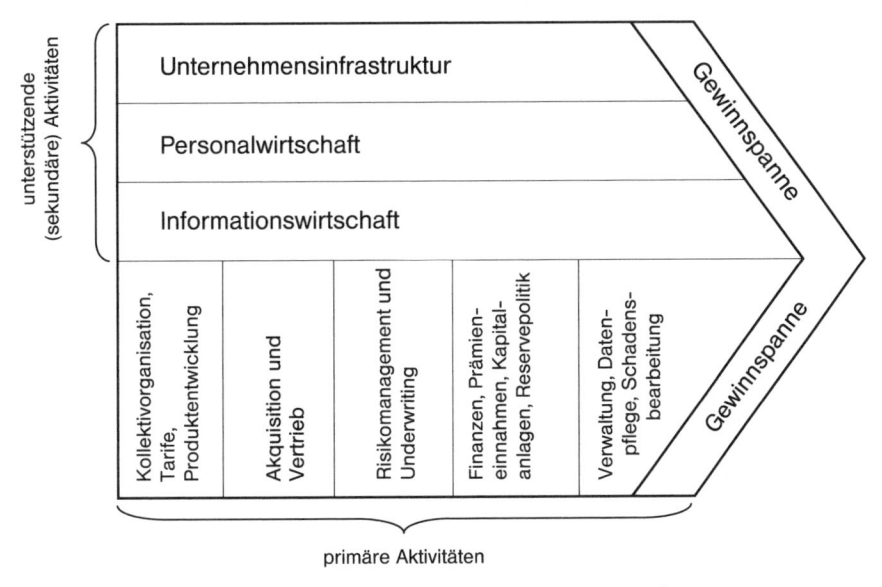

Abbildung 17: Die Risikomanagementebenen eines Versicherungsunternehmens

ist von den verschiedenen, auf die unterschiedlichen Sonderfunktionen ausgerichteten Risikomanagementebenen eines Versicherungsunternehmens herleitend eine Nomenklatura der risikopolitischen Aspekte von Versicherungsunternehmen aufzustellen. Die verschiedenen Ebenen des Risikomanagements im Versicherungsunternehmen sind in Abbildung 17 skizziert.[43]

Der Risikomanagementprozess muss operativ an den handelnden Funktionsbereichen eines Versicherungsunternehmens ansetzen. Grundlage aller Kennziffern, Indikatoren und Szenarioanalysen muss die Fundierung in operativ handelnden Abteilungen des Versicherungsunternehmens sein.

Im Rahmen der Versicherungsbetriebslehre muss somit der Fokus auf die versicherungsoriginären Aufgabenbereiche gerichtet werden:

- Versicherungstechnik – Betrieb (Tarifierung),
- Versicherungstechnik – Schaden (Schadenmanagement),
- Versicherungsvertrieb,

---

[43] Vgl. Helten, E./Hartung, Th. (2001): Restrukturierung von Wertschöpfungsketten im Allfinanzbereich. In: Ackermann, W. (Hrsg.): Financial Services – Modelle und Strategien der Wertschöpfung. St. Gallen, S. 50–66. Abbildung auf S. 54; ebenso siehe Porter, M. E.: Nationale Wettbewerbsvorteile – Erfolgreich konkurrieren auf dem Weltmarkt. Verlag Droemer Knaur, München 1991, S. 63.

- Kapitalanlagemanagement (Asset-Management),
- Abstimmung versicherungstechnischer Rückstellungen mit der Kapitalanlage im Sinne der steten Erfüllbarkeit der Versicherungsleistung (Asset-Liability-Management) sowie
- operationelle Versicherungsrisiken (Informationstechnologie, externe Risiken, Controlling).

Versicherungsbetriebsrisiken in der Form der Risikokalkulation (Versicherungstechnik – Betrieb)

Aus den zuvor definierten Risikobegriffen wird ersichtlich, dass alle Wirtschaftsteilnehmer, die Entscheidungen treffen, Risiken verarbeiten. Versicherungsunternehmen betreiben – analog zu Banken – neben der Liquiditätstransformation und der Informationsbedarfstransformation vor allem eine Risikotransformation.

Hierbei kann zwischen horizontaler und vertikaler Risikotransformation unterschieden werden.[44] Die Anleger überlassen den Versicherungsunternehmen und Banken Finanzmittel, da sie sich bei den Instituten ein höheres Maß an Sicherheit erhoffen (horizontale Risikotransformation). So überlassen die Anleger ihre Sparguthaben Lebensversicherungsunternehmen, Banken und Kapitalanlagegesellschaften, da ihnen eine direkte Kreditvergabe häufig zu riskant erscheint. Durch Intermediärhaftung (Haftungsfunktion der Institute durch zusätzliches Vermögen innerhalb einer Finanzgruppe) sowie Risikoselektion und Risikodiversifikation (mittels Risikostreuung unabhängiger Positionen wird ein Ausgleich in der Gesamtposition erreicht, indem das Gesamtrisiko kleiner ist als die Summe der Einzelrisiken) wird das Risiko reduziert.

Die vertikale Risikotransformation wird durch die Kalkulation eines Risikoäquivalents und die Verteilung innerhalb des Kollektivs/Portfolios vorgenommen.

Das Versicherungsgeschäft kann im Wesentlichen durch drei Teilfunktionen gekennzeichnet werden:[45]

- Risikogeschäft: durch einen Risikotransfer übernimmt das Versicherungsunternehmen eine Wahrscheinlichkeitsverteilung von Schäden.

---

[44] Vgl. Romeike, F.: Zur Risikoverarbeitung in Banken und Versicherungsunternehmen (Teil 2). In: Zeitschrift für Versicherungswesen, 46. Jahrgang, 15. Januar 1995, Heft 1, S. 38 ff.

[45] Vgl. auch für die folgenden Darstellung Farny, D.: Versicherungsbetriebslehre, 3. Auflage. Verlag Versicherungswirtschaft, Karlsruhe 2000, S. 22 ff.

Im Portefeuille erfolgt ein Risikoausgleich, der durch einen Ausgleich in der Zeit ergänzt wird.
- Spar-/Entspargeschäft: insbesondere in der kapitalbildenden Lebensversicherung, der privaten Rentenversicherung und der Unfallversicherung mit Prämienrückgewähr erfolgt ein planmäßiger Spar- und Entsparprozess.
- Dienstleistungsgeschäft: Hierunter werden Beratungs- und Abwicklungsdienstleistungen des Versicherungsunternehmens verstanden.

Insbesondere durch die Übernahme vieler Wahrscheinlichkeitsverteilungen und den hierdurch induzierten Ausgleich im Kollektiv und in der Zeit erfolgt eine Risikotransformation. Auf der Grundlage der mit den Risiken akquirierten Schadensummen- und Schadenzahlverteilungen wird eine Gesamtschadenverteilung des Risikoportefeuilles ermittelt. Diese ist durch die Basisparameter Erwartungswert und Varianz respektive Standardabweichung gekennzeichnet. Mit der Standardabweichung drückt sich die auf der Gesamtschadenverteilung basierende Abweichungserwartung vom Schadenerwartungswert aus – mithin der Ausdruck für das versicherungstechnische Risiko.

Das versicherungstechnische Risiko besteht aus der Ungewissheit, dass die tatsächlichen Schadenausgaben für eine Gesamtheit von versicherungstechnischen Einheiten am Ende der Risikoausgleichsperiode von den erwarteten Versicherungsleistungen (erwartete kollektive Schadenausgaben) negativ abweichen. Hierbei können die erwarteten kollektiven Schadenausgaben mit der kalkulierten Nettorisikoprämie inklusive einem eventuell erhobenen Sicherheitszuschlag gleichgesetzt werden. Dies bedeutet, dass man erst dann von der Realisierung des versicherungstechnischen Risikos sprechen soll, wenn die tatsächlichen Schadenausgaben eines Kollektivs die kalkulierten Schadenzahlungen und die Sicherheitsmittel (vgl. § 53 c VAG) übersteigen.

Das Kalkulationsrisiko resultiert im Wesentlichen aus der Prognose des zukünftigen Schadenbedarfs im Rahmen der Prämienkalkulation. Für das Kalkulationsrisiko kommen die folgenden Ursachen in Betracht:

- nicht adäquate Zeichnungspolitik im Sinne einer adversen Selektion (überproportionale Bestandteile negativer Risiken im Portefeuille durch eine quantitative und nicht qualitative Geschäftsausrichtung),
- Cashflow Underwriting in Verbindung mit Unterreservierung (insbesondere in den Versicherungszweigen Haftpflicht, Unfall und Kredit/Kaution).

Das versicherungstechnische Risiko kann in die folgenden Komponenten aufgeteilt werden:[46]

- Zufallsrisiko: Zufallsbedingte Abweichung des tatsächlichen vom statistisch erwarteten Schadenverlauf durch zufällig besonders viele oder zufällig besonders hohe Schäden.

  Mathematisch lässt sich das Zufallsrisiko durch die Risikomaße Varianz, Standardabweichung oder Variationskoeffizient (Quotient aus Standardabweichung und Schadenerwartungswert) ausdrücken. Bei korrekt diagnostizierter und prognostizierter Schadenverteilung bedeutet das Zufallsrisiko, dass zufällig besonders viele oder große Schadenzahlungen entstehen.

  Trifft ein Schadenereignis mehrere versicherungstechnische Einheiten, so spricht man vom Kumulrisiko. Werden beispielsweise mehrere nebeneinander liegende Gebäude, die bei demselben Feuerversicherer versichert sind, von einem Schadenereignis betroffen, so liegt eine Kumulierung vor. Ergo weisen die betroffenen Risiken bezüglich des Schadenereignisses eine stochastische Abhängigkeit auf (kommt es bei dem einen Risiko zum Schadenfall, so tritt mit bestimmter Wahrscheinlichkeit beim zweiten Risiko ebenso ein Schaden auf), die im Sinne eines versicherungstechnischen Risikomanagements natürlich zu vermeiden ist.

  Betrifft ein Schadenereignis (etwa eine bestimmte Krankheit in der Krankenversicherung) nacheinander mehrere versicherungstechnische Einheiten, so spricht man vom Ansteckungsrisiko. Durch die stochastische Verknüpfung der Risiken auf der Zeitachse ist auch das Ansteckungsrisiko einem versicherungstechnischen Risikomanagement zu unterwerfen.

  Von einem Großschaden- beziehungsweise Katastrophenrisiko wird dann gesprochen, wenn ungewöhnlich hohe Schäden eintreten oder ungewöhnlich viele versicherungstechnische Einheiten von einem Schadenereignis betroffen sind (hier sei etwa an den Hurrikan Andrew vom August 1992 erinnert, der in den USA und auf den Bahamas Schäden von etwa 21 Mrd. US-Dollar verursachte).

- Änderungsrisiko: Technische, rechtliche, gesellschaftliche und wirtschaftliche Risikofaktoren haben sich nach der Prämienkalkulation in

---

[46] Vgl. Farny, D.: Versicherungsbetriebslehre, 3. Auflage. Verlag Versicherungswirtschaft, Karlsruhe, 2000, S. 85 ff.; sowie Romeike, F.: Zur Risikoverarbeitung in Banken und Versicherungsunternehmen (Teil 2). In: Zeitschrift für Versicherungswesen, 46. Jahrgang, 15. Januar 1995, Heft 1, S. 38 ff.

der Weise geändert, dass sich die angenommenen Schadengesetzmäßigkeiten in der Zukunft als unzutreffend erweisen. Erhöht sich beispielsweise die Einbruchdiebstahlkriminalität rapide (gesellschaftliches Risiko), so liegt eine nicht prognostizierte Änderung des Risikos vor. Insbesondere gesellschaftliche, wirtschaftliche und ökologische Veränderungen produzieren immer mehr Risiken und führen zu einer Erhöhung des Änderungsrisikos. Zur Kalkulation ihrer Risiken muss die Versicherungswirtschaft Vergangenheitswerte in die Zukunft fortschreiben und unterstellt somit eine Gültigkeit der jeder Regression unterliegenden Zeitstabilitätshypothese. Strukturbrüche falsifizieren diese Hypothese jedoch und führen somit zum genannten Änderungsrisiko.

- Irrtumsrisiko: Bei einer falschen Diagnose der Gesamtschadenverteilung (durch die Annahme einer nicht adäquaten Schadenverteilung) und der daraus resultierenden negativen Abweichung der tatsächlichen kollektiven Schadenausgaben vom Erwartungswert spricht man allgemein vom Irrtumsrisiko. Das Irrtumsrisiko resultiert aus der fehlerhaften Ex-post-Ermittlung der Gesamtschadenverteilung (Diagnoserisiko). Ursache des Irrtumsrisikos ist das Vorliegen unvollkommener Informationen. Sobald das Irrtumsrisiko eintritt, impliziert es automatisch auch ein Prognoserisiko, da auf der Grundlage fehlinterpretierter Vergangenheitsdaten auch eine fehlerhafte Zukunftsprognose erwartet werden kann.

Als weiteres Risiko fehlerhafter Risikokalkulation kann neben den klassischen versicherungstechnischen Risiken (Zufalls-, Änderungs-, Irrtumsrisiko) noch additiv das Markt- oder Wettbewerbsrisiko angeführt werden: die Bedarfprämie, das heißt die risikotechnisch notwendige Bruttoprämie, wird aus Gründen des Wettbewerbs unterschritten.

Die Gründe hierfür können vielfältig sein. So nehmen Versicherer möglicherweise durch eine aggressive, auf Marktanteilsgewinne ausgerichtete Wettbewerbsstrategie Verluste mehr oder minder bewusst in Kauf. Im angloamerikanischen Sprachgebrauch wird das leichtfertige Bereitstellen von Kapital mit dem Schlagwort »innocent capital« bezeichnet. Die in der Vergangenheit häufig geübte Praxis der Einbeziehung von Kapitalanlageergebnissen in die Kalkulation wird somit konsequent als Cashflow Underwriting bezeichnet.

In der Realität des Versicherungsunternehmens lässt sich das versicherungstechnische Risiko nicht ohne Überschneidungen in seine Komponenten zerlegen, es tritt vielmehr als Kombination von nicht versicherungstechnischen (kapitalorientierten) und versicherungstechnischen Risiken auf.[47]

Für das Risikomanagement eines Versicherungsunternehmens ist die Kalkulation der Bedarfsprämie von besonderer Bedeutung. Diese wird wie folgt ermittelt:

	Nettorisikoprämie (aufgrund von Statistiken und Schadenerfahrung kalkuliert; entspricht dem Schadenerwartungswert und wird auch als aktuarisch faire Prämie bezeichnet)
+	Sicherheitszuschlag
=	Risikoprämie (= Nettoprämie, Bruttorisikoprämie)
+	Betriebskostenzuschlag
+	Gewinnzuschlag
+	Zuschlag für Versicherungssteuer
=	Bruttoprämie

Grundsätzlich ist das Zustandekommen einer Versicherungstransaktion von den subjektiven Entscheidungen und Anreizüberlegungen der Vertragspartner, das heißt dem Versicherungsnehmer und dem Versicherungsunternehmen, abhängig. Solange beide Vertragsparteien aus dem Risikotransfer einen Nettonutzen ziehen, gibt es auch keine allgemein bestimmte Grenze der Versicherbarkeit von Risiken.

Damit Risiken von einem Versicherungsunternehmen übernommen werden können, sollten sie jedoch im Sinne der Berücksichtigung stochastischer Grundlagen der Versicherungstechnik als reine Risiken folgenden Voraussetzungen genügen:[48]

- Kriterium der Zufälligkeit: Das die Versicherung auslösende Ereignis muss im Voraus ungewiss und nicht vom Willen des Versicherungsnehmers beeinflussbar sein. Deterministische Sachverhalte sind nie Gegenstand einer Versicherungstransaktion. In bestimmten Sparten werden jedoch auch grob fahrlässig verursachte Schäden (wie zum Beispiel in der Haftpflichtversicherung) oder vorsätzlich herbeigeführte Versicherungsfälle (Selbstmord in der Lebensversicherung) mit-

---

[47] Vgl. Romeike, F.: Zur Risikoverarbeitung in Banken und Versicherungsunternehmen (Teil 2). In: Zeitschrift für Versicherungswesen, 46. Jahrgang, 15. Januar 1995, Heft 1, S. 38 ff.
[48] Vgl. Farny, D.: Versicherungsbetriebslehre. 3. Auflage, Verlag Versicherungswirtschaft, Karlsruhe 2000, S. 38 ff.

versichert. In der Versicherungspraxis sind daher die Grenzen hinsichtlich des Kriteriums Zufälligkeit vertragsbedingt fließend.
- Kriterium der Eindeutigkeit: Das versicherte Risiko, das auslösende Ereignis sowie die zu erbringenden Leistungen sind eindeutig zu beschreiben.
- Kriterium der Schätzbarkeit: Es müssen Wahrscheinlichkeitsverteilungen sowie Statistiken vorhanden sein, welche die Kalkulation einer Prämie erlauben. Es muss auch eine genügend große Anzahl an Risiken vorliegen, damit ein Ausgleich innerhalb der versicherten Risiken möglich ist (Risikoausgleich im Kollektiv).
- Kriterium der Unabhängigkeit: Die Einzelrisiken eines Kollektivs sind unabhängig voneinander. Die Abgrenzung hierbei ist teilweise fließend; zum Beispiel sind die versicherten Erdbebenrisiken einer Erdbebenzone im Hinblick auf das Erdbebenrisiko voneinander abhängig; zwei Gebäude, die nahe zusammenstehen und bei denen deshalb ein Brand von einem Gebäude zum anderen übergreifen könnte, bilden hinsichtlich der Feuergefahr ein Kumul und stellen im engeren Sinne keine unabhängigen Risiken dar.
- Kriterium der Größe: Das Risiko muss auch aufgrund der Höhe der Versicherungssumme im Rahmen der Kapazität des Versicherers versicherbar sein (ansonsten sollte über eine Poolbildung nachgedacht werden; siehe Versicherung von Kernreaktoren, Erdbebenrisiken, Haftpflichtrisiken im Luftfahrtgeschäft). Hierbei spielt in der Versicherungspraxis insbesondere der PML, der Possible Maximum Loss (teilweise auch als Probable Maximum Loss bezeichnet), eine wichtige Rolle. Seine Größe bestimmt in Abgleich mit der Kapitalisierung des Versicherungsunternehmens dessen Kapazitätsgrenze und somit dessen Zeichnungsfähigkeit.

Im Rahmen der Prämienkalkulation muss auch entschieden werden, inwieweit Großschadenereignisse, etwa in der Feuerversicherung, in die Kalkulation einfließen oder daraus eliminiert werden (siehe PML-Betrachtung).

Ein weiterer Risikoindikator für unzureichende Versicherungsprämien liegt vor, wenn aufgrund eines unzureichenden Preisniveaus kein oder nur schwer Rückversicherungsschutz erhältlich ist. Die folgenden Frühwarnindikatoren sollten daher berücksichtigt werden:

- Die Versicherungsbedingungen des Rückversicherungsvertrags sind nicht kongruent mit den Bedingungen des Erstversicherungsvertrags

(möglicherweise sind dem Rückversicherungsunternehmen gewisse Versicherungsdeckungen zu riskant).
- Der Rückversicherungsschutz muss im Verhältnis zu den Erlösen des Erstversicherungsgeschäfts erheblich teurer eingekauft werden.
- Der Rückversicherungsschutz ist nicht beziehungsweise nur sehr schwer erhältlich.
- Die Risiken müssen an sehr viele Rückversicherer verteilt werden.
- Namhafte Rückversicherer lehnen die Deckung ab.

Im Rahmen des Risikomanagements spielt der Rückversicherer eine nicht zu vernachlässigende Rolle. Das Erstversicherungsunternehmen sollte ex ante vor Risikozeichnung das Risiko-Know-how des Rückversicherers nutzen. Das Rückversicherungsunternehmen sollte also um eine Risikoeinschätzung in Form von Quotierungen gebeten werden. Dies kann etwa durch eine fakultative Beteiligung des Rückversicherers an den Risiken erfolgen.

Versicherungsbetriebsrisiken in der Form der Schadenbearbeitung (Versicherungstechnik – Schaden)

Ergebnistechnische Risiken eines Versicherungsunternehmens können auch durch eine mangelhafte Schadenbearbeitung resultieren. Risiken der Schadenbearbeitung können sich hierbei erstrecken von unzureichenden Deckungsprüfungen (die Leistung entspricht zum Vor- und Nachteil des Kunden nicht den Versicherungsbedingungen), ungerechtfertigten und/ oder zu hohen Schadenzahlungen, schlechtem Schadenservice mit nachfolgender Versicherungsnehmerkündigung, schleppender Schadenbearbeitungen, Überweisungen an falsche Zahlungsempfänger, übersehenen Regressnahmen bis hin zu einer intransparenten physischen beziehungsweise elektronischen Dokumentenablage.

Neben einer mangelhaften Schadenbearbeitung können Risiken auch aus nicht adäquaten Rückstellungen resultieren:

- Gefahr einer nicht ausreichenden Dotierung der Schadenrückstellungen aufgrund eines Irrtumsrisikos (durch eine irrtümlich falsche Einschätzung),

- Gefahr einer nicht ausreichenden Dotierung der Schadenrückstellungen aufgrund eines Wettbewerbsrisikos (durch eine vorsätzliche Geringschätzung zur Verbesserung des Bilanzergebnisses),
- Gefahr einer willkürlichen Verknappung bestehender Schadenrückstellungen durch bilanztechnisch notwendige Erhöhungen der Abwicklungsergebnisse.

Des Weiteren kann auch aus einer mangelnden Bonität des Rückversicherers ein Risiko für den Erstversicherer entstehen. Der Erstversicherer ist gegebenenfalls mit einem Liquiditätsrisiko konfrontiert, wenn der Rückversicherer bei Großschäden respektive Kumulschäden seine Deckungsverpflichtung nicht einhalten kann (Rückversicherungsrisiko ist ebenso Bestandteil der Solvabilitätsbetrachtung nach Solvency I und II).

Insbesondere die Entwicklung der Schadenquote liefert als Frühwarnindikator wichtige Informationen für das Risikomanagement.

Hierbei wird die Schadenquote (engl. Loss Ratio) wie folgt ermittelt:

$$\frac{\text{Schadenzahlungen und Veränderungen der Schadenrückstellungen}}{\text{Verdiente Prämie}}$$

Die Schadenquote setzt den Schadenaufwand für eigene Rechnung (feR) in Beziehung zu den verdienten Prämien feR. Die Berechnung der Schadenquote kann dabei nach verschiedenen Ausprägungen erfolgen:
- pro Kunde,
- nach Kundengruppen,
- nach Vertriebswegen, Zubringer (Vertreter, Maklerverbindung, Firmendirektgeschäft),
- nach geografischen Gesichtspunkten (Großstädte, Land in der Kfz-Versicherung, Regionalklassen),
- nach Versicherungszweigen,
- nach Risikosegmenten (Kraftfahrt-Haftpflichtversicherung, Wenigfahrer, Garagenbesitzer).

Dabei kennzeichnet die Schadenquote die Rentabilität eines Versicherungsrisikos.

Neben der Schadenquote gibt es noch weitere Schadenkennziffern:

- Schadenhäufigkeit (so genannte Frequenz eines Risikos): Schadenanzahl/Wagnismenge

- Schadenbedarf (so genannte Nettorisikoprämie eines Risikos pro Wagniseinheit): Schadenaufwand/Wagnismenge
- Schadendurchschnitt (Schwere beziehungsweise Höhe eines Risikos): Schadenaufwand/Schadenanzahl

Jedes Jahr werden Versicherungsunternehmen durch fingierte Schäden Opfer von Versicherungsbetrugsdelikten.[49] Gerade die Kfz-Versicherung ist ein beliebtes Ziel betrügerischer Aktivitäten. Der Gesamtverband der Deutschen Versicherungswirtschaft (GDV) schätzt den jährlichen Schaden auf etwa 1,5 Milliarden Euro für Deutschland. Die Versicherungsunternehmen gehen davon aus, dass zwischen acht und zehn Prozent aller gemeldeten Schäden in der Kfz-Haftpflichtversicherung manipuliert sind. Insgesamt beobachten die Versicherungsgesellschaften einen Wandel in den Moralvorstellungen der Menschen: Galt früher das Wohl einer Gemeinschaft als besonders erstrebenswert, so herrscht heute ein Klima, in dem der Einzelne sein persönliches Wohlergehen über alles andere stellt. Dabei setzen mittlerweile viele Menschen ihre eigenen Bedürfnisse mit allen Mitteln durch – auch wenn sie damit die bestehenden Regeln verletzen und sich grob unsozial verhalten. Damit wird auch der Gemeinschafts- und Sicherheitsgedanke, der dem Prinzip Versicherung zugrunde liegt, außer Acht gelassen.

Das moralische Risiko kann hierbei in den folgenden Formen eintreten:[50]

- Die Eintrittswahrscheinlichkeit des Schadens nimmt zu: Möglicherweise unterlässt der Versicherungsnehmer nach Abschluss einer Versicherung Anstrengungen zur Schadenverhütung, -vermeidung oder -verminderung oder geht höhere Risiken ein (so genannte Abnahme der Verwendungssorgfalt). Da der Effekt des moralischen Risikos vor dem Schadeneintritt erfolgt, spricht man auch vom ex ante moralischen Risiko.
- Die Höhe des Schadens nimmt zu: Möglicherweise unterlässt der Versicherungsnehmer palliative Maßnahmen zur Eindämmung des Schadens (etwa Installation von Feuerlöschern) und erhöht damit den Schaden (ex ante moralisches Risiko). Doch auch nach Eintritt des Schadens kann der Versicherungsnehmer aktiv Einfluss auf die Scha-

---

[49] Vgl. zum Themenbereich des Versicherungsbetrugs Müller-Reichart, M. (1998): Nationale und internationale Dimensionen des Versicherungsbetruges. In: Zeitschrift für Versicherungswesen, 49. Jahrgang, 1998.

[50] Vgl. zum Themenbereich des moralischen Risikos Müller-Reichart, M. (1997): Versicherungstechnisches Bestandskundenmanagement mittels Prophylaxe subjektiver Risiken. In: Versicherungswirtschaft, 52. Jahrgang, 1997.

denhöhe nehmen, etwa durch die Beauftragung eines günstigeren beziehungsweise teuren Kfz-Reparaturbetriebs (ex post moralisches Risiko).

Die folgenden Indikatoren weisen möglicherweise auf ein amoralisches Verhalten des Versicherungsnehmers hin, wobei die Grenze zwischen amoralischem und kriminellem Verhalten häufig fließend ist, so dass die Indikatoren gegebenenfalls auch auf einen potenziellen Versicherungsbetrug hindeuten können:

- Einkauf von extensivem Versicherungsschutz,
- hohe Versicherungssumme,
- lange Unterbrechungszeiträume bei der Betriebsunterbrechungs-Versicherung,
- ungewöhnliche Anzahl von Vorschäden,
- häufiger Wechsel des Versicherers,
- geringe Preissensitivität bei den Verhandlungen,
- Schadenfall unmittelbar nach Versicherungsabschluss,
- Versicherungsnehmer ist vorbestraft, schlechter Leumund, ausschweifender Lebensstil,
- Hinweis der Polizei, Kriminalpolizei,
- wirtschaftlich prekäre Lage des Versicherungsnehmers,
- Schadenhergang, Schadenursache wenig plausibel oder auffällig (etwa Brandursache ungeklärt, keine Einbruchspuren, Auffahrschaden durch plötzliches Abbremsen),
- unterschiedliche, widersprüchliche Aussagen beteiligter Personen,
- Anspruchsteller und Versicherungsnehmer stehen »zufällig« miteinander in Verbindung (wohnen in räumlicher Nähe, zum Beispiel Geschädigter und Schädiger bei Kfz-Unfällen),
- bereitwilliges Schuldeingeständnis oder aber auch Behinderungen der Sachverhaltsaufklärung durch den Versicherungsnehmer,
- Verzicht auf Einschalten der Polizei auch bei größeren Schäden,
- Runde Schadenzahlungen,
- Einreichung von Kopien, schlechte Qualität von Belegen,
- viele Schadenzahlungen knapp unter Vollmachtsgrenze,
- Schadenzahlungen auf Mitarbeiterkonten,
- Schadenakte nicht auffindbar.

Eine im Voraus wirksame Beitragsermäßigung beziehungsweise -erhöhung (etwa in der Kfz-Versicherung) bemisst sich nach der Dauer der Schadenfreiheit. Damit bietet die Rückstufung im Schadenfall ein Instrument zur Prävention amoralischen Verhaltens des Versicherungsnehmers.

Vor diesem Hintergrund hat das Risikomanagement im Schadenbereich eine besondere Bedeutung. Das Risikomanagement beginnt dabei bereits bei der Qualität der Schadenbearbeitung, da

- diese ein Kriterium für das Image der Gesellschaft und die Zufriedenheit der Kunden (Schadenregulierung als so genannter »Moment of Truth«) ist,
- in Befragungen die Schadenregulierung stets Hauptkritikpunkt der Versicherungsnehmer ist,
- die Kontrolle der Schadenbearbeitung fester Bestandteil des internen Risikomanagements ist (etwa mit Hilfe von Zahlungslimiten, Vieraugenprinzip, Zweitunterschrift),
- die Schäden gemäß den vereinbarten Versicherungsbedingungen reguliert werden müssen,
- der Geschädigte durch den Versicherungsfall nicht bereichert werden soll (siehe § 55 VVG).

Eine besondere Bedeutung hat hierbei die Schadenmeldung des Versicherungsnehmers, da der Versicherer zu diesem frühen Zeitpunkt Plausibilitätsüberprüfungen durchführen kann. Nach einer ersten Plausibilitätsprüfung folgt die Deckungsprüfung in inhaltlicher, zeitlicher und geografischer Hinsicht. War die Erstprämie zum Zeitpunkt des Schadenfalles nicht bezahlt, so ist das Versicherungsunternehmen gemäß § 39 Abs. 2 VVG von der Leistungsverpflichtung frei.

Auch bei der Schadenzahlung von Versicherungsleistungen sind bestimmte Parameter zu berücksichtigen:

- Der Versicherer sollte einen Ablaufprozess der Schadenbearbeitung definieren (zum Beispiel über OLAP – Online Analytical Processing) und hierbei unter anderem festlegen, welche Mitarbeiter bis zu welcher Höhe Schadenzahlungen leisten dürfen.
- Ab einer bestimmten Schadenhöhe sollte in jedem Fall das Vieraugenprinzip gelten.
- Auch ein aktives Schadenmanagement (Reparaturkooperationen, Gebrauchtteile mit Garantien, Naturalersatz statt Geldleistung im Sinne des natural-restitutiven Schadenmanagements) ist fester Bestandteil des Risikomanagements.

- Bei der Schadenregulierung sind die vereinbarten Selbstbehalte zu beachten.
- Bei Firmen- und Gewerbekunden mit Umsatzsteuerpflicht ist die Umsatzsteuer bei der Schadenzahlung zu berücksichtigen.
- Kulanzzahlungen müssen dokumentiert werden.

Im Rahmen der Schadenregulierung sollte der Versicherer Gutachter, Sachverständige beziehungsweise Loss Adjuster einschalten, sofern dies etwa bei signifikanten Fallkonstellationen erforderlich ist. Hierbei ist insbesondere die Qualifikation der Gutachter zu berücksichtigen.

Eine wesentliche Komponente im Bereich des proaktiven Risikomanagements nimmt die Schadenverhütung und Sanierung ein. So bieten viele Versicherungsunternehmen etwa eine Risikomanagementberatung im Rahmen einer Schadenprophylaxe zur Vermeidung zukünftiger Schäden an (siehe Allianz Zentrum für Technik beziehungsweise der Loss Prevention Engineering Service der Factory Mutual Insurance Company). So analysiert das Allianz Zentrum für Technik (AZT) etwa Brandursachen und Brandfolgen, um Konzepte zur Vermeidung von Bränden zu erarbeiten. Durch die Reproduktion des Schadenfalls kann die Ursache präzise ermittelt werden, unabhängig davon, ob es sich um chemische, elektrische oder mechanische Ursachen handelt. Hierbei kann es von der Beurteilung neuer Löschkonzepte bis zur versuchstechnischen Begleitung von Produktneuentwicklungen gehen. Nur durch eine vollständige Aufklärung, etwa mit Hilfe von chemisch-technischen Untersuchungen, kann schließlich festgestellt werden, ob seitens des Versicherers Ersatzpflicht besteht oder nicht. Durch die Forschungsaktivitäten dieser versicherungsnahen Institute konnten in der Vergangenheit höchst effektive Schadenpräventionsmechanismen (zum Beispiel Antiblockiersysteme der Bremsanlagen, Airbagforschung, Fahrbahnbegrenzungspfähle an Straßenrändern, Sprinkleranlagen zur Vermeidung von Brandschäden) entwickelt werden.

Weitere Parameter bei der Schadenregulierung sind die Regulierungsdauer sowie die Abwicklungsgeschwindigkeit. Hierbei korreliert die Regulierungsdauer positiv mit den Schadenaufwendungen (hier sei nur an die Betriebsunterbrechungs-Versicherung beziehungsweise den Ausgleich eines Nutzungsausfalls in der Kfz-Versicherung gedacht).

Eine besondere Bedeutung hat in diesem Zusammenhang auch das Risikomanagement der versicherungstechnischen Rückstellungen. Dabei umfassen die Rückstellungen für noch nicht abgewickelte Versicherungsfälle die folgenden Komponenten:

- Rückstellungen für bekannte Schäden (Schadenrückstellung für eigene Rechnung): Sobald ein Versicherungsunternehmen Kenntnis von einem Schaden erhalten hat, wird es eine Rückstellung nach Maßgabe der vermuteten Schadenhöhe bilden. Insbesondere in Versicherungszweigen mit langwierigen Schadenregulierungsvorgängen stellt die Dotierung der Rückstellungen für noch nicht abgewickelte Versicherungsfälle eine wichtige Risikovorsorge dar. Erstens sind nach Eintritt eines Schadens nicht alle eingetretenen Schadenfälle, etwa Spätschäden, bekannt. Zweitens können für den einzelnen Schadenfall beziehungsweise im gesamten Schadenportefeuille zwischen Schadeneintritt und endgültiger Schadenregulierung Änderungen eintreten, die auch Einfluss auf die Höhe der Schadenzahlung haben (etwa durch eine veränderte Rechtsprechung – siehe Konstrukt der Änderungsrisiken).
- Schadenregulierungskosten, beispielsweise durch Sachverständigenkosten, die direkt oder indirekt zurechenbar sind.
- Spätschadenrückstellung für bekannte und unbekannte Spätschäden (so genannte Incurred-but-not-reported-Schäden – IBNR).

Daneben gibt es weitere Gründe für versicherungstechnische Rückstellungen:

- Rückstellungen für Beitragsübergänge,
- Deckungsrückstellungen (primär in der Lebensversicherung gegeben; in der Krankenversicherung als Alterungsrückstellung bekannt; in der Schaden-/Unfallversicherung für Rentenansprüche in Haftpflicht und Unfallversicherung mit Prämienrückgewähr berechenbar),
- Rückstellungen für Beitragsrückerstattungen,
- Schwankungsrückstellungen (Auflösung mit Phase I der IFRS-Einführung ab 2005),
- Stornorückstellungen,
- Rückstellungen für Großrisiken, Drohverlustrückstellungen (Auflösung mit Phase I der IFRS-Einführung ab 2005).

Bei der Rückstellungsbildung bedient man sich verschiedener Prozessschritte:

- Für die Rückstellungsbildung sollten analog zu den Schadenzahlungen Vollmachtsgrenzen gelten, damit sichergestellt ist, dass komplexere und größere Schäden von entsprechend kompetenten Mitarbeitern reguliert werden.

- Anstelle der Einzelreservierung können auch Pauschalreservesysteme für homogene Schadenportefeuilles eingesetzt werden (zum Beispiel bei Schäden mit hoher Schadenhäufigkeit und eher geringerem und mittlerem Schadenaufwand).
- Bei der Bestimmung der Rückstellungshöhe bedient man sich anerkannter mathematischer Verfahren (Link-Ratio-Methode, Chain-Ladder-Verfahren, Bootstrapping-Methode, Bornhuetter-Fergusson-Verfahren, Abwicklungstreppen).
- Schadenrückstellungen bei Pauschalreservierungen werden aufgrund von Erfahrungswerten vorgenommen (Erfahrungswerte insbesondere bei Spätschadenrückstellungen IBNR notwendig).
- Jegliche Schadenrückstellung sollte das Prinzip der kongruenten Deckung berücksichtigen, indem die zu erwartenden Versicherungsleistungen durch ausreichende Mittel in gleicher fakturierter Währung bereitgehalten werden.

Finanzrisiken im Versicherungsunternehmen

In der Ergebnisbetrachtung eines Versicherungsunternehmens bestimmen Investitions- (Kapitalanlageentscheidungen im Sinne der Mittelverwendung einer Bewegungsbilanz) und Finanzierungsrisiken (Eigenkapital- und Fremdkapitalgewinnung im Sinne der Mittelherkunft) dessen nicht versicherungstechnisches Ergebnis und determinieren dergestalt eine wichtige Komponente der Gewinn-und-Verlust-Rechnung. Die Finanzrisiken der Investitionsentscheidung resultieren vor allem aus den differenzierten Kapitalanlagen des Versicherungsunternehmens.

Kapitalanlagen sind insbesondere einem Marktrisiko, einem Bonitätsrisiko sowie einem Liquiditätsrisiko ausgesetzt. Das Marktrisiko resultiert aus dem potenziellen Verlust der angelegten Mittel aufgrund von nachteiligen Veränderungen von Marktpreisen oder den Preis beeinflussenden Parametern. Es umfasst Zinsänderungsrisiken, Preisrisiken aus Aktien und sonstigen Anteilen sowie Währungsrisiken. Zum Vergleich ist unter einem Marktpreisrisiko der mögliche Verlust zu verstehen, der sich aus der Unsicherheit über die zukünftige Entwicklung von Marktrisikofaktoren (etwa Zinsen, Devisen-, Aktien-, Rohstoffkurse, Volatilitäten) ergibt und zur Folge hat, dass eine Zielgröße (etwa ein Portfolio von Finanzinstrumenten) von einem Referenzwert negativ abweicht. Dabei kann das Marktpreisrisiko weiter aufgeteilt werden in:

- Zinsänderungsrisiko (sehr bedeutend insbesondere für Lebensversicherungsunternehmen),
- Währungsrisiko,
- Aktienkursänderungs-, Indexkursänderungsrisiko (sehr bedeutend insbesondere für Lebensversicherungsunternehmen),
- Optionsrisiko,
- Rohstoffpreisrisiko.

Das Bonitätsrisiko ist das Risiko eines Verlustes oder entgangenen Gewinns der Kapitalanlage aufgrund des Ausfalls eines Schuldners.

Das Liquiditätsrisiko ist das Risiko des Versicherungsunternehmens, den Zahlungsverpflichtungen aus Versicherungsverträgen aufgrund der Fungibilität der Kapitalanlagen nicht jederzeit nachkommen zu können. Im Rahmen des Liquiditätsrisikos muss ein Versicherungsunternehmen die Gebote der Fristen- und Betragskongruenz beachten, indem die versicherungsvertraglichen Leistungen zu jeder Zeit und in der vertragsgemäßen Höhe zu erbringen sind.

Des Weiteren ist ein Versicherungsunternehmen auch mit einem Kreditbeziehungsweise Adressenausfallrisiko konfrontiert. Hierbei kann das Kreditrisiko aus den folgenden Ursachen resultieren:

- Potenzieller Verlust bei Ausfall des Geschäftspartners beziehungsweise messbare Verschlechterung des Wertes eines originären oder derivativen Geschäfts, die sich aus der Nichterfüllung durch den jeweiligen Kontrahenten ergeben würden, wenn vertraglich vereinbarte Zahlungen nicht geleistet werden.
- Kreditausfall, der durch schlechte Bonität des Geschäftspartners (Bonitätsrisiko) oder mittelbar über den Sitz des Geschäftspartners (Länderrisiko = grenzüberschreitende Kapitaldienstleistungen können durch Transferschwierigkeiten nicht erfolgen) zustande kommen kann.

Besondere Risiken können bei einem Versicherungsunternehmen auch aus dem Derivategeschäft resultieren. Bei Derivaten handelt es sich ganz allgemein um Finanzkontrakte, deren Wert vom Wert eines oder mehrerer zugrunde liegender Aktiva oder Indizes abhängt. Das Derivategeschäft umfasst ein breites Spektrum von Finanzkontrakten, darunter bedingte (Optionen) und unbedingte (Futures, Swaps) Termingeschäfte. Das Derivaterisiko resultiert vor allem aus der Gefahr von Verlusten aufgrund eines mangelnden Verständnisses der Produkte, unzureichenden organisatorischer Voraussetzungen (etwa einer ungenügenden IT-Unterstützung) oder eines vorsätzlich missbräuchlichen Einsatzes der Instrumente zum Nachteil des Unternehmens. Klassische Derivatestrategien im Rahmen des Risikomanagements finden sich in den Instrumenten des Hedgings, der Spekulation und der Arbitrage.

Versicherungsproduktrisiken

Die produktorientierte Risikopolitik der Versicherungsunternehmen resultiert insbesondere aus veränderten Kunden- und Deckungsbedürfnissen. So können auf dem Versicherungsmarkt die folgenden Entwicklungen auf der Nachfrageseite beobachtet werden:

- Tendenz zu individualisierten Versicherungsprodukten mit situationsspezifischen Deckungskonzepten,
- Wunsch nach höheren Selbstbehalten etwa vor dem Hintergrund steigender Versicherungssteuer,
- Tendenz zur Selbstversicherung (etwa in Form von Captive-Lösungen),
- Wunsch nach höheren beziehungsweise neuen Kapazitäten für traditionelle und neue Risiken (etwa Haftungsrisiken im Bereich Biotechnologie),
- Steigende Nachfrage nach Dienstleistungen seitens des Versicherungsunternehmens, etwa in Form einer Schadenregulierung innerhalb des Selbstbehaltes (Loss Adjustment) sowie als Ergänzung zum Versicherungsschutz (etwa Risikomanagement im Umwelthaftungsbereich),
- Abkehr von ausschließlich monetärer Leistung zu natural-restitutivem Schadenmanagement,
- Versicherungsprodukte, die eine integrierte Abdeckung mehrerer Risikoklassen (multi-line) über mehrere Perioden (Abdeckung des Timing-Risikos über Multi-year-Verträge) ermöglichen,
- Abdeckung neuer, bis dato als nicht versicherbar geltender Risiken etwa über moderne Konzepte der Alternativen Risikofinanzierung (ARF),
- Bedürfnis nach Bilanzabsicherung statt nach Einzelrisikoabdeckung (variable, mehrjährige Vertragslaufzeiten, um eine weitgehende Stabilisierung von Ergebnis und Liquidität des Unternehmens zu erreichen beziehungsweise zu sichern).

Parallel zu dieser veränderten Nachfragesituation kann eine abnehmende Versicherertreue und erhöhte Versichererwechselbereitschaft auf den Märkten beobachtet werden. Diese abnehmende Kontinuität im Versichertenverhältnis verhindert eine aufgrund der Langfristigkeit der Vertragssituation notwendige und für die Versicherungskalkulation existenzielle Planungsstabilität und -konstanz.

Die Risiken im Bereich der Produktpolitik der Versicherungswirtschaft können somit wie folgt strukturiert werden:

- Wettbewerbsrisiko, welches sich bei homogenen Versicherungsprodukten im Angebotsrisiko (Stückzahlrisiko zur Erzielung eines Ausgleichseffekts im Kollektiv) sowie im Nachfragerisiko (fehlende Limitierungsmöglichkeit und somit die Gefahr adverser Selektionen) äußert,
- Deckungskonzeptrisiko (trifft das angebotene Deckungskonzept die aktuelle Nachfragesituation),
- Korrelationsrisiko (insbesondere resultierend aus Kumulrisiko und Ansteckungsrisiko sowie Strukturbrüchen der Korrelationszusammenhänge),
- Plagiierungsrisiko durch fehlende Sicherungsmittel, wie etwa eine Patentierung von Produktmerkmalen,
- Fehlende Versicherbarkeit eines Risikos aufgrund der Nichterfüllung der Versicherungsvoraussetzungen, da Zufälligkeit des Schadeneintritts nicht erfüllt beziehungsweise das maximale Schadenausmaß nicht abschätzbar ist oder keine ausreichende Anzahl gleichartiger Risiken vorliegt.

Die bereits skizzierten Ineffizienzen traditioneller Versicherungsprodukte und der Wunsch nach Bilanzschutzlösungen haben zur Entstehung neuer, innovativer Risikofinanzierungslösungen beigetragen. Diese Produkte werden unter dem Begriff ARF (Alternative Risk Financing) beziehungsweise ART (Alternative Risk Transfer) zusammengefasst. Während beim Alternative Risk Transfer der Transfergedanke im Vordergrund steht, beinhaltet Alternative Risk Financing auch eine Finanzierungskomponente. In der Praxis werden ART und ARF jedoch häufig synonym verwendet und beschreiben Deckungs- und Finanzierungskonzepte jenseits klassischer Versicherbarkeitskriterien.

Der Übergang zwischen traditionellen und alternativen beziehungsweise innovativen Risikotransferlösungen ist dabei fließend. Traditionelle Risikofinanzierungslösungen sind durch niedrige variable Schadenkosten und hohe Transaktionskosten gekennzeichnet. Demgegenüber sind bei ART-Lösungen die variablen Schadenkosten höher und die Transaktions- und Verwaltungskosten niedriger.

Kennzeichen von ART-Produkten sind im Wesentlichen:

- Lösungen werden gesucht, unabhängig davon, ob Risiken aus traditioneller Sicht als »versicherbar« gelten oder nicht,
- mehrjährige Deckungen (Timing-Risiko),
- Risikoausgleich über die Zeit und innerhalb des Risikoportfolios (Bilanzschutzkonzepte),
- maßgeschneiderte Lösungen (nicht Produkte),
- häufig Einbezug traditionell nicht versicherbarer Risikoklassen,
- teilweise Nutzung des Kapitalmarktes.

Vor dem Hintergrund volatiler Finanzmärkte und einer zunehmenden Konvergenz von Versicherungs-, Bank- und Kapitalmarktlösungen ist eine breite Palette von Angeboten entstanden, mit deren Hilfe sowohl traditionelle Versicherungsrisiken als auch bislang nicht versicherbare Risiken finanziert, externalisiert und alloziert werden können. Hierbei geht es im Wesentlichen um die folgenden Risikobereiche innerhalb der Risikolandkarte eines Unternehmens:

- High-Severity-Bereich: Absicherung gegen permanent steigende Katastrophenrisiken (etwa Naturkatastrophen, Produkthaftpflichtansprüche, Rohstoffverknappung, Terrorismusrisiken; Absicherung etwa über Insurance Linked Securitization in Form von Catastrophe Bonds),
- High-Frequency-Bereich: Risiken mit hohen Eintrittswahrscheinlichkeiten sind vor allem durch eine geringe Schadenhöhe gekennzeichnet. Ergo suchen Versicherungsnehmer für derartige Risiken immer weniger eine traditionelle Risikodeckung, sondern eher eine Serviceleistung etwa bei der Schadenabwicklung (»Loss Adjustment«).
- Neue Risiken/Finanzrisiken: Deckungskonzepte für unternehmerische und finanzielle Risiken werden nachgefragt. Da viele Risiken in diesem Bereich als nicht versicherbar gelten, werden vor allem alternative Deckungskonzepte (zum Beispiel Contingent Capital, Credit Default Swaps, Securitization in der Form der Forderungsverbriefung) gesucht.

Versicherungsvertriebsrisiken

Da Versicherungsprodukte durch ihre Besonderheit der Immaterialität und Intangibilität (so genanntes abstraktes Dauerschutzversprechen) keine aktiv nachgefragten Güter des täglichen Bedarfs darstellen, kommt den Absatzorganen der Versicherungswirtschaft auf diesem Angebotsmarkt eine besondere Bedeutung zu. Unter der zusätzlichen Prämisse, dass Versicherungen nicht auf Lager produziert werden und somit der Absatz der Versicherungsprodukte ihrer Produktion vorausgeht, erkennt man eine weitere Stellgröße der fundamentalen Bedeutung der Versicherungsvertriebsorgane. Der aktive Verkauf der Versicherungsprodukte stellt somit einen Push-Vorgang dar, indem die Erklärungs- und Beratungsfunktion der Absatzorgane in den Vordergrund des versicherungsbetrieblichen Geschäftsprozesses rückt und dergestalt ein erhebliches Risikopotenzial für den unternehmerischen Erfolg darstellt.

Für eine Identifikation des Vertriebsrisikos ist zunächst eine Differenzierung der versicherungsbetrieblichen Absatzorgane in die nachfolgenden Vertriebsalternativen vorzunehmen:

- versicherungseigene Absatzorgane, etwa durch angestellte Vertriebsmitarbeiter (in Österreich weiterhin der dominante Absatzkanal),
- versicherungsgebundene Absatzorgane, etwa durch rechtlich selbstständige, jedoch vertraglich oder faktisch an einen Versicherer beziehungsweise Versicherungskonzern gebundene Einfirmen- beziehungsweise Konzernvertreter (juristische Verankerung in der Handelsvertreterregelung des § 84 HGB),
- unternehmensfremde Absatzorgane, die als rechtlich oder wirtschaftlich selbständige Einheiten Vermittlungsdienstleistungen anbieten, etwa Versicherungsmakler und Mehrfachagenturen,
- Annex-Vertriebe, die Versicherungsprodukte als Zusatz zu ihrem Kernprodukt anbieten (Banken bieten allgemeine Versicherungsprodukte an, Autohäuser vermitteln Kfz-Policen, Möbelhändler offerieren Hausratversicherungen),
- Direktvertrieb über Telefonverkauf und Postwurfsendungen,
- Online-Vertrieb über eigene beziehungsweise von Dritten betriebene Internetportale.

Die Risikolandschaft im Vertriebsbereich kann sehr vielfältig sein und beispielsweise aus den folgenden Ursachen resultieren:

- mangelnde Qualität beziehungsweise Kapazität des Vertriebsapparates (verursacht durch ein ungenügendes Customer-Relationship-Management beziehungsweise durch suboptimale Zielgruppenansprachen oder qualitativ minderwertigen Multioptionsverkauf),
- mangelnde Seriosität des Außendienstes (etwa durch Strukturvertriebe, Falschberatung, Überdeckungen, Beratungslücken),
- Abhängigkeit von einzelnen Vertriebswegen und Kooperationspartnern (etwa durch Multi-Channel-Approach, Annex-Vertrieb, Bindung an eine einzige Vertriebsorganisation),
- falsche Preis-, Provisions- und Produktpolitik (etwa durch einen zu starken Fokus auf eine Abschluss- versus Bestandspflegeprovision oder fehlende marktgerechte Produkte),
- Vertriebskostenrisiko (etwa durch einen zu hohen Kostensatz des Außendienstes beziehungsweise eine Vertriebssubventionierung).

Die skizzierte Risikolandkarte kann jedoch durch ein adäquates Risikomanagement gesteuert werden:

- Adäquate Auswahl und Kontrolle der Versicherungsvermittler beziehungsweise Makler, etwa durch Ausbildung und Rekrutierung neuer und für die Vertriebsaufgabe geeigneter Mitarbeiter. Quantitativ und qualitativ muss der Vertriebsapparat auf die geschäftspolitischen Ziele des Versicherungsunternehmens abgestimmt werden. Aufgrund der empirisch verifizierten Primärbindung des Versicherungsnehmers an seinen Vermittler (Bindungsfaktor an das Versicherungsunternehmen ist demgegenüber deutlich geringer) kann eine Reduzierung des Außendienstes zu einem bestandsgefährdenden Risiko werden, indem Vermittler »ihre Kunden« zu anderen Versicherungsgesellschaften »umdecken«.
- Angemessene Reaktionen auf Außendienstverfehlungen: Versicherungsunternehmen müssen bei Schädigungen der Kunden durch den Außendienst darlegen, dass sie kein Organisationsverschulden trifft. Daher ist eine ausreichende Sorgfalt bei Auswahl, Kontrolle und Ausbildung beziehungsweise Information der Versicherungsvertreter beziehungsweise Makler notwendig. Die BaFin ist gemäß Rundschreiben R 1/94 vom 28.3.1994 über Betrugs- und Verdachtsfälle zu informieren. Im Betrugsfall ist ein Schuldkonto einzurichten und das Versicherungsunternehmen muss versuchen, zumindest Teilbeträge von den Betrügern zurückzuerhalten (etwa durch Pfändung von Vermögenswerten, Sicherstellen von Bankkonten).

- Adäquates Risikomanagement im elektronischen Versicherungsvertrieb. Die optimale Informationsverteilung sowie die Integration der Unternehmensprozesse, der Informationstechnologie und der Internettechnologie werden zunehmend zum strategischen Erfolgsfaktor. Es seien hier nur einige Begriffe aufgeführt: E-Business, Supply-Chain-Management, Data Warehouse, Knowledge-Management. Die technische Abhängigkeit der Kernprozesse von der IT in der Wertschöpfungskette nimmt rapide zu – und damit auch die IT-bezogenen Risiken. Die IT-Prozesse in einem Unternehmen unterstützen auf der einen Seite die Kernprozesse eines Unternehmens und reduzieren dadurch auch die Unternehmensrisiken. Gleichzeitig beinhaltet die Informationstechnologie jedoch wiederum ein neues Risikopotenzial. Daher sollte das Versicherungsunternehmen insbesondere beim elektronischen Versicherungsvertrieb ein angemessenes Risikomanagement einführen.
- Risikomanagement bei Vertriebskooperationen. Hierbei ist vor allem auf eine eindeutige vertragliche Absprache bei Kooperationen zwischen Banken und Versicherungen als auch bei Kooperationen mit großen Firmen zu achten. Daneben spielt zur Einschätzung des Kreditrisikos auch die Bonitätsbewertung des Kooperationspartners, insbesondere wenn dieser das Inkasso durchführt, eine wichtige Rolle.

Im Rahmen des Risikomanagements der Vertriebsrisiken ist die Umsetzung der EU-Vermittlerrichtlinie zu erwähnen. Im Sinne einer Qualifizierungsoffensive der europäischen Versicherungsvermittlertätigkeiten hat die Europäische Kommission eine Richtlinie zur Absicherung eines Mindestqualitätsstandards der Beratungstätigkeiten (in Verbindung mit der Fernabsatzrichtlinie bei Online-Offerten) im Versicherungswesen verabschiedet. Diese mit großen Freiheitsgraden ausgestattete Richtlinie ist nun in den europäischen Staaten bis Anfang des Jahres 2005 umzusetzen. Mindestanforderungen für die Erlaubniserteilung der Versicherungsvermittlung sind gemäß der Richtlinie der Nachweis einer angemessenen Qualifikation (Qualifikationslevel ist vom jeweiligen EU-Staat festzulegen), ein guter Leumund, das Bestehen einer Vermögensschadenhaftpflichtversicherung zum Schutz der Kundengelder sowie letztlich die notwendige Gewerbeanmeldung und Eintragung bei einer Behörde im Herkunftsland. Dokumentations- und Informationspflichten sollen erhöht werden, womit im Rahmen der Richtlinienumsetzung die Entwicklung eines verpflichtenden Beratungsprotokolls auf der Umsetzungsagenda der europäischen Staaten steht.

Operationelle Risiken in der Versicherungswirtschaft

Implizit wurden operationelle Risiken als Ausdrucksform prozessualer Unternehmensrisiken durch unternehmensinterne Risikomanagementverfahren (beispielsweise interne Revision) schon in der Vergangenheit grundsätzlich berücksichtigt. Doch erst mit den Finanzierungs- und Kapitalausstattungsverordnungen der Finanzdienstleistung nach Basel II und Solvency II wurden diese Risiken explizit in den Vordergrund gerückt.

Im dritten Baseler Konsultationspapier werden operationelle Risiken wie folgt definiert: Operationelles Risiko ist die Gefahr von Verlusten, die in Folge der Unangemessenheit oder des Versagens von internen Verfahren, Menschen und Systemen oder in Folge externer Ereignisse eintreten. Diese Definition schließt Rechtsrisiken ein, beinhaltet aber nicht strategische Risiken oder Reputationsrisiken. Bei den operationellen Risiken dreht es sich also um den typischen Serverausfall, den Brandschaden im Rechenzentrum, den Überschwemmungsschaden in der Tiefgarage, die Verwüstungen durch den Hurrikan Andrew in den USA und auf den Bahamas, die Schäden durch das Northridge-Erdbeben in Kalifornien, die persönlich verschuldeten Betrugsdelikte einer Barings-Bank oder eben auch die terroristischen Angriffe auf das World Trade Center vom 11. September 2001. Weitere Details zum Management und zur Steuerung operationeller Risiken folgen im Kapitel »Strategische und operative Risiken«.

Zu Beginn des Diskussionsprozesses um die Neue Baseler Eigenkapitalvereinbarung versuchte man operationelle Risiken aufgrund der Risikodifferenzierungsproblematik mit einer negativen Abgrenzung zu umschreiben: Alle Risiken, die nicht Markt- und Kreditrisiken sind, gehören zu den operationellen Risiken. Eine derartige Definition bietet zwar den Vorteil, dass alle theoretisch möglichen Risiken, denen Unternehmen ausgesetzt sind, erfasst werden, wobei jedoch diese Negativselektion weder für die Risikoidentifikation noch für die hierauf aufbauende Risikoanalyse hilfreich sein kann. Sofern eine Risikoklasse nicht hinreichend positiv abgegrenzt wird, ist insbesondere die Messung schwierig bis unmöglich. Wie soll man etwas identifizieren und messen, wenn man nicht vorher weiß, wonach man eigentlich suchen soll?

Versicherungsunternehmen stehen aufgrund ihres Geschäftsmodells vor der Notwendigkeit der Identifikation und Analyse externer operationeller Risiken. Schließlich bieten sie Deckungskapazitäten für zufällige und nicht vorsätzlich verursachte Schäden menschlicher, technischer oder durch Naturgewalten verursachter Wagnisse – und dies seit den Anfängen des Versicherungsgedankens in der zweiten Hälfte des 14. Jahrhunderts, seit den ersten Entwicklungen in der Seeversicherung in den norditalienischen Stadtstaaten. Dennoch unterliegt die Deckungsfähigkeit operationeller Risiken wieder den bereits erwähnten Versicherbarkeitsvoraussetzungen. Jedoch sind Versicherungsunternehmen auch zu einem Management ihrer internen operationellen Risiken gehalten, müssen doch Kontroll- und Steuerungsmechanismen (angesiedelt in den Unternehmensbereichen Controlling, Interne Revision, Unternehmensplanung, Unternehmensentwicklung) für den nachhaltigen Unternehmensfortbestand sorgen. Operationelle Risiken stellen somit übergreifende Geschäftsrisiken dar und verlangen ein auf sie abgestimmtes holistisches Risikomanagement – nicht nur, aber insbesondere auch in Versicherungsunternehmen.

Literatur

Brauner, Ch.:	Elektrosmog – ein Phantomrisiko. Schweizerische Rückversicherungs-Gesellschaft, Zürich 1996.
Erben, R.:	Analyse ausgewählter Unternehmenskrisen: Swissair, Enron und Kirch-Gruppe. In: Romeike, F.; Finke, R. (Hrsg.): Erfolgsfaktor Risikomanagement: Chance für Industrie und Handel. Lessons learned, Methoden, Checklisten und Implementierung. Gabler Verlag, Wiesbaden 2003.
Farny, D.:	Versicherungsbetriebslehre. 3. Auflage, Verlag Versicherungswirtschaft, Karlsruhe 2000.
Helten, E./Hartung, Th.:	Restrukturierung von Wertschöpfungsketten im Allfinanzbereich. In: Ackermann, Walter (Hrsg.): Financial Services – Modelle und Strategien der Wertschöpfung, St. Gallen 2001.
Karten, W.:	Existenzrisiken der Gesellschaft – Herausforderungen für die Assekuranz. In: ZVersWiss 3/1988, S. 347.
König, E.:	Internationale Entwicklungen zur Aufsicht über Rückversicherungsunternehmen – ein Paradigmenwechsel? In: Geib, G. (Hrsg.): Rechnungslegung von Versicherungsunternehmen: Festschrift zum 70. Geburtstag von Dr. Horst Richter. Düsseldorf 2001, S. 161–180.
KPMG-Report:	Study into the methodologies to assess the overall financial position of an insurance undertaking from the perspective of prudential supervision. Mai 2002.
Laux, H.:	Entscheidungstheorie, 3. Auflage, Berlin 1995.
Müller-Reichart, M./Kurtz, H.J.:	Psychologische Hintergründe der individuellen Risikobereitschaft im Lichte des Versicherungsentscheidungsproblems. Versicherungswirtschaft 4/1990, 45. Jahrgang.

Müller-Reichart, M.:	Risiko-Management privater Haushalte. In: Handbuch Finanzdienstleistungen, Stuttgart 1993.
Müller-Reichart, M.:	Empirische und theoretische Fundierung eines innovativen Risiko-Beratungskonzeptes der Versicherungswirtschaft. Verlag Versicherungswirtschaft, Karlsruhe 1994.
Müller-Reichart, M.:	Versicherungsentscheidungen im Lichte verhaltenswissenschaftlicher Risikoprozesse. In: Zeitschrift für Versicherungswesen, 19/1995, 46. Jahrgang.
Müller-Reichart, M.:	Aspektwissenschaften des Versicherungswesens im Fokus einer interdisziplinären Risikoforschung. In: Zeitschrift für die gesamte Versicherungswissenschaft, 2/3-1996.
Müller-Reichart, M.:	Versicherungstechnisches Bestandskundenmanagement mittels Prophylaxe subjektiver Risiken. In: Versicherungswirtschaft 22/1997, 52. Jahrgang.
Müller-Reichart, M.:	Nationale und internationale Dimensionen des Versicherungsbetruges. In: Zeitschrift für Versicherungswesen, 49. Jahrgang, 1998.
Müller-Reichart, M.:	International orientierte Produktinnovationspolitik globalisierter Versicherungsunternehmen. Karlsruhe 2002.
Müller-Reichart, M.:	Dynamische Verfeinerung linearer Hypothesen. In: Versicherungswirtschaft, 5/2003, 58. Jahrgang.
Porter, M. E.:	Nationale Wettbewerbsvorteile – Erfolgreich konkurrieren auf dem Weltmarkt. Verlag Droemer Knaur, München 1991.
Romeike, F.:	Neue Risiken, neue Konzepte, Innovative Wege im Risikomanagement. In: FINANCE, Heft 5/2004, Sonderbeilage S. 10–11.
Romeike, F.:	Corporate Governance im Mittelstand – Die Chancen einer höheren Transparenz nutzen. In: Accounting, 4/2004, S. 16.
Romeike, F.:	Milchsumpf: Der Zusammenbruch des italienischen Konzerns Parmalat. In: RISKNEWS – Das Fachmagazin für Risikomanagement, Heft 02/2004, S. 52–56.
Romeike, F.:	Rating von Versicherungsunternehmen. In: RATING aktuell, August/September 2003, Heft 4, S. 12–17.
Romeike, F.:	Die Auswirkungen von Solvency II auf die Versicherungswirtschaft. In: RATING aktuell, Januar/Februar 2003, Heft 1, S. 26–29.
Romeike, F.:	Enterprise Wide Risk Management: Opportunities to maximise value and minimise risk. In: Credit Management in a European Context (Hrsg. Schneider-Maessen/Weiß), Economica Verlag, Heidelberg 2003.
Romeike, F.:	Basel II und die Versicherungswirtschaft. In: Zeitschrift für Versicherungswesen, 53. Jahrgang, 15. Mai 2002, Heft 10.

Romeike, F.:	IT-Risiken und Grenzen traditioneller Risikofinanzierungsprodukte. In: Zeitschrift für Versicherungswesen, 51. Jahrgang, 1. September 2000, Heft 17.
Romeike, F.:	Zur Risikoverarbeitung in Banken und Versicherungsunternehmen (Teil 1). In: Zeitschrift für Versicherungswesen, 46. Jahrgang, 1. Januar 1995, Heft 1.
Romeike, F.:	Zur Risikoverarbeitung in Banken und Versicherungsunternehmen (Teil 2). In: Zeitschrift für Versicherungswesen, 46. Jahrgang, 15. Januar 1995, Heft 2.
Romeike, F.:	Zur Risikoverarbeitung in Banken und Versicherungsunternehmen (Teil 3). In: Zeitschrift für Versicherungswesen, 46. Jahrgang, 1. Februar 1995, Heft 3.
Schradin, H.R.:	Erfolgsorientiertes Versicherungsmanagement. Betriebswirtschaftliche Steuerungskonzepte auf risikotheoretischer Grundlage, Karlsruhe 1993.
Sharma Report:	Prudential supervision of insurance undertakings – Conference of insurance supervisory services of the member states of the European Union, Dezember 2002.
The Müller Group Report:	Solvency of insurance undertakings. Conference of Insurance Supervisory Authorities of the Member States of the European Union, 1997.
Zweifel, P./Eisen, R.:	Versicherungsökonomie, Berlin 2002.
Zweifel, P./Pedroni G.:	Chancen und Risiko, Messung, Bewertung, Akzeptanz. Basel 1988.

Das Hauptziel der BaFin ist es, die Funktionsfähigkeit, Stabilität und Integrität des gesamten deutschen Finanzsystems zu sichern.

Teil II
Regulatorische und gesetzliche Regulierung der Versicherungswirtschaft

Quantitative und qualitative Beaufsichtigung der Versicherungsunternehmen

Frank Romeike

Grundsätze und Zielsetzung der Versicherungsaufsicht

Wie bereits in den vorangegangenen Kapiteln deutlich geworden ist, fördern die Versicherungsunternehmen in modernen Volkswirtschaften die wirtschaftliche Effizienz auf verschiedenen Wegen:[1]

- Effiziente Allokation von Risiken durch schnelle Schadenregulierung und Vermeidung beziehungsweise Verminderung von Schäden durch Schadenprävention.
- Kapitalakkumulation, da Prämien teilweise am Geld- und Kapitalmarkt angelegt werden (insbesondere in der Lebensversicherung).
- Schutz des bestehenden Vermögens, in deren Folge häufig die Wagnisbereitschaft etwa von Unternehmen zunimmt.
- Mobilisierung und Bildung von finanziellen Ressourcen (insbesondere in der Lebensversicherung).
- Kontrolle des Unternehmensverhaltens durch die Kalkulation der Versicherungsprämie nach dem Verursacherprinzip (hohes Risiko = hohe Prämie). Dadurch steigt die Motivation zur Risikoreduktion auf der Seite der Versicherungsnehmer.
- Entlastung des Staates und des Gemeinwesens durch den Abschluss von Privatversicherungen.

Unter Berücksichtigung der volkswirtschaftlichen Bedeutung dient die Regulierung der Versicherungswirtschaft vor allem dem Verbraucherschutz. Da der Versicherungsnehmer einen Versicherungsvertrag im Vertrauen erwirbt, im Schadenfall eine finanzielle Kompensation zu erhalten, gilt es vor allem, dieses Vertrauen zu schützen. Die Ziele der Versicherungsaufsicht lassen sich allgemein wie folgt zusammenfassen:

---

[1] Vgl. Zweifel, P./Eisen, R.: Versicherungsökonomie. Berlin 2002, S. 15 ff.; sowie: Farny, D.: Versicherungsbetriebslehre. Karlsruhe 1995, S. 13 ff.

- Verhinderung und Beseitigung von Missständen im Versicherungswesen (Gefahrentheorie).
- Schutz der Interessen der Versicherungsnehmer (Schutztheorie).
- Sicherstellung der Funktionsfähigkeit der Versicherungswirtschaft (Strukturtheorie).
- Nutzung des Versicherungswesens für allgemeine wirtschaftspolitische Zwecke (wirtschaftspolitische Theorie).

Ganz allgemein kann man als Ziel der Versicherungsaufsicht definieren, dass die Insolvenz eines Versicherungsunternehmens verhindert beziehungsweise zumindest die damit verbundenen Kosten eingedämmt werden sollen. Daher sind sowohl Banken als auch Versicherungsunternehmen dazu verpflichtet, adäquate Eigenmittel zur Unterlegung dieser Risiken vorzuhalten, um potenzielle Verluste abzufedern.

Vor diesem Hintergrund ist die gesamte Finanzdienstleistungsbranche (also auch Banken) einer ganzen Reihe von Aufsichtsnormen unterworfen. Dabei beginnt etwa in Deutschland die Aufsicht bei der Konzession der Versicherungsunternehmen über die laufende Aufsicht und endet mit der Liquidierung (allgemein auch als materielle und formelle Aufsicht bezeichnet). Im Mittelpunkt der Versicherungsaufsicht in Deutschland stehen die umfangreichen Normen des Versicherungsaufsichtsgesetzes (VAG) und hinsichtlich der Rechnungslegung die Vorschriften des Handelsgesetzbuches (HGB), das Gesetz über den Versicherungsvertrag (VVG) sowie die vielfältigen Verordnungen und Rundschreiben der Bundesanstalt für Finanzdienstleistungsaufsicht (BaFin).

Die Instrumente der Versicherungsaufsicht lassen sich in Instrumente der formellen und der materiellen Aufsicht unterteilen:

Im Rahmen der formellen Aufsicht geht es vor allem darum, den Markteintritt und -austritt von Versicherungsunternehmen zu regulieren, um die Insolvenzwahrscheinlichkeit zu reduzieren. Hierzu gehören primär die folgenden Instrumente:

- Nachweis von adäquatem Eigenkapital zur Gründung eines Versicherungsunternehmens.
- Nachweis eines besonderen Sicherungsfonds, um die Ansprüche der Versicherungsnehmer erfüllen zu können.
- Nachweis über die Qualifikation der Geschäftsleitung, um die ordnungsgemäße Abwicklung der Geschäfte sicherzustellen.
- Dauerhafter Nachweis, dass die Bedingungen für den Markteintritt auch weiterhin erfüllt werden.

Die materielle Aufsicht geht weit über die formelle Aufsicht hinaus und reguliert die Tätigkeit des Versicherungsunternehmens nach dem Markteintritt. Zu den Instrumenten gehören vor allem die Preis-, Produkt- und Kapitalanlagenregulierung. Diese materielle Aufsicht wurde seit 1990 von der deutschen, österreichischen und Schweizer Aufsicht beendet beziehungsweise gelockert.

In den vergangenen Jahren wurden die nationalen Regulierungen der EU-Mitgliedsstaaten durch neue EU-weite regulatorische Rahmenbedingungen ersetzt und ergänzt. Hintergrund dieser Angleichung ist – basierend auf Art. 52 (Recht auf Niederlassung) und Art. 59 (freier Dienstleistungsverkehr) der Römischen Verträge – das Ziel der Schaffung eines einheitlichen europäischen Marktes für Versicherungen. Danach soll jedes in der EU zugelassene Versicherungsunternehmen das Recht erlangen, sich in jedem EU-Mitgliedsland niederzulassen sowie Versicherungsprodukte von jedem Standort innerhalb der EU zu vertreiben.

Grundlage der gegenwärtigen Solvenzaufsicht in Deutschland bilden die Erste Schadenversicherungsrichtlinie (73/239/EWG) aus dem Jahr 1973 sowie die Erste Lebensversicherungsrichtlinie (79/267/EWG) aus dem Jahr 1979. Durch die dritte Richtliniengeneration aus dem Jahr 1992 (Schadenversicherungsrichtlinie 92/49 EWG sowie Lebensversicherungsrichtlinie 92/96 EWG) wurden insbesondere die präventive Produktkontrolle aufgehoben und das Prinzip der Sitzlandsaufsicht (mit gegenseitiger Anerkennung der Aufsichtsnormen) eingeführt.

Nach Erteilung der Erlaubnis zum Geschäftsbetrieb wird das Versicherungsunternehmen laufend beaufsichtigt. Hierbei regelt insbesondere § 81 VAG die Rechts-, Finanz- und Missbrauchsaufsicht und verpflichtet die Aufsichtsbehörde, auf die ausreichende Wahrung der Belange der Versicherten sowie auf die Einhaltung der Gesetze zu achten. Primärer Gegenstand der Finanzaufsicht ist die dauernde Erfüllbarkeit der Verpflichtungen aus den Versicherungsverträgen. Die Durchführung der Aufsicht umfasste bisher in der Regel eine jährlich wiederkehrende quantitative Prüfung, etwa im Zusammenhang mit der Rechnungslegung.

In der Vergangenheit wurde die Risikolage des Versicherungsunternehmens mit Hilfe bestimmter Indikatoren gemessen, die primär (vergangenheitsorientiert) aus dem Jahresabschluss stammten. Gleichzeitig fordert die Aufsicht eine bestimmte Mindestausstattung mit Solvabilitätsmitteln (Eigenmitteln), teilweise in absoluter Höhe und teilweise in Relation zur geschätzten Risikolage. Wird die Mindestausstattung mit Eigenmitteln unterschritten, so werden von der Aufsichtsseite stufenweise Sanktionen ausgelöst, die zur Wiederherstellung »gesunder Finanzverhältnisse« führen sollen. Dies kann entweder durch Maßnahmen zur Beeinflussung der Ist-Solvabilität (etwa durch die Erhöhung des Eigenkapitals) oder durch eine Anpassung der Soll-Solvabilität geschehen (etwa durch eine höhere Rückversicherungsnahme).

Bei der Berechnung der Soll-Solvabilität spielt neben einem »Garantiefonds« und »Mindestgarantiefonds« insbesondere die Solvabilitätsspanne (Solvency Margin) als Risikoindikator eine besondere Rolle.[2] Leider ist der Begriff Solvabilitätsspanne missverständlich, da es sich nicht um eine Spanne, sondern vielmehr um einen festen Kapitalbetrag (für ein einzelnes Versicherungsunternehmen oder eine Gruppe[3]) handelt. Im Wesentlichen handelt es sich um das unter Aufsichtsaspekten notwendigerweise vorzuhaltende Volumen an »freien und unbelasteten« Eigenmitteln.

Insgesamt kann festgestellt werden, dass das bisherige Aufsichts- und Solvabilitätssystem nur einen Teil der Gesamtrisikolage des Versicherungsunternehmens berücksichtigt und partiell weder risikotheoretisch noch betriebswirtschaftlich begründbar ist. So bleiben etwa das versicherungstechnische Irrtums- und Schwankungsrisiko, operationelle Risiken, Anlagerisiken sowie Korrelationen zwischen den Einzelrisiken bei der Berechnung der Solvabilitätsspanne unberücksichtigt.[4] Vielmehr beschränkt sich die Aufsicht hier auf sachliche Limitierungen etwa in der Form der Kapitalanlagevorschriften im VAG (Grundsatz der Sicherheit, Rentabilität, Liquidität und einer angemessenen Mischung und Streuung) oder Vorgaben für eine ordnungsgemäße Prozessgestaltung. Mit dem Erlass der Verordnung über die Anlage des gebundenen Vermögens von Versicherungsunternehmen (AnlV) vom 20. Dezember 2001 wurde § 54a VAG aufgehoben. So wurden in der Anlageverordnung auch neue Anlagemöglichkeiten, etwa Asset Backed Securities, aufgenommen. Neben den rein quantitativen Bestimmungen ist insbesondere auch ein »gut strukturierter, disziplinierter und transparenter« Anlageprozess aufzubauen, der auf dem folgenden Fundament basiert:

- Definition einer strategischen Anlagepolitik (Strategic Asset Allocation) durch den Vorstand.
- Entwicklung und Definition einer taktischen Anlagepolitik.

---

2) Vgl. § 53c VAG sowie Kapitalausstattungsverordnung (KapAustV).
3) Auch als Solo-Aufsicht (einzelnes Versicherungsunternehmen) beziehungsweise Solo-Plus-Aufsicht (Versicherungsgruppen) bezeichnet.
4) Vgl. zur Vertiefung: Zweifel, P./Eisen, R.: Versicherungsökonomie. Berlin 2002, S. 352 ff.; sowie Schradin, H. R.: Erfolgsorientiertes Versicherungsmanagement. Betriebswirtschaftliche Steuerungskonzepte auf risikotheoretischer Grundlage. Karlsruhe 1993, S. 214 ff.

- Umsetzung eines präzisen Anlageauftrags durch ein sachlich und personell adäquates Anlagemanagement.
- permanente Kontrolle der Anlageaktivitäten durch den Vorstand beziehungsweise eine beauftragte Organisationseinheit basierend auf adäquaten, exakten und flexiblen Systemen zur zeitnahen Messung und Bewertung der Anlagerisiken.
- adäquate Methoden und Systeme zur regelmäßigen Messung und Bewertung der Anlageergebnisse.
- zeitnaher und vollständiger Informationsaustausch zwischen allen Beteiligten.
- interne und externe Prüf- und Überwachungsprozesse hinsichtlich der Anlagepolitik.
- Prozesse und Verfahren zur Identifikation der Abhängigkeit und Anfälligkeit in Bezug auf wichtige Mitarbeiter beziehungsweise Systeme (Bestandteil des operationellen Risikos).

Bereits seit etwa 1990 begann auf europäischer Ebene eine breite Diskussion über moderne Solvabilitätsregeln für Versicherungskonzerne und für so genannte Finanzkonglomerate (Konzerne, die sowohl Bank- als auch Versicherungsgeschäfte betreiben). Bei Finanzkonglomeraten besteht insbesondere das Problem der Mehrfachbelegung der Eigenmittel (Double Gearing), wodurch das Geschäftsvolumen ohne zusätzliches Eigenkapital ausgeweitet werden kann, indem ein Versicherungsunternehmen eine Beteiligung an einem anderen Versicherer hält. Das Double Gearing ist bei der Ermittlung der Solo-Plus-Solvabilität ausgeschlossen.

Kritisiert wurde insbesondere auch immer wieder die mangelhafte Einbeziehung von Interdependenzen zwischen einzelnen Risikokategorien. Risikomanagement findet insbesondere bei Finanzdienstleistern häufig isoliert in verschiedenen Risikosilos (Marktrisiko, Kreditrisiko, operationelle Risiken, versicherungstechnische Risiken) statt. In der Realität sind Risiken jedoch hochgradig komplex miteinander verknüpft und beeinflussen einander durch positive und negative Rückkoppelungen.

Diskutiert wurde auch das aus den USA bekannte »Risk Based Capital Model« (RBCM). Mit Hilfe eines RBCM können Versicherungsrisiken differenzierter erfasst werden, da sowohl »Underwriting Risks« (versicherungstechnische Risiken), »Asset Risks« (Kapitalanlagerisiken), »Credit Risks« (Kreditrisiken) und »Off Balance Risks« (außerbilanzielle Risiken) berücksichtigt werden. Nach RBCM gilt die Solvabilität dann als erfüllt, wenn das verfügbare Sicherheitskapital (Total Adjusted Capital) das notwendige Sicherheitskapital (Risk Based Capital) übersteigt.[5] Analog der Methodik des Risk Based Capital ist die Gegenüberstellung einer unternehmensspezifisch ermittelten Sollgröße hinsichtlich Kapitalausstattung mit einer Istgröße sowohl bei internen Modellen als auch bei den großen Ratingagenturen internationaler Standard im Finanzdienstleistungssektor.

In der Folge des 4. Finanzmarktförderungsgesetzes vom 1. Juli 2002 wurde auch eine erweiterte Aufsicht über Rückversicherungsunternehmen im neuen § 1a VAG geregelt. Neben dem Nachweis einer unter Haftungsaspekten geeigneten Rechtsform haben die Rückversicherer zukünftig aufsichtsrechtlich definierte Sicherheitsstandards bei den Kapitalanlagen zu beachten. Des Weiteren hat die Aufsicht Eingriffsbefugnisse, sofern die dauernde Erfüllbarkeit der Rückversicherungsverträge gefährdet ist oder der Rückversicherer gegen geltendes Recht verstößt (§ 1a Abs. 2 VAG). Außerdem müssen der Vorstand des Rückversicherers die fachliche Eignung und Zuverlässigkeit nachweisen.[6] Parallel werden zur Zeit auf EU-Ebene die Details einer europäischen Rückversicherungsaufsicht diskutiert. Denkbar ist etwa eine Zulassung analog den Regelungen am Erstversicherungsmarkt. So werden auch Rückversicherer zukünftig einer umfassenden Solvenzkontrolle unterliegen.

Von Solvency I zu Solvency II

Versicherungsaufsicht bedeutete bis vor einigen Jahren vor allem Genehmigung von Produkten und Tarifen und reduzierte sich im Wesentlichen auf eine quantitative Aufsicht.

Angesichts globalisierter Finanzmärkte und neuer Produkte (etwa Finanzderivate oder Asset Backed Securities) sind die geltenden Eigenkapitalvorschriften sowohl für Banken als auch für Versicherungen nicht mehr zeitgemäß, insbesondere aufgrund der geringen Risikosensitivität. Der Baseler Ausschuss für Bankenaufsicht hat daher im Juni 1999 und im Januar 2001 Vorschläge zur Änderung der internationalen Eigenkapitalregelung für Banken vorgestellt. Allgemein ist der Entwurf unter der Bezeichnung

---

5) Informationen zum Ansatz des Risk Based Capital finden Sie in der Solvency-II-Studie »Study into the methodologies to assess the overall financial position of an insurance undertaking from the perspective of prudential supervision«.
Download: http://www.europa.eu.int/comm/internal_market/de/finances/insur/solvency-study_de.htm
6) Vgl. König, E.: Internationale Entwicklungen zur Aufsicht über Rückversicherungsunternehmen – ein Paradigmenwechsel? In: Geib, G. (Hrsg.): Rechnungslegung von Versicherungsunternehmen: Festschrift zum 70. Geburtstag von Dr. Horst Richter. Düsseldorf 2001, S. 163 ff.

Basel II bekannt. Ab dem Jahr 2006 beziehungsweise 2007 sollen die Bestimmungen in mehr als 100 Ländern in nationales Recht umgesetzt werden. Die Motive für den Eigenkapitalakkord sind zum einen, eine größere Sicherheit des Weltfinanzsystems zu erreichen, und zum anderen, die Neutralität des Wettbewerbs zu wahren und zu fördern.

Es erschien von Anfang an fraglich, inwieweit das Ziel des Baseler Komitees, nämlich die Solidität des internationalen Finanzsystems zu stärken, überhaupt erreicht werden kann, wenn ausschließlich Banken in den Regulierungsprozess einbezogen werden.[7] Versicherungsunternehmen stabilisieren den Wirtschaftsprozess, in dem einzelwirtschaftliche Schäden ersetzt und volkswirtschaftliche Schäden durch Maßnahmen zur Schadenverhütung vermindert werden. Sowohl Banken als auch Versicherungen übernehmen wichtige gesamtwirtschaftliche Funktionen, etwa die Transformation von Fristen und Risiken. Banken, Finanzdienstleistungsinstitute und Versicherungen konkurrieren in immer stärkerem Umfang auf denselben Märkten mit ähnlichen oder identischen Produkten.

In der Folge dieser Ähnlichkeiten liegt es nahe, auch die aufsichtsrechtlichen Vorschriften für beide Sektoren anzunähern und zu vereinheitlichen. In Deutschland wurde dieser Schritt bereits vollzogen, seit die Bundesaufsichtsämter für das Kreditwesen, das Versicherungswesen und den Wertpapierhandel seit 1. Mai 2002 organisatorisch unter einem Dach zu einer Bundesanstalt für Finanzdienstleistungsaufsicht (BaFin) zusammengefasst wurden. Insbesondere der Grundsatz des »to level the playing field«, wonach Unternehmen mit den gleichen Risiken und in den gleichen Geschäftsbereichen auch gleichen Regeln unterworfen werden sollten, gebietet eine einheitliche Aufsicht. Ansonsten würde es zu Wettbewerbsverzerrungen kommen, da risikobehaftete Geschäfte in Bereiche verlagert würden, die geringer reguliert wären.[8] So sind in den vergangenen Jahren bereits Kreditrisiken aus den Portfolien der Banken über Asset Backed Securities in die Versicherungsportefeuilles transferiert worden. Unterschiedliche Eigenkapitalanforderungen fördern diese Entwicklung. So lösen etwa Risiken in den Kapitalanlagen bei Versicherern bisher keine höheren Solvabilitätsanforderungen aus.

Versicherung ist die Deckung eines im Einzelnen ungewissen, insgesamt aber mit versicherungsmathematischen Methoden quantifizierbaren Mittel-

---

[7] Vgl. Romeike, F.: Die Auswirkungen von Solvency II auf die Versicherungswirtschaft. In: RATING aktuell, Januar/Februar 2003, Heft 1, S. 26–29; sowie: Romeike, F.: Basel II und die Versicherungswirtschaft. In: Zeitschrift für Versicherungswesen, 53. Jahrgang, 15. Mai 2002, Heft 10.
[8] Vgl. Romeike, F.: Basel II und die Versicherungswirtschaft. In: Zeitschrift für Versicherungswesen, 53. Jahrgang, 15. Mai 2002, Heft 10.

bedarfs auf der Grundlage des Risikoausgleichs im Kollektiv und in der Zeit. Genauer lässt sich das Versicherungsgeschäft in die Bestandteile Risikogeschäft, Spar- und Entspargeschäft und Dienstleistungsgeschäft unterteilen. Den Kern bildet sicherlich das Risikogeschäft, in dem ein unter Umständen großer, unbestimmter und unsicherer Verlust gegen einen kleinen, bestimmten und sicheren Verlust (die Prämie) ausgetauscht wird. Insbesondere in der Lebensversicherung tritt das Spar- und Entspargeschäft hinzu. Ergänzt wird das Risiko- und Spar-/Entspargeschäft durch verschiedene Dienstleistungen, etwa Schadenabwicklung oder Beratung. Die Ertragslage eines Versicherers hängt insbesondere vom Verlauf der versicherungstechnischen Risiken ab, wobei dieses durch die Streuung der Gesamtschadenverteilung des Kollektivs bestimmt wird. Die Schäden des Kollektivs weichen in der Regel vom Erwartungswert ab. Mit Hilfe der versicherungstechnischen Risikopolitik versucht der Versicherer, die einzelnen Elemente des versicherungstechnischen Risikos zu steuern.

Neben dem reinen Risikogeschäft spielt – insbesondere durch die Vorauszahlung der Prämie und die in einigen Versicherungszweigen vorkommenden Spar-/Entsparvorgänge – auch das Kapitalanlagegeschäft bei Versicherungsunternehmen eine besondere Rolle. Da auch die Entscheidungen im Kapitalanlagegeschäft nicht direkt zu bestimmten Ergebnissen führen, sondern in der Regel zu Wahrscheinlichkeitsverteilungen von Ergebnissen, existiert neben dem versicherungstechnischen Risiko auch ein Kapitalanlagerisiko. Das Kapitalanlagegeschäft insgesamt übernimmt eine wichtige Finanzierungsaufgabe in der Volkswirtschaft, da Versicherer das ihr zur Verfügung stehende Kapital über den Geld-, Kapital- und Immobilienmarkt Gewinn bringend anlegen.

Versicherer sind demnach sowohl auf der Aktiv- als auch auf der Passivseite Risiken ausgesetzt. Banken sind demgegenüber im Wesentlichen nur Aktivrisiken ausgesetzt.

Bereits im Jahr 1997 wurde durch den Müller-Report[9] ein Vergleich der Solvenzkontrolle in anderen Ländern der EU vorgelegt. Zentrale Aussage war, dass sich das tradierte Solvabilitätssystem im Kern bewährt habe, aber trotzdem einige Änderungen und Ergänzungen erforderlich seien. Empfohlen wurden etwa eine Erhöhung der Mindestbeträge für Garantiefonds sowie eine Korrektur der das Solvabilitätssoll bedeckenden Eigenmittel. Bereits Anfang 2002 wurden die Vorschläge der Müller-Kommission vom EU-Parlament verabschiedet (Solvency I) und mussten von den Mitgliedsstaaten

---

[9] Benannt nach dem damaligen Vizepräsidenten des Bundesaufsichtsamts für das Versicherungswesen.

innerhalb von 18 Monaten in nationales Recht umgesetzt werden.[10] Ab dem Jahr 2004 sind daher diese Mindeststandards für die Versicherer verbindlich. Nach Solvency I wird neben anderen Modifikationen der Garantiefonds[11] auf drei Millionen Euro (zwei Millionen Euro, wenn keine Haftpflicht- oder Kredit- und Kautionsversicherungsrisiken versichert werden) erhöht und entsprechend dem von Eurostat veröffentlichten Europäischen Verbraucherindex angepasst, sofern dessen prozentuale Veränderung mindestens fünf Prozent beträgt. Parallel werden den Aufsichtsbehörden mehr Eingriffsbefugnisse eingeräumt. Außerdem wird zukünftig etwa das Rating des Rückversicherungsunternehmens Einfluss auf die Ermittlung der Solvabilität des Erstversicherers haben. Zukünftig wird es auch nicht mehr ausreichen, die Solvabilität lediglich zum Ende des Geschäftsjahres nachzuweisen, vielmehr muss die Solvabilität zu jedem Zeitpunkt gewährleistet sein. Dies ist ein erster Schritt, um die Solvabilitätskontrolle als ein regelmäßiges Instrument des Risikomanagements in Versicherungsunternehmen zu verwenden, da quasi tagesaktuell solvabilitätsrelevante Informationen berechnet werden müssen.

Durch die umfangreichen Anforderungen, die auch an die Informationssysteme gestellt werden, übernimmt die Solvabilitätskontrolle in der Folge von Solvency I auch die Eigenschaft eines Risikomanagementinstruments. Gleichzeitig kann die BaFin bei in »Schwierigkeiten« geratenen Versicherungsunternehmen die Rechte des Versicherers, über seine Vermögenswerte zu verfügen, einschränken und einen Sanierungsplan fordern. Auch kann sich die BaFin eventuell vorhandene Rückversicherungsverträge vorlegen lassen und die Anrechnung bei der Solvabilität versagen, sofern der Risikotransfer sich maßgeblich verschlechtert hat.

Nachfolgend wird an einem Beispiel die Berechnungsmethode der *Soll-Solvabilität* bei einem Schadenversicherer basierend auf dem Beitragsindex skizziert:

- 0,18/0,16 × Bruttoprämieneinnahmen × Selbstbehaltsquote (mindestens 0,5)
  Berechnung: 18 Prozent der Prämien bis 50 Mio. Euro + 16 Prozent der Prämien über 50 Mio. Euro
- Berechnungsbeispiel (vereinfacht ohne Berücksichtigung einer Selbstbehaltsquote)

---

10) Vgl. Richtlinien 2002/13/EG (Schadenversicherung) sowie 2002/83/EG (Lebensversicherung)
11) Der Garantiefonds ist Teil des Solvabilitätssystems und dient zur Sicherung bestehender und zukünftiger Verbindlichkeiten. Bei einer Versicherungsaktiengesellschaft dient das Grundkapital als Garantiefonds, bei einem Versicherungsverein auf Gegenseitigkeit der Gründungsstock.

Bruttoprämieneinnahmen = 50 Mio. Euro (Beitragsindex von 18 Prozent)
Soll-Solvabilität: 18 Prozent von 50 Mio. Euro = 9 Mio. Euro
- Garantiefonds: 1/3 = 3 Mio. Euro
- Mindestgarantiefonds = 3 Mio. Euro

Nachfolgend wird die Berechnungsmethode am Beispiel eines Schadenindexes bei einem Schadenversicherer dargestellt:

- 0,26/0,23 × Schadenaufwendungen × Selbstbehaltsquote (mindestens 0,5)
Berechnung: 26 Prozent der Schadenaufwendungen bis 35 Mio. Euro + 23 Prozent der Schadenaufwendungen über 35 Mio. Euro; hierbei beziehen sich die Schadenaufwendungen auf durchschnittliche Schadenaufwendungen der letzten drei Geschäftsjahre (in der Elementarschadenversicherung sind sieben Geschäftsjahre zu berücksichtigen).

Die Ermittlung der Soll-Solvabilität in der Lebensversicherung resultiert zum einen aus den Ergebnissen für Risiken aus Vermögensanlagen (vier Prozent der mathematischen Reserven unter Berücksichtigung des Rückversicherungsanteils mit maximal 15 Prozent) und zum anderen aus den Ergebnissen für versicherungstechnische Risiken (je nach Laufzeit und Art der Todesfallversicherung 0,3 Prozent, 0,1 Prozent oder 0,15 Prozent des riskierten Kapitals unter Berücksichtigung des Rückversicherungsanteils mit maximal 50 Prozent). Ein Drittel der geforderten Solvabilitätsspanne gilt als Garantiefonds. In der Folge von Solvency I ist die Mindesthöhe des Garantiefonds auf drei Millionen Euro erhöht worden. Auch hier erfolgt wiederum eine Anpassung dieser Werte mit dem von Eurostat veröffentlichten europäischen Verbraucherpreisindex, wenn dessen prozentuale Veränderung mindestens fünf Prozent beträgt.

Die *Ist-Solvabilität* besteht zum einen aus dem freien und unbelasteten Eigenkapital (ohne Berücksichtigung der immateriellen Vermögenswerte). Dies sind vor allem:

- das eingezahlte Grundkapital
- die gesetzlichen und freien Rücklagen
- der Gewinn-/Verlustvortrag nach Abzug der auszuschüttenden Dividenden

Die Ist-Solvabilität darf auf Antrag des Unternehmens und nach Zustimmung durch die BaFin jedoch auch aus der Hälfte des nicht eingezahlten

Teils des Gründungsstocks bestehen, sobald der eingezahlte Teil 25 Prozent des Gründungsstocks erreicht hat. Dies gilt jedoch nur bis zu einer Höchstgrenze von 50 Prozent des jeweils niedrigeren Betrags der verfügbaren und der geforderten Solvabilitätsspanne.

Lebensversicherungsunternehmen haben die Möglichkeit, eine Anrechnung der stillen Nettoreserven (Bewertungsreserven) im Rahmen des Garantiefonds zu beantragen. Ab 2009 entfällt die Möglichkeit einer Anrechnung zukünftiger Gewinne auf die verfügbare Solvabilitätsspanne.

Bis 2008 können 50 Prozent der zukünftigen Gewinne nur auf Antrag und mit Zustimmung der Aufsichtsbehörde angerechnet werden. Diese Anrechnung darf jedoch nicht mehr als 25 Prozent der verfügbaren beziehungsweise – falls niedriger – erforderlichen Solvabilitätsspanne betragen. Ermittelt wird der Betrag der künftigen Gewinne durch die Multiplikation des geschätzten Jahresgewinns mit einem Faktor, der der durchschnittlichen Restlaufzeit der Verträge entspricht und den Wert 6 nicht überschreitet. Die Obergrenze für die Schätzung der Jahresgewinne ist das arithmetische Mittel der Gewinne der vergangenen fünf Geschäftsjahre.

Die EU-Kommission hat recht früh Zweifel geäußert, inwieweit Solvency I die Marktveränderungen der vergangenen Jahre adäquat berücksichtigt. Mit Solvency I wurden keine strukturellen Veränderungen der Versicherungsaufsicht induziert. So hat die EU-Kommission auch erkannt, dass etwa die Entwicklung internationaler Rechnungslegungsstandards (International Financial Reporting Standard, IFRS) einen großen Einfluss auf das Risikomanagement und die Risikoexposure der Versicherungsunternehmen haben wird und damit auch die Versicherungsaufsicht beeinflussen wird.

Volatile Kapitalmärkte, derivative Finanzinstrumente und drastisch veränderte Investmentstrategien der Versicherer stehen einer relativ einfachen Methodik zur pauschalen Bewertung des Anlagerisikos eines Versicherers gegenüber. Demgegenüber wird sich bei Banken – basierend auf Basel II – die Höhe des Eigenkapitals zukünftig stärker an den individuellen Kreditrisiken und Marktrisiken sowie an den operationellen Risiken der Bank orientieren. Insbesondere operationelle Risiken werden nun auch explizit in die Berechnung des regulatorischen Eigenkapitals der Bank einbezogen.[12]

Vor dem Hintergrund eines erhöhten Wettbewerbs in der Versicherungsbranche und der Entwicklungen auf den Kapitalmärkten hat bereits Anfang 2000 die EU-Kommission das Projekt »Solvency II« auf den Weg gebracht,

---

[12] Das operationelle Risiko definiert der Baseler Ausschuss als die »Gefahr von Verlusten, die infolge der Unangemessenheit oder des Versagens von internen Verfahren, Menschen oder Systemen oder von externen Ereignissen eintreten«.

um das aus den Jahren 1973 (Nicht-Leben) und 1979 (Leben) stammende Aufsichts- und Solvabilitätssystem europaweit zu modernisieren, den aktuellen Entwicklungen anzupassen sowie mit den Regelungen des Bankwesens zu harmonisieren. Ziel ist eine grundlegende Reform der Versicherungsaufsicht. Zukünftig wird das im Wesentlichen rein quantitative Aufsichtssystem durch ein primär qualitatives System ersetzt, das auf unternehmensinternen Risikosteuerungsmodellen basiert:

- Ziel ist unter anderem die Modellierung eines »Prudential Framework« für das Versicherungswesen in Europa, da in den einzelnen Ländern große Unterschiede bei der Anwendung der Solvabilitätsvorschriften herrschen (Fortführung der Harmonisierung im Finanzdienstleistungssektor).
- Seit einigen Jahren sind eine immer stärkere Konvergenz und ein zunehmender Risikotransfer zwischen den Finanzsektoren zu beobachten. Ziel der Regulatoren ist daher, für gleiche Risiken (etwa von Banken und Versicherungen) auch die gleichen Regeln zu definieren (»level the playing field« = weitestgehende Wettbewerbsneutralität).
- Im Fokus des neuen Aufsichtssystems soll die gesamte Risikolandschaft der Versicherungsgesellschaft stehen, um eine realistische Beschreibung der tatsächlichen Risikolage des Versicherungsunternehmens zu erwirken. Daher entwerfen die Unternehmen neue Techniken und Modelle zur Risikoanalyse und zur Verteilung des ökonomischen Kapitals, um diejenigen Risiken zu decken, mit denen sie tatsächlich konfrontiert werden.
- Parallel verbindet die Aufsicht das neue Regelwerk mit der Entwicklung eines Anreizsystems, um neue und effektivere Methoden und Systeme zur Bestimmung des erforderlichen Kapitals (etwa basierend auf der Methodik der »dynamischen Finanzanalyse«) zu entwickeln.
- Insgesamt wird Solvency II risikoempfindlicher sein als das gegenwärtige Solvabilitätssystem (siehe Parallelen zu Basel II).

Im November 2002 (»Considerations on the design of a future prudential supervisory system« Markt/2535/02) und im März 2003 (»Design of a future prudential supervisory system in the EU – Recommendations by the Commission Services«, Markt/2509/03) legte die EU-Kommission Dokumente zur Phase I des Projekts »Solvency II« vor. In dieser ersten Phase (Mai 2001 bis September 2003) sollen die Rahmenbedingungen für ein künftiges europäisches Versicherungsaufsichtssystem entworfen werden und alternative Grundkonzepte und Schlüsselprinzipien diskutiert werden.

Mit der Veröffentlichung eines EU-Papiers im September 2003 (»Solvency II – Reflections on the general outline of a framework directive and mandates for further technical work«, Markt/2539/03) wurde die Phase I des Projektes »Solvency II« endgültig abgeschlossen. In der nun folgenden Phase II schließt sich die Konkretisierung und Spezifizierung der skizzierten Rahmenbedingungen an.

Im Februar 2004 veröffentlichte die EU-Kommission ein weiteres Dokument (»Solvency II – Organisation of work, discussion on pillar I work areas and suggestions of further work on pillar II for CEIOPS«, Markt/2543/03), das die nächsten Arbeitsschritte in Phase II weiter konkretisiert.

Das Rechtsetzungsverfahren im Projekt »Solvency II« basiert auf dem »Lamfalussy-Verfahren«[13], wodurch die Effizienz der Gesetzgebung erhöht werden soll. Die europäische Versicherungsaufsicht CEIOPS (Committee of European Insurance and Occupational Pensions Supervisors) hat ihren Sitz in Frankfurt/Main und besteht aus insgesamt fünf Arbeitsgruppen:

- Leben (Säule I)
- Nicht-Leben (Säule I)
- Qualitative Finanzaufsicht (Säule II)
- Markttransparenz (Säule III)
- Sektorübergreifende Fragen

---

[13] Die Europäische Kommission hat im Frühjahr 1999 einen Aktionsplan für Finanzdienstleistungen gebilligt, wonach bis zum Jahr 2005 innerhalb der EU ein integrierter Finanzmarkt verwirklicht werden soll. In der Folge wurde eine Expertenkommission unter dem Vorsitz von Alexandre Lamfalussy eingesetzt, um das ehrgeizige Ziel, in verhältnismäßig kurzer Zeit eine den modernen Finanzmärkten entsprechende Gesetzgebung und Überwachung auszuarbeiten, voranzutreiben. Der im Frühjahr 2001 erschienene Lamfalussy-Bericht machte deutlich, dass das Gesetzgebungsverfahren beschleunigt werden muss, sollen die raschen Veränderungen an den Finanzmärkten aufgefangen werden können. Zu diesem Zweck wird ein vierstufiges Konzept vorgeschlagen, das so genannte »Lamfalussy-Verfahren«. Das Lamfalussy-Verfahren sieht vier Stufen vor: In der ersten Stufe werden Grundsatzrichtlinien und Grundsatzverordnungen (Grundsatzrechtsakte) von Rat und Parlament verabschiedet. In der zweiten Stufe werden die technischen Einzelheiten in Form von Durchführungsrichtlinien und Durchführungsverordnungen von der Kommission, in enger Zusammenarbeit mit den Marktteilnehmern und den zwei entsprechenden Ausschüssen, festgelegt (Komitologieverfahren). In der dritten Stufe werden von den nationalen Aufsichtsbehörden – im Rahmen des Ausschusses der Aufsichtsbehörden – Standards im jeweiligen Aufsichtsfeld und »guidelines« für die einheitliche materielle Umsetzung erarbeitet. In der vierten Stufe überprüft die Kommission die Umsetzung der Richtlinien. Dies erfolgt im Rahmen einer umfassenden Berichtspflicht der Mitgliedstaaten über den Umsetzungsstand der einzelnen Grundsatzrechtsakte.

Parallel hierzu werden die europäischen Versicherungsunternehmen durch ein »Market Participants Consultative Panel« am Diskussionsprozess beteiligt.

Für die komplette Umsetzung von Solvency II ist ein Zeitraum von etwa sechs bis zehn Jahren terminiert. Bei der Erarbeitung der entsprechenden Richtlinien orientiert sich die EU-Gesetzgebung auch an den IAIS-Anforderungen (Internationale Vereinigung der Versicherungsregulatoren).

Parallel wurde mit Erlass vom 20. Dezember 2001 § 54a VAG durch die »Vorschriften der Anlagenverordnung« (AnlV) abgelöst. Diese beinhalten im Wesentlichen einen Anlagekatalog, der den neuen und höheren Anforderungen an die Vermögenslage der Versicherer gerecht wird. Neben der Aufnahme zusätzlicher und neuer Anlagemöglichkeiten (etwa Asset Backed Securities) wurde die Risikokapitalquote von 30 auf 35 Prozent erhöht. Gleichzeitig wurden die Möglichkeiten der Fondsanlage erweitert. Mit § 6 AnlV sind außerdem Bestimmungen zum Anlagemanagement und zu internen Kontrollverfahren eingeführt, so dass neben einer höheren Qualität dieser Instrumente auch die gesetzliche Verpflichtung zur Einführung eines Risikomanagements nach § 91 Absatz II AktG (KonTraG, Gesetz zur Kontrolle und Transparenz im Unternehmensbereich) erfüllt wird.

Basierend auf den Bestimmungen der AnlV muss das Versicherungsunternehmen auch eine detaillierte Analyse der Risiken auf der Aktiv- und Passivseite sowie das Verhältnis beider Seiten zueinander (Asset-Liability-Management) durchführen. Diese Analyse beinhaltet auch Stresstests sowie Szenarioanalysen. Hierbei sind neben Marktrisiken auch Kreditrisiken, Liquiditätsrisiken, Währungsrisiken, Betriebsrisiken und Rechtsrisiken zu analysieren. Das BaFin-Rundschreiben 30/2002 (VA) enthält zudem Vorschriften über Anzeige, Berichte sowie die Durchführung von Stresstests zur Beurteilung der Angemessenheit der Deckung versicherungstechnischer Verpflichtungen.

Das Stresstestmodell der BaFin entspricht im Wesentlichen dem GDV-Modell (Gesamtverband der Deutschen Versicherungswirtschaft). Grundsätzlich werden zwei Szenarien simuliert: Variante A rechnet mit Kursrückgängen bei Aktien um 35 Prozent und bei festverzinslichen Wertpapieren um zehn Prozent. Variante B bleibt etwas moderater mit 20 Prozent Wertverlust bei Aktien und fünf Prozent bei Rentenpapieren. In beiden Fällen werden zusätzlich auch Bonitätsrisiken in die Kalkulation einbezogen. Hat ein festverzinsliches Papier kein Rating oder eines, das schlechter als BBB ist, wird ein Kursabschlag von bis zu 30 Prozent vorgenommen. Diese Szenarien werden im Übrigen auch dann simuliert, wenn es im Vorjahr bereits einen Verlust von beispielsweise 44 Prozent (wie 2002) an den Aktienmärkten gegeben hat. Zum Ausgleich der simulierten Wertverluste bei den Kapitalanlagen werden aktiv- und passivseitige Reserven berücksichtigt. Weisen die Kapitalanlagen wie etwa Aktien, Renten und Immobilien Bewertungsreserven auf, so können diese genauso wie die Eigenmittel des Versicherungsunternehmens und andere Puffer der Passivseite zur Abwendung der simulierten Krisensituation herangezogen werden.

Die Ergebnisse dieser Stresstests sind der BaFin gegenüber zu melden. Werden sowohl der Stresstest A als auch B bestanden, ist nichts weiter zu veranlassen. Wird nur der Stresstest A nicht bestanden, muss der Gesamtvorstand informiert werden. Wer in beiden Tests durchfällt, muss den Gesamtvorstand und den Aufsichtsrat informieren sowie der Aufsicht darlegen, welche Maßnahmen ergriffen werden, um die Risikotragfähigkeit wieder herzustellen. Außerdem ist auch ein Bericht über die Zeitwerte, stille Reserven und Lasten in den Vermögensanlagen und über die unterjährige Deckung der zu schätzenden versicherungstechnischen Passiva gefordert. Eine Information der Öffentlichkeit durch die Behörde ist nicht vorgesehen.

Nachfolgend sind die wesentlichen Entwicklungsstufen der Versicherungsaufsicht in Europa und Deutschland skizziert:

- 1973: Erste Schadenversicherungsrichtlinie (73/239/EWG)
- 1979: Erste Lebensversicherungsrichtlinie (79/267/EWG)
- 1994: »Dritte Richtliniengeneration« (Schadenversicherungsrichtlinie 92/49 EWG sowie Lebensversicherungsrichtlinie 92/96 EWG)
- 1997: Projektstart Solvency I
- 2000: Einführung Solo-Plus-Aufsicht und gleichzeitig Projektstart Solvency II
- 2002: 4. Finanzmarktförderungsgesetz (Rückversicherungsaufsicht)
- 2003: Ende der ersten Projektphase Solvency II
- 2004: Inkrafttreten Solvency I
- etwa 2008–2010: Inkrafttreten Solvency II

Die Architektur von Solvency II

Die Grundlage des neuen Aufsichtssystems bilden die aus Basel II bekannte Dreisäulenstruktur sowie ein Risikoverständnis, das auf der Gesamtsolvabilität aufbaut. Dies würde bedeuten, dass neben den Vorschriften zum Halten von Eigenkapital (Säule 1) das aufsichtsrechtliche Überprüfungsverfahren (Supervisory Review Process) und eine stärker qualitativ ausgerichtete Bankenaufsicht (Säule 2) an Bedeutung gewinnen werden. Mit der dritten Säule »Offenlegung« wird die Transparenz der Risikopositionen und der Risikomanagementprozesse einer Versicherung angestrebt, um die bisher bestehende starke Informationsasymmetrie zu reduzieren, so dass die Marktteilnehmer die Versicherungen über ihre Renditeforderungen disziplinieren können. In Abbildung 18 ist die grundsätzliche Struktur von Solvency II skizziert.

Die **erste Säule** »Mindestanforderungen an die Kapitalausstattung« definiert im Wesentlichen die quantitativen Anforderungen hinsichtlich:

- versicherungstechnischer Rückstellungen
- Kapitalanlagevorschriften und Bilanzmanagement (Asset-&-Liability-Management)
- Kreditrisiko, Marktrisiko, operationelle Risiken
- Management von Risikokapital (interne Modelle und Standardansatz)

Die erste Säule entspricht im Wesentlichen dem methodischen aufsichtsrechtlichen Ansatz der bisherigen Regelungen. Der Kapitalbegriff wurde im Rahmen von Solvency II erweitert: So gibt es auf der einen Seite die »absolute Mindestspanne« (Absolute Minimum Margin, AMM) und auf der an-

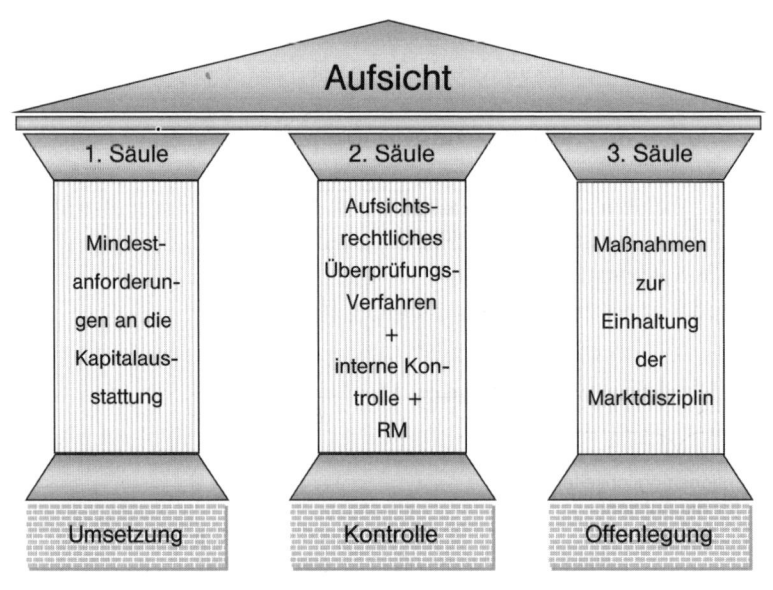

Abbildung 18: Die Dreisäulenstruktur von Solvency II

deren Seite den Begriff der »wünschenswerten Kapitalausstattung« (Target Capital, TC). Dieses Zielkapital orientiert sich im Wesentlichen an dem ökonomischen Kapital und wird im zukünftigen Aufsichtssystem die wesentliche Steuerungsgröße im Hinblick auf die Kapitalanforderungen sein. Hierbei entspricht die »wünschenswerte Kapitalausstattung« etwa einem Investmentgrade von »BBB«. Ein Unterschreiten des Mindestkapitals würde bewirken, dass das Versicherungsunternehmen aus dem Markt ausscheiden muss. Die grundsätzliche Struktur ist in Abbildung 19 skizziert.

Analog der Basel-II-Regelungen für das Kreditrisiko und operationelle Risiken werden die Solvency-II-Regelungen neben einem risikobasierten Standardansatz auch interne Risikomodelle für die Ermittlung der Eigenmittelanforderungen zulassen. Der Standardsatz soll dabei EU-weit einheitlich definiert werden, wobei die Parameter die jeweiligen Verhältnisse in den Mitgliedsstaaten reflektieren sollen. Neben szenarienbasierten Modellen (Schweiz) sind auch faktorenbasierte (RBCM in den USA) oder gemischte Standardmodelle (UK) grundsätzlich denkbar. Unternehmensindividuelle, interne Risikomodelle müssen zuvor von der Aufsicht anerkannt worden sein.

Damit gilt ein proaktives Risikomanagement als ganz wesentliche Komponente des neuen Aufsichts- und Solvenzsystems. Zukünftig ist auch davon auszugehen, dass (analog den Banken) interne und externe Risikomodelle zusammenwachsen werden und eine primäre Rolle bei der Unternehmenssteuerung einnehmen werden.

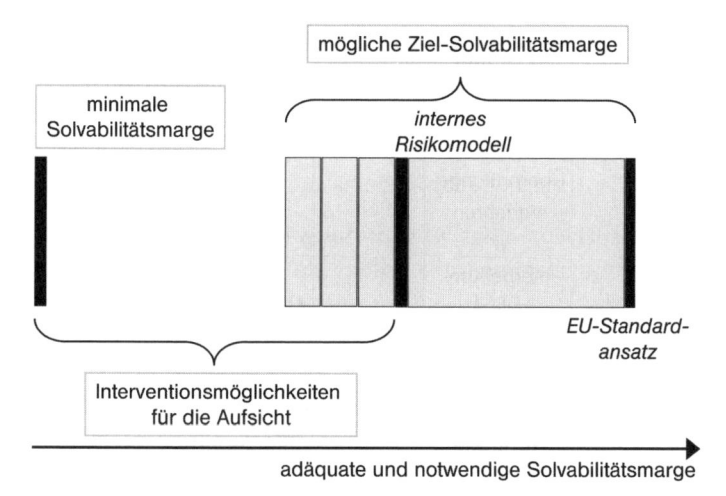

Abbildung 19: Absolute Mindestspanne und Zielkapital nach Solvency II

Die **zweite Säule** »Aufsichtsrechtliches Überprüfungsverfahren« fokussiert sich im Wesentlichen auf die qualitative Überprüfung des Risikomanagements durch die Aufsicht. Hierbei geht es vor allem um:

- Umsetzung der »Sound Practices« (analog Basel II) = Aufbau- und Ablauforganisation und Prozesse hinsichtlich »Corporate Governance« und Risikomanagement
- klare Verantwortlichkeiten und Managementsysteme
- angemessenes Vertrags-, Schaden- und Rückversicherungsmanagement
- klare Zeichnungspolitik (auch basierend auf Szenario- und Stresstests)
- angemessenes Aktiva- und Finanzmanagement
- Möglichkeit der BaFin, höheres regulatorisches Kapital zu fordern basierend auf individuellem Risikoprofil (in Ergänzung zu Mindestkapitalausstattung nach der ersten Säule)
- Management und Steuerung von operationellen Risiken und exogenen Einflussgrößen, etwa Naturkatastrophen und Konjunktur

Bei der **dritten Säule** geht es schließlich im Wesentlichen darum, die Marktdisziplin als Steuerungsinstrument der Aufsicht einzusetzen, das heißt, die existierenden Marktkräfte als Korrektiv zu nutzen. Im Einzelnen beinhaltet die dritte Säule:

- Umfangreiche Veröffentlichungspflichten (etwa hinsichtlich Risikomethoden, Risikomanagementprozessen, Kapitalausstattung, Szenarioanalysen)
- Förderung der Transparenz in Anlehnung an Corporate Governance
- starke Orientierung auf Interne Modelle mit höheren Veröffentlichungspflichten
- starke Verzahnung mit IAS (International Accounting Standards) beziehungsweise IFRS (International Financial Reporting Standards)

Bei der dritten Säule ist eine enge Abstimmung mit den geplanten Veränderungen der Rechnungslegungsvorschriften durch das »International Accounting Standards Board« (IASB) auf europäischer Ebene geplant, um die Publizitätserfordernisse der Finanzmärkte, der Ratingagenturen und des externen Rechnungswesens zu koordinieren. Die Kontrolle durch den Markt soll bewirken, dass gut informierte Marktteilnehmer eine risikobewusste Geschäftsführung und ein wirksames Risikomanagement von Banken und Versicherungen in ihren Anlage- und Kreditentscheidungen honorieren oder aber risikoreicheres Verhalten entsprechend sanktionieren.

Eine im Mai 2002 veröffentlichte Studie schlägt unter anderem das Einbeziehen von fünf Risikokategorien in das Solvabilitätssystem vor:[14]

- das versicherungstechnische Risiko (Kalkulation der Prämien, Reservierung, Rückversicherungsnahme)
- das Kreditrisiko (Ausfallrisiko bei Kapitalanlage, Bonität der Rückversicherer)
- das Marktrisiko (Volatilität der Kapitalanlagen)
- das operationelle Risiko (Technologie, Personal, Organisation, extern)
- das »Asset-Liability-Mismatching«.

Für die Bewertung der unterschiedlichen Risikokategorien stehen neben statischen auch dynamische Methoden, wie etwa Simulations- oder Szenariotechniken, zur Verfügung. Gegenüber den heute in Europa üblichen statischen Methoden bieten dynamische Systeme den Vorteil einer sensitiven Risikomessung für alle Risikokategorien. Operationelle Risiken und »Asset-Liability-Mismatching«-Risiken[15] können ausschließlich mit modernen, dynamischen Methoden (etwa basierend auf der Dynamischen Finanzanalyse) bewertet werden.

Analog Basel II werden die Aufsichtsbehörden mit Vorschlägen zur Nutzung verschiedener Bewertungsmethoden einen Anreiz schaffen, dass Versicherungsunternehmen komplexere und genauere Methoden zur Messung der Risiken wählen, da dadurch tendenziell die Qualität des Risikomanagements zunimmt. So könnten die Versicherer, die komplexe und hoch entwickelte Risikomodelle nutzen, über eine Anrechnung auf das Zielkapital »belohnt« werden. Wichtig in diesem Zusammenhang ist auch die Definition von adäquaten Risikomaßen, wie etwa TailValue at Risk (Policyholders' Expected Shortfall), Worst Conditional Expectation (WCE_a) oder der Expected Shortfall (EX_a).

---

14) Vgl. KPMG-Report: Study into the methodologies to assess the overall financial position of an insurance undertaking from the perspective of prudential supervision Mai 2002.
15) Risiken aus Asset-Liability-Mismatching basieren auf den Wechselwirkungen zwischen Aktiva und Passiva. So musste etwa 1997 der japanische Versicherer Nissan Mutual Life Konkurs anmelden, weil die Koordination von Aktiv- und Passivwerten unzureichend war.

Auswirkungen auf die Versicherungsunternehmen

Risiko ist für Versicherungsunternehmen allgegenwärtig. Wirtschaftliches Handeln bedeutet auch immer, Risiken einzugehen. Jedoch wird der langfristige Erfolg im Banken- und Versicherungsgeschäft über die Qualität des Risikomanagements definiert. Banken und Versicherungsunternehmen, die über gute und effiziente Instrumente zur Messung und Steuerung ihrer Risiken verfügen, verschaffen sich einen bedeutenden Wettbewerbsvorteil. Versicherer müssen in der Zukunft ihre Transparenz insgesamt erhöhen und ihre Entscheidungen durch verlässliche, quantitativ untermauerte Aussagen über zukünftige Entwicklungen entscheidungsrelevanter Unternehmenskennzahlen treffen. Versicherer sind angehalten (bereits nach Solvency I), wesentlich schneller Daten, etwa für die Berechnung der Solvabilitätsmarge und der Eigenmittel, zur Verfügung zu stellen.

Vor dem Hintergrund des Level-the-playing-field-Grundsatzes sollte Solvency II möglichst parallel zu dem neuen Baseler Eigenkapitalakkord (Basel II) in Kraft treten, um möglichst gleiche Marktbedingungen für Unternehmen mit teilweise deckungsgleichen Märkten zu schaffen. Es ist jedoch davon auszugehen, dass die neuen Solvency-II-Regelungen frühestens zum Geschäftsjahr 2008 anzuwenden sein werden. Trotzdem wird Solvency II bereits heute Auswirkungen auf die Versicherungswirtschaft haben. Die Ergebnisse des Solvency-II-Prozesses werden die Versicherer insbesondere vor dem Hintergrund spüren, weil Teilergebnisse schon vorher sukzessive umgesetzt werden sollen.

Bei Solvency II geht es neben den rein quantitativen Modellen vor allem auch um den Aufbau oder die Anpassung adäquater interner Risikomanagementprozesse und -systeme. Erst transparente Risikomanagementsysteme werden dem Versicherer eine wertorientierte Unternehmenssteuerung ermöglichen. Zukünftig wird in der Versicherungsbranche das proaktive Risikomanagement mit der »wertorientierten Unternehmenssteuerung« (Value-Based-Management) verschmelzen.[16] Dies wird nicht nur für die großen börsenorientierten Versicherungskonzerne relevant sein, sondern für alle Versicherungsunternehmen, da eine gute Eigenkapitalrendite ein ganz wesentliches Kriterium bei der Kapitalbeschaffung ist. Durch diese integrierte Betrachtung wird sich die Attraktivität der Versicherungswirtschaft für Kapitalmarktteilnehmer erhöhen.

---

16) Vgl. in diesem Zusammenhang auch das Kapitel »Integration des Risikomanagements in das Konzept der Balanced Scorecard«.

Solvency II wird im Wesentlichen Auswirkungen auf die internen Prozesse, den Kapitalbedarf und das Produktangebot haben.

So werden die Versicherer im Rahmen der Unternehmenssteuerung zukünftig:

- einen stärkeren Fokus auf das Risikomanagement legen,
- das Solvenzkapital, das sich dem ökonomischen Kapital annähert, als Steuerungsinstrument nutzen,
- der wertorientierten Unternehmenssteuerung eine höhere Bedeutung beimessen,
- sich stärker auf einen »Return on Risk« (Rendite des Risikokapitals) fokussieren,
- klare hierarchische Ebenen, Verantwortlichkeiten und Prozesse definieren und dokumentieren.

Auf der Seite des Kapitalbedarfs werden die Versicherer

- die gesamte Risikolandschaft bei der Ermittlung von risikosensitiven Solvabilitätsmargen betrachten müssen,
- fortgeschrittene Risikobemessungsansätze entwickeln und anwenden,
- das Solvenzkapital dem ökonomische Kapital annähern (Ruin Probability Based Capital).

Durch die veränderte Kapitalunterlegung wird Solvency II auch die Produktlandschaft der Versicherer stark verändern. Die Preise für kapitalintensive Produkte werden voraussichtlich steigen. Die Versicherungswirtschaft wird mit Garantieversprechen und Optionen vorsichtiger umgehen und sich diese vom Versicherungsnehmer bezahlen lassen. Die Rentabilität der Produkte wird sich zukünftig direkt am individuellen Risikoprofil ausrichten müssen, da risikobehaftete Geschäfte mehr Risikokapital binden werden.

Literatur

Farny, D.:	Versicherungsbetriebslehre. 3. Auflage, Karlsruhe 2000.
Knauth, K.-W.:	Versicherungsaufsicht vor Paradigmenwechsel. In: Versicherungswirtschaft 12/2003, S. 902–905.
König, E.:	Internationale Entwicklungen zur Aufsicht über Rückversicherungsunternehmen – ein Paradigmenwechsel? In: Geib, G. (Hrsg.): Rechnungslegung von Versicherungsunternehmen: Festschrift zum 70. Geburtstag von Dr. Horst Richter. Düsseldorf 2001, S. 161–180.

KPMG-Report:	Study into the methodologies to assess the overall financial position of an insurance undertaking from the perspective of prudential supervision. Mai 2002.
Romeike, F.:	Die Auswirkungen von Solvency II auf die Versicherungswirtschaft. In: RATING aktuell, Januar/Februar 2003, Heft 1, S. 26–29.
Romeike, F.:	Basel II und die Versicherungswirtschaft. In: Zeitschrift für Versicherungswesen, 53. Jahrgang, 15. Mai 2002, Heft 10.
Schradin, H. R.:	Erfolgsorientiertes Versicherungsmanagement. Betriebswirtschaftliche Steuerungskonzepte auf risikotheoretischer Grundlage. Karlsruhe 1993.
Schubert, Th.:	Solvency II geht jetzt in die zweite Runde. In: Versicherungswirtschaft 22/2003, S. 1798–1800.
Sharma Report:	Prudential supervision of insurance undertakings – Conference of insurance supervisory services of the member states of the European Union. Dezember 2002.
Zweifel, P./Eisen, R.:	Versicherungsökonomie. Berlin 2002.

Corporate Governance im Versicherungsunternehmen

Frank Romeike

Entstehung, Zielsetzung, Nutzen und Adressaten des Deutschen Corporate-Governance-Kodex (DCGK)

Wenn auch die Bewertung und Steuerung von Risiken für die Versicherungswirtschaft nicht wirklich neu ist, wurde Risikomanagement in den vergangenen Jahren eher als reaktiver Prozess verstanden. Eingetretene Zielabweichungen wurden erst nach Eintritt identifiziert, analysiert und korrigiert. Risikomanagement beschränkte sich häufig eher auf die Erfüllung von Gesetzen und Vorschriften (etwa Schadenverhütungsmaßnahmen) oder den Brand- und Unternehmensschutz (siehe Abbildung 20).

Versicherer fokussierten sich in der Vergangenheit primär auf die Steuerung des versicherungstechnischen Ergebnisses. Operationelle Risiken sowie Risiken auf der Aktivseite der Bilanz (so etwa Kredit- und Marktrisiken) wurden im Risikomanagement eher vernachlässigt.

Auf der anderen Seite gerieten in der komplexen Wirtschaftswelt des 21. Jahrhunderts immer mehr Unternehmen, auch Versicherungsunternehmen, in akute »Seenot«. Erinnert sei hier nur an Philipp Holzmann, BCCI (Bank of Credit and Commerce International), LTCM (Long-Term Capital Management), Sumitomo, Flowtex, Barings, Kirch-Gruppe oder auch die Mannheimer Versicherung. In allen Fällen wurden Risiken nicht rechtzeitig erkannt beziehungsweise ausgesessen oder die Frühwarnindikatoren ignoriert. Reagiert wurde erst, als die Katastrophe da war. Insgesamt kann beobachtet werden, dass das Fahrwasser für Unternehmen in den vergangenen Jahren zunehmend unruhiger wurde. Die Prozesse sind komplexer geworden und die Reaktionszeiten kürzer. Der Kostendruck ist eine weitere Klippe in der globalen, stürmischen See. Die Ursachen sind vielfältig, und nur wenige Unternehmen greifen zur Einschätzung ihrer Risikolage auf Frühwarnindikatoren zurück. Häufig findet man nur ein unzureichendes Controlling sowie mangelhafte Frühwarnsysteme oder Revisionsprozesse.

Im angelsächsischen Raum wurden schon recht früh interne Überwachungssysteme in den Pflichtenrahmen für die Unternehmensgestaltung

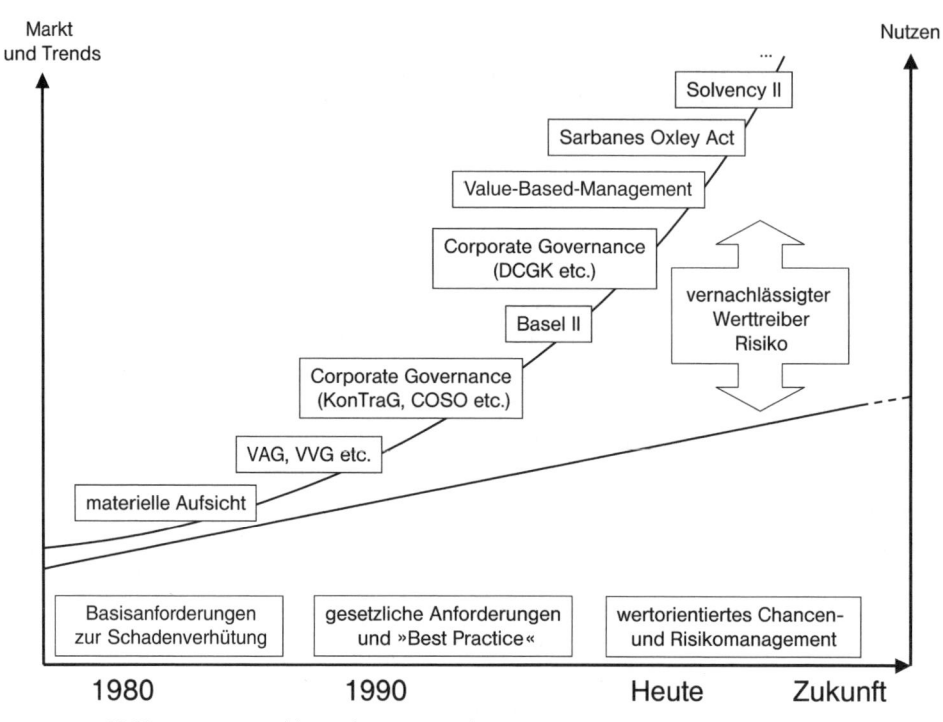

Abbildung 20: Entwicklungsphasen im Risikomanagement

und -berichterstattung aufgenommen. Hintergrund hierfür ist vor allem, dass in den angelsächsischen Ländern der anonyme Kapitalmarkt eine viel größere Rolle spielt als in Deutschland, wo sich die Unternehmen in der Vergangenheit vorwiegend durch Bankkredite finanzierten (Hausbanksystem). Während in den USA in den 1990er Jahren zwischen 55 und 60 Prozent des Kapitals vom Kapitalmarkt stammten, waren es in Deutschland nur etwa 30 Prozent. Mit den Empfehlungen des Committee of Sponsoring Organizations of the Treadway Commission in den USA (COSO Report 1992) und den Empfehlungen des Cadbury Committee in Großbritannien (Cadbury Report 1992) wurde ein Konzept zur Risikosteuerung und -kontrolle vorgestellt. Gemäß den COSO-Empfehlungen basiert »Internal Control« auf fünf miteinander verknüpften Komponenten: Steuerungsumfeld, Risikoabschätzung, Kontrollaktivitäten, Information und Kommunikation sowie Überwachung. Der Risikomanagementansatz des COSO war die erste umfassende und integrierte Methode, die neben allen Geschäftsprozessen und den Unternehmenszielen eine proaktive Risikoanalyse und einen Risikosteuerungsprozess berücksichtigte.

Resultierend aus den zunehmenden Unternehmenskrisen wollen in der Zwischenzeit sowohl der Gesetzgeber als auch die internationalen Kapitalmärkte mehr über die Wert- und Risikotreiber von Unternehmen erfahren. Hinsichtlich des Erfordernisses einer guten Corporate Governance bestand internationaler Konsens. Allerdings ist das Verständnis des Begriffs Corporate Governance vielfältig und uneinheitlich. Die Notwendigkeit der Corporate Governance resultiert unter anderem aus dem *Principal-Agency-Problem*, wonach die Geschäftsführung (der Agent) gegenüber dem Eigentümer (dem Prinzipal) insbesondere aufgrund einer besseren Informationslage eine überlegene Position hat. Prinzipal-Agent-Situationen sind dadurch charakterisiert, dass der Agent Entscheidungen trifft, die nicht nur sein eigenes Wohlergehen, sondern auch das Nutzenniveau des Prinzipals beeinflussen.

In einer Kurzübersetzung würde man allgemein von »Unternehmensverfassung« oder »Unternehmensführung« sprechen. Die OECD beschreibt hingegen Corporate Governance als die »Wechselbeziehungen zwischen allen unmittelbar und mittelbar durch die institutionellen Entscheidungsfindungen beteiligten Akteuren …, [die] durch die institutionellen Rahmenbedingungen sowie durch das Regulierungsumfeld geprägt [werden]«[1] beziehungsweise als »Struktur von Beziehungen und entsprechenden Verantwortlichkeiten in einer aus Aktionären, Board-Mitgliedern und Managern bestehenden Kerngruppe zur bestmöglichen Förderung der nötigen Wettbewerbsleistungen, um das Hauptziel eines jeden Unternehmens verwirklichen zu können«[2], welches in der Erwirtschaftung langfristiger Erträge zu sehen ist.

In Deutschland hat die Diskussion um Corporate Governance vor allem zwei Ziele:

- Definition eines Verhaltensrahmens im Sinne eines Code of Best Practice für die Leitungsorgane, insbesondere in Bezug auf das Zusammenwirken von Leitungs- und Überwachungsorganen in einer Aktiengesellschaft.
- Den Standort Deutschland für nationale und internationale Investoren attraktiver zu machen. Dies soll vor allem durch eine höhere Transparenz des deutschen dualistischen Systems der Unternehmensverfas-

---

[1] OECD: Wirtschaftsberichte: Deutschland 1995, Paris 1995, S. 152.
[2] OECD-Beratergruppe: Corporate Governance – Verbesserung der Wettbewerbsfähigkeit und der Kapitalbeschaffung auf globalen Märkten. Paris 1998, S. 13.

sung erreicht werden. Damit soll allgemein das Vertrauen der internationalen und nationalen Anleger, der Kunden, der Mitarbeiter sowie der Öffentlichkeit in die Leitung und Überwachung deutscher Großunternehmen gefördert werden.

Viele Elemente der Corporate Governance waren in Deutschland auch in der Vergangenheit bereits gesetzlich kodifiziert. In unterschiedlichen Gesetzen des Handels- und Gesellschaftsrechts sowie des Kapitalmarktrechts finden sich rechtliche Parameter. Bereits vor dem Inkrafttreten des KonTraG gehörte es zu den Aufgaben des Vorstands (vgl. § 76 Abs. 1 AktG), für die Einrichtung eines Kontroll- und Risikomanagementsystems zu sorgen und Entwicklungen, die den Fortbestand der Gesellschaft gefährden könnten, zu erkennen sowie die entsprechenden organisatorischen Maßnahmen zu treffen. So findet man etwa im AktG, HGB, WpHG, BörsG, MitbestG, Montan-MitbestG 1951 sowie dem BetrVG Elemente guter Corporate Governance. Der Deutsche Corporate Governance-Kodex fasst daher im Wesentlichen gesetzliche Vorschriften zur Unternehmensführung und Unternehmenskontrolle börsennotierter Gesellschaften zusammen. Ziel des Gesetzgebers war es daher sicherlich auch, die Unternehmensleitung zu sensibilisieren, um Chancen offensiv, aber kontrolliert wahrzunehmen.

Einen ganz wesentlichen Beitrag zur Fortentwicklung Deutscher Corporate Governance lieferte der deutsche Gesetzgeber bereits mit der Verabschiedung des KonTraG (»Gesetz zur Kontrolle und Transparenz im Unternehmensbereich«). Das KonTraG verpflichtet seit 1. Mai 1998 Vorstände börsennotierter Unternehmen in Deutschland zur Einrichtung eines Überwachungssystems, um Risiken frühzeitig zu erkennen. § 91 Abs. 2 AktG sieht vor, dass »der Vorstand geeignete Maßnahmen zu treffen, insbesondere ein Überwachungssystem einzurichten hat, damit den Fortbestand der Gesellschaft gefährdende Entwicklungen früh erkannt werden«. Danach hat die Geschäftsleitung ein Früherkennungssystem für Risiken sowie ein internes Überwachungssystem im Unternehmen einzurichten (siehe auch Abbildung 21).

Des Weiteren wurde auch die Pflicht zur Berichterstattung im Lagebericht durch den Gesetzgeber erweitert. So muss die Unternehmensführung bei der Darstellung des Geschäftsverlaufs und der Lage der Gesellschaft »auch auf die Risiken der künftigen Entwicklung« eingehen (§ 289 Abs. 1 HGB). Der Abschlussprüfer ist verpflichtet, beides gutachterlich zu prüfen (§ 317 Abs. 2 und Abs. 4 HGB). Im Prüfungsbericht an den Aufsichtsrat muss er hierzu Stellung nehmen (§ 321 Abs. 1 und Abs. 4 HGB). Die

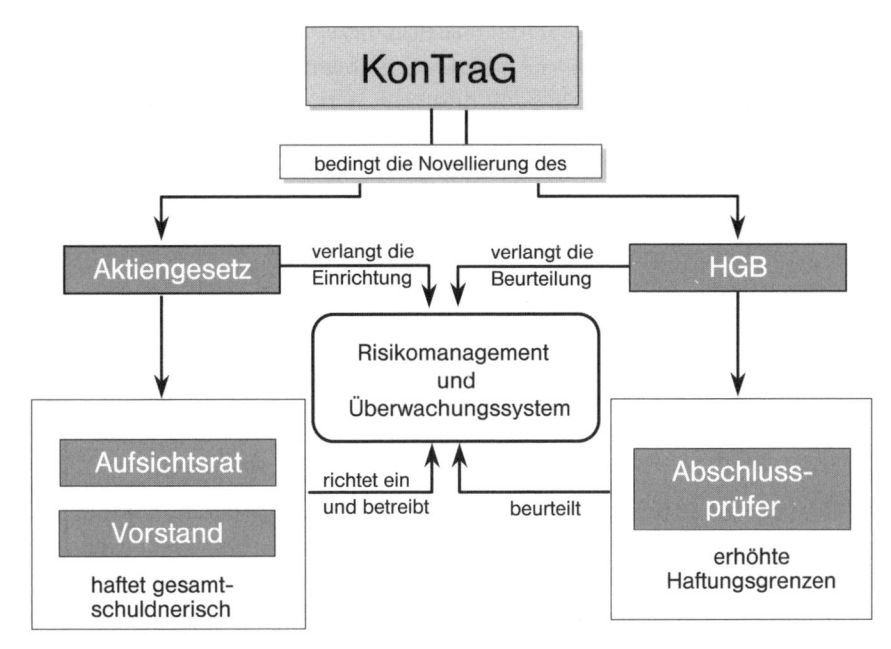

Abbildung 21: Die Auswirkungen des KonTraG

Prüfergebnisse müssen des Weiteren in einem Testat der Allgemeinheit offen gelegt werden (§ 322 Abs. 2 und Abs. 3 HGB). Zumindest aus der Perspektive des Gesetzgebers soll der Abschlussprüfer – als Gehilfe des Aufsichtsrats – die Einhaltung der gesetzlichen Vorstandspflichten und Verhaltensgebote zur Unternehmensführung überwachen.

Das KonTraG kann zwar als wichtiger Katalysator für das Thema Risikomanagement angesehen werden, führte jedoch häufig durch den Fokus auf die Vergangenheit eher zu einer reinen »Risikobuchhaltung«. Wie Unternehmenskrisen in der jüngsten Vergangenheit zeigten, war auch die Aufgabenerfüllung durch Aufsichtsrat und Wirtschaftsprüfungsgesellschaft nicht immer effizient und zielgerichtet.

Der Gesetzgeber hat sich mit dem KonTraG ganz bewusst auf die Verbesserung der Corporate Governance von Aktiengesellschaften fokussiert. In diesem Zusammenhang ist jedoch zu beachten, dass das KonTraG auch Ausstrahlungswirkung auf den Pflichtenrahmen der Geschäftsleitung anderer Gesellschaftsformen (etwa Versicherungsvereine auf Gegenseitigkeit oder öffentlich-rechtliche Versicherer) hat. Ein angemessenes Risikomanagement ist ebenso Bestandteil der Sorgfaltspflichten eines Vorstandes oder GmbH-

Geschäftsführers. Im Falle einer Unternehmenskrise hat der Vorstand gemäß § 93 Abs. 2 AktG zu beweisen, dass er sich objektiv und subjektiv pflichtgemäß verhalten hat. Konkret heißt dies, dass er nachweisen muss, Maßnahmen zur Risikofrüherkennung und zur Risikoabwehr getroffen zu haben.

Im Kern basiert die Risikoerkennung und -transparenz auf dem folgenden Fundament:

- Einrichtung eines internen Früherkennungs- und Überwachungssystems durch die Unternehmensleitung (§ 81 Abs. 2 AktG).
- Offenlegung der künftigen Risiken im Lagebericht sowie im Konzernlagebericht (§§ 289 Abs. 1, 315 Abs. 1 HGB).
- Prüfung und Überwachung von Risikofrüherkennungssystem und Risikobericht durch den Aufsichtsrat und den Abschlussprüfer (§§ 317, 321 HGB; 111 Abs. 1 AktG).

Trotz der gesetzlichen Neuregelungen und einer höheren Transparenz in den Jahresabschlüssen führten diverse Unternehmenskrisen und Unternehmenszusammenbrüche zu einer intensiven Diskussion über gute Unternehmensführung und Überwachung. Resultierend aus diesem Prozess (insbesondere aus den Erkenntnissen aus dem Beinahezusammenbruch von Holzmann) hat eine von der Bundesregierung eingesetzte »Regierungskommission Corporate Governance – Unternehmensführung – Unternehmenskontrolle – Modernisierung des Aktienrechts«[3] im Sommer 2001 einen etwa 300-seitigen Abschlussbericht mit etwa 150 Änderungsvorschlägen vorgelegt.[4] Die Reformempfehlungen der Regierungskommission betreffen insbesondere:

- Erweiterung von Rechten und Pflichten sowie Verschärfung der Haftung von Vorstand und Aufsichtsrat,
- Ausgestaltung der Hauptversammlung,
- Stärkung der Aktionärsrechte und Beschränkung von Anfechtungsklagen,
- Deregulierung von Finanzierungsinstrumenten und Schaffung neuer Finanzierungsformen,
- Auswirkung der Informationstechnologie auf die Unternehmenspublizität,
- Änderungen der Rechnungslegung und Publizität.

Zur Formulierung eines einheitlichen Deutschen Corporate-Governance-Kodex empfahl die Regierungskommission die Einrichtung einer Kodex-

---

[3] Nach ihrem Vorsitzenden Prof. Dr. Theodor Baums auch »Baums-Kommission« genannt.
[4] Vgl. Baums, Th. (Hrsg.): Bericht der Regierungskommission Corporate Governance, Köln 2001.

Kommission. Daher hat die Bundesministerin der Justiz in einer ersten Stufe am 6. September 2001 die Kommission »Deutscher Corporate-Governance-Kodex« unter Leitung von Dr. Gerhard Cromme eingesetzt.[5] Ziel dieser Kommission war es, in einem Akt der Selbstorganisation und Selbstverpflichtung der Wirtschaft Verhaltensregeln für die Führung und Kontrolle börsennotierter Unternehmen in Deutschland zu erarbeiten. Die Cromme-Kommission präsentierte am 21.12.2001 einen Kodex-Entwurf. Eine überarbeitete Kodex-Fassung wurde erstmals am 20.8.2002 im elektronischen Bundesanzeiger publiziert. Im Gegensatz zum KonTraG ist Corporate Governance kein Gesetz, sondern eine Bündelung von Prinzipien und Standards, denen sich die deutschen Unternehmen im Rahmen einer freiwilligen Selbstverpflichtung unterwerfen. Soweit der Kodex lediglich das geltende Gesetzesrecht wiedergibt, handelt es sich um bloße Informationen ohne jeglichen Rechtsetzungscharakter.[6] Auch den Verhaltensempfehlungen und Anregungen kommt unmittelbar keine Rechtsnormqualität zu, und sie können daher weder dem Gesetzes- noch dem Gewohnheits- noch dem Richterrecht zugeordnet werden. Die Regierungskommission DCGK behält sich allerdings vor, einzelne oder einige der Anregungen zu einem späteren Zeitpunkt in eine »zwingende Empfehlung« umzuwandeln.

Jedoch hat der Gesetzgeber durch das »Transparenz- und Publizitätsgesetz« vom 19.7.2002 (in Kraft getreten am 26.7.2002) eine flankierende gesetzliche Regelung eingeführt. Der neu eingeführte § 161 AktG bestimmt, dass im Jahresabschluss einer börsennotierten Gesellschaft von Vorstand und Aufsichtsrat dazu Stellung genommen werden muss, ob die Regelungen des Deutschen Corporate-Governance-Kodex eingehalten wurden und werden oder ob von ihnen abgewichen wurde.[7] Eine solche Compliance-Erklärung war erstmals zum 31.12.2002 abzugeben. Trotz alledem handelt es sich um unverbindliche Verhaltensempfehlungen beziehungsweise »Selbstverpflichtungsregeln«. Bei Nichtabgabe der Entsprechenserklärung gemäß § 161 AktG liegt ein Verstoß gegen zwingendes Gesetzesrecht vor.[8] Der Abschlussprüfer wird nach § 322 Abs. 4 HGB die fehlende Angabe bemängeln

---

5) Nach ihrem Vorsitzen Dr. Gerhard Cromme auch »Cromme-Kommission« genannt.
6) Vgl. Ulmer, P.: Der Deutsche Corporate-Governance-Kodex – ein neues Regulierungsinstrument für börsennotierte Aktiengesellschaften. In: ZHR 2002, S. 160.
7) Laut Regierungsbegründung zum TransPuG könnte eine Entsprechenserklärung wie folgt formuliert werden: »Den Verhaltensempfehlungen des im elektronischen Bundesanzeiger bekannt gemachten Deutschen Corporate-Governance-Kodex wurde im Berichtsjahr entsprochen und soll auch künftig entsprochen werden.«
8) Vgl. Lutter, M.: Die Erklärung zum Corporate-Governance-Kodex gemäß § 61 AktG. In: ZHR 2002, S. 527.

und beispielsweise nur einen eingeschränkten Bestätigungsvermerk erteilen. Möglicherweise wird auch die Hauptversammlung sowohl den Vorstand als auch den Aufsichtsrat nicht entlasten. Denkbar ist auch ein Bußgeld oder Ordnungsgeld für die Mitglieder des vertretungsberechtigten Organs oder des Aufsichtsrats (vgl. § 334 HGB sowie § 335a HGB). Da die Nichtabgabe oder eine falsche Abgabe der Verpflichtungserklärung auch grundsätzlich eine Pflichtverletzung des jeweiligen Organs darstellt, ist auch die Inanspruchnahme von Schadensersatz denkbar.

Insgesamt erhält der Deutsche Corporate-Governance-Kodex etwa 60 Verhaltensempfehlungen und etwa 15 Anregungen, die sich mit den Aktionären, der Durchführung der Hauptversammlung, dem Aufsichtsrat, dessen Zusammenarbeit mit dem Vorstand, dem Vorstand selbst, Transparenz, Rechnungslegung und Abschlussprüfung befassen.

Die Spielregeln und Ziele des neuen Corporate-Governance-Kodex lassen sich wie folgt zusammenfassen:

- Die deutschen börsennotierten Unternehmen werden per Gesetz verpflichtet, einmal jährlich zu erklären, ob sie die Empfehlungen des Deutschen Corporate-Governance-Kodex einhalten. Diese Erklärung soll den Aktionären bekannt gegeben werden. Hierbei gilt das Prinzip: »comply or explain«. Entweder ein Unternehmen hält sich an die Empfehlungen des Corporate-Governance-Kodex oder es muss etwaige Abweichungen erklären.
- Der DCGK stellt höhere Anforderungen an die Risikokontrolle im Unternehmen. Risiken müssen proaktiv erkannt werden. Ein Risikomanagementprozess ist Bestandteil der Unternehmensführung.
- Corporate Governance soll die spezielle deutsche Unternehmenskultur, die häufig unter dem Schlagwort »Deutschland AG« zusammengefasst wird, international kommunizieren und transparent machen.
- Der Kodex legt Anforderungen an die Eignung und Arbeit von Aufsichtsräten fest.
- Die Informationspflichten des Vorstandes gegenüber dem Aufsichtsrat und den Aktionären werden erweitert.
- Vorstands- und Aufsichtsratmitglieder börsennotierter Unternehmen sowie Wirtschaftsprüfer können zukünftig auf Schadenersatz verklagt werden, wenn sie »grob fahrlässig« falsch informiert haben.
- Die Unternehmensführung wird nicht dahin gehend geprüft, ob sie mit den Bestimmungen des Kodex in Übereinstimmung steht. Viel-

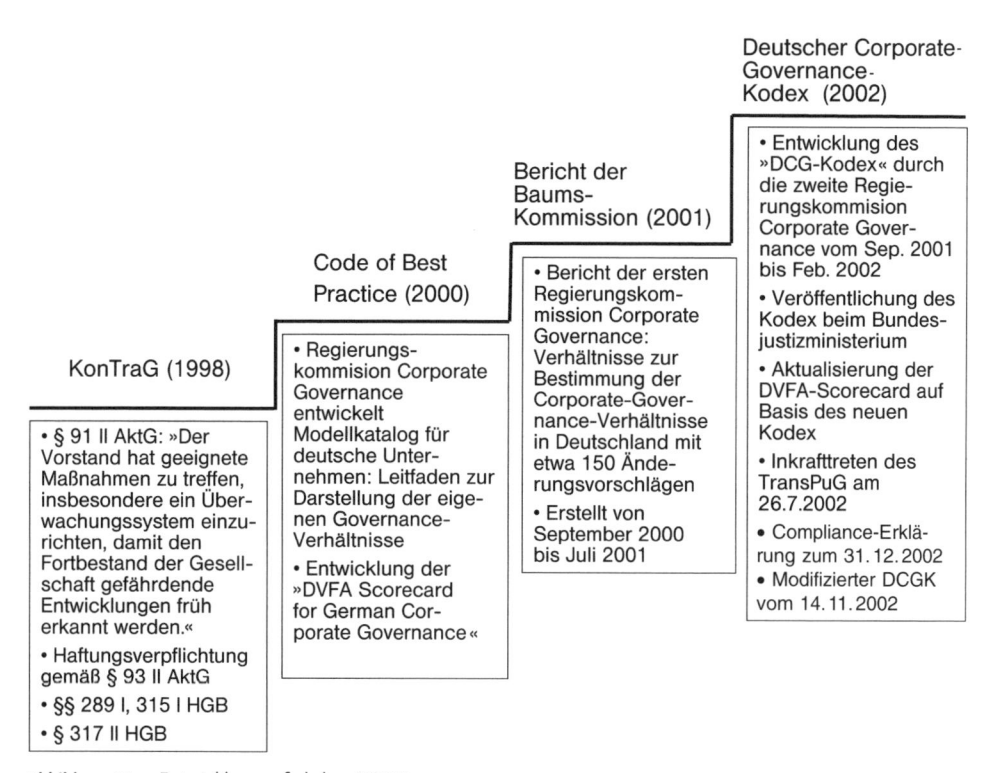

Abbildung 22: Entwicklungspfad des DCGK

KonTraG (1998)
- § 91 II AktG: »Der Vorstand hat geeignete Maßnahmen zu treffen, insbesondere ein Überwachungssystem einzurichten, damit den Fortbestand der Gesellschaft gefährdende Entwicklungen früh erkannt werden.«
- Haftungsverpflichtung gemäß § 93 II AktG
- §§ 289 I, 315 I HGB
- § 317 II HGB

Code of Best Practice (2000)
- Regierungskommission Corporate Governance entwickelt Modellkatalog für deutsche Unternehmen: Leitfaden zur Darstellung der eigenen Governance-Verhältnisse
- Entwicklung der »DVFA Scorecard for German Corporate Governance«

Bericht der Baums-Kommission (2001)
- Bericht der ersten Regierungskommission Corporate Governance: Verhältnisse zur Bestimmung der Corporate-Governance-Verhältnisse in Deutschland mit etwa 150 Änderungsvorschlägen
- Erstellt von September 2000 bis Juli 2001

Deutscher Corporate-Governance-Kodex (2002)
- Entwicklung des »DCG-Kodex« durch die zweite Regierungskommission Corporate Governance vom Sep. 2001 bis Feb. 2002
- Veröffentlichung des Kodex beim Bundesjustizministerium
- Aktualisierung der DVFA-Scorecard auf Basis des neuen Kodex
- Inkrafttreten des TransPuG am 26.7.2002
- Compliance-Erklärung zum 31.12.2002
- Modifizierter DCGK vom 14.11.2002

mehr wird diese Beurteilung insbesondere den Kapitalmarktteilnehmern überlassen.
- Auch zukünftig wird die Kodex-Kommission mindestens einmal jährlich zusammentreten, um den deutschen Kodex an die jüngsten nationalen und internationalen Entwicklungen anzupassen.

Im Kern geht es bei Corporate Governance um wertorientierte Unternehmensführung und -kontrolle. In diesem Kontext wird das Risikomanagement als Stellschraube an Bedeutung gewinnen. *Eine Risikoübernahme muss sich aus den zu erwartenden Rentabilitätsbeiträgen rechtfertigen, da Risiko und Rentabilität aus wertorientierter Sicht nicht losgelöst voneinander betrachtet werden können.*

Der Deutsche Corporate-Governance-Kodex im Überblick

Der Kodex gliedert sich nach der Präambel zum Kodex in insgesamt sechs Themenkomplexe:

- Aktionäre und Hauptversammlung
- Zusammenwirken von Vorstand und Aufsichtsrat
- Vorstand
- Aufsichtsrat
- Transparenz
- Rechnungslegung und Abschlussprüfung

Der Kodex adressiert alle wesentlichen – vor allem internationalen – Kritikpunkte an der deutschen Unternehmensverfassung, nämlich:

- mangelhafte Ausrichtung auf Aktionärsinteressen,
- die duale Unternehmensverfassung mit Vorstand und Aufsichtsrat,
- mangelnde Transparenz deutscher Unternehmensführung,
- mangelnde Unabhängigkeit deutscher Aufsichtsräte,
- eingeschränkte Unabhängigkeit der Abschlussprüfer.

Um das Ziel einer höheren Transparenz der dualen Unternehmensverfassung und die Förderung des Vertrauens der Stakeholder in die Leitung und Überwachung der Gesellschaften auch tatsächlich zu erreichen, wird der Kodex in der Regel einmal jährlich vor dem Hintergrund nationaler und internationaler Entwicklungen von einer »Standing Commission« überprüft und – falls erforderlich – angepasst. [9]

Präambel

Nach der Präambel zum Deutschen Corporate-Governance-Kodex stellt dieser wesentliche gesetzliche Vorschriften zur Leitung und Überwachung deutscher börsennotierter Gesellschaften (Unternehmensführung) dar und enthält international und national anerkannte Standards guter und verantwortungsvoller Unternehmensführung. Der Kodex soll das deutsche Corporate-Governance-System transparent und nachvollziehbar machen. Er will das Vertrauen der internationalen und nationalen Anleger, der Kunden, der Mitarbeiter und der Öffentlichkeit in die Leitung und Überwachung deut-

---

[9] Weitere aktuelle Informationen zum Deutschen Corporate-Governance-Kodex sind im Internet abrufbar unter: http://www.corporate-governance-code.de/

scher börsennotierter Aktiengesellschaften fördern. Damit verdeutlicht der Kodex die Rechte der Aktionäre, die der Gesellschaft das erforderliche Eigenkapital zur Verfügung stellen und das unternehmerische Risiko tragen.

Zudem enthält die Präambel eine knappe Erläuterung des dualen Führungssystems in deutschen Aktiengesellschaften, wonach die Mitglieder des Vorstands gemeinsam die Verantwortung für die Unternehmensleitung tragen und der Vorstandsvorsitzende die Arbeit der Vorstandsmitglieder koordiniert. Der Aufsichtsrat demgegenüber bestellt, überwacht und berät den Vorstand und ist in Entscheidungen, die von grundlegender Bedeutung für das Unternehmen sind, unmittelbar eingebunden. Der Aufsichtsratsvorsitzende koordiniert die Arbeit im Aufsichtsrat. Dem dualen System steht das international vorherrschende monistische System gegenüber, bei dem die Unternehmensführung und die Unternehmensüberwachung von einem einheitlichen Organ (Board of Directors) wahrgenommen wird. Recht häufig ist die Entscheidungsmacht auf eine Person, etwa den Chief Executive Officer (CEO), konzentriert.

Ebenso wird kurz auf das Mitbestimmungsrecht der Arbeitnehmer in deutschen Aktiengesellschaften eingegangen.

Die Präambel geht außerdem kurz auf den Zweck der Rechnungslegung und die Orientierung am True-and-fair-View-Prinzip ein, wonach ein den tatsächlichen Verhältnissen entsprechendes Bild der Vermögens-, Finanz- und Ertragslage des Unternehmens gegeben wird.

Basierend auf der sprachlichen Fassung enthält der Kodex drei Kategorien von Standards:

- Wiedergabe von zwingendem und geltendem Recht
- Empfehlungen
- Anregungen

Empfehlungen des Kodex sind im Text durch die Verwendung des Wortes »soll« gekennzeichnet. Die Gesellschaften können hiervon abweichen, sind dann aber verpflichtet, dies jährlich offen zu legen (»comply or explain«). Dies ermöglicht den Gesellschaften die Berücksichtigung branchen- oder unternehmensspezifischer Bedürfnisse. Daneben enthält der Kodex Anregungen, von denen ohne Offenlegung abgewichen werden kann; hierfür verwendet der Kodex Begriffe wie »sollte« oder »kann«. Die übrigen sprachlich nicht so gekennzeichneten Teile des Kodex betreffen Bestimmungen, die als geltendes Gesetzesrecht von den Unternehmen zu beachten sind.

In der Präambel wird außerdem betont, dass der Kodex sich zwar in erster Linie an börsennotierte Gesellschaften richtet, aber auch nicht börsennotierten Gesellschaften die Beachtung des Kodex empfohlen wird. So kann eine gute Corporate Governance mittelständischen Unternehmen eine Reduzierung der Kapitalkosten ermöglichen beziehungsweise die Beschaffung von Finanzmitteln erleichtern.

Aktionäre und Hauptversammlung

Aktionäre sind die Kapitalgeber der Aktiengesellschaften. Trotzdem sind die Aktionäre nicht befugt, an der Unternehmensleitung mitzuwirken. Jedoch nehmen die Aktionäre gemäß § 118 Abs. 1 AktG ihre Rechte in der Hauptversammlung wahr und üben ihr Stimmrecht aus. Der DCGK wiederholt diese Bestimmung lediglich.

Die Aktionäre nehmen ihre Rechte in der Hauptversammlung wahr und üben dort ihr Stimmrecht aus (DCGK 2.1.1).

Der DCGK beschreibt des Weiteren das aus § 12 AktG bekannte Prinzip »one share – one vote«.

Jede Aktie gewährt grundsätzlich eine Stimme. Aktien mit Mehrstimmrechten oder Vorzugsstimmrechten (»golden share«) sowie Höchststimmrechte bestehen nicht (DCGK 2.1.2).

Der DCGK hebt bestimmte Kompetenzen der Hauptversammlung hervor:

Der Vorstand legt der Hauptversammlung den Jahresabschluss und den Konzernabschluss vor. Sie entscheidet über die Gewinnverwendung sowie die Entlastung von Vorstand und Aufsichtsrat, wählt die Anteilseignervertreter im Aufsichtsrat und in der Regel den Abschlussprüfer. Darüber hinaus entscheidet die Hauptversammlung über die Satzung und den Gegenstand der Gesellschaft, über Satzungsänderungen und über wesentliche unternehmerische Maßnahmen wie insbesondere Unternehmensverträge und Umwandlungen, über die Ausgabe von neuen Aktien und von Wandel- und Optionsschuldverschreibungen sowie über die Ermächtigung zum Erwerb eigener Aktien (DCGK 2.2.1).

Hinsichtlich der Bezugsrechte bei der Aktienausgabe gibt der DCGK § 186 Abs. 1 Satz 1 AktG wieder. Ergänzend regelt § 186 Abs. 3 jedoch auch den grundsätzlich möglichen Bezugsrechtsausschluss. So kann ein Bezugsrecht dann ausgeschlossen werden, wenn die Kapitalerhöhung zehn Prozent des Grundkapitals nicht überschreitet und der Ausgabekurs nicht wesentlich unter dem Börsenpreis liegt. Aus Corporate-Governance-Sicht wird hiermit vor allem eine potenzielle Vermögensminderung beziehungsweise Anteilsverwässerung verhindert, die etwa durch die Ausgabe neuer Aktien entstehen würde. Das Rede-, Frage und Antragsrecht des Aktionärs in der Hauptversammlung resultiert aus §§ 131, 126 AktG.

Bei der Ausgabe neuer Aktien haben die Aktionäre grundsätzlich ein ihrem Anteil am Grundkapital entsprechendes Bezugsrecht (DCGK 2.2.2).

Jeder Aktionär ist berechtigt, an der Hauptversammlung teilzunehmen, dort das Wort zu Gegenständen der Tagesordnung zu ergreifen und sachbezogene Fragen und Anträge zu stellen (DCGK 2.2.3).

Mit den Regelungen zur Abwicklung der Hauptversammlung enthält der DCGK eigentlich eine Selbstverständlichkeit, wenn dort festgelegt wird, dass der Versammlungsleiter (Vorsitzende der Hauptversammlung) »*für eine zügige Abwicklung der Hauptversammlung*« (DCGK 2.2.4) sorgt. Sinn und Zweck dieser Regelung ist jedoch, das Ausufern von Hauptversammlungen, insbesondere in der Folge von extensiven Rede- und Fragebeiträgen, zu verhindern.

Die Standards hinsichtlich der Vorbereitung und Durchführung der Hauptversammlung ist in DCGK 2.3.1 bis 2.3.4 geregelt.

Danach ist die Hauptversammlung der Aktionäre »*vom Vorstand mindestens einmal jährlich unter Angabe der Tagesordnung einzuberufen. Aktionärsminderheiten sind berechtigt, die Einberufung einer Hauptversammlung und die Erweiterung der Tagesordnung zu verlangen. Der Vorstand soll die vom Gesetz für die Hauptversammlung verlangten Berichte und Unterlagen einschließlich des Geschäftsberichts nicht nur auslegen und den Aktionären auf Verlangen übermitteln, sondern auch auf der Internet-Seite der Gesellschaft zusammen mit der Tagesordnung veröffentlichen*« (DCGK 2.3.1).

Nach DCGK 2.3.2 soll die Gesellschaft »*allen in- und ausländischen Finanzdienstleistern, Aktionären und Aktionärsvereinigungen, die dies vor nicht länger als einem Jahr verlangt haben, die Einberufung der Hauptversammlung mitsamt den Einberufungsunterlagen mitteilen, auf Verlangen auch auf elektronischem Wege*«.

Nach DCGK 2.3.3 soll die Gesellschaft den Aktionären die persönliche Wahrnehmung ihrer Rechte erleichtern. So soll die Gesellschaft auch bei der Stimmrechtsvertretung die Aktionäre unterstützen. Der Vorstand soll für die Bestellung eines Vertreters für die weisungsgebundene Ausübung des Stimmrechts der Aktionäre sorgen, was bei vielen Hauptversammlungen in der Zwischenzeit Standard geworden ist.

Der abschließende Standard 2.3.4 enthält eine Anregung für die Gesellschaft zur Übertragung der Hauptversammlung über moderne Kommunikationsmedien, etwa das Internet.[10]

Zusammenwirken von Vorstand und Aufsichtsrat

Neben der Hauptversammlung bilden vor allem der Vorstand und der Aufsichtsrat die weiteren Organe der Aktiengesellschaft. Der DCGK widmet sich in zehn Standards dem Zusammenwirken von Vorstand und Aufsichtsrat. Die »enge« Zusammenarbeit zwischen Vorstand und Aufsichtsrat muss sich zum einen auf eine retrospektive Überwachung, aber auch auf eine prospektive Beratung erstrecken. DCGK-Standard 3.1 legt fest, dass Vorstand und Aufsichtsrat zum Wohle des Unternehmens eng zusammenarbeiten. Hiermit wird vor allem deutlich gemacht, dass die Organe einer Aktiengesellschaft als Sachwalter fremden Vermögens fungieren. Daher sollten sich die Organe auch primär am Unternehmenserfolg orientieren. In Standard 3.2 wird dies weiter konkretisiert: *Der Vorstand stimmt die strategische Ausrichtung des Unternehmens mit dem Aufsichtsrat ab und erörtert mit ihm in regelmäßigen Abständen den Stand der Strategieumsetzung.*

Der in DCGK 3.3 definierte Zustimmungsvorbehalt wurde auch im § 111 Abs. 4, S. 2 AktG verankert und ist eine Muss-Vorschrift. Danach legt die Satzung oder der Aufsichtsrat für Geschäfte von grundlegender Bedeutung Zustimmungsvorbehalte zugunsten des Aufsichtsrats fest. Hierzu gehören Entscheidungen oder Maßnahmen, die die Vermögens-, Finanz- oder Ertragslage des Unternehmens grundlegend verändern (etwa größere Investitionen, Erwerb von Beteiligungen, Eröffnung von Zweigniederlassungen, Erteilung und Einziehung von Prokura und Generalvollmachten oder Aufnahme großvolumiger Kredite).

Die ausreichende Informationsversorgung des Aufsichtsrats (DCGK 3.4) ist eine wichtige Grundlage einer effizienten Überwachung und ist gemeinsame Aufgabe von Vorstand und Aufsichtsrat. Damit wird der Streit beendet, inwieweit die Informationsversorgung eine Bring- oder Holschuld ist. Der Standard 3.4 legt weiter fest, dass der Vorstand den Aufsichtsrat regelmäßig, zeitnah und umfassend über alle für das Unternehmen relevanten Fragen der Planung, der Geschäftsentwicklung, der Risikolage und des Risikomanagements informiert. Gleichzeitig muss der Vorstand auch auf Ab-

---

10) Für nähere Details vgl. Noack, U: Die Internetgestützte Hauptversammlung. In: Noack/Spindler (Hrsg.): Unternehmensrecht und Internet, München 2001, S. 13–35.

weichungen des Geschäftsverlaufs von den aufgestellten Plänen und Zielen unter Angabe von Gründen eingehen (»Follow-up«-Berichterstattung).

Standard 3.4 definiert weiter, dass der Aufsichtsrat die Informations- und Berichtspflichten des Vorstands näher festzulegen hat. So sollten die Berichte des Vorstands an den Aufsichtsrat in der Regel in Textform erfolgen, so dass eine Übermittlung per E-Mail zulässig ist.

Standard 3.5 beschäftigt sich mit der Vertraulichkeits- und Verschwiegenheitspflicht der Organmitglieder.

Gute Unternehmensführung setzt eine offene Diskussion zwischen Vorstand und Aufsichtsrat sowie in Vorstand und Aufsichtsrat voraus. Die umfassende Wahrung der Vertraulichkeit ist dafür von entscheidender Bedeutung. Alle Organmitglieder stellen sicher, dass die von ihnen eingeschalteten Mitarbeiter die Verschwiegenheitspflicht in gleicher Weise einhalten (DCGK 3.5).

Standard 3.6 schlägt vor, dass sich Arbeitnehmervertreter und Aktionärsvertreter im Aufsichtsrat getrennt auf Sitzungen, gegebenenfalls mit Mitgliedern des Vorstands, vorbereiten. Bei Bedarf sollte der Aufsichtsrat auch ohne den Vorstand tagen.

Standard 3.7 beschäftigt sich mit Übernahmeangeboten.[11] So darf etwa der Vorstand nach Bekanntgabe eines Übernahmeangebots keine Handlungen außerhalb des gewöhnlichen Geschäftsverkehrs vornehmen, durch die der Erfolg des Angebots verhindert werden könnte, wenn er dazu nicht von der Hauptversammlung ermächtigt ist oder der Aufsichtsrat dem zugestimmt hat. Bei ihren Entscheidungen sind Vorstand und Aufsichtsrat an das beste Interesse der Aktionäre und des Unternehmens gebunden.

Standard 3.8 legt eigentlich eine Selbstverständlichkeit fest, nämlich dass Vorstand und Aufsichtsrat die Regeln ordnungsgemäßer Unternehmensführung beachten. Verletzen sie die Sorgfalt eines ordentlichen und gewissenhaften Geschäftsleiters beziehungsweise Aufsichtsratsmitglieds schuldhaft, so haften sie der Gesellschaft gegenüber auf Schadenersatz. Falls die Gesellschaft für Vorstand und Aufsichtsrat eine »Directors and Officers Liability-Insurance« (D & O-Versicherung) abschließen, so soll ein angemessener Selbstbehalt vereinbart werden.

Die Gewährung von Krediten (dies gilt auch für unübliche Stundungen sowie die Bereitstellung von Sicherheiten und Anzahlungen) des Unterneh-

---

11) Zum 1. Januar 2002 ist das Wertpapiererwerbs- und Übernahmegesetz (Gesetz zur Regelung von öffentlichen Angeboten, zum Erwerb von Wertpapieren und von Unternehmensübernahmen vom 20. Dezember 2001. Vgl. BGBl. I 2001, 3822) in Kraft getreten. Dort sind die gesetzlichen Mindestanforderungen und Verhaltenspflichten im Detail definiert.

mens an Mitglieder des Vorstands und des Aufsichtsrats sowie ihre Angehörigen bedarf der Zustimmung des Aufsichtsrats (DCGK 3.9).

Vorstand

Der Vorstand ist das Geschäftsführungs- und Vertretungsorgan der Aktiengesellschaft. Der Kodex gibt in einer sehr komprimierten Form den gesetzlich vorgegebenen Aufgabenbereich des Vorstands und seine Zuständigkeiten wieder. Bereits das Aktiengesetz definiert die gesetzlichen Aufgaben des Vorstands (vgl. etwa §§ 76, 77, 78, 83, 90, 91, 92). Standard 4.1.1 stellt noch einmal fest, dass der Vorstand das Unternehmen in eigener Verantwortung leitet und dabei an das Unternehmensinteresse gebunden ist. Gleichzeitig ist er der Steigerung des nachhaltigen Unternehmenswertes verpflichtet. Nach 4.1.2 entwickelt der Vorstand die strategische Ausrichtung des Unternehmens (etwa Umfang des Produktangebots, räumliches Tätigkeitsfeld) und stimmt diese mit dem Aufsichtsrat ab und sorgt schließlich für ihre Umsetzung.

Auch ohne Standard 4.1.3 sind Unternehmensorgane dazu verpflichtet, Gesetze zu beachten und sich rechtmäßig zu verhalten. Aus § 76 Abs. 1 AktG resultiert bereits die Verantwortlichkeit des Vorstands für die Rechtmäßigkeit des Handelns aller Mitarbeiter in der Gesellschaft und den weiteren Konzernunternehmen.

Der Vorstand hat für die Einhaltung der gesetzlichen Bestimmungen zu sorgen und wirkt auf deren Beachtung durch die Konzernunternehmen hin (DCGK 4.1.3).

In Ergänzung zu § 91 Abs. 2 AktG wiederholt Standart 4.1.4 die Verpflichtung, dass der Vorstand für ein angemessenes Risikomanagement und Risikocontrolling im Unternehmen sorgt. Die Verpflichtung, organisatorische Vorkehrungen zu treffen, damit Risiken, die die Existenz des Unternehmens gefährden könnten, frühzeitig erkannt werden, resultiert auch bereits aus § 76 Abs. 1 AktG.

Hinsichtlich Zusammensetzung und Vergütung gibt der DCGK verschiedene Empfehlungen und Anregungen. Hinsichtlich des personellen Aufbaus (DCGK 4.2.1) sollte der Vorstand aus mehreren Personen bestehen und einen Vorsitzenden oder Sprecher haben. Gleichzeitig soll eine Geschäftsordnung die Geschäftsverteilung und die Zusammenarbeit im Vorstand regeln. Hierdurch wird die Regelung von § 77 Abs. 2 AktG, wonach es dem Vorstand überlassen bleibt, sich eine Geschäftsordnung zu geben, zumindest insoweit eingeschränkt, als das der DCGK eine Geschäftsordnung empfiehlt.

Ingesamt drei Standards (4.2.2 bis 4.2.4) im Kodex beschäftigen sich mit der Vergütung des Vorstands. Der Aufsichtsrat hat eine angemessene Vergütung des Vorstands auf der Basis einer Leistungsbeurteilung festzusetzen. – So soll ein bestimmter Teil des Aufsichtsrats (Aufsichtsratsplenum) über die Struktur des Vergütungssystems für den Vorstand beraten und sie auch regelmäßig (beispielsweise jährlich) überprüfen. Kriterien für die Angemessenheit der Gesamtbezüge bilden insbesondere die Aufgaben des jeweiligen Vorstandsmitglieds, seine persönliche Leistung, die Leistung des Vorstands sowie die wirtschaftliche Lage, der Erfolg und die Zukunftsaussichten des Unternehmens unter Berücksichtigung seines Vergleichsumfelds.

In Standard 4.2.3 empfiehlt der DCGK, dass die Vorstandsvergütung fixe und variable Bestandteile umfasst und somit teilweise mit dem Unternehmenserfolg verknüpft wird. Es wird weiter empfohlen, dass die variablen Vergütungsteile einmalige sowie jährlich wiederkehrende, an den geschäftlichen Erfolg gebundene Komponenten und auch Komponenten mit langfristiger Anreizwirkung und Risikocharakter enthalten sollten. Die variable Vergütung kann aus verschiedenen Bausteinen zusammengesetzt sein. Dies können entweder Aktien der Gesellschaft mit mehrjähriger Veräußerungssperre, Aktienoptionen oder vergleichbare Gestaltungen (beispielsweise Phantom Stocks) sein. Von besonderer Bedeutung ist bei Aktienoptionen die Festlegung von Erfolgszielen. Als Erfolgsziel sind rechtlich anerkannt: Erreichen eines bestimmten Börsenkurses, Erreichen einer prozentualen Steigerung des Aktienkurses oder das Übersteigen eines Branchenindexes. Nach dem DCGK sollte eine nachträgliche Änderung der Erfolgsziele oder der Vergleichsparameter (Repicing) ausgeschlossen sein. Um zu vermeiden, dass kurz vor der Ausübung der Aktienoptionen der Börsenkurs künstlich in die Höhe getrieben wird, soll der Aufsichtsrat eine Deckelung der Optionsgewinne (Cap) für außerordentliche, nicht vorhergesehene Entwicklungen vereinbaren. Die Grundzüge des Vergütungssystems, die konkrete Ausgestaltung eines Aktienoptionsplans sowie Angaben zum Wert von Aktienoptionen sollen auf der Internetseite der Gesellschaft in allgemein verständlicher Form bekannt gemacht und im Geschäftsbericht erläutert werden. Parallel soll der Vorsitzende des Aufsichtsrats die Hauptversammlung über die Grundzüge des Vergütungssystems und deren Veränderung informieren.

Nach § 285 Nr. 9a HGB sind die Gesamtbezüge aller Vorstandsmitglieder in einer Summe im Anhang des Jahresabschlusses auszuweisen. Standard 4.2.4 des DCGK empfiehlt hier, die Vorstandsbezüge im Anhang des Konzernabschlusses aufgeteilt nach Fixum, erfolgsbezogenen Komponenten und Komponenten mit langfristiger Anreizwirkung auszuweisen. Die Angaben sollen individualisiert für jedes Vorstandsmitglied erfolgen.

Eine ganz wesentliche Komponente des DCGK ist die Vermeidung oder Beilegung von Interessenkonflikten. So bestimmt Standard 4.3.1, dass Vorstandsmitglieder während ihrer Tätigkeit für das Unternehmen einem umfassenden Wettbewerbsverbot unterliegen. Das Wettbewerbsverbot dient primär dem Schutz der Gesellschaft vor anderweitigem Einsatz der Arbeitskraft des Vorstandsmitglieds und sekundär dem Schutz vor Wettbewerbshandlungen.

Zur Vermeidung von Korruption dürfen nach Standard 4.3.2 Vorstandsmitglieder und Mitarbeiter im Zusammenhang mit ihrer Tätigkeit weder für sich noch für andere Personen von Dritten Zuwendungen oder sonstige Vorteile fordern oder annehmen (passive Bestechung) oder Dritten ungerechtfertigte Vorteile gewähren (aktive Bestechung). Die Vorteilsannahme durch ein Vorstandsmitglied oder einen Angestellten führt im Allgemeinen zur Straftat der Bestechlichkeit im geschäftlichen Verkehr nach § 299 Abs. 1 StGB, soweit der Vorteil eingefordert wurde oder der Vorteil als Gegenleistung dafür angenommen wird, dass Dienstleistungen oder Waren im Wettbewerb bevorzugt werden.

In Standard 4.3.3 gibt der Kodex in Kurzform die gesetzlichen Vorgaben wieder. Danach sind die Vorstandsmitglieder dem Unternehmensinteresse verpflichtet und dürfen bei Entscheidungen keine persönlichen Interessen verfolgen.

Nach Standard 4.3.4 soll jedes Vorstandsmitglied Interessenkonflikte dem Aufsichtsrat gegenüber unverzüglich offen legen und die anderen Vorstandsmitglieder hierüber informieren. Resultieren für die Vorstandsmitglieder aus der Erfüllung ihrer Aufgaben Konflikte zwischen den Unternehmensinteressen und persönlichen Interessen, so sollten diese offen gelegt werden, damit mögliche Vorkehrungen getroffen werden, um Schaden vom Unternehmen abzuwenden.

Der Kodex empfiehlt in 4.3.5 weiter, dass Vorstandsmitglieder Nebentätigkeiten, insbesondere Aufsichtsratsmandate außerhalb des Unternehmens, nur mit Zustimmung des Aufsichtsrats übernehmen. Hierdurch soll primär sichergestellt werden, dass die Vorstandsmitglieder die volle Arbeitskraft der Gesellschaft zur Verfügung stellen.

Aufsichtsrat

Während dem Vorstand die Leitung des Unternehmens unter eigener Verantwortung obliegt (§ 76 Abs. 1 AktG), kommt dem Aufsichtsrat primär eine Kontrollfunktion zu (§§ 30, 95ff AktG). Eine strikte Trennung von Leitung und Kontrolle der beiden Pflichtorgane wird durch die Inkompatibilitätsregelung nach § 105 Abs. 1 AktG gewährleistet.

Dabei ist jedoch zu beachten, dass die Überwachungsfunktion des Aufsichtsrats gegenüber der Unternehmensleitung weniger durch eine Ex-post-Kontrolle geprägt ist, sondern eher als kooperative, zukunftsbezogene Beratung des Vorstands zu verstehen ist.

Dieses Verständnis des Arbeitsteilung zwischen Vorstand und Aufsichtsrat bringt auch der DCGK in Standard 5.1.1 zum Ausdruck: *Aufgabe des Aufsichtsrats ist es, den Vorstand bei der Leitung des Unternehmens regelmäßig zu beraten und zu überwachen. Er ist in Entscheidungen von grundlegender Bedeutung für das Unternehmen einzubinden.*

Daneben sind auch Personalentscheidungen ein wichtiger Teil des Aufgabenkatalogs des Aufsichtsrats. So definiert Standard 5.1.2, dass der Aufsichtsrat die Mitglieder des Vorstands bestellt und entlässt. Gleichzeitig soll der Aufsichtsrat gemeinsam mit dem Vorstand für eine langfristige Nachfolgeplanung sorgen. Bei Erstbestellungen sollte die maximal mögliche Bestelldauer von fünf Jahren (siehe § 84 Abs. 1 AktG) nicht die Regel sein. So sollte bei von außen in das Unternehmen berufenen Vorständen die Bestellung auf maximal zwei oder höchstens drei Jahre begrenzt werden. Eine Wiederbestellung vor Ablauf eines Jahres vor dem Ende der Bestelldauer bei gleichzeitiger Aufhebung der laufenden Bestellung soll nur bei Vorliegen besonderer Umstände erfolgen. Des Weiteren schlägt der Kodex die Festlegung einer Altersgrenze für Vorstandsmitglieder vor.

In Standard 5.2 sind die Aufgaben und Befugnisse des Aufsichtsratsvorsitzenden definiert. So legt der DCGK fest, dass der Aufsichtsratsvorsitzende organintern die Arbeit im Aufsichtsrat koordiniert und dessen Sitzungen leitet. Der Aufsichtsratsvorsitzende soll zugleich Vorsitzender der Ausschüsse sein, die die Vorstandsverträge behandeln und die Aufsichtsratssitzungen vorbereiten. Den Vorsitz im Prüfungsausschuss (Audit Committee) sollte er nicht innehaben.

Organübergreifend übernimmt der Aufsichtsratsvorsitzende eine Scharnierfunktion zwischen Aufsichtsrat und Vorstand. So soll er mit dem Vorstand, insbesondere mit dem Vorsitzenden beziehungsweise Sprecher des Vorstands, regelmäßig Kontakt halten und mit ihm die Strategie, die Geschäftsentwicklung und das Risikomanagement des Unternehmens beraten. Der Aufsichtsratsvorsitzende wird über wichtige Ereignisse, die für die Beurteilung der Lage und Entwicklung sowie für die Leitung des Unternehmens von wesentlicher Bedeutung sind, unverzüglich durch den Vorsitzenden beziehungsweise Sprecher des Vorstands informiert. Der Aufsichtsratsvorsitzende soll sodann den Aufsichtsrat unterrichten und erforderlichenfalls eine außerordentliche Aufsichtsratssitzung einberufen.

Bereits durch das KonTraG wurde die enge Zusammenarbeit zwischen Aufsichtsrat und Abschlussprüfer in § 111 Abs. 2 Satz 3 AktG gesetzlich festgelegt. Nach Standard 5.3.2 soll der Aufsichtsrat einen Prüfungsausschuss (Audit Committee) einrichten, der sich insbesondere mit Fragen der Rechnungslegung und des Risikomanagements, der erforderlichen Unabhängigkeit des Abschlussprüfers, der Erteilung des Prüfungsauftrags an den Abschlussprüfer, der Bestimmung von Prüfungsschwerpunkten und der Honorarvereinbarung befasst. Viele Konzerne hatten bereits in der Vergangenheit ein Audit Committee gebildet, da dies unter anderem auch eine Zulassungsvoraussetzung für an der New Yorker Börse notierte Unternehmen ist.

Der DCGK beschäftigt sich auch mit der Zusammensetzung und Vergütung des Aufsichtsrates. Denn in der Realität ist der Aufsichtsrat so gut und so schlecht, wie seine Mitglieder ihre Aufgaben wahrnehmen. So sollte bei der Auswahl insbesondere auf die erforderlichen Kenntnisse, Fähigkeiten und fachlichen Erfahrungen sowie die Unabhängigkeit geachtet werden. In Standard 5.4.2 wird außerdem definiert, dass eine unabhängige Beratung und Überwachung des Vorstands durch den Aufsichtsrat dadurch gefördert wird, dass dem Aufsichtsrat nicht mehr als zwei ehemalige Mitglieder des Vorstands angehören. Aufsichtsratsmitglieder sollten außerdem keine Organfunktionen oder Beratungsaufgaben bei wesentlichen Wettbewerbern des Unternehmens ausüben.

Die verantwortungsvolle Ausübung eines Aufsichtsratsmandats bedarf ausreichend Zeit. So sollte jedes Aufsichtsratsmitglied darauf achten, dass ihm für die Wahrnehmung seiner Mandate genügend Zeit zur Verfügung steht (DCGK 5.4.3). Wer dem Vorstand einer börsennotierten Gesellschaft angehört, soll insgesamt nicht mehr als fünf Aufsichtsratsmandate in konzernexternen börsennotierten Gesellschaften wahrnehmen.

Analog der Regelung des § 113 Abs. 1 AktG legt der DCGK in 5.4.5 fest, dass Aufsichtsratsmitgliedern eine Vergütung gewährt werden kann. Voraussetzung hierfür ist ein Beschluss der Hauptversammlung oder eine entsprechende Regelung in der Satzung. Bereits § 113 Abs. 1 Satz 3 AktG fordert, dass die Vergütung in einem angemessenen Verhältnis zu den Aufgaben der einzelnen Aufsichtsratsmitglieder und zur Lage der Gesellschaft stehen soll. Der Kodex konkretisiert dies, da nunmehr neben der Verantwortung der Aufsichtsratsmitglieder die wirtschaftlichen Lage und der Erfolg des Unternehmens bei der Festlegung der Aufsichtsratsvergütung berücksichtigt werden sollen. Dabei sollen der Vorsitz und der stellvertretende Vorsitz im Aufsichtsrat sowie der Vorsitz und die Mitgliedschaft in den Ausschüssen berücksichtigt werden.

Analog der Bezahlung des Vorstandes ist auch für die Mitglieder des Aufsichtsrats neben einer festen eine erfolgsorientierte Vergütung zu empfehlen. Die erfolgsorientierte Vergütung sollte auch auf den langfristigen Unternehmenserfolg bezogene Bestandteile enthalten. Analog der Regelungen zur Vorstandsvergütung sollte auch die Vergütung der Aufsichtsratsmitglieder im Anhang des Konzernabschlusses individualisiert, aufgegliedert nach Bestandteilen (hierzu gehören auch Beratungs- und Vermittlungshonorare) ausgewiesen werden. In diesem Zusammenhang ist auch darauf hinzuweisen, dass Berater- und sonstige Dienstleistungs- und Werkverträge eines Aufsichtsratsmitglieds mit der Gesellschaft der Zustimmung des Aufsichtsrats bedürfen.

Wer die Verantwortung eines Aufsichtsratsmandats übernimmt, sollte auch genügend Zeit für die Tätigkeit investieren. Daher legt der DCGK fest, dass die mangelnde Präsenz eines Aufsichtsratsmitglieds publik gemacht wird (falls ein Mitglied des Aufsichtsrats in einem Geschäftsjahr an weniger als der Hälfte der Sitzungen des Aufsichtsrats teilgenommen hat).

Transparenz

Transparenz ist eine ganz wesentliche Voraussetzung für die Funktionsfähigkeit und Effizenz der Kapitalmärkte. Ein eigener Abschnitt im DCGK widmet sich daher der Aufgabe, die Imformationsasymmetrie zwischen den Kapitalmarktteilnehmern und dem Management der Gesellschaft zu reduzieren. Hierbei ist es wichtig, dass alle Kapitalmarktteilnehmer gleichbehandelt werden.

Der DCGK 6.1 bildet die gesetzliche Ad-hoc-Publizitätspflicht der Emittenten von Wertpapieren, die zum Handel im Amtlichen oder Geregelten Markt einer inländischen Börse zugelassen sind, in Kurzform ab:[12]

---

12) Vgl. § 15 Abs. 1 WpHG.

Der Vorstand wird neue Tatsachen, die im Tätigkeitsbereich des Unternehmens eingetreten und nicht öffentlich bekannt sind, unverzüglich veröffentlichen, wenn sie wegen der Auswirkungen auf die Vermögens- und Finanzlage oder auf den allgemeinen Geschäftsverlauf geeignet sind, den Börsenpreis der zugelassenen Wertpapiere der Gesellschaft erheblich zu beeinflussen.

Gemäß Standard 6.2 wird vom Vorstand eine unverzügliche Veröffentlichung gefordert, wenn der Gesellschaft bekannt wird, dass jemand durch Erwerb, Veräußerung oder auf sonstige Weise 5, 10, 25, 50 oder 75 Prozent der Stimmrechte an der Gesellschaft erreicht, über- oder unterschreitet. Diese Pflicht zur unverzüglichen Veröffentlichung von Stimmrechtsveränderungen ist gesetzlich in § 21 und § 25 WpHG geregelt.

Der Kodex bestimmt in Ziffer 6.3, dass die Gesellschaft alle Aktionäre bei Informationen gleichbehandeln wird. Sie soll ihnen unverzüglich sämtliche neuen Tatsachen, die Finanzanalysten und vergleichbaren Adressaten mitgeteilt worden sind, zur Verfügung stellen. Durch diese Regelung soll die Missbrauchsgefahr, etwa durch Insiderwissen, reduziert werden. Zur zeitnahen und gleichmäßigen Information der Aktionäre und Anleger soll die Gesellschaft geeignete Kommunikationsmedien, wie etwa das Internet, nutzen. So können alle Aktionäre zeitnah und gleichmäßig informiert werden.

Dabei sollen Informationen, die die Gesellschaft im Ausland aufgrund der jeweiligen kapitalmarktrechtlichen Vorschriften veröffentlicht, auch im Inland unverzüglich bekannt gegeben werden (DCGK 6.5).

Der DCGK fordert auch eine höhere Transparenz bei Wertpapiergeschäften der Führungskräfte eines Unternehmens (»Directors' Dealings«). Primärinsider werden basierend auf DCGK 6.6 und § 15a WpHG verpflichtet, ihre Geschäfte mit Wertpapieren des eigenen Unternehmens der Öffentlichkeit mitzuteilen.

Erwerb oder Veräußerung von Aktien der Gesellschaft oder von darauf bezogenen Erwerbs- oder Veräußerungsrechten (z. B. Optionen) sowie von Rechten, die unmittelbar vom Börsenkurs der Gesellschaft abhängen, durch Vorstands- und Aufsichtsratsmitglieder der Gesellschaft oder ihres Mutterunternehmens sowie durch bestimmte ihnen nahestehende Personen werden von diesen unverzüglich der Gesellschaft mitgeteilt. Von der Mitteilungspflicht sind der Erwerb auf arbeitsvertraglicher Grundlage, als Vergütungsbestandteil sowie unwesentliche Erwerbs- und Veräußerungsgeschäfte (25 000,– EURO in 30 Tagen) ausgenommen. Die Gesellschaft veröffentlicht die Mitteilung unverzüglich. Im Anhang zum Konzernabschluss sollen entsprechende Angaben gemacht werden. Der Aktienbesitz einschließlich der Optionen sowie der sonstigen Derivate des einzelnen Vorstands-

und Aufsichtsratsmitglieds sollen dann angegeben werden, wenn er direkt oder indirekt größer als 1 Prozent der von der Gesellschaft ausgegebenen Aktien ist. Übersteigt der Gesamtbesitz aller Vorstands- und Aufsichtsratsmitglieder 1 Prozent der von der Gesellschaft ausgegebenen Aktien, soll der Gesamtbesitz getrennt nach Vorstand und Aufsichtsrat angegeben werden.

Rechnungslegung und Abschlussprüfung

Für einen Investor spielen die externen Finanzinformationen eine ganz wesentliche Rolle bei der Anlageentscheidung. Daher widmet sich der DCGK in einem eigenen Abschnitt der »Rechnungslegung und Abschlussprüfung«. Die Empfehlungen sollen dazu beitragen, dass dem Kapitalmarkt regelmäßige, vergleichbare, zeitnahe, detaillierte und entscheidungsrelevante Informationen zur Verfügung gestellt werden.

So sollen nach Ziffer 7.1.1 Anteilseigner und Dritte während des Geschäftsjahres durch Zwischenberichte unterrichtet werden. Der Konzernabschluss und die Zwischenberichte sollen unter Beachtung international anerkannter Rechnungslegungsgrundsätze aufgestellt werden. Für gesellschaftsrechtliche Zwecke (Ausschüttungsbemessung, Gläubigerschutz) werden Jahresabschlüsse nach nationalen Vorschriften (HGB) aufgestellt, die auch Grundlage für die Besteuerung sind.

Ziffer 7.1.2 wiederholt die gesetzliche Regelung von § 290 Abs. 1 HGB, wonach der Vorstand verpflichtet ist, einen Konzernabschluss und Konzernlagebericht aufzustellen. Der Abschlussprüfer sowie der Aufsichtsrat prüfen diesen anschließend (§ 316 Abs. 2 HGB sowie § 171 Abs. 1 Satz 1 AktG). Der Kodex empfiehlt, dass der Konzernabschluss binnen 90 Tagen nach Geschäftsjahresende, die Zwischenberichte binnen 45 Tagen nach Ende des Berichtszeitraums öffentlich zugänglich sein sollten. Hierbei folgt der DCGK den Anforderungen der Kapitalmärkte nach »Fast Close«, das heißt Verfahren zur Beschleunigung der Erstellung und Offenlegung von Abschlussdaten.

In der Vergangenheit wurde häufig kritisiert, dass die Gesamtvergütung der Organmitglieder für die Anteilseigner intransparent ist. Daher schlägt Ziffer 7.1.3 des DCGK vor, dass der Konzernabschluss konkrete Angaben über Aktienoptionsprogramme und ähnliche wertpapierorientierte Anreizsysteme der Gesellschaft enthalten sollte.

Ziffer 7.1.4 empfiehlt die Veröffentlichung einer Liste von Drittunternehmen, an denen sie eine Beteiligung von für das Unternehmen nicht untergeordneter Bedeutung hält. So kann etwa eine Beteiligung von beispielsweise einem Prozent an einem DAX-30-Unternehmen für ein kleines Unternehmen von wesentlicher Bedeutung sein.

Nach Ziffer 7.1.5 sollen im Konzernabschluss Beziehungen zu Aktionären erläutert werden, die im Sinne der anwendbaren Rechnungslegungsvorschriften als nahe stehende Personen zu qualifizieren sind. Dabei werden Unternehmen und Personen als nahe stehend betrachtet, wenn eine der Parteien über die Möglichkeit verfügt, die andere Partei zu beherrschen oder einen maßgeblichen Einfluss auf deren Finanz- und Geschäftspolitik auszuüben. Dies können verbundene Unternehmen, Schwestergesellschaften, natürliche Personen mit maßgeblichem Einfluss oder auch Schlüsselpersonen im Unternehmen sein.

Der Abschlussprüfer erteilt mit dem Bestätigungsvermerk die Bestätigung, dass der geprüfte Jahres- oder Konzernabschluss ein den tatsächlichen Verhältnissen entsprechendes Bild der Vermögens-, Finanz- und Ertragslage widerspiegelt, den angewandten Rechnungslegungsgrundsätzen entspricht und die Risiken der künftigen Entwicklung zutreffend darstellt. Leider war insbesondere die Unabhängigkeit der Abschlussprüfer in den vergangenen Jahren nicht immer gegeben. In der Vergangenheit haben Abschlussprüfer nicht nur Prüfungsleistungen, sondern beispielsweise Steuer-, Personal- und Rechtsberatung, Finanz- und IT-Dienstleistungen angeboten. Dies hat nach dem Zusammenbruch von Enron und Worldcom die amerikanische Börsenaufsicht SEC (Security Exchange Commission) motiviert, entsprechende Unabhängigkeitsregeln aufzustellen.

Auch der DCGK greift diese Forderung auf und fordert gemäß Ziffer 7.2.1 zur Sicherung der Unabhängigkeit des Abschlussprüfers, vor Unterbreitung des Wahlvorschlags eine Erklärung des vorgesehenen Prüfers einzuholen, ob und gegebenenfalls welche beruflichen, finanziellen oder sonstigen Beziehungen zwischen dem Prüfer und seinen Organen und Prüfungsleitern einerseits und dem Unternehmen und seinen Organmitgliedern andererseits bestehen, die Zweifel an seiner Unabhängigkeit begründen können. Die Erklärung soll sich auch darauf erstrecken, in welchem Umfang im vorausgegangenen Geschäftsjahr andere Leistungen für das Unternehmen, insbesondere auf dem Beratungssektor, erbracht wurden beziehungsweise für das folgende Jahr vertraglich vereinbart sind.

Außerdem soll der Aufsichtsrat mit dem Abschlussprüfer vereinbaren, dass der Vorsitzende des Aufsichtsrats oder des Prüfungsausschusses über während der Prüfung auftretende mögliche Ausschluss- oder Befangenheitsgründe unverzüglich unterrichtet wird, soweit diese nicht unverzüglich beseitigt werden.

Nach Standard 7.2.2 erteilt der Aufsichtsrat dem Abschlussprüfer den Prüfungsauftrag und trifft mit ihm die Honorarvereinbarung. Der Kodex gibt hier § 111 Abs. 2 Satz 3 AktG wieder, der jedoch die Honorarvereinbarung nicht explizit erwähnt.

Ziffer 7.2.3 schlägt vor, dass der Aufsichtsrat mit dem Abschlussprüfer vereinbaren soll, dass dieser über alle für die Aufgaben des Aufsichtsrats wesentlichen Feststellungen und Vorkommnisse unverzüglich berichtet, die sich bei der Durchführung der Abschlussprüfung ergeben. Außerdem soll der Aufsichtsrat vereinbaren, dass der Abschlussprüfer ihn informiert und im Prüfungsbericht vermerkt, wenn er bei Durchführung der Abschlussprüfung Tatsachen feststellt, die eine Unrichtigkeit der von Vorstand und Aufsichtsrat abgegebenen Erklärung zum Kodex ergeben.

Einfluss der internationalen Corporate Governance auf deutsche Versicherungsunternehmen

In den vergangenen Jahren führte eine Reihe von Finanzskandalen, insbesondere in den USA, zu einem schwindenden Vertrauen der Anleger in die Kapitalmärkte. Die Ursachen für die meisten Aufsehen erregenden Unternehmenskrisen sind weniger auf Markt-, Finanz-, Rechtsrisiken oder externe Risiken zurückzuführen, sondern vielmehr auf Missmanagement und Managementfehler. Bernie Ebbers, der Chef der US-Telefongesellschaft WorldCom, und sein Finanzchef hatten einfach Ausgaben als Investitionen gebucht und mit Hilfe kreativer Buchführung das Vermögen in der Bilanz des Jahres 2001 um etwa vier Milliarden Dollar erhöht ausgewiesen. Später räumte der Konzern ein, weitere 3,3 Milliarden Dollar falsch verbucht zu haben, womit sich die Falschbuchungen auf insgesamt 7,2 Milliarden Dollar summierten. Parallelen gab es auch beim Zusammenbruch von Enron: Kenneth Lay, der Chef des US-Energieriesen Enron, hatte den Gewinn des Unternehmens in den vergangenen vier Jahren um 20 Prozent – insgesamt 586 Millionen Dollar – zu hoch angegeben. Dennis Kozlowski, Chef des Mischkonzerns Tyco, hatte mit Hilfe einer kreativen Buchführung den Unternehmensgewinn künstlich aufgebläht und ist schlussendlich Opfer seiner eigenen Gier geworden.

So mussten auch Chuck Watson als Chief Executive Officer (CEO) des Konzerns Dynegy (Dynamic Energy) sowie William McCormick von CMS Energy ihren Hut nehmen, weil beide jeweils Strom des anderen bezogen und zum gleichen Preis wieder verkauft hatten (»Round-Trip«-Handel). Durch derartige Transaktionen wurden die Handelsbilanzen künstlich aufgebläht.

Die Ereignisse haben dazu geführt, dass international mit verschiedenen gesetzgeberischen Maßnahmen auf das schwindende Vertrauen der Anleger reagiert wurde. So hat der US-Kongress innerhalb weniger Monate den »Sarbanes-Oxley-Act of 2002« (SOA) verabschiedet. Benannt wurde das Gesetz nach den Autoren des Gesetzentwurfs: Paul Sarbanes (Vorsitzender des Bankenausschusses des Senats) und Michael G. Oxley (Vorsitzender des Ausschusses für Finanzdienstleistungen im Repräsentantenhaus). Ziel des Gesetzes ist es, das Vertrauen der Anleger in die Rechnungslegung und Unternehmenssteuerung und -überwachung wiederherzustellen sowie die Anleger zu schützen. Erklärtes Ziel der US-Gesetzgebung war es aber auch, das System der Selbstregulierung abzulösen, das nach Ansicht der amerikanischen Börsenaufsicht SEC zahlreiche Schwachstellen aufwies.

Der SOA regelt die Verantwortlichkeiten der Unternehmensführung und der Wirtschaftsprüfer grundlegend neu und definiert Regeln für die Zusammenarbeit von Unternehmen und Wirtschaftsprüfern. Der SOA ist die bedeutendste Änderung der US-Wertpapiergesetze seit dem »Securities Act von 1933« und dem »Securities Exchange Act von 1934«. Diese in der Amtszeit von Präsident Franklin D. Roosevelt erlassenen Gesetze waren eine Reaktion auf den damaligen weltweiten Zusammenbruch der Kapitalmärkte.

Die durch den Sarbanes-Oxley-Act eingeführten Regelungen lassen sich im Wesentlichen in zwei Kategorien aufteilen und gehen teilweise weit über die im Deutschen Corporate-Governance-Kodex verankerten Empfehlungen hinaus:

- Das oberste Management von an US-Börsen notierten Unternehmen haftet nach dem Sarbanes-Oxley-Act nun persönlich für die Richtigkeit der Aussagen über die finanzielle Unternehmenssituation und die Wirksamkeit der internen Kontrollen. Festgelegt wird diese persönliche Pflicht der CEOs und CFOs US-börsennotierter Unternehmen im Rahmen der internen Kontrollen in den Sections 302 und 404 des SOA.
- Einrichtung und Verstärkung des Audit Committees. Die Mitglieder dieses Prüfungsausschusses müssen unabhängig vom Vorstand sein. Das Komitee trägt die Verantwortung für die Berufung, Festlegung der Vergütung und Überwachung der externen Prüfer.

Die im Sarbanes-Oxley-Act definierten Sections haben auch eine grenzüberschreitende Wirkung und gelten auch für die internationalen Tochtergesellschaften. Deutsche Unternehmen, die an US-Börsen gelistet oder Töchter einer US-Firma sind, sind direkt vom SOA betroffen.

Eine grundlegende Bestimmung des Sarbanes-Oxley-Act ist Section 302, wonach der CEO (deutsches Äquivalent ist der Vorstandsvorsitzende) und der CFO (deutsches Äquivalent ist der Finanzvorstand) in einer Erklärung zu bestätigen haben, dass die von ihnen unterzeichneten jährlichen oder vierteljährlichen Geschäftsberichte ihrer Kenntnis nach keine unwahren Tatsachen beinhalten und die in den Geschäftsberichten enthaltenen Jahresabschlüsse und andere Finanzinformationen eine in allen wesentlichen Belangen zutreffende Darstellung der Vermögens-, Finanz- und Ertragslage des Emittenten darstellen. Des Weiteren wird den Organmitgliedern die gesetzliche Pflicht auferlegt, ein internes Kontrollsystem einzurichten und die Funktionsfähigkeit dieses Systems sicherzustellen. Bereits das KonTraG verpflichtet die deutschen Aktiengesellschaften gemäß § 91 Abs. 2 AktG zur Einrichtung eines Frühwarn- und Kontrollsystems, um rechtzeitig die den Fortbestand der Gesellschaft gefährdende Entwicklungen zu erkennen. Der Sarbanes-Oxley-Act ist hier ungenauer und spricht allgemein von »wesentlichen Informationen«. Insbesondere im Zusammenhang mit den potenziellen zivil- und strafrechtlichen Konsequenzen ist dies nicht unproblematisch.

Hinsichtlich möglicher Sanktionen sind verschiedene Rechtsfolgen denkbar. So sieht der Sarbanes-Oxley-Act neben zivilrechtlichen Haftungsansprüchen insbesondere auch eine strafrechtliche Haftung der Organmitglieder vor (vgl. Section 906 SOA). Wusste das Organmitglied, dass die Angaben in der Erklärung gemäß Section 302 unzutreffend waren, droht eine Geldstrafe von bis zu einer Million US-Dollar oder eine Freiheitsstrafe von bis zu zehn Jahren oder auch beides. Ist die falsche Erklärung gemäß Section 302 absichtlich abgegeben worden, beläuft sich die Geldstrafe auf bis zu fünf Millionen US-Dollar oder eine Freiheitsstrafe von bis zu 20 Jahren oder auch beides. Weitere Sanktionen sieht Section 304 SOA vor. Danach muss der CEO und CFO innerhalb eines Jahres nach Veröffentlichung eines korrigierten Abschlusses variable Bezüge (etwa aufgrund von Stock-Options) an den Emittenten zurückzahlen, sofern wesentliche Korrekturen des Jahresabschlusses erforderlich sind.

Neben der Pflicht zur Bestätigung zur Finanzlage und zu internen Kontrollsystemen sind auch die Regelungen zum Audit Committee ein Herzstück des Sarbanes-Oxley-Act (Section 301 SOA). Aufgabe des Audit Committee ist die Überwachung der ordnungsgemäßen Finanzberichterstattung. Falls ein (deutsches) Unternehmen über kein Audit Committee verfügt, so werden sowohl Vorstand als auch Aufsichtsrat als Audit Committee angesehen. So ist das Audit Committe unter anderem für die Bestellung und Honorarvereinbarung des Abschlussprüfers und dessen Überwachung verantwortlich. Die Mitglieder des Audit Committee sollten gemäß Section 301 SOA unabhängig sein und es darf sich nicht um zu dem Emittenten oder seinen Tochtergesellschaften nahe stehende Personen handeln.

Laut Aussagen der amerikanischen Börsenaufsicht SEC muss das Management von an US-Börsen gelisteten Unternehmen erstmals für das Geschäftsjahr, das nach dem 15. April 2005 endet, über die Wirksamkeit des internen Kontrollsystems berichten. Damit Vorstände von US-börsennotierten Unternehmen in Deutschland diesen neuen Anforderungen gerecht und die Wirksamkeit der internen Kontrollen nachgewiesen werden können, hat die SEC das COSO-Rahmenwerk als Standard für interne Kontrollen empfohlen.

In diesem Zusammenhang ist für an US-Börsen gelistete Versicherungsunternehmen wichtig, dass neben den Anforderungen des Sarbanes-Oxley-Act auch die von der SEC erlassenen Ausführungsregelungen und die Listing-Anforderungen der jeweiligen Börse (etwa der NYSE) zu berücksichtigen sind.

Aufbau und Elemente eines internen Kontrollsystems im Versicherungsunternehmen

Wie bereits skizziert, haben interne Kontrollsysteme insbesondere in der angelsächsischen Unternehmenspraxis eine lange Historie. So führte etwa der »Federal Deposit Insurance Corporate Improvement Act« bereits 1991 zu erweiterten Regelungen für das Management bestimmter staatlich versicherter Finanzdienstleistungsunternehmen, die unter anderem auch eine umfassende Berichterstattung über das interne Kontrollsystem vorsahen. Wie bereits erwähnt, legte 1992 das »Committee of Sponsoring Organizations of the Treadway Commission« den COSO-Report mit Details zur Ausgestaltung und Bewertung von internen Kontrollsystemen vor. Auch der englische »Combined Code« enthielt Details zum internen Kontrollsystem und wurde im Jahr 2000 durch den »Turnbull Report« wesentlich erweitert.

In Deutschland konkretisierte der Gesetzgeber wesentliche Komponenten eines internen Kontrollsystems im KonTraG (Gesetz zur Kontrolle und Transparenz im Unternehmensbereich). Das KonTraG verpflichtet seit dem 1. Mai 1998 Vorstände von Aktiengesellschaften (durch die Ausstrahlungswirkung auch die Vorstände und Geschäftsführer anderer Gesellschaftsformen) zur Einrichtung eines Überwachungssystems, um Risiken frühzeitig

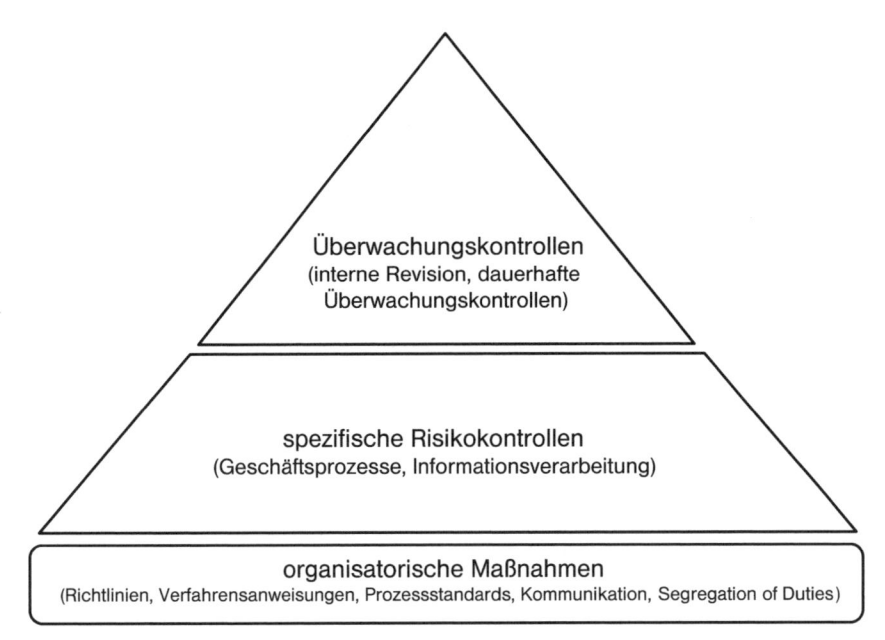

Abbildung 23: Der Aufbau eines internen Kontrollsystems

zu erkennen. § 91 Abs. 2 AktG sieht vor, dass »der Vorstand geeignete Maßnahmen zu treffen, insbesondere ein Überwachungssystem einzurichten hat, damit den Fortbestand der Gesellschaft gefährdende Entwicklungen früh erkannt werden«. Und schließlich fordert auch der im Juli 2002 vom amerikanischen Kongress verabschiedete Sarbanes-Oxley-Act die Einrichtung und Aufrechterhaltung eines internen Kontrollsystems (vgl. Section 302 und Section 404 SOA).

Ein internes Kontrollsystem ist daher ein ganz wesentliches Element für den Aufbau und die Umsetzung eines guten Corporate-Governance-Systems.

Basierend auf den Prüfungsstandards der Wirtschaftsprüfer (IDW PS 260) kann ein internes Kontrollsystem wie folgt definiert werden: [13]

Unter einem internen Kontrollsystem werden die von der Unternehmensleitung im Unternehmen eingeführten Grundsätze, Verfahren und Maßnahmen (Regelungen) verstanden, die auf die organisatorische Umset-

---

[13] Vgl. Waldersee, G./Ranzinger, Chr.: Gestaltung und Bewertung des internen Kontrollsystems. In: Pfitzer, N./Oser, P.: Deutscher Corporate Governance Kodex – Ein Handbuch für Entscheidungsträger. Stuttgart 2003, S. 477.

zung der Entscheidungen der Unternehmensleitung gerichtet sind. Sie haben das Ziel,

- die Wirksamkeit und Wirtschaftlichkeit der Geschäftstätigkeit unter Berücksichtigung des Vermögensschutzes,
- die Ordnungsmäßigkeit und Verlässlichkeit der internen und externen Rechnungslegung zu gewährleisten und
- die Einhaltung der für das Unternehmen maßgeblichen rechtlichen Vorschriften sicherzustellen.

Hierbei liegen der Schutz des Vermögens und die Verhinderung und Aufdeckung von Vermögensschädigungen im Fokus eines internen Kontrollsystems. Hierbei fokussieren sich die Kontrollen sowohl auf Kontrollen im Rahmen der täglichen Geschäftsvorfälle als auch auf Kontrollen der Informationsverarbeitung sowie deren Aufbereitung in Managementinformationssystemen. In Abbildung 23 ist die Grundkonzeption der Kontrollpyramide in Unternehmen dargestellt.

Das Fundament eines internen Kontrollsystems bilden organisatorische Maßnahmen in der Form von Richtlinien, Verfahrensanweisungen und methodischen Vorgaben.

So können aber auch definierte Genehmigungsprozesse (etwa im Bereich des Underwriting oder der Schadenbearbeitung), der Aufbau von Limitsystemen (etwa im Bereich des Asset-Managements) oder auch die Analyse von Protokollen im Bereich der Informationstechnologie das interne Kontrollsystem unterstützen (spezifische Risikokontrollen). Die Überwachungskontrollen bilden die oberste Ebene der Kontrollpyramide und basieren etwa auf der Durchführung von Tests, um die Ergebnissicherheit von definierten Kontrollen zu verifizieren. Überwachungskontrollen werden insbesondere durch Prozessuntersuchungen der internen Revision unterstützt.

Basierend auf den Empfehlungen des COSO-Reports besteht ein internes Kontrollsystem aus den folgenden fünf Komponenten:
- Kontrollumfeld: Wesentlich für ein effizientes internes Kontrollsystem ist die Wahrnehmung der Geschäftsführungs- und Aufsichtsorgane hinsichtlich des Stellenwerts von Kontrollen und deren Festlegung in unternehmensinternen Prozessen, Methoden und Verfahren.
- Risikobewertung und -steuerung: Jedwede unternehmerische Entscheidung ist mit Risiken verbunden. Erfolgreich unternehmen heißt jedoch kalkuliert riskieren. Daher sollte ein Unternehmen seine Risiken identifizieren, analysieren und effizient steuern. Erst der gezielte Um-

gang mit Risiken führt insbesondere bei Versicherungsunternehmen dazu, dass Unternehmen erfolgreich im Wettbewerb bestehen, ihre finanziellen Ziele erreichen und die Qualität ihrer Produkte und Dienstleistungen verbessern können.
- Kontrollaktivitäten: Die Kontrollaktivitäten stellen auf allen Hierarchiestufen sicher, dass adäquate Maßnahmen zur Risikoeingrenzung getroffen und umgesetzt werden, damit die Unternehmensziele erreicht werden.
- Information und Kommunikation: Eine adäquate Informationsversorgung ist ganz wesentlich für den Erfolg eines Unternehmens. Daher sollte sichergestellt werden, dass die für die unternehmerischen Entscheidungen relevanten Informationen in geeigneter und zeitgerechter Form erfasst, aufbereitet und an die verantwortlichen Stellen weitergeleitet werden.

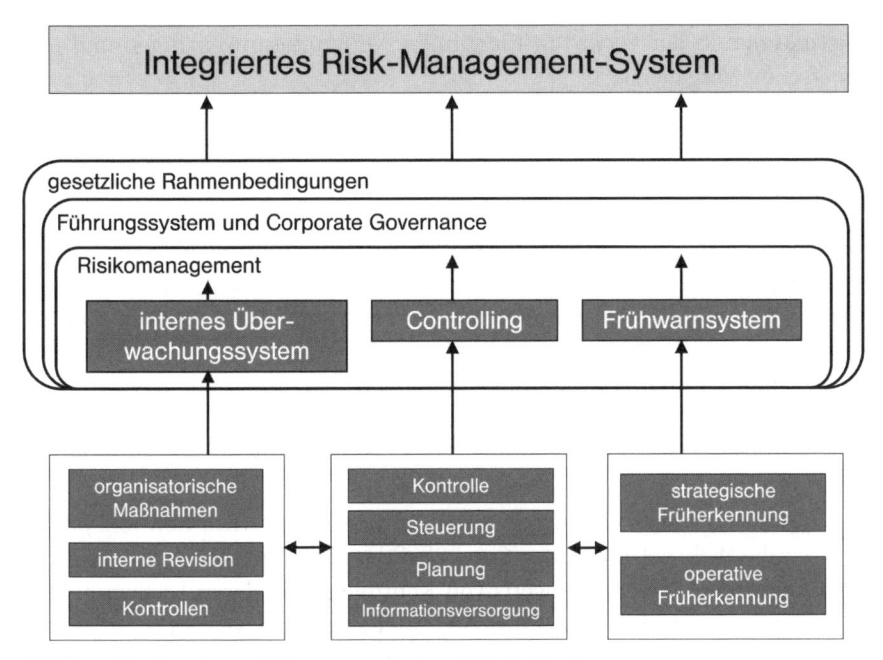

Abbildung 24: Integriertes Risikomanagement- und Kontrollsystem

14) Vgl. Romeike, F.: Gesetzliche Grundlagen, Einordnung und Trends. In: Romeike, F./Finke, R. (Hrsg.): Erfolgsfaktor Risikomanagement: Chance für Industrie und Handel. Wiesbaden 2003.

- Überwachung des internen Kontrollsystems: Da es sich beim internen Kontrollsystem – analog dem Risikomanagement – um einen Regelkreis handelt, beinhaltet die Überwachung des internen Kontrollsystems die kontinuierliche Beurteilung der Wirksamkeit vorhandener interner Kontrollen. Bei Abweichungen sollten sofort adäquate Maßnahmen eingeleitet werden.

In diesem Zusammenhang ist es wichtig, dass die Ausgestaltung eines internen Kontrollsystems Bestandteil eines integrierten Risikomanagements sein sollte. Häufig existieren in den Unternehmen bereits Risikomanagement-Systeme, so dass das interne Kontrollsystem lediglich ein- oder angebunden werden muss. So kann das interne Kontrollsystem auch auf den Methodenbaukasten des Risikomanagements (etwa Self Assessment, Key-Risk-Indikatoren) zurückgreifen. In Abbildung 24 ist die grundsätzliche Konzeption eines integrierten Risikomanagement- und Kontrollsystems skizziert.

Literatur

Baums, Th. (Hrsg.):	Bericht der Regierungskommission Corporate Governance, Köln 2001.
Hucke, A./Ammann, H.:	Der Deutscher Corporate Governance Kodex – Ein Praktiker-Leitfaden für Unternehmer und Berater, Herne 2003.
Lutter, M.:	Die Erklärung zum Corporate Governance Kodex gemäß § 161 AktG, in: ZHR 2002, S. 523 ff.
Noack, U.:	Die Internetgestützte Hauptversammlung. In: Noack/Spindler (Hrsg.): Unternehmensrecht und Internet, München 2001, S. 13–35.
OECD:	Wirtschaftsberichte: Deutschland 1995, Paris 1995.
OECD-Beratergruppe:	Corporate Governance – Verbesserung der Wettbewerbsfähigkeit und der Kapitalbeschaffung auf globalen Märkten, Paris 1998.
Pfitzer, N./Oser, P.:	Deutscher Corporate Governance Kodex – Ein Handbuch für Entscheidungsträger, Stuttgart 2003.
Romeike, F.:	Basel II und die Versicherungswirtschaft. In: Zeitschrift für Versicherungswesen, 53. Jahrgang, 15. Mai 2002, Heft 10.
Romeike, F.:	Deutscher Corporate-Governance-Kodex. In: Das neue Kontroll- und Transparenzgesetz (Hrsg. Rüdiger Apel), Mering 2002.
Romeike, F.:	Sarbanes-Oxley-Act. In: Das neue Kontroll- und Transparenzgesetz (Hrsg. Rüdiger Apel), Mering 2002.

Romeike, F.:	Gesetzliche Grundlagen, Einordnung und Trends In: Romeike, F./Finke, R. (Hrsg.): Erfolgsfaktor Risikomanagement: Chance für Industrie und Handel, Lessons learned, Methoden, Checklisten und Implementierung, Gabler Verlag, Wiesbaden 2003.
Ulmer, P.:	Der Deutsche Corporate-Governance-Kodex – ein neues Regulierungsinstrument für börsennotierte Aktiengesellschaften. In: ZHR 2002, S. 150 ff.
Waldersee, G./Ranzinger, Chr.:	Gestaltung und Bewertung des internen Kontrollsystems. In: Pfitzer, N./Oser, P.: Deutscher Corporate-Governance-Kodex – Ein Handbuch für Entscheidungsträger, Stuttgart 2003, S. 473–489.

International Financial Reporting Standards (IFRS) im Versicherungsunternehmen

Thomas C. Varain[1]

Einleitung

Im März 2004 hat das International Accounting Standards Board (IASB) mit IFRS 4 (2004) erstmals einen International Financial Reporting Standard für Versicherungsverträge veröffentlicht. Aufgrund der Umsetzung der Verordnung des Europäischen Parlaments und des Rates betreffend die Anwendung internationaler Rechnungslegungsstandards sind alle kapitalmarktorientierten Unternehmen mit Sitz in der EU dazu verpflichtet, ihren Konzernabschluss für Wirtschaftsjahre, die nach dem 31. Dezember 2004 beginnen, nach IFRS aufzustellen.[2] Als kapitalmarktorientiert gelten solche Unternehmen, die als Wertpapieremittenten an einem organisierten Kapitalmarkt auftreten.[3] Darüber hinaus dürfen Unternehmen, die nicht kapitalmarktorientiert sind, Konzernabschlüsse nach IFRS mit befreiender Wirkung aufstellen. Einzelabschlüsse kapitalmarktorientierter und nicht kapitalmarktorientierter Unternehmen dürfen ebenfalls nach IFRS aufgestellt werden, allerdings nur zu Informationszwecken. Als Grundlage der Ausschüttungs- oder Steuerbemessung müssen weiterhin Einzelabschlüsse nach HGB erstellt werden. Kapitalmarktorientierten Unternehmen, von denen lediglich Schuldtitel zum Handel in einem geregelten Markt zugelassen sind, wird ein Aufschub zur Anwendung der IFRS bis 2007 gewährt. Dieser Aufschub wird ebenfalls solchen Unternehmen gewährt, die zum Zwecke der Börsennotierung eines Wertpapiers in einem Drittstaat international anerkannte Rechnungslegungsstandards angewendet haben.[4] Als in-

---

1) Dr. Thomas C. Varain ist Prokurist im Bereich Audit Financial Services von KPMG Deutsche Treuhand-Gesellschaft Köln.
2) Vgl. Verordnung (EG) Nr. 1606/2002 des Europäischen Parlaments und des Rates vom 19. Juli 2002 betreffend die Anwendung internationaler Rechnungslegungsstandards, Amtsblatt der Europäischen Gemeinschaften v. 11. 9. 2002, L 243/1–L 243/4.
3) Vgl. Verordnung (EG) Nr. 1606/2002, Art. 4.
4) Vgl. Gesetzesentwurf zur Einführung internationaler Rechnungslegungsstandards und zur Sicherung der Qualität der Abschlussprüfung (Bilanzrechtsreformgesetz – BilReG), Art. 57 EGHGB neu.

ternational anerkannte Rechnungslegungsstandards gelten auch die US-GAAP.

IFRS 4 (2004) ist ein Übergangsstandard. Nachdem das IASC, die Vorgängerorganisation des IASB, ein Diskussionspapier im Jahr 1999 und ein »Draft Statement of Principles« (DSOP) Ende 2001/Anfang 2002 vorgelegt hat, denen beiden eine umfassende Zeitwertbilanzierung für Vermögenswerte und Schulden aus Versicherungsverträgen zugrunde gelegt hat [5], ist das Projekt aufgrund ungelöster Fragen zur Ausgestaltung einer umfassenden Zeitwertbilanzierung in zwei Phasen aufgeteilt worden. [6] Ergebnis der Phase I ist IFRS 4 (2004). Ergebnis der Phase II soll dann ein Standard aufgrundlage einer umfassenden Zeitwertbilanzierung sein. [7] Mit einem Entwurf eines Standards zu Phase II ist nicht vor Mitte 2006 zu rechnen, der dann, unter Berücksichtigung einer angemessenen Übergangsphase, voraussichtlich frühestens für das Geschäftsjahr 2009 anzuwenden wäre.

Bilanzierung von Versicherungsverträgen nach IFRS

Zielsetzung des IFRS 4 ist es, ohne unverhältnismäßigen Umstellungsaufwand Verbesserungen der Bilanzierung von Versicherungsverträgen zu erreichen und durch Anhangangaben ein zusätzliches Maß an Transparenz und Vergleichbarkeit herzustellen. [8] In den Anhangangaben sollen neben den Bilanzposten zukünftige Zahlungsstromerwartungen aus den Versicherungsverträgen erläutert werden.

Anwendungsbereich und Definition

IFRS 4 (2004) regelt die Bilanzierung von Versicherungsverträgen, die ein Unternehmen als Versicherer abschließt. [9] Hierbei spielt es keine Rolle, ob das den Vertrag ausreichende Unternehmen ein Versicherungsunternehmen ist oder nicht. IFRS 4 (2004) regelt auch die Bilanzierung passiver

---

[5] Vgl. zu diesen Vorschlägen Kölschbach, J.: Versicherungsbilanzen: Zeitwerte auf dem Vormarsch. Zur Anpassung der International Accounting Standards an Versicherungsunternehmen, in: VW, 2000, S. 432 ff.; Perlet, H.: Fair-Value-Bilanzierung bei Versicherungsunternehmen, in: BFuP 2003, S. 44 ff.; Varain, Th. C.: Ansatz und Bewertung versicherungstechnischer Verpflichtungen von Schaden- und Unfallversicherungsunternehmen nach IAS/IFRS, Lohmar – Köln 2004.
[6] Vgl. IFRS 4.IN2 (2004).
[7] Vgl. IFRS 4.BC6 (2004).
[8] Vgl. IFRS 4.1 (2004).
[9] Vgl. IFRS 4.2. (2004).

Rückversicherung. Erstversicherungsnehmer fallen nicht in den Anwendungsbereich des IFRS 4 (2004).

Nach IFRS 4 (2004) ist ein Versicherungsvertrag »*ein Vertrag, nach dem eine Partei (der Versicherer) ein signifikantes Versicherungsrisiko von einer anderen Partei (dem Versicherungsnehmer) übernimmt, indem sie vereinbart, dem Versicherungsnehmer eine Entschädigung zu leisten, wenn ein spezifiziertes ungewisses zukünftiges Ereignis (das versicherte Ereignis) den Versicherungsnehmer nachteilig betrifft*«[10].

Zentrale Eigenschaft eines Versicherungsvertrages im Sinne des IFRS 4 (2004) ist damit die Übernahme versicherungstechnischen Risikos durch den Versicherer. Nach IFRS 4 (2004) ist Versicherungsrisiko »*jedes von einem Versicherungsnehmer auf einen Versicherer übertragene Risiko, das kein Finanzrisiko ist*«[11]. Als Finanzrisiken gelten solche Risiken, die auf Änderungen finanzieller Variablen (etwa Zinssatz, Wertpapierkurs, Rohstoffpreis, Preis- oder Zinsindex, Bonitätsratings[12]) oder parteiunspezifischer nichtfinanzieller Variablen (zum Beispiel den Index über Erdbebenschäden in einer bestimmten Region[13]) zurückzuführen sind. Finanzinstrumente, die kein signifikantes Versicherungsrisiko übertragen, sind nach IAS 32 (2004), 39 (2004) beziehungsweise 18 (2004) zu bilanzieren.[14]

Als signifikant gelten Risiken dann, wenn ihr Eintreten wirtschaftliches Gewicht hat und ökonomische Entscheidungen beeinflussen kann.[15] Dies ist dann der Fall, wenn der Versicherer unter irgendeinem Szenario, das von dem Versicherungsvertrag abgedeckt wird, wesentliche zusätzliche Leistungen erbringen muss. Hierbei ist es gleichgültig, ob das betreffende Szenario extrem unwahrscheinlich ist.[16] Zur Vermeidung von Bilanzierungsarbitrage, das heißt der Gestaltung von Sachverhalten unter der Maßgabe, eine bestimmte gewünschte Bilanzierungsregelung anwenden zu können, macht IFRS 4 keine quantitativen Vorgaben für die Bedeutung des Begriffs der Signifikanz, sondern beschränkt sich auf prinzipienorientierte qualitati-

---

10) IFRS 4.Anlage A »Versicherungsvertrag« (2004). Alle Übersetzungen durch den Verfasser. Da noch keine offizielle Übersetzung des IFRS 4 (2004) vorliegt, kann die hier gegebene Übersetzung von einer offiziellen Übersetzung abweichen.
11) Vgl. IFRS 4.Anlage A »Versicherungsrisiko« (2004).
12) Vgl. IFRS 4.Anlage A »Finanzrisiko« (2004).
13) Vgl. IFRS 4.B9 (2004).
14) Eine Ausnahme gilt z. B. für Sparverträge, die zwar kein versicherungstechnisches Risiko übertragen, jedoch über eine ermessensabhängige Überschussbeteiligung verfügen und mit Einschränkungen in IFRS 4 (2004) geregelt sind, vgl. IFRS 4.2(b) (2004). Vgl. hierzu ausführlich KPMG (Hrsg.): IFRS aktuell – Neuregelungen 2004: IFRS 1 bis 5, Improvements Project, Amendments IAS 32 und 39, Stuttgart 2004.
15) Vgl. IFRS 4.B23 (2004). Vgl. hierzu auch KPMG (2004).
16) Vgl. IFRS 4.B23 (2004).

ve Vorgaben.[17] Die Prüfung, ob der Transfer eines signifikanten Versicherungsrisikos vorliegt, ist für jeden einzelnen Versicherungsvertrag vorzunehmen, da ansonsten bei einem ausreichend diversifizierten Vertragsbestand die Bedingung der Signifikanz bezogen auf das Portefeuille des Versicherers im Gegensatz zu einer einzelvertraglichen Betrachtung als nicht mehr gegeben angesehen werden könnte.[18]

Durch das versicherte Ereignis muss der Versicherungsnehmer gemäß der Definition des IFRS 4 (2004) nachteilig betroffen sein (versichertes Interesse); bei dem Versicherungsnehmer müssen also nachteilige Auswirkungen aus dem Versicherungsfall vorliegen, für die eine Entschädigung durch den Versicherer erfolgt. Für Fälle, in denen kein versichertes Interesse besteht, muss ein Versicherungsvertrag im Sinne des IFRS 4 (2004) mindestens einen Leistungsvorbehalt vorsehen.[19]

Einen Versicherungsvertrag im Sinne des IFRS 4 (2004) kennzeichnet weiterhin die Bezugnahme auf ein »spezifiziertes ungewisses zukünftiges Ereignis«. Die Ungewissheit kann sich sowohl auf den Eintritt, den Zeitpunkt des Eintritts oder aber auch auf den Umfang der Folgen des Ereignisses beziehen.[20] Der Begriff des Ereignisses wird nicht weiter konkretisiert.

Zusammenfassend kann davon ausgegangen werden, dass die Definition des Versicherungsvertrages nach IFRS 4 (2004) im Wesentlichen alle Verträge abdeckt, die nach deutschem Aufsichts-, Vertrags- und Steuerrecht als Versicherungsverträge gelten.[21] Es gibt allerdings Überlegungen, Finanzgarantien, die den Inhaber einer Forderung für einen Schuldnerausfall entschädigen, zukünftig nach IAS 39 (2004) in Verbindung mit IAS 37 (2004) zu bilanzieren.[22] Gleiches gilt auch für Kreditversicherungsverträge.[23]

---

17) Vgl. auch Rockel/Sauer: IASB Exposure Draft 5: Insurance Contracts – Zur Versicherungsbilanzierung nach IFRS ab 2005. In: Die Wirtschaftsprüfung, 20/2003, S. 1110.
18) Vgl. Rockel/Sauer (2003), S. 1110.
19) Vgl. KPMG (2004).
20) Vgl. IFRS 4. Anlage B2 (2004).
21) Vgl. KPMG (2004).
22) Vgl. IAS 39.2 (f) (2004).
23) Vgl. IASB: ED of proposed amendments to IAS 39 Financial Instruments: Recognition and Measurement and IFRS 4 Insurance Contracts: Financial Guarantee Contracts and Credit Insurance, 2004.

Besonderheit: Zerlegung von Versicherungsverträgen und Separierung von eingebetteten Derivaten

Unter bestimmten Voraussetzungen können beziehungsweise müssen Versicherungsprodukte in einzelne Komponenten zerlegt werden. In diesen Fällen wird die Versicherungskomponente nach IFRS 4 (2004) bilanziert, während eine Finanzkomponente beziehungsweise Einlagenkomponente nach IAS 39 (2004) zu bilanzieren ist.[24] Dienstleistungskomponenten, die in einem eingebetteten Finanzinstrument enthalten sind, sind im Falle einer Zerlegung nach IAS 18 (2004) zu bilanzieren.[25] Eine Zerlegung darf vorgenommen werden, wenn eine getrennte Bewertung der Finanzkomponente möglich ist.[26] Eine Zerlegung ist zwingend vorzunehmen, wenn Rechte und Pflichten aus der Finanzkomponente ansonsten nicht angesetzt würden und eine getrennte Bewertung der Finanzkomponente möglich ist.[27] Eine Zerlegung kann dann sinnvoll sein, wenn das Versicherungsrisiko ausschlaggebend für die Frage ist, ob ein Vertrag einen Ertrag generieren wird, aber im Rahmen einer Gesamtbetrachtung des Vertrages im Gegensatz zu einer Betrachtung der separierten Versicherungskomponente nicht signifikant ist.[28] Unter Berücksichtigung des Vollständigkeitsgebotes nach HGB[29] beziehungsweise der Verpflichtung zur Bildung einer Rückstellung für drohende Verluste aus schwebenden Geschäften[30] sind die Voraussetzungen für eine Zerlegung bei Unternehmen, die derzeit nach HGB bilanzieren, in der Regel nicht relevant.[31]

Finanzkomponenten in einem Versicherungsvertrag, die für sich genommen die Definition eines Derivats im Sinne der Regelungen des IAS 39.9 (2004) erfüllen, sind gemäß IFRS 4.7 (2004) in Verbindung mit IAS 39.11 (2004) zu separieren. Das eingebettete Derivat ist nach IAS 39 (2004) zum Zeitwert zu bewerten, Veränderungen des Zeitwertes müssen in der Gewinn-und-Verlust-Rechnung erfasst werden.[32] Die Implementation Guidance zu IFRS 4 (2004) verdeutlicht die Regelung des IAS 39.11(a) (2004), nach der umgekehrt eine Separierung entfällt, sofern die Merkmale und Ri-

---

24) Vgl. IFRS 4.12 (2004).
25) Vgl. IFRS 18 Anlage 14 (b) (iii) (2004) in der Fassung von IFRS 4.C9 (2004).
26) Vgl. IFRS 4.10 (2004).
27) Vgl. IFRS 4.10 (b) (2004).
28) Vgl. KPMG (2004).
29) Vgl. § 246 Abs. 1 Satz 1 HGB.
30) Vgl. § 249 Abs. 1 Satz 1 HGB.
31) Vgl. Engeländer/Kölschbach: Der International Financial Reporting Standard 4 für Versicherungsverträge. In: Versicherungswirtschaft, 8/2004 (2004), S. 576; KPMG (2004).
32) Zu weiteren Erläuterungen vgl. KPMG (2004).

siken der eingebetteten Komponente eng mit den Merkmalen und Risiken des Basisvertrags verbunden sind.

Versicherungsverträge enthalten, wie aus den dort aufgeführten Beispielen ersichtlich, aus finanzwirtschaftlicher Sicht eine Vielzahl von eingebetteten Optionen. Darunter fallen zum Beispiel garantierte Mindestverzinsungen oder aber auch der Ansatz von Rückkaufswerten. Sowohl eine in der Implementation Guidance genannte garantierte Mindestverzinsung, die bei Abschluss eines Vertrags über dem Marktzins liegt, als auch die Garantie von Rückkaufswerten sieht das IASB als untrennbar mit dem zugrunde liegenden Versicherungsvertrag verbunden an.[33] Eine Separierung braucht auch dann nicht zu erfolgen, wenn das Derivat die Definition des Versicherungsvertrags erfüllt. Sind dagegen die Voraussetzungen einer Separierung erfüllt, müssen neben der Bewertung zum Zeitwert zusätzliche Offenlegungspflichten nach IAS 32 (2004), »Financial Instruments: Recognition and Measurement«, beachtet werden.[34]

Beibehaltung von Bilanzierungsmethoden

Gemäß IFRS 4.13 (2004) werden die bisher angewendeten Bilanzierungsmethoden zur Abbildung von Versicherungsverträgen beibehalten. Änderungen der Bilanzierungsmethoden sind nur dann möglich, wenn bestimmte Voraussetzungen hierfür erfüllt sind.[35] Dies gilt für alle Unternehmen, unabhängig davon, ob sie bereits vor Anwendung von IFRS 4 (2004) IFRS-Abschlüsse erstellt haben und damit in der Regel US-GAAP angewendet haben, mit denen die bisher bestehende Regelungslücke geschlossen worden ist, oder ob sie erstmals nach IFRS bilanzieren. Nach IFRS 4.13 (2004) ist die Bilanzierung von Versicherungsverträgen von der Anwendung des IAS 8.10–12 (2004) ausgenommen. Dort ist geregelt, wie zu verfahren ist, wenn Regelungslücken innerhalb der IFRS bestehen. Gleiches gilt für Sparverträge mit ermessensabhängiger Überschussbeteiligung.[36]

Dementsprechend sind sowohl die Regelungen des HGB als auch US-GAAP weiter anwendbar.

---

[33] Für die geforderte Ausgestaltung der garantierten Rückkaufsrechte siehe IFRS 4.8 sowie IFRS 4.IG Beispiel 2.12 (2004).
[34] Vgl. IAS 32.4 (d) (2004) eingeführt durch IFRS 4. Anlage C.4 und IAS 32.86 (2004).
[35] Vgl. den nachfolgenden Abschnitt.
[36] Vgl. IFRS 4.35 (2004) i. V. m. IFRS 4.34 (e) (2004).

Von der grundsätzlichen Beibehaltung der aktuell angewendeten Bilanzierungspraxis schreibt IFRS 4 (2004) einige Änderungen vor[37]:
1. Das IAS-Rahmenkonzept sieht keine Bildung von Rückstellungen für Verpflichtungen vor, die sich aus noch nicht abgeschlossenen Verträgen ergeben, deshalb sind Schwankungs- oder Großrisikorückstellungen, soweit bisher gebildet, aufzulösen. Damit wird den Versicherungsunternehmen ein wichtiges Instrument der Darstellung einer der Besonderheiten des Versicherungsgeschäfts, des Risikoausgleichs in der Zeit, genommen. Allerdings weist die Implementation Guidance zu IFRS 4 (2004) auf die Bedeutung entsprechender Informationen zur Beurteilung der Unternehmenslage hin. Entsprechend sollen Angaben zu Katastrophen- und zyklischen Risiken im Anhang gemacht werden. Anstelle der Bildung einer Rückstellung für diese Verpflichtungen räumt IFRS 4 (2004) nur die Möglichkeit des gesonderten Ausweises einer entsprechenden Rücklage ein.[38]
2. Ein Angemessenheitstest für Rückstellungen (»Liability Adequacy Test«) ist verpflichtend durchzuführen. Durch einen Angemessenheitstest soll sichergestellt werden, dass Rückstellungen zu jeder Zeit mindestens dem Barwert der zukünftig erwarteten Zahlungsströme entsprechen[39]. Es sind alle Leistungsverpflichtungen zu berücksichtigen, die am Abschlussstichtag bestehen. Sehen die durch den Versicherer beibehaltenen Bilanzierungsmethoden einen entsprechenden Angemessenheitstest vor, stellt IFRS 4 (2004) keine weiteren Anforderungen, ansonsten ist ein Mindestwert für die Rückstellungen gemäß IAS 37 (2004) zu bestimmen. Da nach HGB eine Verpflichtung zur prospektiven Berechnung der Deckungsrückstellung besteht und zudem bei einem bestehenden Verpflichtungsüberhang die Bildung einer Drohverlustrückstellung angezeigt ist, sind die Bilanzierungsmethoden nach HGB im Sinne der Anforderungen des IASB an einen Angemessenheitstest als ausreichend anzusehen.[40] Zu beachten ist allerdings, dass es aufgrund des Wegfalls der Schwankungsrückstellung zu einer Erhöhung der Drohverlustrückstellung gegenüber dem Ansatz im Einzelabschluss kommen kann, in dem die Schwankungsrückstellung aufgrund der handelsrechtlichen Regelungen nach wie vor zu berücksichtigen ist.

---

[37] Vgl. IFRS 4.14 (2004).
[38] Vgl. IFRS 4.BC93 (2004).
[39] Vgl. IFRS 4.15 (2004).
[40] Vgl. Engeländer/Kölschbach (2004), S. 576.

Änderungen der Bilanzierungsmethoden

Änderungen der Bilanzierungsmethoden sind nach IFRS 4 (2004) sowohl bei erstmaliger Anwendung von IFRS als auch zu späteren Zeitpunkten nur dann erlaubt, wenn der Abschluss dem Jahresabschlussadressaten relevantere oder aber zuverlässigere Informationen gewährt.[41] Weder die Relevanz noch die Zuverlässigkeit dürfen durch die Verbesserung des jeweils anderen beeinträchtigt werden.[42] Exemplarisch werden folgende Änderungen der Bilanzierungsmethoden genannt, die gegen diese Regelung verstoßen:[43]

- Übergang von diskontierten zu undiskontierten Rückstellungen (insbesondere bei Schadenrückstellungen).
- Uneinheitlichkeit der Bilanzierungsmethoden im Konzern darf nicht vergrößert werden (eine bestehende Uneinheitlichkeit darf beibehalten werden).
- Bewertung von zukünftigen Gewinnen aus Verwaltungs- und Betriebskostenzuschlägen, die über den Zeitwert hinausgeht (betrifft insbesondere so genannte Embedded-Value-Bewertung von Versicherungstöchtern britischer Bankkonzerne[44]).
- Einführung einer Bewertung, die über ein bestehendes Maß an erforderlicher Vorsicht hinausgeht.

Falls die genannten Bilanzierungsmethoden derzeit angewendet werden, können sie allerdings auch weiterhin angewendet werden.

Offenlegungspflichten im Anhang

Da in Phase I sowohl die bisherige Bilanzierungspraxis für Versicherungsverträge beibehalten werden kann als auch begrenzte Änderungen vorgenommen werden können, ist die durch die IFRS angestrebte Transparenz und Vergleichbarkeit zwischen den von verschiedenen Methoden beeinflussten Konzernabschlüssen nur durch umfangreiche Anhangangaben zu bewerkstelligen. Dabei müssen die Angaben nach IFRS 4 (2004) zwei Grundsätze erfüllen:

---

41) Vgl. IFRS 4.21 (2004).
42) Vgl. IFRS 4.22 (2004).
43) Vgl. IFRS 4.IN5 ff. und IFRS 4.25 ff.
44) Vgl. KPMG (2004).

- Die aus Versicherungsverträgen resultierenden Beträge sollen identifiziert und erläutert werden. [45]
- Der Versicherer soll Angaben machen, die Rückschlüsse auf Betrag, Zeitpunkt und Unsicherheit der erwarteten Zahlungsströme aus Versicherungsverträgen ermöglichen. [46]

Angaben zu Beträgen in Posten der Bilanz, Gewinn- und-Verlust-Rechnung und Kapitalflussrechnung, die aus Versicherungsverträgen resultieren

Der erste Grundsatz wird durch IFRS 4 (2004) wie folgt konkretisiert: [47]

- Es sind zumindest die wesentlichen Bilanzierungs- und Bewertungsmethoden für Versicherungsverträge zu erläutern.
- Die aus Versicherungsverträgen resultierenden Beträge in der Bilanz beziehungsweise der Gewinn-und-Verlust-Rechnung sowie in einer eventuell nach der direkten Methode [48] aufgestellten Kapitalflussrechnung sind anzugeben.
- Aus dem Abschluss von Rückversicherungsverträgen resultierende Gewinne oder Verluste sind darzustellen. Im Falle einer Abgrenzung solcher Gewinne sind sowohl der Auflösungsbetrag in der Berichtsperiode als auch der Abgrenzungsposten zu Beginn und zum Ende der Berichtsperiode anzugeben.
- Verfahren zur Ermittlung von Annahmen, die einen wesentlichen Einfluss auf die Bewertung haben, sind anzugeben und, sofern möglich, auch zu quantifizieren.
- Auswirkungen von Änderungen der Bewertungsannahmen sind anzugeben.
- Änderungen der Verpflichtungen aus Versicherungsverträgen, der Vermögenswerte aus Rückversicherungsverhältnissen und, soweit vorhanden, der abgegrenzten Abschlusskosten in der Berichtsperiode sind zu erläutern. [49]

---

45) Vgl. IFRS 4.36 (2004).
46) Vgl. IFRS 4.38 (2004).
47) Vgl. IFRS 4.37 (2004).
48) Vgl. IAS 7.18 (2003). Gem. DRS 2–20 Tz. 9 wird allerdings die Anwendung der indirekten Methoden für Versicherungsunternehmen empfohlen.
49) Vgl. IFRS 4.37(e) (2004).

Angaben zu Betrag, Zeitpunkt und Unsicherheit der Zahlungsströme

Ursprünglich war durch das IASB eine verpflichtende Zeitwertangabe zu den Versicherungsverträgen im Anhang vorgesehen.[50] Hierauf hat das Board im endgültigen Standard verzichtet. Dafür soll dem Jahresabschlussadressaten unter Berücksichtigung des zweiten Grundsatzes die Möglichkeit eröffnet werden, die wirtschaftliche Belastung aus zukünftigen Zahlungsverpflichtungen einschätzen zu können. Die erforderlichen Angaben betreffen insbesondere Angaben zum Umgang mit Risiken, die sich auf die Realisation der erwarteten zukünftigen Zahlungsströme aus Versicherungsverträgen auswirken können. Folgende Angaben werden durch IFRS 4 (2004) diesbezüglich gefordert:[51]

- Darstellung der Ziele und Maßnahmen des Risikomanagements im Zusammenhang mit Versicherungsverträgen.
- Angaben zu den Bestimmungen der Versicherungsverträge, die Betrag, Zeitpunkt und Unsicherheit der zukünftig zu erwartenden Zahlungsströme beeinflussen.
- Informationen über Versicherungsrisiken (vor und nach Abzug der passiven Rückversicherung)[52] in Form von:
  - Sensitivitätsanalysen über die Auswirkungen auf Gewinn, Verlust und Eigenkapital in Abhängigkeit von Änderungen wesentlicher Größen, die das Versicherungsrisiko beeinflussen.
  - Angaben zur Konzentration von Versicherungsrisiken.
  - Angaben zur Schadenabwicklung über die gesamte Abwicklungsdauer für Schäden, die noch nicht vollständig abgewickelt worden sind und voraussichtlich nicht innerhalb eines Jahres abgewickelt werden. Die Angaben müssen nicht mehr als zehn Jahre in die Vergangenheit zurückreichen.
  - Angaben zu Zinsänderungs- und Ausfallrisiken, die IAS 32 (2004) fordern würde, wenn Versicherungsverträge von IAS 32 (2004) erfasst würden.[53]
  - Angaben über Zinsänderungs- und Marktrisiken, die sich auf in Versicherungsverträge eingebettete Derivate beziehen, die nicht mit dem Zeitwert bewertet werden.

---

50) Vgl. IFRS 4.BC224ff. (2004).
51) Vgl. IFRS 4.39 (2004).
52) Dagegen ist nach DRS 5-20, a.a.O., Tz. 21 das versicherungstechnische Risiko nur nach Abzug der passiven Rückversicherung zu betrachten.
53) Vgl. hierzu IASB: Draft Exposure Draft ED 7, Financial Instruments: Disclosures, Juni 2004.

Neben den in IFRS 4 (2004) explizit genannten Angabepflichten enthält die Implementation Guidance Hinweise auf zusätzliche Informationen, die zur Erfüllung des zweiten Prinzips erforderlich sein können. Insbesondere sind Risiken und Maßnahmen des Risikomanagements darzustellen. Neben Annahmerichtlinien sollen unter anderem interne Risikoüberwachungsverfahren, Methoden zur Begrenzung von Risiken (etwa Begrenzung des Selbstbehalts, Rückversicherungsnahme), konzernweite Risikoüberwachungs- und Risikoausgleichsverfahren und Methoden zur Abstimmung der Aktiva und Passiva (Asset-Liability-Management) erläutert werden.

Durch ein ausgewogenes Verhältnis zwischen qualitativen und quantitativen Angaben soll es den Informationsadressaten ermöglicht werden, die Risikolage des Unternehmens einschätzen zu können. Die Darstellung soll der internen Darstellung beziehungsweise Analyse der Risiken entsprechen.[54]

Der Umfang sowie die Detailtiefe der bereitzustellenden Informationen wirft grundsätzlich die Problematik eines angemessenen Verhältnisses von Kosten und Nutzen auf. Mögliche Konflikte können sich außerdem dadurch ergeben, dass die bereitzustellenden Informationen zwar entscheidungsrelevant sind, aber gleichzeitig vertrauliche beziehungsweise sensible Daten für das berichtende Unternehmen beinhalten.

Inkonsistente Bewertung von Kapitalanlagen und den Verpflichtungen aus dem Versicherungsgeschäft

Während die bisher angewendeten Bilanzierungsmethoden zur Abbildung von Versicherungsverträgen beibehalten werden dürfen, sind für Bilanzposten, die nicht unmittelbar aus dem Abschluss von Versicherungsverträgen resultieren, die bereits bestehenden IFRS anzuwenden. Dies betrifft insbesondere die Kapitalanlagen von Versicherungsunternehmen, also im Wesentlichen die Bilanzierung der Aktivseite.

Kapitalanlagen, die einen Großteil der Aktivseite einer Versicherungsbilanz ausmachen, sind nach IAS 39 (2004) überwiegend mit ihrem Zeitwert anzusetzen, während die Verpflichtungen aus dem Versicherungsgeschäft, die den Großteil der Passivseite einer Versicherungsbilanz ausmachen, in der Regel mit dem Verpflichtungsbetrag anzusetzen sind, allenfalls diskontiert unter Verwendung eines marktunabhängigen Zinssatzes.

---

54) Vgl. IFRS 4.IG51 (2004).

Als Folge bewirkt beispielsweise ein Anstieg der Marktzinsen auf der Aktivseite einen Rückgang der Zeitwerte, während der Wert der Verpflichtungen aus dem Versicherungsgeschäft unverändert bleibt.

Exkurs: Zeitwert-Bilanzierung nach IAS 39 (2004)

Nach IAS 39 (2004) sind finanzielle Vermögenswerte je nach ihrer Zweckbestimmung in eine von vier Kategorien und finanzielle Verbindlichkeiten in eine von zwei Kategorien einzuordnen. Von dieser Einordnung ist die Bewertungsmethode abhängig.[55] Die Einordnung hat willkürfrei nach objektiven Kriterien zu erfolgen. Folgende Kategorien sind zu unterscheiden[56]:

- Kredite und Forderungen (»Loans and Receivables«). Hierbei handelt es sich ausschließlich um nichtderivative Finanzinstrumente mit festen und bestimmbaren Zahlungen, die nicht auf einem aktiven Markt gehandelt werden. Finanzinstrumente in dieser Kategorie sind mit den fortgeführten Anschaffungskosten zu bewerten.
- Kapitalanlagen, für die eine Halteabsicht bis zu ihrer Endfälligkeit besteht (»Held-to-maturity Investments«). Es handelt sich um nichtderivative finanzielle Vermögenswerte mit fest vereinbarten beziehungsweise bestimmbaren Zahlungen (feste oder variable [Zins-]Zahlungen) mit fester Endfälligkeit, bei denen das Unternehmen neben der Absicht auch die Fähigkeit hat, sie bis zur Endfälligkeit zu halten. Diese Kapitalanlagen sind ebenfalls mit ihren fortgeführten Anschaffungskosten zu bewerten. Eine Zuordnung zu dieser Kategorie darf nicht erfolgen, wenn im laufenden Geschäftsjahr oder in den zwei Geschäftsjahren zuvor ein nicht unerheblicher Betrag aus dieser Kategorie vor Endfälligkeit verkauft worden ist. Umwidmungen sind nur unter restriktiven Voraussetzungen möglich.
- Handelsaktiva (»Financial Assets Held for Trading«) und Finanzinstrumente zum beizulegenden Zeitwert durch die Gewinn-und-Verlust-Rechnung (»Financial Assets at Fair Value through Profit or Loss«), die zum Anschaffungszeitpunkt in diese Kategorie eingeordnet werden können, sind mit dem Zeitwert zu bewerten. Neben realisierten Wertänderungen werden auch unrealisierte Wertänderungen unmittelbar erfolgswirksam erfasst. Handelsaktiva sind solche Werte, die für Zwecke des kurzfristigen Kaufs oder Rückkaufs gehalten werden. In

---
[55] Vgl. IAS 39.43 ff. (2004).
[56] Vgl. IAS 39.9 (2004).

die Kategorie zum beizulegenden Zeitwert durch die Gewinn-und-Verlust-Rechnung können alle Finanzinstrumente im Sinne von IAS 39 (2004) eingeordnet werden, wenn Marktpreise auf aktiven Märkten vorliegen oder zuverlässig ermittelt werden können.
- Die vierte Kategorie, zur Veräußerung vorgesehene Wertpapiere (»Available-for-sale Assets«), stellt eine Sammelkategorie beziehungsweise eine Residualgröße dar, die diejenigen Kapitalanlagen aufnimmt, die nicht in eine der anderen Kategorien eingruppiert worden sind. Hierin erfasste Kapitalanlagen sind ebenfalls mit dem Zeitwert zu bilanzieren, unrealisierte Wertänderungen werden allerdings direkt im Eigenkapital erfolgsneutral erfasst (mit Ausnahme dauerhafter Wertminderungen, die erfolgswirksam zu erfassen sind).

Inkonsistente Bewertung

Obwohl die Vermögenswerte von Versicherungsunternehmen in erster Linie dazu dienen, die Verpflichtungen aus dem Versicherungsgeschäft zu erfüllen, spiegeln sich Änderungen von Finanzmarktparametern in der Regel nur in der Bewertung der nach IAS 39 (2004) bilanzierten Vermögenswerte wider.[57] Aus dieser inkonsistenten Bewertung folgen Volatilitäten des Ergebnisses beziehungsweise des Eigenkapitals, die die wirtschaftliche Situation des Versicherungsunternehmens selbst dann nicht abbilden, wenn das Unternehmen im Rahmen eines funktionierenden Asset-Liability-Managementkonzepts Aktiva und Passiva aufeinander abgestimmt hat. Volatilität aus einer inkonsistenten Bewertung kann sich bereits dann ergeben, wenn sich das Zinsniveau nicht ändert. Hält das Unternehmen beispielsweise eine lang laufende Anleihe in der Kategorie »Available-for-sale Assets«, um sich die Möglichkeit eines vorzeitigen Verkaufs durch Zuordnung in die Kategorie »Held-to-maturity Investments« nicht zu verschließen, ändert sich der Zeitwert dieser Anleihe auch dann, wenn es während der Laufzeit nicht zu einer Marktzinsänderung kommt. Allein aufgrund einer »normalen« Zinsstrukturkurve mit sinkenden Zinsen bei kürzeren Laufzeiten ergibt sich zur Endfälligkeit hin ein ansteigender Zeitwert der Anleihe.[58] Hat das Unternehmen die Anleihe zur Absicherung einer in Laufzeit und Höhe identischen Verpflichtung erworben, spiegeln die durch die

---
[57] Vgl. auch Engeländer/Kölschbach (2004), S. 577.
[58] Vgl. American Council of Life Insurers (ACLI)/International Actuarial Association (IAA) – final supplement to second report on joint project, S. 7–9, verfügbar unter http://www.iasb.org/current/iasb.asp?showPageContent=no&xml=16_46_67_10122003.htm, Stand Juni 2004.

Wertveränderungen der Anleihe induzierten Schwankungen des Eigenkapitals die ökonomische Realität nicht wider. Sie sind alleine Ausfluss der Abbildungsregeln. Dieser Effekt verstärkt sich noch, wenn es während der Laufzeit zu Veränderungen des Marktzinsniveaus kommt.

Marktzinsabhängige Diskontierung

Zur Vermeidung der Darstellungsprobleme, die sich aus einer inkonsistenten Bewertung ergeben, räumt IFRS 4 (2004) die Möglichkeit ein, Teilbestände versicherungstechnischer Rückstellungen mit einem Marktzins zu diskontieren.[59] Durch die Diskontierung soll ein zur Aktivseite äquivalenter Kompensationseffekt erzielt werden. Die Diskontierung versicherungstechnischer Rückstellungen ist allerdings mit einer Reihe offener konzeptioneller Fragen verbunden, die nicht durch den IFRS 4 (2004) beantwortet werden. So ist zu klären, welcher Marktzins Verwendung finden soll. Denkbar sind zum Beispiel Zinssätze, die im Euroraum, in Deutschland oder in dem Land gelten, in dem das zugrunde liegende Versicherungsgeschäft abgeschlossen worden ist. Außerdem stellt sich die Frage, welcher Schuldner bei der Ermittlung eines Zinssatzes als Maßstab berücksichtigt werden soll (etwa Staatsanleihen oder Industrieanleihen). Insbesondere muss im Falle einer Diskontierung die Auskömmlichkeit der Rückstellungen weiterhin gesichert bleiben. Es stellt sich somit die Frage nach einer geeigneten Sicherheitsmarge, die im Rahmen der Ermittlung eines Diskontierungszinssatzes zu berücksichtigen ist. Darüber hinaus bieten Kapitalmärkte insbesondere für besonders lange Laufzeiten nicht immer adäquate Kapitalanlagen an.

Neben den konzeptionellen Fragen wirft eine Diskontierung voraussichtlich Probleme im Rahmen der systemtechnischen Abwicklung auf. So ist es fraglich, ob die Verwendung regelmäßig zu ändernder Marktzinsvektoren, die der Abhängigkeit der Zinssätze von der Laufzeit des Finanzinstrumentes Rechnung tragen, in Kalkulationsprogrammen ohne Weiteres realisierbar ist. Vereinfachungsmethoden, wie zum Beispiel eine Zusammenfassung innerhalb bestimmter Zeiträume erwarteter Zahlungsströme, sind akzeptabel.[60]

Im Falle einer Diskontierung sind Wertänderungen der diskontierten Verpflichtungen unmittelbar erfolgswirksam in der Gewinn-und-Verlust-

---

59) Vgl. IFRS 4.IN6, 4.24 sowie 4.BC126 (2004).
60) Vgl. IFRS 4.BC176 (2004). Vgl. auch KPMG (2004).

Rechnung zu berücksichtigen.[61] Demgegenüber werden Wertveränderungen der in der Regel als zur Veräußerung vorgesehen (»Available-for-sale Assets«) qualifizierten Wertpapiere erfolgsneutral direkt im Eigenkapital erfasst. Deshalb erlaubt IFRS 4 (2004) als Übergangslösung bei Änderung der Bewertungsmethode für versicherungstechnische Passiva, auch bereits eingruppierte Kapitalanlagen in die Kategorie zum beizulegenden Zeitwert durch die Gewinn-und-Verlust-Rechnung umzugruppieren, so dass Wertänderungen unmittelbar in der Gewinn-und-Verlust-Rechnung erfasst werden und zumindest teilweise Wertänderungen der versicherungstechnischen Rückstellungen kompensieren können.

Zulässigkeit des so genannten Shadow Accounting

Realisierte Gewinne und Verluste aus den Vermögenswerten eines Versicherers wirken sich unmittelbar auf die Bewertung anderer Bilanzposten aus. Da die Bewertung mit dem Zeitwert zur Auflösung stiller Reserven und stiller Lasten führt, die auch den Versicherungsnehmern zuzurechnen sind, dürfen sich diese Wertveränderungen aber nur insoweit im Eigenkapital niederschlagen, wie sie den Eigenkapitalgebern zuzurechnen sind. Ein Teil der Wertänderungen ist den Versicherungsnehmern zuzurechnen: Sie werden ihnen im Falle einer Realisation im Rahmen der Gewinnbeteiligung gutgeschrieben. Im Falle der Realisation ist ein Ausgleichsposten auf der Passivseite zu bilden, die so genannte Rückstellung für Beitragsrückerstattung (RfB). Nach Ansicht des IASB kann dieser Sachverhalt genauso im Rahmen unrealisierter Gewinne und Verluste berücksichtigt werden. IFRS 4 (2004) räumt hierzu die Möglichkeit der Bildung einer so genannten »Shadow RfB« beziehungsweise latenten RfB ein.[62] Damit können unrealisierte Gewinne und Verluste aus Vermögenswerten durch die Bildung der latenten RfB so in der Bilanz berücksichtigt werden, wie es bei einem entsprechenden realisierten Gewinn oder Verlust der Fall wäre.[63] Die zugehörige Anpassung der Rückstellung für Beitragsrückerstattung wird dann entsprechend den korrespondierenden unrealisierten Gewinnen und Verlusten direkt im Eigenkapital berücksichtigt. Die erfolgswirksam angesetzte Zuführung zur Rückstellung für Beitragsrückerstattung bestimmt sich hingegen allein aufgrund der auch erfolgswirksam erfassten realisierten Ge-

---

61) Vgl. IFRS 4.24 (2004).
62) Synonym wird auch der Begriff »Shadow Adjustments« gebraucht, siehe auch Herget, R.T., US GAAP for Life Insurers, Illinois 2000, S. 365ff.
63) Vgl. IFRS 4.30 (2004).

winne und Verluste. Bei Anwendung des Shadow Accounting werden die von unrealisierten Gewinnen und Verlusten betroffenen versicherungstechnischen Posten genauso behandelt, wie dies im Falle von realisierten Gewinnen und Verlusten der Fall wäre.[64]

Schlussbemerkung

Die Einführung der Regelungen des IFRS 4 »Insurance Contracts« (2004) dürfte die Versicherungswirtschaft nicht vor größere Schwierigkeiten stellen. Dazu trägt vor allem die Möglichkeit der Beibehaltung bisheriger Bilanzierungspraxis bei. Allerdings führt der Wegfall der Schwankungs- und Großrisikenrückstellung dazu, dass der Risikoausgleich in der Zeit als grundlegender Mechanismus des Versicherungsgeschäfts keine Abbildung in der Rechnungslegung findet. Dies wird die Volatilität des Ergebnisses aus dem Versicherungsgeschäft erhöhen.[65] In quantitativen und qualitativen Anhangangaben fordert IFRS 4 (2004) eine Risikobeurteilung beziehungsweise eine Darstellung des Risikomanagements.[66]

IFRS 4 (2004) ist nur eine Übergangsregelung. In der nächsten Phase der Entwicklung eines internationalen Standards zur Bilanzierung von Versicherungsverträgen wird eine umfassende Zeitwertbilanzierung angestrebt. Bei allen konzeptionellen Unklarheiten einer umfassenden Zeitwertbilanzierung eröffnet diese die Chance einer Konvergenz interner Rechnungslegung, unter anderem als Werkzeug des Risikomanagements, und externer Rechnungslegung.

Es besteht darüber hinaus die Hoffnung, dass auch ein zukünftiges System der Versicherungsaufsicht, an dem die Europäische Kommission unter dem Arbeitstitel Solvency II derzeit arbeitet[67], auf einer internationalen Rechnungslegungskonzeption, die auf einer Zeitwertbilanzierung basiert, aufbauen kann. Ziel von Solvency II ist eine enge Verknüpfung von Kapitalbedarf und individueller Risikolage des Unternehmens. Fortschrittliche Ansätze des Risikomanagements beziehungsweise interner Risikomodelle sollen durch einen niedrigeren Kapitalbedarf belohnt werden. Sinnvolle inter-

64) Vgl. KPMG LLP (Hrsg.): US-GAAP for Foreign Insurers. Second Edition, USA 2002, S. 41 f.
65) Vgl. Schradin, H. R.: Kollektivbildung und zeitliche Risiko-Glättung werden schwieriger. In: Versicherungswirtschaft, 14/2003, S. 1081.
66) Vgl. Diewald, R.: Risikomanagement wird neue olympische Disziplin. In: Versicherungswirtschaft, 4/2004, S. 214.
67) Vgl. Europäische Kommission: Vermerk der Kommissionsdienststellen, Überlegungen zur Form eines künftigen Aufsichtssystems. MARKT/2535/02, 2002 verfügbar unter *http://europa.eu.int/comm/internal_market/insurance/solvency/solvency2-workpapers_en.htm*.

ne Risikomodelle beruhen aber in der Regel auf Zeitwertansätzen. So hat auch der GDV vorgeschlagen, dass Voraussetzung für die Anerkennung von internen Modellen sein soll, dass alle Positionen, deren Marktwert bekannt ist, mit Marktwerten bewertet werden.[68] Positionen, deren Marktwert unbekannt ist, sollen auf Grundlage von Bewertungsmodellen bewertet werden. Dies gilt insbesondere für versicherungstechnische Verbindlichkeiten.[69]

Eine größtmögliche Konvergenz zwischen Solvency II und der internationalen Rechnungslegung ist auch das Ziel der Europäischen Kommission.[70]

Literatur

American Council of Life Insurers (ACLI) / International Actuarial Association (IAA)	Final supplement to second report on joint project, S. 7 bis 9, verfügbar unter http://www.iasb.org/current/iasb.asp?showPageContent=no&xml=16_46_67_10122003.htm, Stand Juni 2004.
Diewald, R.:	Risikomanagement wird neue olympische Disziplin. In: Versicherungswirtschaft, 4/2004, S. 214.
Engeländer/Kölschbach:	Der International Financial Reporting Standard 4 für Versicherungsverträge. In: Versicherungswirtschaft, 8/2004 (2004), S. 576; KPMG (2004).
Europäische Kommission:	Vermerk der Kommissionsdienststellen, Entwurf eines künftigen Aufsichtssystems in der EU. MARKT/2509/03, 2003, S. 4 Tz. 14.
Europäische Kommission:	Vermerk der Kommissionsdienststellen, Überlegungen zur Form eines künftigen Aufsichtssystems. MARKT/2535/02, 2002 verfügbar unter *http://europa.eu.int/comm/internal_market/insurance/solvency/solvency2-workpapers_ en.htm*
GDV (Hrsg.):	Grundsätze für den Einsatz interner Risikomodelle bei Versicherungsunternehmen zur Verbesserung der Finanzaufsicht (Stufe II – Modelle). 2001, S. 3.

---

[68] Vgl. GDV (Hrsg.): Grundsätze für den Einsatz interner Risikomodelle bei Versicherungsunternehmen zur Verbesserung der Finanzaufsicht (Stufe II – Modelle). 2001, S. 3.
[69] Zu entsprechenden Anforderungen vgl. beispielsweise auch SwissRe: Management des Unternehmenswertes – So schaffen Versicherer Shareholder-Value. Zürich 2002.
[70] Vgl. zum Beispiel Europäische Kommission: Vermerk der Kommissionsdienststellen, Entwurf eines künftigen Aufsichtssystems in der EU. MARKT/2509/03, 2003, S. 4 Tz. 14.

Herget, R.T.:	US GAAP for Life Insurers, Illinois 2000.
IASB (Hrsg.):	Draft Exposure Draft ED 7, Financial Instruments: Disclosures, Juni 2004.
IASB (Hrsg.):	ED of proposed amendments to IAS 39 Financial Instruments: Recognition and Measurement and IFRS 4 Insurance Contracts: Financial Guarantee Contracts and Credit Insurance, 2004.
Kölschbach, J.:	Versicherungsbilanzen: Zeitwerte auf dem Vormarsch. Zur Anpassung der International Accounting Standards an Versicherungsunternehmen, in: VW, 2000, S. 432 ff.
KPMG (Hrsg.):	IFRS aktuell – Neuregelungen 2004, IFRS 1 bis 5, Improvements Project, Amendments IAS 32 und 39, Stuttgart 2004.
KPMG LLP (Hrsg.):	US-GAAP for Foreign Insurers. Second Edition, USA 2002, S. 41 f.
Perlet, H.:	Fair-Value-Bilanzierung bei Versicherungsunternehmen. In: BFuP 2003, S. 44 ff.
Rockel W./Sauer, R.:	IASB Exposure Draft 5: Insurance Contracts – Zur Versicherungsbilanzierung nach IFRS ab 2005. In: Die Wirtschaftsprüfung, 20/2003, S. 1108 ff.
Schradin, H.R.:	Kollektivbildung und zeitliche Risiko-Glättung werden schwieriger. In: Versicherungswirtschaft, 14/2003, S. 1081.
SwissRe (Hrsg.):	Management des Unternehmenswertes – So schaffen Versicherer Shareholder-Value. Zürich 2002.
Varain, T.C.:	Ansatz und Bewertung versicherungstechnischer Verpflichtungen von Schaden- und Unfallversicherungsunternehmen nach IAS/IFRS. Lohmar – Köln 2004.

Wie so oft im Leben: Eine gesunde Balance muss her!

Teil III
Risikoanalyse und -steuerung im Versicherungsunternehmen

Frühwarnsystematik und Ergebnissimulation als Risikomanagement-Tools der Versicherungswirtschaft

Matthias Müller-Reichart

Ursache-Wirkung-Beziehungen als Grundlage von Planung und Prognose

Aufgrund struktureller Veränderungen des deutschen Versicherungsmarktes haben sich die betriebswirtschaftlichen Rahmenbedingungen der Versicherungswirtschaft grundlegend gewandelt. Volatile Kapitalmärkte, von stillen Lasten gezeichnete Asset-Allocations und konjunkturelle Rezessionen bei gesättigten Versicherungsmärkten und ruinösen Preiskämpfen ließen Wachstumsstrategien von Versicherungsunternehmen an unerwartete Grenzen stoßen. Volkswirtschaftliche Zyklen degenerieren infolge wirtschaftlicher und politischer Strukturbrüche zu teilweise saisonalen Ergebnisschwankungen und führen jegliche langfristige Ergebnis- und Finanzplanung ad absurdum.

In diesem Zeitalter betriebswirtschaftlicher Kurzfristszenarien versuchen Versicherungsunternehmen Planungs- und Prognoserechnungen aufzubauen, die den geschäftsführenden Organen als Grundlage ihrer Geschäftspolitik bei entsprechender Erfüllung gesetzlicher Normen (etwa des KonTraG) dienen. Methodisch basieren diese Prognosemodelle häufig auf einer vereinfachten und vereinfachenden Zeitreihenanalyse (so genannte Linearitätsvoraussetzung) und berücksichtigen keine betriebswirtschaftlich bedeutsamen Wechselbeziehungen und Strukturbrüche. Realitätsnähe wird mit derartigen Planungs- und Prognoseansätzen aufgrund ihrer Linearität nicht erreicht, so dass sie für eine betriebswirtschaftliche Prävention kaum tauglich sind.[1] Dabei wäre es für realitätsadäquate Planungen und Prognosen unabdingbar, Interdependenzbeziehungen der Variablen im Ursache-Wirkung-Zusammenhang zu berücksichtigen. Planungs- und Prognoserech-

---

1) Vgl. zur Thematik betriebswirtschaftlicher Prognose in Versicherungsunternehmen: Helfen, E.: Planung betrieblicher Prozesse im VU unter Anwendung von Prognosemethoden. In: VW 1976, S. 440–444; Helfen, E.: Analyse und Prognose von versicherungswirtschaftlichen und gesamtwirtschaftlichen Zeitreihen. Mannheimer Vorträge, Nr. 12, Karlsruhe 1981; Helfen, E.: Methoden und Grenzen der Prognose in Versicherungsunternehmen. ZVersWiss 1981, S. 335–365.

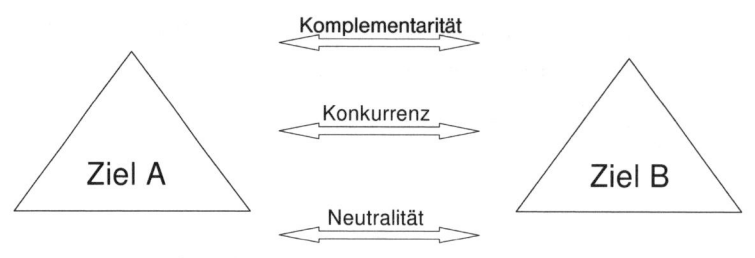

```
        Komplementarität
          ⟵⟶
           Konkurrenz
   △      ⟵⟶      △
  Ziel A            Ziel B
           Neutralität
          ⟵⟶
```

Abbildung 25: Interdependenzrelationen

nungen als Basis von Frühwarnsystemen müssen stets die beiden grundsätzlichen Konstellationen von Variablen im Ursache-Wirkung-Beziehungsgeflecht berücksichtigen:

- *Interdependenzrelationen* beschreiben, ob und in welchem Ausmaß die Erfüllung eines Ziels die Erfüllung anderer Ziele beeinflusst; dabei kann die Erreichung eines Ziels die Erreichung eines anderen negativ (Konkurrenzsituation), positiv (Komplementärsituation) oder gar nicht (Indifferenzsituation) beeinflussen (siehe Abbildung 25).
- *Instrumentalrelationen* bilden Mittel-Zweck-Beziehungen zwischen einzelnen Zielen ab und lassen somit Zielhierachien entstehen; der Entscheider muss sich ein Oberziel wählen (zum Beispiel Gewinn), welches wiederum durch Zwischenziele (Umsatz, Kosten) und deren Unterziele (Fixkosten, variable Kosten, Verkaufsmenge, Durchschnittspreis) erreichbar sein muss (siehe Abbildung 26).

Eine realistische Planung und Ergebnisprognose muss die Marktbedingungen möglichst umfassend einbeziehen und vielfältige quantitative und qualitative Prognoseformen berücksichtigen. Einen Einblick in die Konzeption derartiger Prognosemodelle unter Anwendung praktisch erprobter Analyseverfahren will dieses Kapitel bieten. Dabei wird neben der theoretischen Grundlegung der gewählten Prognoseansätze ein beispielgebender Implementierungsvorschlag einer Simulationsrechnung für ein Versicherungsunternehmen aufgezeigt.

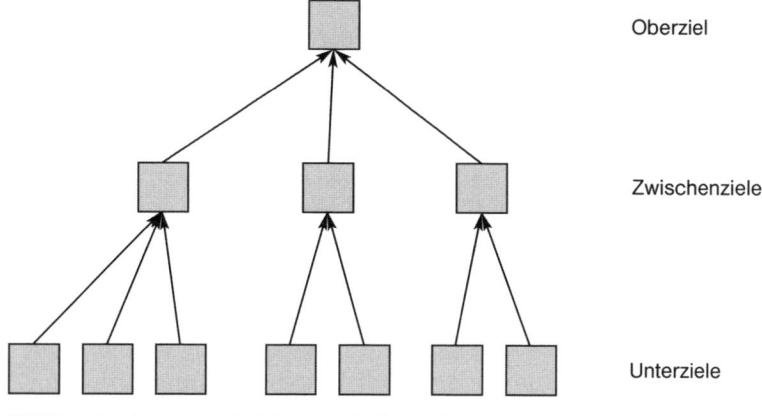

Abbildung 26: Instrumentalrelationen – Zielhierarchie

Entwicklungsstufen von Frühwarnsystemen als Grundlage eines versicherungswirtschaftlichen Risikomanagements

Als Ausgangspunkt dient ein kurzer Blick auf die historische Entwicklung der diesen Planungs- und Prognosemodellen unterliegenden Frühwarnsystematik. Nur bei Kenntnis des Instrumentariums zur Warnung vor Ergebnisverschlechterungen können Planungs- und Prognosemodelle diese Informationen für ihre eigenen »Forecasts« implizieren.

Kurzfristige Informationssysteme als erste Generation der Frühwarnsystematik

Aus der Weiterentwicklung der operativen Unternehmensplanung entstanden durch einen permanenten Vergleich von Istwerten der Ergebnisrechnung mit ihren ursprünglich geplanten Sollwerten die so genannten kurzfristigen Informationssysteme. Das Attribut der Kurzfristigkeit ergab sich durch die stets punktuelle Soll-Ist-Betrachtung zu einem gewählten Zeitpunkt mit einer somit nur kurzfristig (bis zum nächsten Soll-Ist-Vergleich) möglichen Aussage.

Neben dem laufenden Soll-Ist-Vergleich wurden Hochrechnungen durch lineare Extrapolationen der Istwerte mit den Restlaufzeitplanwerten (im Sinne einer erwarteten Trendextrapolation) ermittelt. Derartige Hochrechnungen auf das Laufzeitende führten somit den ursprünglich gemachten Planungsfehler fort und schärften sich mit kürzeren Restlaufzeiten selbst.

Als erstes Kennzeichen eines Frühwarnsystems wurde somit bei den kurzfristigen Informationssystemen keine Ex-post-Betrachtung am Ende einer Laufzeit, sondern ein permanenter Vergleich zwischen Plan und hochgerechnetem Ist durchgeführt. Auf einem derartigen Schema sind noch heute zahlreiche Managementinformationssysteme in den Versicherungsunternehmen aufgebaut. Als Frühwarnung gilt somit die aktuelle Plan-Ist-Abweichung, die auf diesem Wege die Prognose für die Restlaufzeit schärfen soll.

Indikatorenkataloge als zweite Generation der Frühwarnsystematik

Indikatorenkataloge basieren auf einer möglichst vollständigen und flächendeckenden Erfassung unternehmensinterner und unternehmensexterner Entwicklungen. Dabei sind die ergebnisbeeinflussenden Indikatoren vom Management eines Unternehmens selbst zu bestimmen, da diese Kennziffern im Folgenden permanent erhoben und einer gegebenen Wunschgröße (Benchmark) gegenübergestellt werden.

Zur Umsetzung der Indikatorenmethode werden Versicherungsunternehmen in verschiedene Beobachtungsbereiche gegliedert (zum Beispiel funktionale Aufteilung nach Versicherungstechnik Betrieb, Versicherungstechnik Schaden, Versicherungsvertrieb) und je Beobachtungsbereich werden Indikatoren (Einzelwerte, Verhältniszahlen, Zeitreihen, Korrelationskoeffizienten, verbale Beschreibungen) festgelegt. Beispiele derartiger Indikatoren können Schadenkennziffern (Schadenquote, Schadenhäufigkeit, Schadendurchschnitt, Schadenbedarf) oder Wachstumsziffern (Bestandswachstum in verschiedenen Versicherungssparten) oder Kostenkennziffern (Vertriebskostenquote, Verwaltungskostenquote) sein.

Derartige Indikatoren werden in relativ kurzen Zeitabständen beziehungsweise permanent erhoben, wobei Soll- und Schwellenwerte für die Indikatoren festgelegt sind und bei Überschreitung dieser Schwellen eine Meldung (rote Lampe im Sinne der Frühwarnung) erfolgt. Der Indikatorenkatalog sollte das Unternehmen in den Stand setzen, kommende Krisen möglichst rechtzeitig zu erkennen, um entsprechende Maßnahmen einzuleiten.

Das strategische Radar als dritte Generation der Frühwarnsystematik

Alle bisher geschilderten Frühwarnsysteme bauen auf der Grundlage kontinuierlicher Entwicklungen auf. Vergangenheitswerte werden in die Zukunft extrapoliert und sodann in eben dieser Zukunft mit ihren tatsächlichen Istwerten verglichen, um eine Nachjustierung zu ermöglichen. Grundlegende Neuerungen (»strategische Überraschungen« oder »Diskontinuitäten«) sind jedoch durch die Ist-basierten Methoden schwer zu erfassen. Selbst Indikatoren erlauben nur eine geringfügige Berücksichtigung derartiger Diskontinuitäten, da ihre Verhältniszahlen ebenso auf Vergangenheitswerten aufbauen.

Diskontinuierliche Entwicklungen entstehen durch das Fehlen historischer Erfahrungsmuster, wie mit einem Problem umzugehen ist. Verwerfungen der Natur, Innovationen der Technik oder allgemeine gesellschaftspolitische Veränderungen schaffen neue Rahmenbedingungen für exogene Unternehmensfaktoren. Als einzige Möglichkeit zur frühzeitigen Erfassung sich andeutender Diskontinuitäten haben sich die »Theorie der schwachen Signale« und das »Environmental Scanning« durchgesetzt. Eine genaue Beobachtung und sensible Wahrnehmung des Unternehmensumfeldes auf schwache Signale in Form des so genannten strategischen Radars soll Diskontinuitäten frühzeitig dechiffrieren. Bereits an dieser Darstellung wird jedoch überdeutlich, dass wir mit dem strategischen Radar das Feld qualitativer Frühwarnmethoden betreten, indem wir auf Tendenzveränderungen, nicht messbare und weder reliable noch valide Daten zurückgreifen.

Zur Unterstützung der Flexibilität bei diskontinuierlichen Entwicklungen empfiehlt Ansoff die Durchführung einer Stärken- und Schwächenanalyse (SWOT-Analyse), mit deren Hilfe schwache Signale wiederum auf ein intuitives Benchmarking ausgerichtet werden.

Der systemorientierte Ansatz als vierte Generation und Ausgangspunkt aktueller Überlegungen der Frühwarnsystematik

Im systemorientierten Ansatz werden erstmals die eingangs erwähnten Interdependenzbeziehungen von Variablen in der Form einer Szenariodarstellung abgebildet. Eine Ceteris-paribus-Bedingung der einzelnen Variablen wird verworfen (etwa bei Steigerung der Einzelunfall-Bruttoprämie mittels eines Strukturvertriebs wurden in den bisherigen Modellen nur die Bruttoprämie und die hierfür anfallenden Vertriebskosten angepasst; Schadenhäufigkeiten oder Schadendurchschnitte wie auch Stornoquoten in einer Mehrjahresbetrachtung blieben dagegen ceteris paribus auf dem gleichen Ausgangsniveau) und eine Interdependenz der Variablen wird abzubilden versucht.

Zu diesem Zweck bemüht man Korrelationsmatrizen, die eine Abbildung der Interdependenzen aller Variablen erlauben. In einer quadratischen Matrix werden alle Spalten und alle Zeilen mit allen Variablen besetzt, wobei die Hauptdiagonale folgerichtig mit dem Korrelationskoeffizienten 1 belegt wird. Alle weiteren Zellen sollen die Abhängigkeiten der Zeilenvariable auf die Spaltenvariable sowie reziprok die Abhängigkeit der Spaltenvariable auf die Zeilenvariable darstellen. Auf diesem Wege bietet der systemorientierte Ansatz eine Darstellung der Interdependenzbeziehungen in Form von Netzwerken. Als weitere Komponente soll zur Dynamisierung dieser Darstellung der zeitliche Ablauf der Geschehnisse in das Modell einbezogen werden, um ein ganzheitliches Denken zu erzeugen. Leider aber muss auch dieses Modell unter dem Aspekt der Stichtagsbezogenheit betrachtet werden, da man die Korrelationsmatrix permanent aktualisieren müsste, um der bereits erwähnten und als stetes Forecastproblem erscheinenden Zeitstabilitätshypothese zu entgehen.

Weiterentwicklungen aktueller Frühwarnmodelle zeigen sich in den Beyond-budgeting-Ansätzen mit Hilfe so genannter »Rolling Forecasts«. Bei diesen Ansätzen wird erstmals auf Jahresbudgetplanungen verzichtet, um eine rasche Anpassung an Soll-Ist-Abweichungen mittels variabler Vorhersagen (Marktvorhersagen) zu erreichen. Schnelle und effiziente Quartalsprognosen werden mindestens alle drei Monate erstellt. Vereinfacht ausgedrückt versucht man den Time-lag der erkannten Soll-Ist-Abweichung durch einen mindestens quartalsweisen Abgleich zu minimieren. Idealtheoretisch würde der Abgleich als permanentes Instrument (quasi im Online-Verfahren) erfolgen. Um dies zu erreichen, muss ein einheitlicher Wissensstand für Manager gewährleistet werden. Somit erfahren alle Führungskräfte umgehend, welche Mehrkosten und Umsatzausfälle zu erwarten sind und wie darauf zu reagieren ist. Diese umgehende Handlungsbefähigung angesichts aktueller Entwicklungen erfolgt nach dem Prinzip des Act-local, indem Niederlassungsleiter selbstständig und eigenverantwortlich über zu treffende Maßnahmen entscheiden. Beyond Budgeting ist somit eine Extremform der Dezentralisierung und kann nur unter diesem Diktum operativ gelebt werden. Als Messlatte im Sinne eines Benchmarks gilt beim Beyond Budgeting der Wettbewerb, in dem alle versuchen, besser zu sein als die unmittelbare Konkurrenz. Ergo fördert ein Wettbewerb unter den Niederlassungen die Kreativität beim Bewältigen der Marktlage, indem eine permanente Berücksichtigung von Aktualitäten, Strukturveränderungen oder Wettbewerbsveränderungen zum unternehmerischen Handeln stilisiert wird.

Als weiteres Modell aktueller Frühwarnsysteme zeigt sich der Einsatz der Monte-Carlo-Simulation als ein Beispiel dynamischer Szenariomethoden. Die Monte-Carlo-Simulation erlaubt erstmals den Wechsel von deterministischen zu stochastischen Prognosen, indem risikotheoretische Modelle in die Szenariobetrachtung integriert werden. Über die Nutzung stochastischer Algorithmen werden über die Approximation diskrete Verteilungen (zum Beispiel Schadenverteilungen) aus kontinuierlichen Verteilungen abgeleitet, deren Dichtefunktion sodann die Grundlage für stochastische Risikomaße (Quantile, Schiefe, Value-at-Risk, Conditional Value-at-Risk) darstellt. Somit kann über die Betrachtung der Zeitachse eine stochastische Simulation als Extremform der Szenariotechnik dynamisiert werden und Risikomaße zur Betrachtung risikotheoretische Gesichtspunkten bereitstellen.

Abschied von der Zeitstabilitätshypothese

Noch vor wenigen Jahren konnte die deutsche Versicherungswirtschaft aufgrund eines konstanten Marktwachstums mit einem gleichsam automatischen Umsatzwachstum kalkulieren. Durch eine trotz Deregulierung weitgehend erhaltene Homogenität der risikotechnisch auskömmlich kalkulierten Versicherungsprodukte bei immer noch ungesättigten Märkten war ein Unternehmenswachstum qua Diktum vorgegeben. In einem Umfeld weitgehend konstanter Wachstums- und Schadenziffern wurden Planungen und Prognosen vereinfacht, unter Linearitätsbetrachtungen fixiert und mittels Zeitreihenanalysen durchgeführt. Vergangenheitswerte wurden durch Fortschreibung – grafisch oder rechnerisch vereinfacht – in die Zukunft transferiert und extrapoliert. Über Trendkomponenten (grobe Entwicklungsrichtung einer Variable), saisonale und zyklische Komponenten (Schwankungen in Konjunkturzyklen der Volkswirtschaft) wurden zwar wiederkehrende Entwicklungsveränderungen berücksichtigt, aber mögliche Strukturbrüche der Ergebniskomponenten konnten nicht vorhergesagt werden.

Inzwischen durchlebte die deutsche Versicherungswirtschaft mit dem Ende der Preis- und Produktregulierung bei gesättigten und konjunkturell schwachen Märkten und höchst sensiblen, von externen Effekten (zum Beispiel in der Folge der Terroranschläge des 11. September 2001 und des

11. März 2004, Nahost-Konflikte, Irak-Krieg) geprägten Kapitalmärkten einen Paradigmenwechsel zu versicherungstechnischen und nichttechnischen Verlustpotenzialen, ruinösen Preiskämpfen und erzwungenen, kostenminimierenden Veränderungen der Ablauf- und Aufbauprozesse. Ein Katalog aktueller Markteinflüsse konterkariert die der Versicherungswirtschaft bekannte und von ihr beanspruchte Zeitstabilitätshypothesen und lässt eine Strukturkonstanz (Beeinflussung bestimmter Variablen durch immer gleiche Faktoren) obsolet erscheinen:

- Sehr geringes Marktwachstum der Schaden- und Unfallversicherung bei teilweise noch nicht risikoadäquaten Prämien (ruinöse Preiskämpfe in bestimmten Sparten wie Feuer-, Industrie- und Kraftfahrtversicherung).
- Überproportionaler Anstieg der Schadendurchschnitte in der Schaden- und Unfallversicherung mit der Folge erhöhter Schadenbedarfe.
- Verlangsamtes Wachstum der privaten Krankenversicherung aufgrund eines abnehmenden Pflegeversicherungseffekts und gesetzlicher Repressalien.
- Drohender Verlust des Steuerprivilegs der privaten Kapitallebensversicherung und Einführung einer nachgelagerten Besteuerung.
- Shareholder-Value-Vorgaben der Anteilseigner (Return on Equity, Return on Sales, wertorientierte Maßstäbe wie Economic Value Added, Discounted-Cashflow-Methode) verstärken bei gesättigten Märkten den Kostendruck.
- Merger-Mania polarisiert die Bedeutung von Skalen- und Verbundeffekten (Economies of Scale und Economies of Scope) und paralysiert potenzielle Übernahmekandidaten.
- Direktvertrieb und Internetvertrieb gewinnen zunehmende Akzeptanz in der Bevölkerung und schaffen somit teilweise eine kontraproduktive Inhouse-Konkurrenz.

Aufgrund derartiger rechtlicher, politischer und marktwirtschaftlicher Strukturbrüche kann eine rein quantitative, auf Ex-post-Betrachtungen basierende Prognose nur als unzureichend eingestuft werden. Klassische quantitative Prognosemodelle bauen auf linearen Regressionen auf und simulieren versicherungstechnische Ergebnisse ausschließlich mittels Beitrags-, Schaden- und Kostenmodulationen (Vertriebs- und Verwaltungskosten). Ergebnistechnische Auswirkungen qualitativer Parameter (etwa politische Gegebenheiten, Gesetzgebungsverfahren, steuerliche Szenarien, Konsum- und Investitionsverhalten, Sicherheitsempfinden der Bevölkerung, Bautätigkeit) würden zwar Strukturbrüche prognostizierbar machen, werden jedoch bis dato unberücksichtigt gelassen.[2] Dies alles lässt eine Anwendung qualitativer Prognosemodelle als unabdingbar erscheinen.

Konzeption eines Frühwarnsystems durch die qualitative Erweiterung quantitativer Prognosemodelle

Im Rahmen der Kontrolle und Beaufsichtigung der wirtschaftlichen Entwicklung von Kapitalgesellschaften hat der Gesetzgeber per 1.5.1998 das Gesetz zur Kontrolle und Transparenz im Unternehmensbereich (KonTraG) erlassen. Als Änderung des § 91 AktG wurde folgende, fundamentale Erweiterung der Kontroll- und Steuerungsaufgaben fixiert: »Der Vorstand hat geeignete Maßnahmen zu treffen, insbesondere ein Überwachungssystem einzurichten, damit den Fortbestand der Gesellschaft gefährdende Entwicklungen früh erkannt werden.« Die präventive Steuerung der Ergebnisentwicklung wird somit zu einer primären Aufgabe der geschäftsführenden Organe einer Kapitalgesellschaft – verbunden mit Haftungsregularien für den Fall fahrlässiger Misswirtschaft.

Parallel zu den verschärften Anforderungen der geschäftsführenden Organe weist das KonTraG auch den Abschlussprüfern zusätzliche Aufgaben zu: »Der Lagebericht und der Konzernlagebericht sind darauf zu prüfen, ob der Lagebericht mit dem Jahresabschluss und der Konzernlagebericht mit dem Konzernabschluss sowie mit den bei der Prüfung gewonnenen Erkenntnissen des Abschlussprüfers in Einklang stehen und ob der Lagebericht insgesamt eine zutreffende Vorstellung von der Lage des Konzerns vermittelt. Dabei ist auch zu prüfen, ob die Risiken der künftigen Entwicklung zutreffend dargestellt sind.« Konkret sind die Abschlussprüfer einer Kapitalgesellschaft gehalten, den Fortbestand dieser Gesellschaft für die nächsten drei Jahre zu bestätigen. Derart vorausschauende Prognosen erfordern ein Instrumentarium, welches in der Lage ist, qualitative Umwelt- und Parameterveränderungen ergebnistechnisch über Szenarioalternativen zu simulieren, um somit ein Vertrauenspotenzial in ein »going concern« des Unternehmens zu kommunizieren.[3]

---

[2] Vgl. zur Interdisziplinarität der Versicherungswirtschaft: Lukarsch, G.: Formen des Versicherungsschutzes. Versicherungswirtschaftliches Studienwerk, Wiesbaden 1992, S. 1–9.
[3] Vgl. zum Thema einer vertrauensinduzierenden Kommunikation: Bittl, A.; Vertrauen durch kommunikationsintendiertes Handeln: eine grundlagentheoretische Diskussion in der Betriebswirtschaftslehre mit Gestaltungsempfehlungen für die Versicherungswirtschaft. Wiesbaden 1997.

Datenquellen eines ergebnistechnischen Prognosemodells

Quantitative Istdaten zum Zwecke einer ergebnistechnischen Simulation sind in verschiedenen Bereichen eines Versicherungsunternehmens technisch abrufbar. So können aktuelle Istdaten kurzfristig durch die Abteilungen Rechnungswesen (Daten der Finanzbuchhaltung, häufig auf Basis von SAP R/3), Vertriebssteuerung (Daten zu Prämie, Produktion, Bestand, Storno), Schaden (Schadenbedarf, Schadendurchschnitt, Schadenhäufigkeit, Schadenquote[4]) und Controlling (Schaden-, Personal-, Produkt-, Marketingcontrolling als Beispiele für Bereichscontrolling) generiert werden. Unabdingbare Voraussetzung der Nutzung derart kumulierter Daten für ein Prognosemodell ist eine Harmonisierung der Datenniveaus in Verbindung mit einer grundlegenden definitorischen Festlegung der in die Betrachtung integrierten Kennziffern. Eine Orientierung an den klar definierten Kenngrößen der Gewinn-und-Verlust-Rechnung hat sich in der Praxis als sinnvoller gemeinsamer Nenner erwiesen. Zudem sollten alle quantitativen Kennziffern mit Mengengerüsten unterlegt werden, da diese Adaption eine verfeinerte, mengenabhängige Simulation und Ergebnisprognose erlaubt.

Zusätzlich sollten für eine Erfassung potenziell für eine Simulation beziehungsweise Prognose nützlicher Istdaten externe Datenquellen herangezogen werden. Geschäftsberichte der Versicherungsunternehmen und der BaFin zeigen sich hierfür von geringer Bedeutung, da ihr Time-lag für eine Zahlenaktualität untragbar ist (erscheinen doch die Geschäftsberichte zumeist im Mai des auf das Berichtsjahr folgenden Geschäftsjahrs). Dagegen sollten veröffentlichte Ratings sowie Studien und Datenbanken von Investmenthäusern und Beratungsunternehmen konsultiert werden. Beredtes Beispiel für eine Nutzung quantitativ-qualitativer Benchmark-Kennziffern für eine eigene Ergebnissimulation bildet das Global-Benchmark-System der KPMG in den Vereinigten Staaten. Quantitative und qualitative Daten von über 70 Versicherungsunternehmen zeigen im Global-Benchmark-System ein Abbild der Istsituation und erlauben somit einen Ist-Ist-Vergleich als Basis für prognostizierende Simulationen. Im Sinne einer umfassenden Isterfassung sammelt das Global-Benchmark-System folgende Vergleichsdaten:

Bestandserhaltungsquote; Anzahl der Kundenbeschwerden; Dauer der Policenerstellung; Anzahl der Kundenkontakte; Personalkostenquote; Schaden-

---

4) Vgl. zu Kennzahlen der Versicherungstechnik: Helten, E.: Die Erfassung und Messung des Risikos. Versicherungswirtschaftliches Studienwerk, Studientext 11, Versicherungsbetriebslehre, Wiesbaden 1994, S. 15–17.

regulierungskosten pro erledigtem Schaden; durchschnittlicher Aufwand pro Schaden; Beitragsanteil aus neuen Produkten; Fluktuationsquote; Ausbildung pro Mitarbeiter in Stunden; Anteil Schadenregulierungspersonal am Gesamtpersonal; Anteil der Mitarbeiter in Finanzen und Rechnungswesen; Anteil der Mitarbeiter im Underwriting; Anteil der Mitarbeiter für Vertragsbearbeitung und Inkasso; Anteil fehlerhafter Bearbeitungsvorgänge mit Kundenkontakt; Schadenregulierungsdauer; durchschnittliche Beitragseinnahme pro Mitarbeiter; durchschnittliche Vertragsstückzahl pro Mitarbeiter; durchschnittlich pro Mitarbeiter erledigte Schadenfälle; durchschnittliche Antwortzeit bei Kundenanfragen; Anteil der fehlerhaft ausgestellten Policen; Anteil der fehlerhaften Schadenregulierung; durchschnittliche Anzahl der Verbesserungsvorschläge der Mitarbeiter; Anteil der Mitarbeiter in Vertrieb und Marketing; durchschnittliche Anzahl ganzjähriger Verträge pro Außendienstmitarbeiter; durchschnittliche Bürogröße pro Innen- und Außendienstmitarbeiter; Beitragseinnahme im Verhältnis zur Zahl der Schadenregulierer; Anzahl pro Underwriter bearbeiteter Vorgänge; Anzahl pro Underwriter getätigter Abschlüsse; Anteil der Anfragen, die zu Abschlüssen führen; etc.

Neben der Sammlung vorhandener Istdaten interner und externer Provenienz sollte eine ergebnistechnische Simulationsrechnung ebenso qualitative Daten zur Prognose potenzieller Strukturbrüche ermitteln. Auch für diese Informationen müssen interne und externe Zugänge geschaffen werden, wobei ein Fundus notwendiger Daten durch gezielte Recherche kurzfristig zu ermitteln ist. Typische Beispiele relevanter, die Unternehmensentwicklung beeinflussender Daten sind folgende Kenngrößen:[5]

- Zeitdauer für die Entwicklung neuer Produkte im Marktvergleich.
- Innovationsquote als Anteil der Bruttobeitragseinnahmen neuer Produkte am gesamten Neugeschäft.
- Kundenzufriedenheit: Messung durch Anzahl der Beschwerden, Stornoquote, Dauer für die Ausfertigung einer Police, durchschnittliche Regulierungsdauer eines Schadens, Schadenablehnungsquote.
- Mitarbeiterzufriedenheit: Messung durch Fluktuation, Ausbildung pro Mitarbeiter in Stunden, Anzahl der Lehrlinge im Verhältnis zur gesamten Belegschaft, Altersdurchschnitt der Mitarbeiter, durchschnittliche Betriebszugehörigkeit.
- Steuerliche Szenarien: Anhebung der Versicherungssteuer, Veränderungen des Steuerprivilegs der Lebensversicherung, Wegfall der

---

[5] Vgl. Lehmann, A.: Dienstleistungsmanagement: Strategien und Ansatzpunkte zur Schaffung von Servicequalität. Stuttgart 1993, S. 80–96.

Sonderausgabenabzugsmöglichkeit für bestimmte Versicherungsprämien, Besteuerung versicherungstechnischer Rückstellungen, Beschneidung der Bildung versicherungstechnischer Rückstellungen.
- Veränderung volkswirtschaftlicher Parameter: Außenwert des Euro gegenüber dem US-Dollar, Veränderungen der volkswirtschaftlichen Gesamtrechnung, Handelsbilanzveränderungen, Veränderungen von Börsen und Rohstoffmärkten.
- Marktveränderungen durch politische Szenarienwechsel.
- Entwicklungstendenzen der Versicherungsmärkte gemäß Prognosen des Gesamtverbandes der Deutschen Versicherungswirtschaft.

Unter Berücksichtigung derartiger qualitativer Einflussparameter für die Simulation betriebswirtschaftlicher Ergebnisse gelangt man zu einer Synthese numerischer Prognosen unter Marktbedingungen simulierter Strukturbrüche.

Gestaltung eines quantitativ-qualitativen Prognose- und Simulationsmodells auf der Basis der Regressionsanalyse

Als Basistool quantitativer Simulationsrechnungen sollte nicht die vereinfachende, jedoch in der Praxis häufig genutzte lineare Regression herangezogen werden. Dieses bivariate Analyseverfahren baut lediglich auf der Interdependenz zwischen zwei Variablen auf und versucht derart einen Ursache-Wirkung-Zusammenhang mittels linearer Approximation darzustellen.

Dagegen erlaubt die multiple lineare Regression[6] eine Abbildung multivariater Interdependenzbeziehungen, indem der zu ermittelnde Regressand von statistisch zugewiesenen Regressoren bestimmt wird und somit der lineare Ursache-Wirkung-Zusammenhang auf mehrere Einflussfaktoren verteilt wird.

Eine der Voraussetzungen für die Durchführung einer multiplen linearen Regression ist eine metrische Skalierung der abhängigen und unabhängigen Variablen, wobei die unabhängigen Variablen auch binär sein dürfen. Diese Bedingung wäre bei der vom Verfasser vorgeschlagenen Simulation auf Basis von Kenngrößen der Gewinn-und-Verlust-Rechnung ohne Prob-

---

[6] Vgl. zur Regressionsanalyse: Backhaus, Erichson, Plinke, Weiber: Multivariate Analysemethoden, Eine anwendungsorientierte Einführung. Siebte, vollständig überarbeitete und erweiterte Auflage, Berlin 1994, S. 1–55.

leme erfüllt. An einem einfachen Beispiel sei der Aufbau der multiplen linearen Regression veranschaulicht:

Regressand (abhängige Variable): versicherungstechnisches Ergebnis VE
Regressoren (unabhängige Variable): verdiente Beiträge für eigene Rechnung (B), Aufwendungen für Versicherungsfälle für eigene Rechnung (S), Aufwendungen für den Versicherungsbetrieb für eigene Rechnung (K), Veränderungen der Schwankungsrückstellung (SR)
→ VE = x + a × B + b × S + c × K + d × SR
→ mit x = konstantes Glied (Basiseffekt)
→ mit a, b, c, d = konstante Multiplikatoren (Regressionskoeffizienten)

Als mathematisches Ziel der multivariaten Analyse sollen nunmehr die Parameter x, a, b, c, d so bestimmt werden, dass die Summe der Abweichungsquadrate (so genannte Residuen) minimiert wird. Analog wird durch dieses Verfahren der multiple Korrelationskoeffizient (als so genanntes Bestimmtheitsmaß zeigt er das Verhältnis von erklärter Streuung zur Gesamtstreuung) maximiert. Über F- und t-Test lässt sich die Regressionsfunktion auf ihre Eignung (t-Test zur Überprüfung der einzelnen Regressionskoeffizienten) überprüfen.

Voraussetzungen der multivariaten Analyse multipler linearer Regressionen sind neben der Normalverteilung und der Unabhängigkeit der Residuen auch deren konstante Varianz. Dabei muss als potenzielles Problem die Multikollinearität der Regressoren (lineare Abhängigkeit der Regressoren untereinander) erörtert werden. Besonders bei linearen Interdependenzen der einzelnen GuV-Größen untereinander könnte Multikollinearität auftreten, die sodann mittels geeigneter Wahl der Regressoren adaptiert werden muss (so könnte beispielsweise keine Interdependenz des Beitragswachstums mit Abschlussprovisionen aufgrund eindeutiger linearer Abhängigkeit gewählt werden).

**Einbindung qualitativer Faktoren
in quantitative Ergebnissimulationen**

Qualitative, nicht mittels numerischer Gleichungssysteme darstellbare Ergebnisparameter sollen drohende Umweltveränderungen frühzeitig erkennbar machen, um Parameter- und Axiomenveränderungen in Ergebnissimulationen zu integrieren. Dabei versucht man die Ursache-Wirkung-Zusammenhänge der Veränderungen zu analysieren, um Abweichungen von prognostizierten Trendentwicklungen aufzuzeigen und um auf diesem Wege einer durchbrochenen Zeitstabilitätshypothese gerecht zu werden. Durch eine Ex-ante-Ursachenanalyse potenzieller Parameterveränderungen lassen sich Reaktionsstrategien auf mögliche Umweltveränderungen frühzeitig entwerfen. Ein multiples Regressionsmodell mit qualitativen Parametern müsste zum Beispiel folgende Einflussgrößen berücksichtigen:

- Entwicklung der vergangenen und zukünftigen Wirtschaftslage im Allgemeinen und für die Versicherungswirtschaft im Besonderen.
- Entwicklung des vergangenen und zukünftigen Prämienniveaus, differenziert nach jeweiliger Sparte.
- Erwartete zukünftige Entwicklung der Arbeitseinkommen und Entwicklung der allgemeinen Arbeitslosigkeit.
- Entwicklung der Einkommen, Vermögen und Sparquoten der privaten Haushalte.
- Entwicklung zielgruppenspezifischer Nachfragedeterminanten (z. B. Jugendmarkt, Seniorenmarkt).
- Entwicklung der Zukunftserwartung der privaten Haushalte (z. B. über das BAT-Freizeitforschungsinstitut).
- Entwicklung der Steuergesetzgebung.
- Entwicklung der Rechnungslegungsvorschriften (IAS/IFRS).
- Entwicklung der Eigenmittelausstattungsrichtlinien der Versicherungswirtschaft (Solvency II) im Vergleich zur Bankenregelung durch Basel II.

Zur Berücksichtigung qualitativer Ergebnisparameter müssen Empfindungen, Meinungen und heuristische Ansätze neben quantitativen Kennziffern für die Zukunftsbetrachtung und eine darauf basierende Zukunftssimulation verbalargumentativ berücksichtigt werden. Zur Generierung qualitativer Informationen und Aussagen bietet die Ideenforschung Instrumente und Tools an, deren inhaltlicher Aufbau im Folgenden kurz skizziert werden soll.[7]

Jahresabschlussanalyse

Inhaltlicher Algorithmus: Aufgrund öffentlich zugänglicher Jahresabschlüsse konkurrierender Versicherungsunternehmen werden Stärken-und-Schwächen-Analysen dieser Marktteilnehmer abgeleitet. Durch die Bildung von Kennzahlen der Bilanz sowie der Gewinn-und-Verlust-Rechnung

---

[7] Vgl. zur Darstellung qualitativer Methoden der Informationsgewinnung: Quell, P.: Frühaufklärung in Rückversicherungsunternehmen, Karlsruhe 1995.

werden Marktverhältnisse anschaulich. Mittels semantischer Analysen der sprachlichen Gestaltung diverser Jahresabschlüsse lassen sich qualitative Prognosen des Versicherungsmarktes vornehmen.

Vorteile der Jahresabschlussanalyse:

- Jahresabschlüsse der verschiedenen Marktteilnehmer sind ohne Kostenaufwand zu beziehen.
- Rückschlüsse auf die unternehmensindividuelle Ergebnissituation lassen sich durch Konzentration auf versicherungswirtschaftliche Vorgänge plausibel nachvollziehen.

Nachteile der Jahresabschlussanalyse:

- Bilanzwahlrechte und Auslegung der Bewertungsvorschriften zeigen ein unternehmenspolitisch beeinflusstes Bild der Ergebnissituation.
- Kennziffern müssen auf einem hohen Aggregationsniveau gebildet werden.
- Ein deutlicher Time-lag der Verfügbarkeit der Jahresabschlüsse (Veröffentlichung zumeist im Monat Mai für das Wirtschaftsjahr des vorhergehenden Jahres) weist eine Aktualitätsdiskrepanz auf.
- Reine Ex-post-Orientierung der Jahresabschlusszahlen bietet eine unzureichende Basis für Ergebnisprognosen eigener Ergebnissimulationen.

ABC- und XYZ-Analyse

Inhaltlicher Algorithmus: Die Daten aus laufenden Berechnungsverfahren (z. B. Kostenrechnung) werden zur Informationsgewinnung und -analyse aufbereitet. Im Fokus der Betrachtungen stehen die Anteile bestimmter Absatzsegmente (Produktlinien, Vertriebswege) am jeweiligen Spartendeckungsbeitrag. Je nach Anteil an der Deckungsbeitragsgewinnung werden die betrachteten Absatzsegmente eingeteilt.

Als konkretes Beispiel soll die Einteilung von Vertriebsagenturen dienen: Je nach Deckungsbeitragshöhe werden die Agenturen in A-/B-/C-Agenturen eingeteilt (A-Agentur mit hohem Deckungsbeitrag, B-Agentur mit mittlerem Deckungsbeitrag, C-Agentur mit geringem Deckungsbeitrag). Analog werden die Agenturen je nach wahrscheinlicher Erbringung des genannten Deckungsbeitrags in X-/Y-/Z-Agenturen differenziert (X-Agentur erbringt ihren Deckungsbeitrag mit geringer Schwankung in Form einfacher Standardabweichung, Y-Agentur mit mittlerer Schwankung in Form zwei- bis dreifacher Standardabweichung, Z-Agentur mit hoher Schwankung in Form vier- bis sechsfacher Standardabweichung).

Somit wird ein ABC-/XYZ-Portfolio je nach Leistungsstand der Agenturen gebildet (AX-Agentur bis CZ-Agentur), welches monatlich aktualisiert wird und somit einen Handlungsbedarf bei ergebnisschwachen Agenturen erkennen lässt.

Vorteile der ABC-/XYZ-Analyse:

- Bei formalisierter Vorgehensweise und Pflege der ABC-/XYZ-Analyse verursacht diese geringe Kosten bei minimiertem Zeitaufwand.
- Für die betrachteten Kennzahlen kann aufgrund ihrer datentechnischen Herkunft von einer hohen Genauigkeit ausgegangen werden.
- Aufgrund der bekannten Portfolioanalyse werden Trendprognosen ermöglicht.

Nachteile der ABC-/XYZ-Analyse:

- Durch eine rein quantitative Kennzahlenbetrachtung werden qualitative Prognoseaussagen erschwert.
- Als retrograde Darstellung der Istsituation werden potenzielle Diskontinuitäten der Zukunft unterdrückt.
- Letztendlich ist die ABC-/XYZ-Analyse nur als ein Hilfsinstrument zur qualifizierteren und umfassenderen Beurteilung der gegenwärtigen Wirtschaftslage anzusehen.

Delphi-Methode

Inhaltlicher Algorithmus: Mittels eines formellen, qualitativen Fragebogens werden Experten (ideale Teilnehmerzahl: acht) über mehrere Befragungsrunden bei untereinander anonymen Teilnehmern und einer Ergebnisrückkopplung nach jeder Befragungsrunde zu ihrer prognostischen Meinung befragt. Nach erfolgter Grobinformation der selektierten Befragungsteilnehmer über bestehende Umweltparameter (Marktinformationen, volkswirtschaftliche Istsituation, Branchenspezifika) werden über einen Fragebogen Intuitionen und Prognosen mit Antwortbegründung analysiert.

Über eine Auswertung der Fragebögen werden prognostizierte Mittelwerte (Mediane) und Quantile quantitativ ermittelt. In einer zweiten Befragungsrunde erhalten die befragten Experten die statistischen Ergebnisse und Begründungen der ersten Runde und geben aufgrund dieser Information eine erneute, qualifiziertere Prognose ab. Im Sinne eines iterativen Ver-

fahrens wird dieser Vorgang bis zu einer ausreichenden Verdichtung der Expertenprognosen durchlaufen.
Vorteile der Delphi-Methode:

- Mittels bewusster Elimination von Randmeinungen wird eine Konsensfindung angestrebt.
- Durch vorhandene Befragungsanonymität entsteht kein Gruppendruck mit verbundenem Panel-Effekt.
- Individuelle Abstimmungsprozesse und akzeptierte Meinungskonvergenzen lassen durch das iterative Bestimmungsverfahren einen stabilen Trend entstehen.
- Aufgrund der historisch und ablauforganisatorisch getrennten Versicherungsbereiche (Betrieb, Schaden, Vertrieb, Rechnungswesen) eignet sich eine Nutzung von Expertenwissen mittels standardisierter Abfrage besonders für die Versicherungswirtschaft.

Nachteile der Delphi-Methode:

- Mittels ausschließlicher Orientierung auf gefestigte Gruppenmeinungen werden Randmeinungen ausgeblendet und als obsolet betrachtet.
- Allen Befragungsteilnehmern ist das Gewicht der Gruppenmeinung unbekannt, womit Mittelwerte und Quantile bei geringer Verdichtung mangelnde Aussagequalität besitzen.

Assoziationstechniken
Inhaltlicher Algorithmus: Neben dem bekannten Brainstorming als Form freier Assoziationstechnik (Prognosen werden diskutiert, um über interdisziplinäre Ansätze qualitative Frühwarnsignale zu ermitteln) können Analogieschluss und Morphologie als gebundene Assoziationstechniken qualitative Prognoseaussagen generieren.

Analogieschlüsse dienen als Informationsgewinnungsmethode, indem Wissensübertragungen aus einem Bereich in einen anderen Rückschlüsse und Vorhersagen für den zweiten Bereich erlauben. Vorhandenes Wissen wird somit auf neue Problemkreise zum Zwecke der Prognose übertragen. Als eingängiges Beispiel werden Entwicklungen der Bankwirtschaft als Element der Finanzdienstleistung im Analogieschluss auf die Versicherungswirtschaft übertragen.

Dagegen nimmt die Morphologie den Weg über eine Komponentenzerlegung gegebener Sachverhalte zur Gewinnung neuer Komponentenkombinationen. Komponentenkombinationen bestehender Sachverhalte werden in einer n-dimensionalen Matrix explosionsartig dargestellt, um über neue Zeilen-/Spalten-Verknüpfungen zu veränderten Komponentenkombinationen zu gelangen (grafische Darstellung in so genannten morphologischen Kästen).

Vorteile der Assoziationstechniken:

- Kreative, gedankliche Überlegungen und Ansätze werden in systematischer Form gesammelt.
- Unabhängig vom Ausgangswissen können sich grundsätzlich alle Befragungsteilnehmer mit ihrem Wissenshorizont in Assoziationstechniken einbringen.

Nachteile der Assoziationstechniken:

- Ausgangsniveau der Umweltparameter muss für alle Befragungsteilnehmer bekannt und wahrnehmbar sein, verbunden mit der Gefahr einer differierenden Wahrnehmungsfähigkeit (Entwicklungsstand des Ausgangswissens jedes Befragungsteilnehmers muss Berücksichtigung finden).
- Prognostische Aussagen sind rein qualitativer Natur und können noch keiner statistischen Verifizierung unterlegt werden. Lediglich über Häufigkeitsverteilungen werden Datenverdichtungen erkannt.
- Assoziationstechniken präferieren grundsätzlich die Quantität der Ideenproduktion im Vergleich zur entsprechenden Qualität.

Diffusionsforschung

Inhaltlicher Algorithmus: Informationen treten in Form von Nachrichten beziehungsweise Beobachtungen über Ereignisse auf. Nach einer Auswahl relevanter Beobachtungsfelder werden korrespondierende Ereignisse oder Ereignishäufungen, Meinungen beziehungsweise Äußerungen von Schlüsselpersonen (so genannte Meinungsführer), Verlautbarungen von Institutionen und Organisationen, Medien und staatlichen Aktivitäten (Gesetzgebung, Rechtsprechung) als Ausdruck schwacher Signale gesucht.

Zielpunkt der Diffusionsforschung ist die Prozessabbildung der Entwicklung neuer Ideen und Informationen in einem Sozialsystem. Dazu werden strukturelle Trendlinien im Sinne von Analogieschlüssen ermittelt, indem Meinungsführer und Medien fokussiert werden (hilfreich können Trendscouts sein), um Entwicklungen und schwache Signale frühzeitig zu erkennen. Pressedienste großer Unternehmen übernehmen de facto eine derartige Diffusionsforschung, indem sie nach vorgegebenen Signalwörtern fahnden, um die diesbezüglichen Artikel als Schnittmenge umfangreicher Pressemitteilungen auszufiltern. Dabei zeigen jedoch derartige Vorgehensweisen das Problem der Redundanz auf vorgegebene und somit bekannte Schlüsselbegriffe und vernachlässigen die bewusste Suche nach innovativen Begriffen und Prozessen.

Vorteile der Diffusionsforschung:

- Datenquellen (Medien, Trendberichte, Forschungsberichte) sind leicht zugänglich.
- Trendaussagen werden primär qualitativ abgegeben.

Nachteile der Diffusionsforschung:

- Strukturbrüche werden aufgrund der unterstellten Stabilität der Verbreitungsmuster in Schwankungen um einen Trend transformiert, womit sie keine Diskontinuitäten mehr darstellen.
- Innovative Begrifflichkeiten, die Wegbereiter für einen Strukturbruch darstellen können, werden aufgrund ihrer geringen Diffusionskraft nicht erkannt.
- Zeitlicher Vorsprung für prognostizierte Trends fällt aufgrund des allgemeinen Datenzugriffs nur marginal aus.

Issue-orientierte Analyse
Inhaltlicher Algorithmus: Medienbeobachtung zur Auffindung und Aufdeckung strategisch wichtiger Sachverhalte (Issues), die auf mögliche Entwicklungen, Strukturbrüche oder Diskontinuitäten hinweisen. Somit stellt die issue-orientierte Analyse eine Betrachtung auf Basis der Diffusionsforschung dar, indem die fokussierten Issues durch die Diffusionsforschung ermittelt wurden. Als Quellen zur weiteren Verfolgung derartiger Issues fungieren Printmedien, aktuelle TV-Formate (zum Beispiel n-tv), Publikationen, Telekommunikationsmittel (E-Mail, Internet, SMS), Pressemitteilungen, Hauszeitschriften sowie Trend- und Forschungsberichte. Als Indiz für die Wichtigkeit einer Information gilt die Nennungshäufung bestimmter Aussagen in verschiedenen Medien.

Im Fokus einer issue-orientierten Analyse findet sich zum Beispiel die standardisierte Aufnahme und Verarbeitung von Reisenotizen der Versicherungsvermittler. Als konkretes Beispiel kann zum Beispiel das frühere Interunfall-Marktsensorium der Generali Versicherungsgruppe Österreich herangezogen werden. Mittels eines konkreten und konsequenten Notizenmanagements des Außendienstes, der seine Beobachtungen (Sicherheitseinrichtungen der Wohnungen und Häuser, bevorzugte Wahl bestimmter Konsumgüter, präferierte Automarken und deren Sicherheitsausstattung, Trend zu Single- beziehungsweise Seniorenhaushalten) sowie persönliche Meinungen zu versicherungstechnischen Handlungsnotwendigkeiten mittels einer standardisierten Laptop-Eingabemaske fixiert, werden Beobachtungen und Wahrnehmungen archiviert. Diese bewusst subjektiven Wahrnehmungen sind sodann der Ausgangspunkt für Produkt- und Serviceinnovationen beziehungsweise -modifikationen.

Vorteile der issue-orientierten Analyse:

- Vereinfachter Zugang zu relevanten Informationen durch Nutzung allgemeiner Medien.
- Mittels subjektiver Meinungen und Handlungsempfehlungen der Sensoren kann Expertenwissen in die Analyse integriert werden.
- Durch Fokussierung auf die Nennungshäufung bestimmter Informationen können standardisierte Zählverfahren eingesetzt werden.

Nachteile der issue-orientierten Analyse:

- Subjektivismus der Sensoren konterkariert die Nachvollziehbarkeit der Handlungsempfehlungen.
- Auswahl der beobachteten Medien bedingt einen einschränkenden Segregationsmechanismus.
- Aussagen der issue-orientierten Analyse müssen grundsätzlich allen Entscheidern eines Unternehmens zugänglich gemacht werden (z. B. mittels Intranet), um eine homogene Informationsstruktur zu schaffen.

Szenariotechnik

Im Sinne der eingangs erwähnten Simulationsrechnung als Basis der Ergebnisprognose kann die Szenariotechnik als Grundlage der Ergebnissimulation bezeichnet werden.

Inhaltlicher Algorithmus: Aus Vergangenheit (Zeitreihenanalyse) und Gegenwart werden in systematischer und konsistenter, nachvollziehbarer Form hypothetische Zukunftsbilder mit Entwicklungspfaden generiert, die in sich stringent sind und aus stimmigen, logisch zusammenpassenden Annahmen bestehen. Durch ein derartiges Denken in möglichen Alternativen (Simulationen) entsteht eine Sensibilisierung im Sinne der Frühwarnung.

Darstellung der Szenariotechnik im Sinne einer ergebnisorientierten Simulationsrechnung:

- Mittels der bereits beschriebenen Delphi-Methode bestimmen Experten durch Trendfortschreibung (Zeitreihenanalyse, multiple Regression) ein mit größter Wahrscheinlichkeit zu erwartendes Trendszenario.
- Erkenntnisse der Diffusionsforschung motivieren und unterstützen dabei die Aussagen der Delphi-Expertenrunde.
- Als Worst-Case-Szenario wird für alle Parameter der Szenarioentwicklung der realistisch negativste Wert angenommen.
- Als Best-Case-Szenario wird für alle Parameter der Szenarioentwicklung der realistisch positivste Wert angenommen.
- Innerhalb des durch Worst- und Best-Case aufgespannten Szenarientrichters werden weitere, relevante Szenarien mittels Simulationen bestimmt. Störereignisse, Marktmaßnahmen und Strukturbrüche werden simuliert, um die Veränderungen der Entwicklungsrichtungen der Szenarien aufzuzeigen. Auf Basis der verschiedenen Marktszenarien werden nunmehr Simulationsmodelle (As-if-Rechnungen) erstellt, um die betriebswirtschaftlichen Auswirkungen der Alternativszenarien zu berechnen.

Eine derartige Kombination quantitativ-qualitativer Frühwarninstrumente (Delphi-Methode, Assoziationstechniken, Diffusionsforschung, Zeitreihenanalyse, multiple Regression, Szenariotechnik) erlaubt somit eine qualifizierte Simulation ergebnisrelevanter Größen. Entscheidungsträger der Versicherungsunternehmen können mit den angedeuteten Instrumenten Stellgrößen kurzfristig variieren und die Ergebnissimulation auf Basis ihrer bewusst gewählten Adaptionen kontrollieren. Operative wie auch strategische, betriebswirtschaftliche Entscheidungen gewinnen auf diesem Wege eine präventive Qualifikation.

Dennoch baut auch die Szenarioanalyse auf dem Konstrukt der Ceterisparibus-Bedingung der Ursache-Wirkung-Beziehungen aller Variablen auf. Ein durchlaufenes Szenario bildet einen deterministischen und festgelegten Zusammenhang unabhängiger und abhängiger Variablen ab. Diese Form des Determinismus lässt sich lediglich durch stochastische Analysen (siehe Monte-Carlo-Simulation) heilen.

Implementierung einer quantitativ-qualitativen Ergebnissimulation in einem Versicherungsunternehmen

In einer chronologischen Abfolge sollen im folgenden Abschnitt die notwendigen Schritte zur Gestaltung und Umsetzung einer quantitativ-qualitativen Ergebnissimulation in einem Versicherungsunternehmen aufgezeigt werden. Dabei sollen Gestaltungsmerkmale zur Generierung eines derartigen Frühwarn- und Steuerungssystems unter Berücksichtigung der hausintern differierenden Datenbasis geschildert werden. Aufgrund praktischer Erfahrungen sollte die Implementierung folgende Detailschritte fokussieren.

Schaffung einer hausintern akzeptierten Datenbasis

Am Anfang der Gestaltung eines ergebnisorientierten Simulationsmodells muss ein eindeutiges Commitment aller beteiligten Datenlieferanten über die definitorische Grundlage und die Zusammensetzung der quantitativen Daten bestehen. Nur bei einem definitorischen Gleichklang der von Rechnungswesen, Controlling, Vertriebssteuerung und Schaden ermittelten Daten werden inhaltliche Diskrepanzen im Rahmen der Umsetzung in ein allgemein gültiges Simulationsmodell vermieden. Eindeutige definitorische und rechnerische Fixierungen der versicherungstechnischen Größen sorgen für quantitativ unangreifbare Aussagen des konstruierten Simulationsmodells.

Erfahrungen aus der Versicherungspraxis zeigen die teilweise babylonische Sprachverwirrung innerhalb verschiedener Abteilungen eines Unternehmens. So werden beispielsweise Beitragseinnahmen in den Unternehmen teilweise nach den Begriffen »gebucht«, »verdient«, »errechnet« und »verrechnet« unterschieden. Basierend auf der Logik der Gewinn-und-Verlust-Rechnung dürften lediglich die beiden erstgenannten Begriffe gegeben sein – in zahlreichen Unternehmen finden sich jedoch auch heute noch die beiden letztgenannten Prämiendifferenzierungsmerkmale.

Nutzung bestehender Kennzahlensysteme unter Fokussierung auf eine gemeinsame Datenbasis

Ein zukunftsorientiertes Simulationsmodell muss sich einer retrograden Betrachtung unterziehen, um über Zeitreihenanalysen und multiple Regressionen Vergangenheitsdaten integrieren zu können. Aus diesem Grund müssen bestehende Kennzahlensysteme als Einstieg für eine Neukonzeption eines Simulationsmodells genutzt und vertieft eingesetzt werden. Zu den geeigneten Kennzahlensystemen zählen dabei unter anderem:

- Hausinterne Monatsberichte des Rechnungswesens.
- Listen der Vertriebssteuerung zu den Bestandsgrößen Prämie, Produktion, Bestand, Storno (PPBS-Listen).
- Controlling-Checklisten des Rechnungswesens sowie der Bereichscontroller.
- Jahresabschlussanalysen der Controlling-Abteilung.
- Benchmark-Analysen des verpflichteten Wirtschaftsprüfungsunternehmens.
- GDV-Kennzahlen.

Betrachtung der Bestandsspezifikationen

Grundsätzlich sollte sich die Ausgestaltung eines ergebnisorientierten Simulationsmodells an den Schwerpunkten des betrachteten Versicherungsgeschäfts orientieren. Lebensversicherer werden Schwerpunkte im Rahmen des Asset-Managements legen, während Schaden- und Unfallversicherer sich auf Risikoselektion und Rückstellungspolitik konzentrieren werden. Innerhalb der Schaden- und Unfallversicherer werden sich unterschiedliche Kenngrößenfokussierungen zwischen Versicherungsunternehmen mit Kraftfahrt-Schwerpunkt versus Sachversicherungs-Schwerpunkt offenbaren. Mittels der bekannten ABC-Analyse sollten somit signifikante und für das versicherungstechnische Ergebnis bedeutende Beitrags- und Schadenverläufe bestimmt werden, um die Konzentration qualitativer Parameterermittlungen in Verbindung mit quantitativen Stellgrößen festzulegen. Orientierungshilfe im Rahmen dieser Vorselektion sollte das Deckungsbeitragsergebnis jeder Versicherungssparte sein.

Iterative Bestimmung der Einflussgrößen versicherungswirtschaftlicher Gewinn-und-Verlust-Rechnungen

Als Nukleus der Ergebnissimulation im Sinne betriebswirtschaftlicher Steuerung und Frühwarnung dient der stufenweise Aufbau der Gewinn-und-Verlust-Rechnung. Analog zu einem Entscheidungsbaum werden die aggregierten Größen der Gewinn-und-Verlust-Rechnung in ihre Bestandteile zerlegt, um auf diese Weise die instrumentellen und interdependenten Teilaggregate zu bestimmen und abzubilden. Ausgehend von den übergeordneten Kennziffern der Gewinn-und-Verlust-Rechnung (im Falle der Schaden- und Unfallversicherung: verdiente Beiträge für eigene Rechnung, Aufwendungen für Versicherungsfälle für eigene Rechnung, Aufwendungen für den Versicherungsbetrieb für eigene Rechnung, Veränderung der Schwankungsrückstellung, Kapitalanlageergebnis, neutrales Ergebnis) werden die internen Beziehungen der bestimmenden Teilgrößen nach folgendem Schema ermittelt:

- Bestimmung abhängiger und unabhängiger Variablen jeder Kennziffer der Gewinn-und-Verlust-Rechnung.
- Bestimmung eines Mengengerüsts jeder Kennziffer der Gewinn-und-Verlust-Rechnung.
- Bestimmung eines mengengesteuerten Simulationsmodells unter Integration qualitativ beeinflusster Ergebnisvariablen (Sparquote, Konsumausgaben, demographische Entwicklungen, geologische Prognosen, Klimaprognosen).

Bestimmung von Delphi-Gruppen im Sinne einer Expertenschätzung relevanter Einflussparameter der Gewinn-und-Verlust-Rechnung

Neben der Nutzung quantitativer Prognosemodelle müssen Ergebnisgrößen der Gewinn-und-Verlust-Rechnung von Experten hinsichtlich potenzieller Strukturbrüche und Korrekturfaktoren begutachtet werden. Zumal quantitative Prognosemodelle häufig der Voraussetzung linearer Zukunftsfortschreibung genügen, bedarf es profunder und auf heuristischer Erfahrung basierender Expertenmeinungen zur Abschätzung möglicher Inkonsistenten quantitativer Fortschreibung. Dabei sollten die Expertenzirkel nach ihrem Erfahrungshorizont bezüglich übergeordneter Größen der Gewinn-und-Verlust-Rechnung (Experten für Beitragsentwicklung, Schadenentwicklung, Kostenentwicklung, Rückstellungsbildung und Asset-Management) gebildet werden.

Zur Standardisierung der Datenermittlung dieser Delphi-Gruppen sollte ein normierter und periodisch abgefragter Fragebogen entworfen werden. Eine derart standardisierte Datenerfassung gewährleistet eine Fortschreibung und Kontrollmöglichkeit der Stringenz aufgestellter Expertenpostulate.

Tabelle 6: Grundkonzeption Frühwarnsystem auf GuV-Basis. Delphi-Gruppe: Namentlich für die einzelnen Größen der Gewinn-und-Verlust-Rechnung zu bestimmen. Mittels Fragebogen werden die Experten über ihre prognostizierten Werte abgefragt.

Verdiente Beiträge → geb. Beiträge brutto − RV-Anteil +/− Beitragsüberträge
f.e.R.
→ $[(a-b_1) \times c] + (d-b_2) \times e - f +/- g$ mit

- a = Stückzahl Bestand
- b_{12} = Storno
- c = ∅ Bruttoprämie
- d = Stückzahl Neugeschäft

Aufwendungen für Versicherungsfälle → Versicherungsleistungen gesamt
f.e.R.   ./. RV-Anteil

- e = ∅ Neubruttoprämie
- f = RV-Quote (Excedent)
- g = Beitragsüberträge

→ $(a - b_1 + d - b_2) \times h + i - j - k +/- l$

- h = Schadendurchschnitt
- i = Schadenregulierungskosten
- j = Abwicklungsergebnis (%)
- k = Regresse/Provenues
- l = Schadenreserve
- m = Bestandsprovision
- n = Abschlussprovision

Aufwendungen für Versicherungsbetrieb → Aufwand gesamt
f.e.R.   ./. RV-Provision

- o = variable Kosten

→ $(a - b_1) \times m + (d - b_2) \times n + [(a - b_1 + d - b_2) \times o]$
  $+ p - f\,[(a - b_1) \times m + (d - b_2) \times n]$

- p = Gemeinkosten + Fixkosten
  → BaFin-Berechnungsvorgabe $(a - b_1) \times c + (d - b_2)$

Veränderung der Schwankungsrückstellungen
   bzgl.
   und $(a - b_1 + d - b_2) \times h$

Kapitalanlageergebnis
→ Kapitalanlageerträge → $q \times r$
./. Aufwendungen

mit
- q = Quote verst. Rückstellungen
- r = gesamte Nettoerträge pro Risikoträger (Schaden-/Unfallversicherer)

neutrales Ergebnis → Pensionsrückstellungen

sonstige Rückstellungen
→ Berechnung mittels Regressionsfortschreibung der Vorjahre

=> **Ergebnis der Berechnungen: Jahresüberschuss/Jahresfehlbetrag vor Steuern**

Tabelle 7: Aufspaltung der Kerngrößen der GuV unter dem Fokus eines Mengengerüsts (Mengengerüst als Planungsparameter)

GuV	Kenngröße pro Sparte	Parameter
1 verdiente Beiträge f.e.R.	1.1 gebuchte Bruttobeiträge (ex Flotte)	1.1.1 Bestandsbeitrag zum 1.1. → Bestandsbeitr. VJ ./. Umstufungen (SFR, Regioklasse, Typklasse, Prämienangleichung Bestand) Erg. ∅ Bestandsbeitrag
		1.1.2 Storno → *Stornoquote (beitragsbezogen)*
		1.1.3 Prämie NG Alttarif **Stückzahl × Durchschnittsprämie Alttarif**
		1.1.4 Prämie NG Neutarif **Stückzahl • Durchschnittsprämie Neutarif**
		1.1.5 Prämienangleichungen unterjährig
		1.1.6 Korrekturfaktor von Bestandsbeitrag zu gebuchte Bruttobeiträge **Faktor a**
		1.1.7 Korrekturfaktor Ratenzahlungszuschlag Faktor **b**
	1.2 gebuchte Bruttobeiträge Flotte	1.2.1 Bestandsbeitrag zum 1.1.
		1.2.2 Storno **Stornoquote**
		1.2.3 Flottenzeichnung **Prämienzuwachs (absolute Größe)**
		1.2.4 Korrekturfaktor von Bestand zu gebuchte Bruttobeiträge
		1.2.3 Korrekturfaktor Ratenzahlungszuschlag
	1.3 Rückversicherungsanteil	1.3.1 Quote anhand Verträge
		1.3.2 Excedent anhand Verträge
	1.4 Beitragsüberträge	1.4.1 Absprache Geschäftspolitik **VJ-Faktor bereinigt durch geschäftspolitische Überlegungen ./. RV-Anteil**
2 Aufwendungen für Versicherungsfälle f.e.R.	2.1 ∅ Bestandsstückzahl	2.1.1 Anzahl Bestandsbeitrag zum 1.1. + Stückzahl NG Alttarif + Stückzahl NG Neutarif ./. Strom ./. Glättungsfaktor
	2.2 Schätzung Schadenhäufigkeit	‰ **Faktor**

Tabelle 7: (Fortsetzung)

GuV	Kenngröße pro Sparte	Parameter
	2.3 Schadendurchschnitt Schätzung Best-/Worst-Case => Schadenaufwendungen	*€ Betrag pro Schaden*
	2.4 Spätschäden	Aus laufendem Jahr
	2.5 interne Schadenregulierungskosten-Zahlungen	*Kostenblock aus Vergangenheit hochgerechnet*
	2.6 Schadenregulierungskostenrückstellungen	Aus laufender Jahresbetrachtung
	2.7 Abwicklungsergebnis inkl. Renten	*Prognose aus Vorjahr*
	2.8 RV-Anteil	*Quote beziehungsweise Excedent*
3 Aufwendungen für den Versicherungsbetrieb f.e.R.	3.1 Provisionskosten (inkl. Stornoprovision)	*Bestandspflege* Bestandsbeitrag nach Kanal differenziert für Pflegeprovision *Neugeschäft* Beitrag nach Kanal differenziert für Neugeschäftsprovision
	3.2 Fixkosten	*Aus Vergangenheitswerten hochrechnen* *Auf Planung aufbauen*
	3.3 sprungfixe Kosten	
	3.4 variable Kosten	*Befragung (z. B. DV-Technik)*
	3.5 RV-Provision	*Laut RV-Vertrag*
4 Veränderung Schwankungsrückstellung	*Vorgabe BaFin*	
5 Kapitalanlageergebnis	Nettorendite gem. Anteil aus versicherungstechn. RST an gesamten versicherungstechn. RST	
6 Neutrales Ergebnis	– Pensions-RST – Zuführung Pauschalwertberichtigung – Depotzinsen	Aufteilung nach Quote gem. Vergangenheitswerte

Gestaltung eines Excel-basierten Simulationsmodells unter Integration der Expertensimulation

Nach Bestimmung relevanter Kenngrößen der Gewinn-und-Verlust-Rechnung und Fixierung der ihnen zugeordneten Delphi-Gruppen muss das Kernstück der ergebnisorientierten Simulationsrechnung entwickelt werden. Auf der Basis eines Excel-Sheets wird ein Simulationsmodell programmiert, welches auf Mengengerüsten aufbauend die Interdependenzen und Abhängigkeiten der einzelnen Größen der Gewinn-und-Verlust-Rechnung abbildet. Am Beispiel eines Schaden- und Unfallversicherungsunternehmens könnte diese Vorgehensweise zur Simulation des versicherungstechnischen Ergebnisses der Kraftfahrthaftpflicht-Sparte in einfachen mathematischen Algorithmen abgebildet werden.

Am Beispiel der Schaden-/Unfallversicherung sollten sodann die weiteren Schritte einer vorbereitenden Simulationsprogrammierung auf Excel-Basis untersucht werden. Für die Darstellung der unterschiedlichen Ergebnissimulationsparameter könnte somit eine Aufspaltung der einzelnen Kenngrößen der Gewinn-und-Verlust-Rechnung unter dem Fokus einer Mengengerüstorientierung, analog zum oben dargestellten Beispiel, präsentiert werden.

Nach erfolgtem Aufbau eines Excel-Dummys sollte die Weiterentwicklung des Frühwarnsystems im Sinne eines iterativen Vorgehens zur Erlangung höherer Komplexitätsniveaus (Ziel: neuronale Netze, selbst schärfende Systeme) avisiert werden. Mit jeder weiteren Zeitreihenanalyse sowie erhöhter heuristischer Erfahrung der Delphi-Gruppen gewinnen die Ergebnissimulationen an Treffergenauigkeit. Um diese Zielkonsistenz der Ergebnissimulation stetig zu erhöhen, können die aufgezeigten Methoden bedeutende Dienste leisten.

Literatur

Backhaus, K./Erichson, B./ Plinke, W./Weiber, R.:	Multivariate Analysemethoden. Eine anwendungsorientierte Einführung. Siebte, vollständig überarbeitete und erweiterte Auflage, Berlin 1994, S. 1–55.
Bittl, A.:	Vertrauen durch kommunikationsintendiertes Handeln: eine grundlagentheoretische Diskussion in der Betriebswirtschaftslehre mit Gestaltungsempfehlungen für die Versicherungswirtschaft. Wiesbaden 1997.

Helten, E.:	Planung betrieblicher Prozesse im VU unter Anwendung von Prognosemethoden. In: VW 1976, S. 440–444.
Helten, E.:	Analyse und Prognose von versicherungswirtschaftlichen und gesamtwirtschaftlichen Zeitreihen. Mannheimer Vorträge, Nr. 12, Karlsruhe 1981.
Helten, E.:	Methoden und Grenzen der Prognose in Versicherungsunternehmen. ZVersWiss 1981, S. 335–365.
Helten, E.:	Die Erfassung und Messung des Risikos, Versicherungswirtschaftliches Studienwerk. Studientext 11, Versicherungsbetriebslehre, Wiesbaden 1994, S. 15–17.
Lehmann, A.:	Dienstleistungsmanagement: Strategien und Ansatzpunkte zur Schaffung von Servicequalität. Stuttgart 1993, S. 80–96.
Lukarsch, G.:	Formen des Versicherungsschutzes. Versicherungswirtschaftliches Studienwerk, Wiesbaden 1992, S. 1–9.
Quell, P.:	Frühaufklärung in Rückversicherungsunternehmen. Karlsruhe 1995.

Versicherungstechnisches Risikomanagement im Lichte stochastischer Prozesse

Matthias Müller-Reichart

Die betriebswirtschaftliche Entwicklung der Versicherungswirtschaft unter Corporate-Governance-Gesichtspunkten

In einer Phase regulierter Versicherungsmärkte (in der Zeitperiode bis etwa Juli 1994) waren die Gewinn-und-Verlust-Rechnungen der privaten Assekuranz Abbilder einer krisenfesten und unerschütterlichen Erfolgsbranche. Controlling-Instrumentarien zeigten sich weitgehend entbehrlich, da aufsichtsrechtliche Regulierungen über Preis- und Produktgenehmigungen für versicherungstechnische Gewinne sorgten und üppige, renditesichere Kapitalanlageerträge zusätzliche nichtversicherungstechnische Überschüsse garantierten.

Europaweite Harmonisierungsbestrebungen im Rahmen des mittlerweile auf 25 Staaten vergrößerten Binnenmarktes sorgten sodann für eine erste, teilweise sogar begrüßte »Vertreibung aus dem Paradies«, indem aufsichtsrechtliche Deregulierungen die Freiheitsgrade der Versicherungsunternehmen drastisch erhöhten. Anfangs zögerlich, doch im Laufe der Jahre immer heftiger wurden nun die Möglichkeiten der individuellen Produkt- und Preisgestaltung genutzt – musste doch lediglich noch einer Missbrauchs- und Finanzaufsicht Rechnung getragen werden. Die klassische und für alle Beteiligten erfolgreiche Geleitzugtheorie eines aufsichtsrechtlich zwar geforderten, jedoch im Sinne der Spieltheorie betriebswirtschaftlich sinnvollen, abgestimmten Verhaltens wurde aufgegeben und führte nun zur teilweise unsachgemäßen Anwendung des gesamten Marketingrepertoires. Ruinöse Preiskämpfe, von denen sich die Branche zum Beispiel im Kfz-Versicherungsgeschäft bis heute nicht erholt hat, und schwer nachvollziehbare produktpolitische Heterogenisierungsbestrebungen führten zwangsläufig zu verbraucherseitig nicht nachvollziehbaren, risikoinadäquaten Tarifen. Das Management risikoadäquater Tarifierung, die Vermeidung negativer Risiken, ja das unter Corporate Governance geforderte Instrumentarium zur Sicherung des Fortbestandes eines Unternehmens wurden in vielen Fällen vernachlässigt oder bewusst vergessen – der schiere Kampf um Marktanteile war das Ziel.

In der Folge stellten sich mit automatischer Zwangsläufigkeit in der operativ handelnden Schaden- und Unfallversicherung versicherungstechnische Verluste ein und selbst die Sterblichkeits- und Morbiditätsgewinne der Lebens- und Krankenversicherung verringerten sich zwangsläufig. Es blieb jedoch der Lichtblick des nichtversicherungstechnischen Ergebnisses, welches durch seine Potenz zu einer Überkompensation der technischen Malaise ausreichte. Mit dieser Abfederung landete die Versicherungswirtschaft in ihren Jahresabschlüssen weich und konnte ihren Shareholdern weiterhin Genüge tun. So bewertete man in den Boomjahren der Börse Mitte bis Ende der 1990er Jahre Versicherungsunternehmen nicht nach ihrer Risikostruktur und ihren Versicherungsbeständen, sondern nach der Quote ihrer stillen Kapitalanlagereserven als Ausdruck eines voluminösen Sicherheitspuffers. Fehlendes oder zumindest mangelndes Asset-Liability-Management ließen jedoch auch diese Zeit einer möglichen Bereinigung des versicherungstechnischen Kerngeschäfts verstreichen und so traf die weltwirtschaftliche Börsenbaisse wohl kaum eine Branche so hart wie die Versicherungswirtschaft. Es zeigte sich in vielen Unternehmen ein eklatantes Asset-Liability-Missmatching – wer hatte schon das seit 1.5.1998 geltende KonTraG mit seinem Hinweis auf Risikomanagement, Frühwarnung und Zukunftssimulation ernst genommen?

Als Konsequenz eines mangelnden Risikomanagements zeigte sich ein massives, duales Druckpotenzial, indem erstmals versicherungstechnische Verluste nicht mehr mit sprudelnden Kapitalanlageerträgen ausgeglichen werden konnten. Die Folgen dieser Entwicklung traten jüngst zu Tage, zum Beispiel durch aufsichtsrechtliche Zwangsmaßnahmen, auf Rechnungszinsniveau abgeschmolzene Überschussverzinsungen und drastisch gesunkene Börsenwerte ehemaliger Börsenschwergewichte der deutschen Assekuranz.

Angesichts dessen muss Corporate Governance nun auch ein Leitbild für die Assekuranz darstellen und das unternehmerische Handeln in den Entscheidungsgremien bestimmen. Unternehmerische Risiken müssen identifiziert, analysiert und bewertet werden, um ihnen verantwortungsvoll begegnen zu können. Zukunftsprognosen müssen Worst-Case-Szenarien und Stresstests beinhalten, um den Fortbestand des Unternehmens auch unter ungünstigen Situationen zu gewährleisten. Risikomanagement muss oberste Priorität in den Vorstandsetagen erhalten, da »der Vorstand geeignete Maßnahmen zu treffen, insbesondere ein Überwachungssystem einzurichten hat, damit den Fortbestand der Gesellschaft gefährdende Entwicklungen früh erkannt werden« (§ 91 Abs. 2 AktG als Nukleus des KonTraG). Zur Erfüllung dieser Aufgaben bedarf es eines neuartigen, zukunftsgerichteten, dynamischen Controlling-Instrumentariums. Klassische, statische Prognosen und Frühwarnungen werden einer von Strukturbrüchen gezeichneten Unternehmensumwelt nicht gerecht und lassen die in der Vergangenheit unterstellte Zeitstabilitätshypothese deutlich verwerfen. Die Antithese des »nichts bleibt so, wie es gestern war« verlangt aber neue, dynamische Simulationsansätze, um das tatsächliche Unternehmensrisiko abbilden zu können.

Der Wechsel von der deterministischen zur stochastischen Welt

Problembeschreibung der deterministischen Simulation

Obwohl sich das Kerngeschäft der Versicherungswirtschaft in der Stochastik abbildet (Schadenerwartungswert als Produkt von Schadeneintrittswahrscheinlichkeit und Schadenhöhe), wurden Ergebnisprognosen und -simulationen meist nur statisch oder teildynamisch (Szenariotechnik) gehalten. Ursache-Wirkung-Beziehungen bilden in dieser deterministischen, als Entscheidung unter Sicherheit bezeichneten Welt fixe Werte ab. Expertenbefragungen (zum Beispiel in Form von Delphi-Befragungen) geben die Input-Variable vor (zum Beispiel Anzahl der Risiken im Rahmen der Neuakquisition) und über die vorgegebene Ursache-Wirkung-Beziehung (zum Beispiel Durchschnittsprämie des Neutarifs) erhält man einen festen Output-Wert (zum Beispiel Bruttobeitragsvolumen des Neugeschäfts).

Die Hauptproblematik dieser Ursache-Wirkung-Darstellung in Form deterministischer Betrachtungen besteht in der Berücksichtigung der Interdependenz- und Instrumentalbeziehungen aller betrachteten Variablen. Am Beispiel der Prognose der Privathaftpflichtsparte der Schaden-/Unfallversicherung soll dieser noch heute geläufige Simulationsansatz in vereinfachter Struktur dargestellt werden.

Folgende Basisvariablen führen uns zu einer ersten Simulation des versicherungstechnischen Ergebnisses der Versicherungssparte Kraftfahrthaftpflicht:

- Verdiente Beiträge für eigene Rechnung
  - Gebuchte Beiträge
  - Abgegebene Rückversicherungsbeiträge

- Veränderung der Beitragsüberträge unter Berücksichtigung des Anteils der Rückversicherer
• Aufwendungen für Versicherungsfälle für eigene Rechnung
  - Schadenaufwand Geschäftsjahr (Zahlungen und Reservebildung)
  - Schadenentlastung durch Rückversicherung
  - Veränderung der Rückstellung für noch nicht abgewickelte Versicherungsfälle (Abwicklung des Vorjahres)
  - Rückversicherungsanteil an Abwicklung des Vorjahres
• Aufwendungen für den Versicherungsbetrieb
  - Abschlussaufwendungen
  - Verwaltungsaufwendungen
  - erhaltene Provisionen und Gewinnbeteiligungen aus dem in Rückdeckung gegebenen Versicherungsgeschäft
• Veränderung der Schwankungsrückstellung
=Versicherungstechnisches Ergebnis der Kraftfahrthaftpflichtsparte

(Auf die ebenfalls GuV-relevanten Größen »Technischer Zinsertrag«, »Erträge aus der Verminderung sonstiger versicherungstechnischer Rückstellungen«, »Sonstige versicherungstechnische Erträge«, »Aufwendungen für Rückkäufe, Rückgewährbeiträge und Austrittsvergütungen«, »Aufwendungen für erfolgsunabhängige Beitragsrückerstattung«, »Aufwendungen aus der Erhöhung sonstiger versicherungstechnischer Rückstellungen«, »Sonstige versicherungstechnische Aufwendungen« sowie »Aufwendungen für erfolgsabhängige Beitragsrückerstattung« wird aufgrund der Beispielsparte und der marginalen Bedeutung für das Simulationsergebnis bewusst verzichtet.)

Als klassische Vorgehensweise der unternehmensinternen Prognose und Simulation hat sich folgender Prozess in den Versicherungsunternehmen etabliert:

1. Aufbauend auf einem Mengengerüst prognostiziert eine Expertengruppe die zu erreichende Stückzahl des Privathaftpflicht-Alt- und -Neutarifs (Stückzahlen, die im laufenden Jahr noch mit dem Alttarif verkauft werden, sowie die zu prognostizierenden Stückzahlen nach einer Tarifumstellung beziehungsweise -bereinigung). Dabei fließen in die Prognose unternehmenspolitische Ziele (etwa durch den Einsatz bestimmter Vertriebskanäle) ebenso wie mögliche Cross-Selling-Potenziale ein.
2. Unter Zugrundelegung eines Durchschnittsbeitrags des Alt- wie des Neutarifs erhält man somit die gebuchten Bruttobeiträge.
3. Aufgrund bestehender Rückversicherungsverträge wird über eine historische Quote vom Brutto- zum Nettobeitragsvolumen geschlossen.

4. In Form eines Prozentsatzes, der als Mittelwert beziehungsweise als Regressionswert der Vorjahre darstellbar ist, wird der Anteil der Beitragsüberträge errechnet.
5. Abgeleitet von der Ausgangsvariable »Stückzahl der neu abgeschlossenen Verträge im Alt- wie im Neutarif« als Ursache der Simulation haben wir somit über die Instrumentalbeziehung der weiteren, untergeordneten Abhängigkeiten (deterministische Werte für Durchschnittsbeiträge, Rückversicherungsquote, Beitragsübertragsquote) den Wert der verdienten Beiträge für eigene Rechnung als Wirkung dieser Simulation erhalten.
6. Der Wert der prognostizierten Stückzahlen neu abgeschlossener Verträge beschreibt nun eine Interdependenzbeziehung zur Schadenbetrachtung. Über die Prognose der Schadenhäufigkeit erhalten wir die Risikostückzahl, um mittels durchschnittlicher Schadenhöhen wiederum den Schadenbedarf simulieren zu können. Sollten sich die Parameter der Schadenhöhen verändert haben (Naturkatastrophen), werden auch diese von einer Expertengruppe auf einen neuen Durchschnittsschaden der Privathaftpflichtsparte angepasst.
7. Auch hier arbeitet man für die Reservestellung der Geschäftsjahresrisiken wie auch für die Abwicklungsergebnisprognose des Vorjahres mit historisch bedingten Durchschnittsquoten.
8. Über historisch bedingte und nach Vertragswerk bestimmte Rückversicherungsquoten erhält man somit die Aufwendungen für Versicherungsfälle für eigene Rechnung.

Hier zeigt sich die Problematik der Interdependenzbeziehungen, indem wir eine gleich bleibende Stagnation (Ceteris-paribus-Annahme) der Schadenhäufigkeit in Bezug zur Stückzahlprognose der Risiken subsumiert wird. Dagegen könnte ebenso bei starker Zunahme der Risikostückzahl (zum Beispiel Akquisition über Strukturvertriebe) sehr wohl eine proportionale oder überproportionale Zunahme der Schadenhäufigkeit eintreten. Diese Interdependenzbeziehung wird jedoch in den meisten Fällen außer Acht gelassen oder nur in einer Szenariobetrachtung mit einem weiteren Wert untersucht.

9. In analoger Form werden nun die Aufwendungen für den Versicherungsbetrieb prognostiziert. Je nach Bruttobeitragsvolumen für Neu- und Altgeschäft (siehe Interdependenzbeziehung) werden mit den bekannten Abschluss- und Bestandspflegeprovisionen die Abschlussaufwendungen prognostiziert. Dazu kann eine veränderte Provisionsquote

unterstellt werden, die nach Absprache mit dem Vertriebsbereich simuliert werden muss.
10. In gleicher Weise wird auch eine Prognose für die Verwaltungskosten vorgenommen. Über die Mitarbeiterzahl und einen durchschnittlichen Personalkostensatz werden die Personalkosten simuliert. Je nach unternehmenspolitischer Weichenstellung werden Prognosen für die Mitarbeiterzahlen unterstellt, die über den Personalkostensatz zu den gesamten Personalaufwendungen führen.
11. Unter Berücksichtigung der Rückversicherungsentlastung, die man aus historisch basierenden Quoten ermittelt, werden somit die Aufwendungen für den Versicherungsbetrieb für eigene Rechnung simuliert.
12. Über die aufsichtsrechtliche Berechungsformel der Schwankungsrückstellung werden im Sinne der Instrumentalbeziehungen der Variablen alle bisherigen Annahmen berücksichtigt und dergestalt die Veränderung der Schwankungsrückstellung berechnet.

Auf diesem – bewusst sehr vereinfacht dargestellten – Wege wird somit durch die Annahme weniger Variablen das versicherungstechnische Ergebnis einer Versicherungssparte simuliert. Als Problem dieser Betrachtung zeigt sich ein neutral unterstelltes Interdependenzverhältnis der abhängigen Variablen. Dabei wird zwischen der Anzahl der Risiken und der Bruttoprämie eine Komplementarität bestehen (beide bedingen einander positiv) und zwischen der Bruttoprämie und der Schadenhäufigkeit kann wie gezeigt eine Konkurrenzsituation bestehen (je höher die Bruttoprämie steigt, desto stärker nimmt auch die Schadenhäufigkeit zu). Eine Unabhängigkeitsvoraussetzung der Variablen untereinander kann somit mit Sicherheit verworfen werden und wird doch in deterministischen Prognosen immer wieder unterstellt.

Szenariotechnik als Problemlösung deterministischer Vereinfachung

Im Beispiel der deterministischen Simulation prognostiziert eine unternehmensinterne Delphi-Gruppe (bestehend als Vertriebs-, Schaden-, Controllingmitarbeitern) folgende Bestimmungsvariable des versicherungstechnischen Ergebnisses:

- Stückzahl der neu akquirierten Risiken des Privathaftpflicht-Alttarifs sowie des entsprechenden Neutarifs
- Rückversicherungsanteil der Bruttobetrachtung als Prozentsatz über das gesamte Privathaftpflichtgeschäft

- Beitragsüberträge als Prozentsatz über das gesamte Privathaftpflichtgeschäft
- Schadenhäufigkeit des prognostizierten Neugeschäfts. Durchschnittliche Schadenhöhen werden aufgrund der Historie als gegeben angenommen
- Rückversicherungsentlastung als Prozentsatz über das gesamte Privathaftpflichtgeschäft
- Abschlussaufwendungen als Prozentsatz über das gesamte Neugeschäft
- Verwaltungsaufwendungen über die geplante Mitarbeiterzahl und einen per Tariflohnanpassung veränderten Personalkostensatz
- Steigerungssatz der Gemeinkosten als Prozentsatz auf die bisherigen Gemeinkosten

Summa summarum prognostizieren die Experten somit neun Variablen, um über die automatisierte Berechnung der Schwankungsrückstellungen zum versicherungstechnischen Ergebnis der Privathaftpflichtsparte zu gelangen. Im Rahmen der Delphi-Betrachtung werden diese angenommenen Werte den Erwartungswerten entsprechen, mithin den mit höchster Eintrittswahrscheinlichkeit zu erwartenden Werten. Auch werden diese Simulations- und Prognosewerte die unternehmenspolitischen Ziele widerspiegeln, indem die Experten über diese Pläne der Geschäftsführung informiert wurden. Jedoch blendet dieser Determinismus alle weiteren, möglichen Variablenwerte rechts und links vom Erwartungswert aus und bildet somit nur einen einzigen Punkt der möglichen Realität ab. Jede der genannten Variablen könnte aber ebenso Werte annehmen, die niedriger oder höher als der angenommene Wert sind, womit diese somit über die angedeuteten Instrumental- und Interdependenzbeziehungen in die gesamte Simulation fundamental eingreifen würden.

Um diesem Problem einer Fokussierung auf nur einen Realisationspunkt gerecht zu werden, hat man die Szenarioanalyse eingeführt, die es erlaubt, in weiteren Variablenausprägungen zumindest das Spektrum der Realisationsausprägungen abzubilden. So hat sich die Betrachtung der Szenarien »worst case«, »most likely case« und »best case« durchgesetzt, um die Randpunkte der möglichen Zukunftsentwicklungen abbilden zu können. »Worst case« nehmen alle Variablenwerte den realistisch zu erwartenden schlechtesten Wert an und ergeben somit das realistisch zu erwartende, schlechteste Ergebnis (eine Art Stresstest). Im reziproken Fall des »best case« werden für alle Variablen die jeweils realistisch zu erwartenden besten Werte angenommen, um somit zu einem realistisch möglichen Spitzenergebnis zu gelangen. Der Betrachter spannt somit einen Trichter zwischen schlechtestem und bestem Simulationswert auf, wobei der »most likely case« das mit höchster Eintrittswahrscheinlichkeit bezifferte, deterministische Ergebnis darstellt.

Doch selbst in dieser Szenarioanalyse trägt man zwar den Instrumentalbeziehungen, nicht aber den Interdependenzbeziehungen der Variablen Rechnung. So nimmt man stoisch im »worst case« für alle Variablen den realistisch schlechtesten Wert an, ohne andere Variablenkonstellationen zuzulassen, während im »best case« nur die realistisch besten Werte für alle Variablen berechnet werden. Ergo erhält man somit drei Simulationslösungen, die einen extremen Pessimismus, einen extremen Optimismus und den Realismus der höchsten Eintrittswahrscheinlichkeitserwartung symbolisieren.

Innerhalb des durch »best« und »worst case« aufgespannten Trichters lassen sich weitere, realistischere Kombinationen der Variablen finden. Gerade in der Kombinatorik der verschiedenen Variablenausprägungen würde man die Szenarienvielfalt erhöhen und somit näher an die tatsächlich realistischen Ausprägungen anpassen. Jedoch würde diese Kombinatorik der Variablenausprägungen eine deutliche Zunahme der abzubildenden Szenarien bedeuten. Bei nur drei Ausprägungen pro Variable (worst case, most likely case, best case) entstünden bei neun Variablen unter der Voraussetzung der stochastischen Unabhängigkeit immerhin $3^9 = 19\,683$ Szenarien. Würde man die Ausprägungen der Variablen dagegen auf fünf erhöhen (Konjunktursituation sehr schlecht, schlecht, durchschnittlich, gut, sehr gut), so erhielte man $1\,953\,125$ mögliche Kombinationen dieser neun Variablen und müsste diese als verschiedene Szenarien abbilden.

Die Komplexität der Szenarioanalyse zeigt die Hintergründe, warum das deterministische Modell jeweils nur um ein »Worst-case«- und ein »Best-case«-Szenario erweitert wird, um somit wenigstens noch die beiden Extrempunkte der Betrachtung abbilden zu können.

Monte-Carlo-Simulation als Abbild stochastischer Simulationen

Über das KonTraG verlangt die Corporate-Governance-Philosophie eine Ermittlung aller Risiken, die den Fortbestand der Gesellschaft gefährden können. Eine Gefährdung versicherungstechnischer Ergebnisse als Bestandteil des Unternehmensergebnisses kann in unserem Beispiel über neun Variablenwerte ausgedrückt werden. Weder ein deterministisches Modell noch die vereinfachte Szenarioanalyse sind in der Lage, die von Corporate Governance geforderte Transparenz der Unternehmensexistenzsicherung abzubilden. Nun könnte man berechtigterweise darstellen, dass ein unternehmerischer Fortbestand im »Worst-case«-Szenario im Sinne eines Stresstests dem KonTraG genügen dürfte. Ergo müssen wir zu realistischeren Abbildungen einer unternehmenspolitischen Erfüllbarkeit des KonTraG gelangen. Hierzu soll uns das stochastische Weltbild dienlich sein.

Im stochastischen Weltbild werden ebenso Ursache-Wirkung-Beziehungen abgebildet. Dieses Verhältnis stellt sogar im Sinne einer Berechenbarkeit weiterhin eine deterministische Beziehung dar (Beispiel: Schadenhäufigkeit und durchschnittliche Schadenhöhe ergeben weiterhin durch Multiplikation den Schadenbedarf). Jedoch werden nun für die Inputvariablen stochastische Größen angenommen, womit über die deterministische Ursache-Wirkung-Beziehung wieder stochastische Outputwerte generiert werden. Unsere Inputvariablen bilden somit Verteilungen ab, die alle realistisch zu erwartenden Werte für eine Prognose umfassen. Der Betrachter grenzt somit keinen Wert im Rahmen seiner Prognose konkret aus und selbst eine einmalige Naturkatastrophe wäre somit – zwar mit sehr geringer Wahrscheinlichkeit – über die Verteilungsfunktion für die Prognose relevant. Die Bildung der Verteilungsfunktionen unterliegt zum einen einer historisch gewachsenen Entwicklung wie auch einer vom Vorstand implizierten unternehmenspolitischen Maßnahme (so könnte eine Verkaufsoffensive zum Abschluss positiver Risiken in einer Stauchung der Gamma-Verteilung abgebildet werden).

Der Übergang auf eine stochastische Prognose würde somit folgende Schritte in unserem Beispiel umfassen:

- Alle neun Variablenwerte würden als Wahrscheinlichkeitsverteilungen betrachtet. Dabei müsste eine Expertengruppe wiederum die Form der Verteilung unter Berücksichtigung unternehmenspolitischer Ziele bestimmen. Häufig werden aus Vergangenheitsdaten nur diskrete Verteilungen vorliegen, die jedoch analog zu kontinuierlichen Verteilungen einer Simulation unterlegt werden können.
- Über die Zeitachse konstante Variablen verbleiben als deterministische Annahmen unverändert. So könnte zum Beispiel die Variable der Bestandspflegeprovision unter Ceteris-paribus-Bedingungen konstant gehalten werden.
- Alle Interdependenzen zwischen den Variablen bleiben wie im Ausgangsmodell erhalten. So führt ein bestimmter, auf der Schadenhäu-

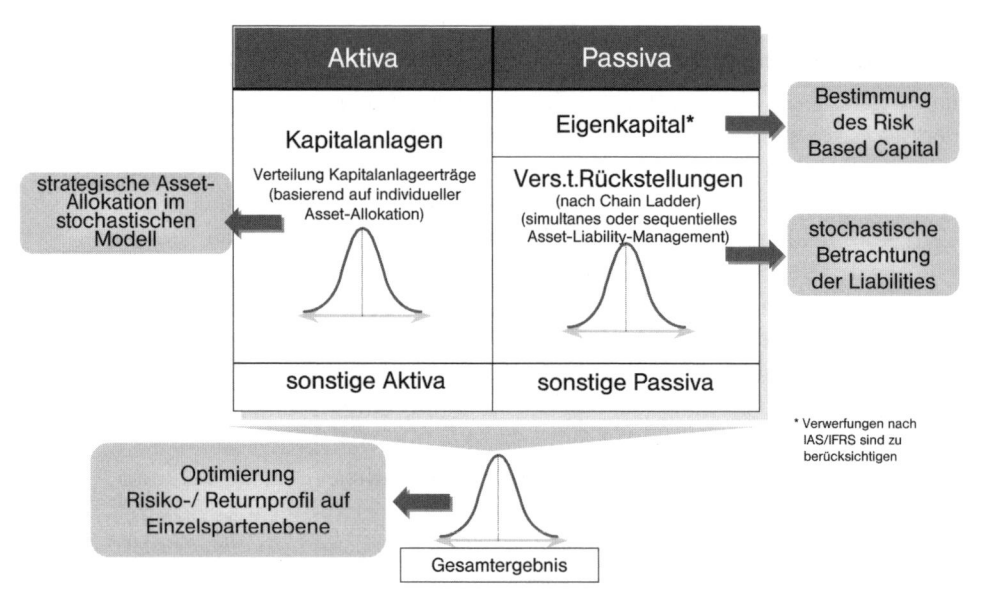

Abbildung 27: Darstellung einer Bilanzbetrachtung unter stochastischer Sichtweise

figkeitsverteilung liegender Wert über eine Multiplikation mit der durchschnittlichen Schadenhöhe zum wieder stochastischen Wert des Schadenbedarfs.
- Durch die Berücksichtigung der Verteilungsannahmen werden alle möglichen Interdependenzbeziehungen der Variablen berücksichtigt, indem lediglich die Ursache-Wirkung-Beziehungen der funktionalen Verbundenheit deterministisch verbleiben.

Eine derartige Stochastifizierung des Prognosemodells garantiert eine realistische Prognose der Zukunftsentwicklung, indem auch Strukturbrüche der Vergangenheit über Randbereiche der Verteilungsannahmen Berücksichtigung finden. Bei Gültigkeit der Verteilungsannahmen der Variablen bildet somit die Ergebnisverteilung (hier das versicherungstechnische Ergebnis der Privathaftpflichtsparte) das realistische Bild aller möglichen Ergebnisszenarien ab und liefert über so genannte Verteilungsgrenzen (Quantile) Aussagen über die Wahrscheinlichkeit der Zielerreichung.

Als einfachste Variante zur Stochastifizierung der Ergebnisprognosen hat sich die Monte-Carlo-Simulation erwiesen. Über einen Zufallsgenerator werden in einzelnen Simulationsschritten Werte der Verteilungsfunktionen »ausgewürfelt«, die über die abgebildeten Interdependenzbeziehungen zu

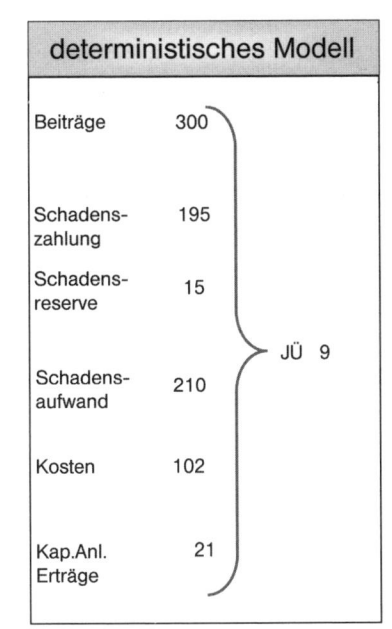

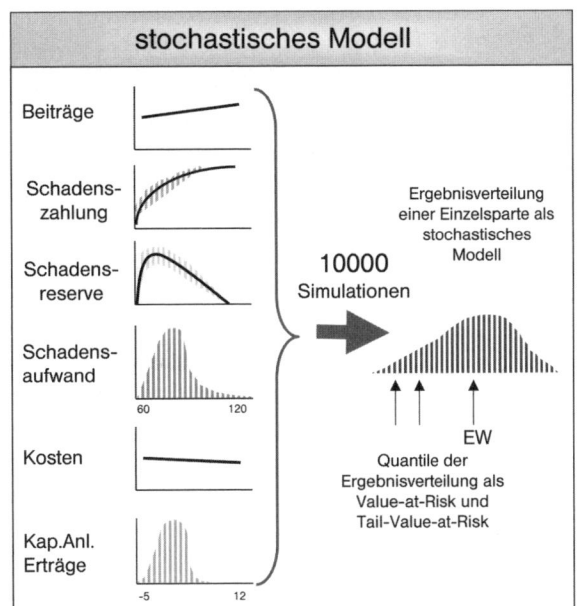

Abbildung 28: Übergang vom deterministischen zum stochastischen Ergebnismodell

einem Einzelsimulationsergebnis führen. Diese Einzelsimulationen werden zum Beispiel 5000-mal wiederholt, um durch Ergebnishäufungen (so genannte Häufigkeitstabellen) zu unterschiedlichen Eintrittswahrscheinlichkeiten bestimmter Ergebnisse zu kommen. So erzeugt der Zufallsgenerator derart viele Variablenkonstellationen, dass eine versicherungstechnische Ergebnisverteilung der Privathaftpflichtsparte mit beispielsweise einer 99-prozentigen Eintrittswahrscheinlichkeit ein Abbild des tatsächlich zu erwartenden Zukunftsereignisses darstellt. Die Ergebnisverteilung der zu prognostizierenden Größe bildet unter Berücksichtigung aller historischen Daten sowie unter Implementierung der in die Verteilungsannahmen einfließenden unternehmenspolitischen Ziele mit 99-prozentiger Sicherheit die zukünftige Ergebnisverteilung ab.

Als Ergebnis der Betrachtung erhält man beispielsweise folgende Aussagen des Simulationsmodells:

- *Statistik der Variablen versicherungstechnisches Ergebnis (Risikomaße)*
  ⇒ Erwartungswert 28 654 (entspricht dem Wert, der sich bei deterministischer Prognose als »most likely« ergeben hat)

- ⇒ Median 40 570 (50-Prozent-Punkt der Ergebnisverteilungsdichte, das heißt 50 Prozent der Verteilung liegen links und 50 Prozent rechts von diesem Medianpunkt)
- ⇒ Standardabweichung 76 600 (Abweichung vom Erwartungswert)
- ⇒ Schiefe –1,52 (Werte der Verteilungssymmetrie; hier asymmetrische Verteilung durch rechtssteilen Verlauf; zum Vergleich würde eine Gamma-Verteilung als klassische Schadenhöhenverteilung durch ihren linkssteilen Verlauf Schiefewerte >0 und eine symmetrische Normalverteilung Werte=0 aufweisen)
- ⇒ Variationskoeffizient 2,67 (Normierung der Standardabweichung auf den Erwartungswert)
- ⇒ Minimum –673 134 und Maximum 171 677 der Verteilung als Darstellung der Extremwerte (im Sinne der bereits beschriebenen »Worst-case«- und »Best-case«-Szenarien)
- *Quantile der Variablen versicherungstechnisches Ergebnis*
  (Quantile zeigen Wahrscheinlichkeitsgrenzen und bilden den Kernpunkt der Value-at-Risk-Betrachtung im Kreditwesen)
  - ⇒ 10-% Quantil=–65 262 (das heißt mit 90-%-Wahrscheinlichkeit wird das versicherungstechnische Ergebnis besser als –65 262 € sein)
  - ⇒ 20-% Quantil=–25 936
  - ⇒ 25-% Quantil=–12 222
  - ⇒ 30-% Quantil=1 201
  - ⇒ 40-% Quantil=22 995
  - ⇒ 50-% Quantil=40 570
  - ⇒ 60-% Quantil=57 466
  - ⇒ 70-% Quantil=73 596
  - ⇒ 80-% Quantil=90 673
  - ⇒ 90-% Quantil=112 922 (das heißt mit 90-%-Wahrscheinlichkeit wird das versicherungstechnische Ergebnis maximal 112 922 € betragen)

Ergebnis:

- ⇒ mit einer Wahrscheinlichkeit von über 70 Prozent wird ein versicherungstechnischer Gewinn erzielt
- ⇒ mit einer Wahrscheinlichkeit von 20 Prozent wird aber ein versicherungstechnischer Verlust von mindestens 25 936 € eintreten.

Forecast: HR Vers.-tech. Ergebnis 2 (Netto)

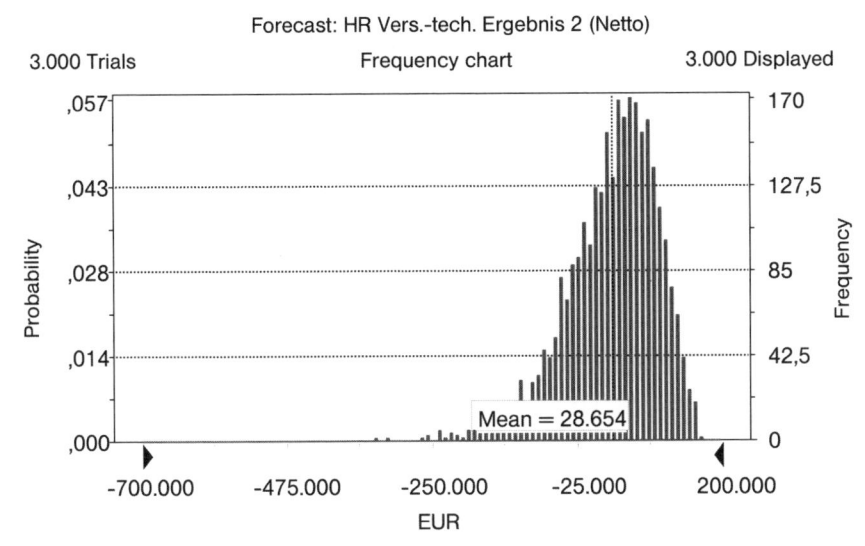

3.000 Trials — Frequency chart — 3.000 Displayed

Mean = 28.654

Abbildung 29: Histogramm

Als graphische Darstellung lässt sich für diese stochastische Betrachtung ein Histogramm ermitteln, welches nochmals die Ergebnisprognose abbildet (siehe Abbildung 29).

Als interessantes Steuerungsinstrument erlaubt uns die Monte-Carlo-Simulation, noch eine Sensitivitätsanalyse anzufügen, die eine tatsächliche Auswirkung bestimmter Variablen auf das versicherungstechnische Ergebnis zeigt. Mit Hilfe dieser Sensitivitätsanalyse wird besonders den Corporate-Governance-Vorstellungen der Darstellung der den Unternehmensfortbestand gefährdenden Risiken Genüge getan.

Stochastische Ergebnisprognosen als Schritt in eine regulierende Dynamik

Spieltheoretische Modelle gewinnen in einer Zeit heftiger Diskontinuitäten an besonderer Bedeutung. Indem Zeitstabilitätshypothesen verworfen werden müssen und Regressionsanalysen ihre Konstante als Voraussetzung verlieren, müssen dynamische Modelle dieser veränderten Wirtschaftssituation gerecht werden. Eine Berücksichtigung dynamischer und somit stochastischer Einflussgrößen wird somit für die Überlebensszenarien der Unternehmen unabdingbar. Dies hat auch den Corporate-Governance-Gedan-

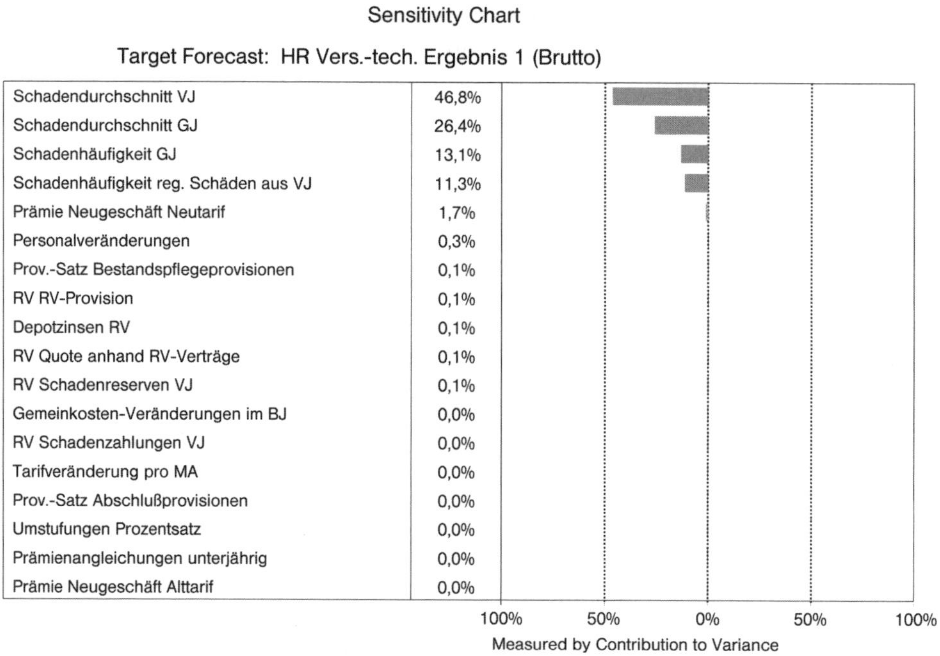

Sensitivity Chart

Target Forecast: HR Vers.-tech. Ergebnis 1 (Brutto)

Schadendurchschnitt VJ	46,8%
Schadendurchschnitt GJ	26,4%
Schadenhäufigkeit GJ	13,1%
Schadenhäufigkeit reg. Schäden aus VJ	11,3%
Prämie Neugeschäft Neutarif	1,7%
Personalveränderungen	0,3%
Prov.-Satz Bestandspflegeprovisionen	0,1%
RV RV-Provision	0,1%
Depotzinsen RV	0,1%
RV Quote anhand RV-Verträge	0,1%
RV Schadenreserven VJ	0,1%
Gemeinkosten-Veränderungen im BJ	0,0%
RV Schadenzahlungen VJ	0,0%
Tarifveränderung pro MA	0,0%
Prov.-Satz Abschlußprovisionen	0,0%
Umstufungen Prozentsatz	0,0%
Prämienangleichungen unterjährig	0,0%
Prämie Neugeschäft Alttarif	0,0%

Measured by Contribution to Variance

Abbildung 30: Sensitivitätsanalyse auf Basis der Monte-Carlo-Simulation

ken beflügelt, wenn Transparenz über die tatsächliche Risikosituation eingefordert wird.

Über die Quantilsbetrachtung der stochastischen Simulation lässt sich im Sinne des Risk-based-Capital-Ansatzes die hierdurch induzierte, notwendige Eigenmittelunterlegung auf der Basis des Value-at-Risk aufzeigen. Über das kohärente Maß des Conditional-Value-at-Risk (in der Praxis fehlerhaft auch gerne als Tail-Value-at-Risk oder Shortfall-Risiko bezeichnet) lassen sich zudem Ruinwahrscheinlichkeiten auf Basis der kontinuierlichen Ergebnisverteilungen in Form von Dichtefunktionen ablesen. Mittels Konzentration auf die somit mögliche adverse Selektion ruinöser Versicherungssparten gelingt der Nachweis einer notwendigen Eigenmittelausstattung pro Versicherungssparte gegenüber der Bundesanstalt für Finanzdienstleistungsaufsicht (BaFin).

Für die Versicherungswirtschaft zeichnen sich diese Gedanken in der etablierten EU-Kommission zum Thema »Solvency II« ab, indem die Eigenkapitalunterlegung der Versicherungsunternehmen – analog zu Basel II im Kreditwesen – diesen dynamischen Komponenten gehorchen muss. So stellt die EU-Kommission in ihren ersten Berichten zu Solvency II lapidar, aber bestimmt fest, dass »für die Bewertung der unterschiedlichen Risiko-Kategorien neben statischen auch dynamische Methoden wie etwa Simulations- oder Szenariotechniken zur Verfügung stehen«. In Aufsichtsratssitzungen werden in Zukunft keine einzelnen Prognosewerte für ein Simulationsergebnis mehr erwartet – da diese Werte aufgrund ihres Abbildes nur eines einzigen Punktes auf der gesamten Ergebnisverteilung sowieso nicht in ihrer konkreten Ausprägung eintreten werden –, sondern Wahrscheinlichkeitsangaben, ob und mit welcher Wahrscheinlichkeit Gewinne oder Verlust in einer bestimmten Größenordnung erzielt werden. Dabei werden sicherlich die Interdependenzbeziehungen der einbezogenen Variablen die Komplexität der Modelle steigern, doch kann man an ebenso komplexen Simulationstools (siehe Programme von DFA Capital Management Inc., EMB) bereits die Beherrschbarkeit der Materie erkennen. Die Versicherungswirtschaft muss aber noch den Paradigmenwechsel zur stochastischen Betrachtungsweise vornehmen – Corporate Governance, KonTraG und Solvency II werden in Verbindung mit der Bundesanstalt für Finanzdienstleistungsaufsicht hierzu nachdrücklich auffordern.

Asset-Liability-Management bei Versicherungsunternehmen

Christiane Jost[1]

Eine kurze Historie des Asset-Liability-Managements von Versicherungsunternehmen

Finanzdienstleistungsunternehmen wissen seit jeher, dass es Abhängigkeiten zwischen ihren Vermögenswerten und ihren Verbindlichkeiten gibt, die es zu beachten gilt. Dieser Zusammenhang ist im Bankgeschäft besonders offenkundig. »Hauptmotor« des Bankgeschäfts ist das Zinsgeschäft: Die Bank erwirtschaftet Zinsen auf Kundeneinlagen. Einen Teil davon schreibt sie den Kunden für die eingelegten Gelder wieder gut. Der andere Teil des Zinsertrags, die Zinsdifferenz, ermöglicht sowohl den Aufbau von Sicherheitskapital als auch die weitere Verwendung wie beispielsweise die Ausschüttung von Dividenden.

In Zeiten stabiler Zinsen, wie sie zum Beispiel in den USA bis in die 1970er Jahre hinein herrschten, konnte sich die Bank im Wesentlichen darauf konzentrieren, dass die Fristigkeiten aus aktivem und passivem Geschäft aufeinander abgestimmt waren. Bekannt sind die klassischen Fristenkongruenzregeln, die primär am Passivgeschäft ansetzten.[2] Die Zinsmarge war stabil und kaum volatil. Sie betrug etwa drei Prozentpunkte. Die Stabilität der Zinsmarge war so hoch, dass sich daraus sogar inoffizielle Handelsregeln entwickelten.[3] Die in den 1970er Jahren folgenden, fast schon dramatischen Veränderungen der wirtschaftlichen Rahmenbedingungen in den USA, die ihren vorläufigen Höhepunkt in der Zeit zwischen 1979 und 1982 fanden, lenkten die Aufmerksamkeit der Finanzdienstleistungsindustrie auf das Management und die Kontrolle des Zinsrisikos.[4]

Dementsprechend entwickelten Banken in den USA zunächst ein Instrumentarium zur integrierten Zinsrisikosteuerung von Aktiv- und Passivgeschäft, dessen systematischen Einsatz sie als Asset-Liability-Management

---
1) Frau Prof. Dr. Christiane Jost lehrt Versicherungsbetriebswirtschaft an der Fachhochschule Wiesbaden.
2) Vgl. hierzu Wilson, J.G. (1988), S. 1f.
3) Vgl. hierzu Swiss Re (2000), S. 7.
4) Platt, R.B. (1986), S. 3.

bezeichneten. Recht rasch kamen auch die ersten Ansätze eines Konzepts zur integrierten Gesamtrisikosteuerung von Vermögen und Verbindlichkeiten auf.[5]

Auch im Versicherungsgeschäft spielt das Zinsrisiko eine wesentliche Rolle. Dies wird im Lebensversicherungsgeschäft besonders deutlich. Hier erwirtschaftet das Unternehmen Anlageerträge aus den Kundengeldern, die wiederum in großen Teilen an die Kunden aus rechtlichen oder aus Wettbewerbsgründen weitergegeben werden müssen. Zusätzlich gewähren die Lebensversicherungsunternehmen ihren Kunden Optionen beispielsweise auf den Rückkauf der Police, auf Beitragsfreistellung oder auf die Beleihung. Diese Optionen sind zinssensitiv[6]. Bei höherem Marktzins steigt die Stornoquote[7], der Wert der festverzinslichen Kapitalanlagen sinkt. In den USA machte sich das im Zusammenhang mit den veränderten wirtschaftlichen Rahmenbedingungen schmerzlich bemerkbar, als sogar renommierte Lebensversicherungsunternehmen Insolvenz anmelden mussten.[8] Aber auch andere Versicherungsunternehmen spürten die Entwicklungen. In den Ländern mit angelsächsischer Bilanzierungstradition, in denen die Rückstellungen zum Barwert erfolgen, nahmen die Werte der Kapitalanlagen stärker ab als die Werte der Verbindlichkeiten.[9] In den USA reagierte die Aufsicht auf diese Entwicklung und begann erste einfache Asset-Liability-Management-Methoden vorzuschreiben.[10] Wissenschaftler und Praktiker analysierten seitdem verstärkt die Interdependenzbeziehungen zwischen der Kapitalanlage von Versicherungsunternehmen, ihren Risiken und Erträgen einerseits und den Produkten mit den ihnen innewohnenden Optionen, Garantien und eingerechneten Anlageerträgen andererseits, um auf diesen Erkenntnissen aufbauend die Methoden des Asset-Liability-Managements zu verbessern.

In Europa wurde diese Entwicklung zunächst einfach zur Kenntnis genommen, wobei man ihr keine große praktische Bedeutung für das europäische Versicherungsgeschäft zumaß. Man sah Asset-Liability-Management primär als Instrument zur Feinsteuerung der Risiken, nachdem der Wettbewerb mit der Deregulierung die Margen drückte und das Kapitalanlageumfeld schwieriger zu werden begann.[11] Inzwischen haben die anhal-

---

5) Siehe beispielsweise Harrington (1987).
6) Swiss Re (2000), S. 10.
7) Lamm-Tennant, J. (1989), S 2.
8) Swiss Re (2000), S. 11.
9) Babbel, D. F. und Stricker, R. (1987), S. 1.
10) Swiss Re (2000), S. 11.
11) Siehe hierzu ausführlich Köhler, G. (1994).

tend ungünstige Situation an den Kapitalmärkten und die schwierige Lage einiger Versicherungsunternehmen das Bewusstsein dafür geschärft, dass eine konsequente Abstimmung von Risiken aus Kapitalanlage und den durch Versicherungsgeschäft bedingten Verbindlichkeiten imperativ ist. Die amerikanische Entwicklung wird hier gewissermaßen »nachgeholt«; Aufsicht[12], Versicherungswissenschaft und -praxis[13] befassen sich nun auch in Deutschland verstärkt mit Asset-Liability-Management und den zur Verfügung stehenden Methoden. Dabei ist es von Vorteil, dass man auf den Erkenntnissen und Erfahrungen aus den USA aufbauen kann, wobei es jedoch gilt, regionalen Besonderheiten des Versicherungsgeschäfts Rechnung zu tragen.

Bevor nun auf den derzeitigen Stand der Erkenntnisse bezüglich Asset-Liability-Management eingegangen wird, sollen im Folgenden zunächst die Begrifflichkeiten geklärt werden.

Der Begriff Asset-Liability-Management

Der Begriff des Asset-Liability-Managements wird in der Literatur uneinheitlich verwendet. Aufgrund der Entstehungsgeschichte wird weiterhin häufig auf die integrierte Zinssteuerung abgestellt beziehungsweise der Anwendungsbereich primär in der Lebensversicherung gesehen.[14] Vermehrt trifft man heute jedoch auf eine allgemeinere Begriffsdefinition. So versteht Jost (1995) unter Asset-Liability-Management einen »*Managementansatz, bei dem die Risiken aus dem leistungswirtschaftlichen und dem finanzwirtschaftlichen Bereich unternehmenszielbezogen aufeinander abgestimmt werden.*«[15]

Ähnliche Definitionen finden sich auch bei Albrecht (2001) oder bei Friese/Mittendorf (2003), wobei Letztere sich sehr stark an der Bilanzstruktur orientieren.[16]

Asset-Liability-Management bezieht sich also ausschließlich auf die Steuerung der Risiken, die durch Interdependenzen zwischen leistungs- und finanzwirtschaftlichem Bereich entstehen. Diese Risiken, die man auch als Matching-Risiken bezeichnet,[17] resultieren aus der mangelnden Abstimmung von Zahlungsströmen, von Währungen oder von Fristigkeiten.

12) Siehe beispielsweise Rundschreiben BaFin R 29/2002.
13) Albrecht, P. (2003), S. 428.
14) Siehe beispielsweise Briys, E. und de Varenne, F. (2001), die in ihren Ausführungen primär auf die Lebensversicherung abstellen, oder auch Dattatreya, R. E. (1996).
15) Jost, C. (1995), S. 91.
16) Friese, S. und Mittendorf, T. (2003), S. 3.
17) European Commission (2002), S. 21.

Insofern befasst sich Asset-Liability-Management speziell mit dem Matching-Risiko und ist daher eine Teildisziplin des umfassenderen Risikomanagements.

Wie jedes Risiko wird auch das Matching-Risiko durch Risikofaktoren beeinflusst. Diese Risikofaktoren können gleichzeitig, das heißt unmittelbar oder mittelbar auf den leistungs- und den finanzwirtschaftlichen Bereich wirken. Wenn sie unmittelbar auf den leistungs- und den finanzwirtschaftlichen Bereich wirken, so muss das Zusammenwirken beider Effekte in das Asset-Liability-Management Eingang finden. Finanz- und leistungswirtschaftlicher Bereich müssen dann wechselseitig aufeinander abgestimmt werden. Diese Art des Asset-Liability-Managements, bei der die leistungswirtschaftliche Seite nicht als gegeben betrachtet, sondern gestaltet und aktiv gesteuert wird, bezeichnet man als simultanes Asset-Liability-Management.[18] Es findet insbesondere in der Schaden-/Unfallversicherung Anwendung, wo die primäre Aufgabe darin besteht, eine optimale Produkt-, Kapitalanlage- und Rückversicherungszusammensetzung zu bestimmen.[19] Bei weiterer Verallgemeinerung, zum Beispiel durch Berücksichtigung der Reservierungspolitik oder des Währungsmanagements, mündet Asset-Liability Management in das Total-Integrated-Risk-Management[20] und unterscheidet sich dann kaum noch von dem allgemeineren Begriff des Risikomanagements. Albrecht (2003) bezeichnet dies als »weitere Entwicklungsstufe«[21]. Allerdings ist dieses Vorgehen in der Praxis aufgrund der hohen Anforderungen und der Komplexität bisher seltener zu beobachten.

Wirken die Risikofaktoren mittelbar auf den finanzwirtschaftlichen Bereich, ist das Vorgehen anders. Sie nehmen den leistungswirtschaftlichen Teil als Datum und gestalten, darauf abgestimmt, die finanzwirtschaftlichen Risiken. Diese historisch ersten Asset-Liability-Management-Verfahren, die Albrecht (2003) als traditionelles Asset-Liability-Management bezeichnet[22], nennt man sequentielles Asset-Liability-Management.[23] Die Entwicklung des leistungswirtschaftlichen Bereichs mit den ihm innewohnenden Risiken bestimmt dabei die kapitalanlageseitige Risikofähigkeit und die Fristigkeitsstruktur. Somit hat das sequentielle Asset-Liability-Management sehr

---

18) Zu den Begriffen siehe Jost, C. (1995), S. 77f.
19) Vgl. Albrecht, P. (2003) sowie Dus, I. und Maurer, R. (2003).
20) Albrecht, P. (2003), S. 432.
21) ebenda.
22) ebenda.
23) Zu den Begriffen siehe Jost, C. (1995), S. 77f.

starke Berührungspunkte mit dem Management der Risiken aus Kapitalanlagen und ist, wie dieses, Bestandteil des Asset-Managements.[24]

Dabei spielt es an verschiedenen Stellen des Kapitalanlageprozesses eine Rolle. Der primäre Ansatzpunkt ist die Bestimmung der so genannten strategischen Allokation, die die Aufteilung des zu investierenden Kapitals auf die verschiedenen Anlageformen für einen festgelegten mittelfristigen Planungshorizont anstrebt.[25] Aus dieser strategischen Allokation wird eine taktische Allokation abgeleitet, die kurzfristig umgesetzt werden soll. Bei beiden Planungsschritten ist die durch den leistungswirtschaftlichen Bereich vorgegebene Risikofähigkeit zu beachten.

Das sequentielle Vorgehen ist vom Geschäftsablauf betrachtet einleuchtend und weniger komplex in der Umsetzung als ein simultanes Asset-Liability-Management, das eine Organisation vor große Herausforderungen stellt, da hier die Abstimmungs- und Implementationskosten hoch sind.[26] Andererseits ist das simultane Asset-Liability-Management aufgrund des ganzheitlicheren Vorgehens konzeptionell einfacher in die Gesamtrisikosteuerung zu integrieren, die in Zukunft im Rahmen von Solvency II durch die imperative Verwendung von Risikomodellen an Bedeutung gewinnt.

Will ein Unternehmen Asset-Liability-Management betreiben, so muss es zusätzlich überlegen, ob es Asset-Liability-Management auf der Mikroebene oder auf der Makroebene betreiben möchte.[27] Ein Asset-Liability-Management auf der Makroebene steuert die Matching-Risiken auf Gesamtunternehmensebene. Hier werden die Verbindlichkeiten, die der leistungswirtschaftliche Bereich generiert, in ihrer Gesamtheit mit den Kapitalanlagen in ihrer Gesamtheit abgestimmt. Dies entspricht einer Totalbetrachtung.[28] Alternativ kann man das Verbindlichkeitenportfolio auf seine Risikocharakteristika hin untersuchen und entsprechend so segmentieren, dass diese Risikocharakteristika innerhalb eines jeden Segments homogen und zwischen den Segmenten heterogen sind. Da die Verbindlichkeitenstruktur (Schadenfrequenzen, Schadensummenverteilung, mittlere Abwicklungsdauer) von den zugrunde liegenden Versicherungsverträgen abhängt, entsprechen die Segmente häufig den verschiedenen Produktarten oder Sparten.[29] Jedem Segment ist in der Folge ein entsprechendes Anlageportfolio zuzu-

---

24) Ähnlich auch Gründl, H. und Schmeiser, H. (1999), S. 490.
25) Albrecht, P. (2003), S. 432.
26) Die Gesamtheit dieser Kosten wird auch als Koordinationskosten bezeichnet. Zu der Problematik simultaner Planung und Steuerung siehe beispielsweise Jost, P.-J. (2000), S. 389 ff.
27) Albrecht, P. (2003), S. 431.
28) Jost, C. (1995), S. 111 f.
29) Albrecht, P. (2003), S. 431.

ordnen. Das Asset-Liability-Management erfolgt dann segmentweise.[30] In der Literatur spricht man in diesem Zusammenhang neben Segmentierung auch von Portfolio Dedication.[31]

Dieses Vorgehen ist wirtschaftlich sinnvoll, wenn bei der Produktgestaltung bereits spezielle Annahmen an die zu unterlegende Kapitalanlagestrategie getroffen wurden. Gerade im Lebensversicherungsbereich wäre es zum Beispiel denkbar, dass man für Verträge mit unterschiedlichen Garantien auch separate Sicherungsvermögen mit spezifischer Anlagestrategie bildet. Ein solches Vorgehen würde konsequenterweise aber auch unterschiedliche Überschüsse für unterschiedliche Garantieleistungen nach sich ziehen, da bei effizientem Anlagemanagement ein Mehr an Sicherheit stets eine geringere erwartete Rendite nach sich zieht. Unterschiedlichen Überschüssen steht die Versicherungsaufsicht zur Zeit jedoch noch skeptisch gegenüber, so dass dieses Vorgehen an rechtliche Grenzen stößt. Die Diskussion kann aber keinesfalls als abgeschlossen betrachtet werden. Eine Segmentierung ist unabhängig von der Produktgestaltung auch sinnvoll, wenn über den gesamten betriebenen Spartenmix keine Diversifikationseffekte in Bezug auf die Risikocharakteristika feststellbar sind. Sind aber beispielsweise die Schadenzahlungen innerhalb des Betrachtungszeitraums über alle betriebenen Sparten weniger volatil als auf der einzelnen Sparte, so wäre das ein Indikator dafür, dass sich eine Segmentierung eventuell nicht vorteilhaft auswirkt.

Wenn sich ein Versicherungsunternehmen für die Segmentierung entscheidet, muss es gleichzeitig kontrollieren, wie sich das aggregierte Ergebnis aus Sicht der wertorientierten Steuerung entwickelt. Zudem sind die rechtlichen Rahmenbedingungen zu beachten.[32]

Abbildung 31 zeigt, dass es sowohl bei einem Asset-Liability-Management auf Makroebene als auch bei einem Asset-Liability-Management auf Mikroebene möglich ist, simultanes oder sequentielles Asset-Liability-Management zu betreiben. Die Entscheidung für ein Vorgehen und in der Folge auch für einen Instrumentenmix, auf den an anderer Stelle noch eingegangen wird, hängt von verschiedenen Rahmenbedingungen ab, auf die in den nächsten beiden Abschnitten kurz eingegangen wird.

---

30) Jost, C. (1995), S. 112f.
31) Näheres zu dem Verfahren siehe beispielsweise bei Ammann, D. (1992), S. 200, oder auch bei van der Meer, R. und Smink, M. (1993), S. 146.
32) Siehe hierzu auch »Rechtliche Rahmenbedingungen des Asset-Liability-Managements«.

```
                    Asset-Liability-Management
                    ┌──────────┴──────────┐
              Totalbetrachtung         Segmentierung
              (Makroebene)             (Mikroebene)
              ┌──────┴──────┐         ┌──────┴──────┐
          simultan      sequenziell  simultan    sequenziell
```

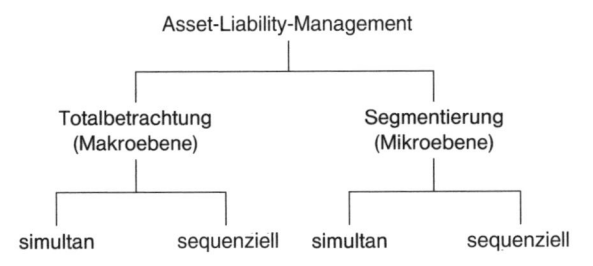

Abbildung 31: Grundformen des Asset-Liability-Managements

Interdependenzbeziehungen zwischen finanz- und leistungswirtschaftlichem Bereich

Es gibt verschiedene Ansatzpunkte für Interdependenzen zwischen dem finanzwirtschaftlichen und dem leistungswirtschaftlichen Bereich. Der erste Ansatzpunkt besteht in der Notwendigkeit, Risiken aus beiden Bereichen mit Eigenkapital zu unterlegen, um das Unternehmen vor Insolvenz zu schützen: Da Eigenkapital nicht in unbegrenzter Höhe zur Verfügung steht oder beschafft werden kann, muss die Eigenkapitalausstattung zunächst als gegeben angenommen werden. Sie steht unterschiedslos zur Deckung aller Unternehmensrisiken zur Verfügung. Dazu gehören bei Versicherungsunternehmen je nach Einteilung das so genannte versicherungstechnische Risiko, das Kredit- oder Ausfallrisiko, das Marktrisiko und das operationale Risiko.[33] Hinzu kommt das »normale unternehmerische Risiko«, das nicht auf Managementfehler zurückzuführen ist, sondern bei dem sich aus unternehmerischer Perspektive mit Gewinnerzielungsabsicht bewusst eingegangene Risiken realisieren. All diese Risiken können dazu führen, dass Eigenkapital zur Risikofinanzierung herangezogen werden muss. Das Kapital, das dabei beispielsweise zur Deckung versicherungstechnischer Risiken zur Verfügung steht, steht zur Deckung von Marktrisiken nicht mehr zur Verfügung und vice versa. Allein aus dieser Interdependenz, die sich insbesondere am Cashflow des Unternehmens zeigt, ergibt sich zwingend ein Abstimmungsbedarf. Dies gilt verstärkt für Unternehmen, die sich aufgrund ihrer Rechtsform zur Eigenkapitalbeschaffung nicht des Kapitalmarkts bedienen können.

---

[33] Diese Einteilung erfolgt in Anlehnung an die Einteilung für Solvency II. Siehe auch European Commission (2002), S. 19–29.

Ein zweiter Ansatzpunkt ist die Produktgestaltung: Man spricht bei Versicherungsunternehmen häufig von der Kapitalanlage als Kuppelprodukt.[34] Das hat mehrere betriebswirtschaftliche Gründe. Zum einen hat sich in der Versicherungswirtschaft eingebürgert, dass Prämien für eine Versicherungsperiode meist vorschüssig gezahlt werden. Diese Prämie steht dem Versicherungsunternehmen aus Einzelvertragsperspektive betrachtet dann im Schadenfall bis zur Schadenzahlung und ohne Schadenfall unbegrenzt zur Verfügung. Über diesen Zeitraum hinweg kann das Versicherungsunternehmen mit dem Geld arbeiten und Erträge erwirtschaften. Diese Erträge werden in der Lebens- und Krankenversicherung explizit als technischer Zins in die Prämie eingerechnet. In anderen Sparten wäre dies auch möglich und wird dann als Cashflow Underwriting bezeichnet. Aber auch ein Ausgleich von versicherungstechnischen Verlusten über die Kapitalanlagen oder einer Combined Ratio von über 100 Prozent fallen unter Cashflow Underwriting.[35] Schließlich kann über die Erträge aus Kapitalanlagen reinvestiert werden, um auch bilanziell als Sicherheitskapital zur Deckung anderer Risiken zur Verfügung zu stehen.

Abbildung 32 stellt die Cashflows in und aus dem Sammelbecken im Unternehmen vereinfacht dar. Dabei bleibt die bilanzielle Perspektive unberücksichtigt. Zufällige Schwankungen der dargestellten Cashflows sind Risiken der entsprechenden Bereiche. Solche Schwankungen können zusätzlich auch über die Bereiche hinweg korreliert sein. Beispielsweise ist es möglich, dass aufgrund eines Anstiegs der Inflation gleichzeitig die Zinssätze (in Abbildung 32 »Erträge«) sinken und die Schadenkosten steigen (in Abbildung 32 »Leistungen«).[36] Auch ist es möglich, dass ein Industrieversicherungsunternehmen Aktionär eines Kunden ist. Dann kann es sein, dass es gleichzeitig den Schaden des Kunden begleichen muss, während der Aktienkurs aufgrund des Schadenereignisses sinkt. In diesem Fall würden ebenfalls die zukünftigen Leistungen steigen, während die Erträge sinken.

Diese Risiken schlagen sich bilanziell möglicherweise in Wertberichtigungen, Abschreibungen und/oder Rückstellungserhöhungen nieder. Insofern muss bei jeder Steuerung der Interdependenzen zwar an den zukünftigen Cashflows angesetzt werden, jedoch sind die bilanziellen Konsequenzen zusätzlich zu berücksichtigen.

---

34) Siehe auch Farny, D. (2000), S. 593 ff. differenziert und kritisch zur Begrifflichkeit Schradin, H.R. (1993), S. 197 f.
35) Farny, D. (2000), S. 600, oder Vaughan, E.J. und Vaughan, T. (2003), S. 91 f.
36) Albrecht, P. (2003), S. 430.

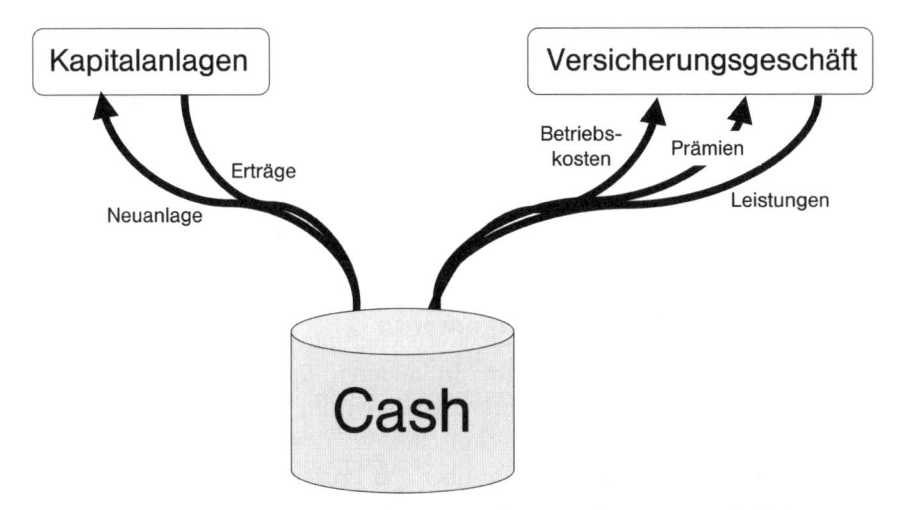

Abbildung 32: Interdependenzbeziehungen zwischen finanz- und leistungswirtschaftlichem Bereich

Die Interdependenzbeziehungen stellen Rahmenbedingungen eines jeden Asset-Liability-Managements dar. Sie sind von den Charakteristika des betrachteten Versicherungsunternehmens, wie beispielsweise der Qualität und Zusammensetzung des Versicherungsbestands, der Unternehmensorganisation mit ihren Prozessen und der regionalen Ausdehnung abhängig.[37] Je nach gezeichnetem Geschäft und Unternehmen unterscheiden sich zum Beispiel die Fristigkeiten der Verträge, die mittleren Abwicklungszeiten, Stornoquoten, durchschnittliche Schadensummen und Betriebskosten, die auch stark von der Unternehmensorganisation abhängen. Hinzu kommen länderspezifische Besonderheiten der Produktgestaltung.[38] Die unterschiedlichen Eigenschaften der Interdependenzbeziehungen führen zu unterschiedlichen Steuerungsmethoden und unterschiedlichen Ansätzen des Asset-Liability-Managements. Die geeigneten Methoden und Ansätze sind daher nur unternehmensspezifisch bestimmbar. Man unterscheidet zwar aufgrund des gezeichneten Geschäfts zwischen dem Asset-Liability-Management für Lebensversicherung, für Pensionssicherung, für Schaden-/Unfallversicherung und für Rückversicherung.[39] Innerhalb dieser Einteilung existieren jedoch ganz unterschiedliche Verfahren und Strategien. Wie

---

[37] Jost, C. (1999), S. 274.
[38] Albrecht, P. (2003), S. 435.
[39] Albrecht, P. (2003), S. 433.

es van der Meer/Smink (1993) ausdrücken: »*It is clear that there is not a single dominating technique or strategy.*«[40]

Die Interdependenzbeziehungen sind auch geprägt von den rechtlichen Rahmenbedingungen, wie beispielsweise den aufsichtsrechtlichen Bestimmungen zur Eigenmittelausstattung. Im folgenden Abschnitt werden die relevanten rechtlichen Rahmenbedingungen näher erörtert.

Rechtliche Rahmenbedingungen des Asset-Liability-Managements

Da das Asset-Liability-Management von Produktgestaltung, Sicherheitskapitalanforderungen und der Kapitalanlage abhängt, gibt es eine Vielzahl von rechtlichen Vorschriften, die zu beachten sind. Hierzu gehören in Deutschland unter anderem die Regelungen des Versicherungsvertragsgesetzes über Kündigungsmodalitäten oder die Rundschreiben der Aufsichtsbehörde zu Schlussüberschüssen, Direktgutschriften oder zum Einsatz derivativer Finanzinstrumente. Neben diesen allgemeinen Regelungen, die das Versicherungsgeschäft betreffen und das Asset-Liability-Management nur mittelbar betreffen, gibt es noch eine Reihe von Regelungen, die sich unmittelbar auf das Asset-Liability-Management und seine Methoden beziehen. Im Folgenden werden die wichtigsten rechtlichen Vorschriften kurz vorgestellt.

Einhergehend mit einer lang anhaltenden ungünstigen Entwicklung auf den Kapitalmärkten gilt seit einigen Jahren das Augenmerk der unterschiedlichen Aufsichtsbehörden und Gremien dem Matching-Risiko. So wird bereits in den 2002 verabschiedeten Prinzipien zur Eigenmittelaufsicht der International Association of Insurance Supervisors (IAIS) gefordert, dass jedes System der Eigenmittelaufsicht die Abstimmung zwischen Kapitalanlagen und Verbindlichkeiten anzusprechen hat.[41] Dem trägt auch die Europäische Kommission bei ihren Überlegungen zu Solvency II Rechnung. In den Empfehlungen vom März 2003 zum Entwurf eines künftigen Aufsichtssystems heißt es: »*Besondere Bedeutung sollte der Kongruenz zwischen Aktiva und Passiva (Aktiv-Passiv-Management) ... gewidmet werden.*«

Vor der Umsetzung in das Aufsichtsrecht der Europäischen Union hat jedoch die Bundesanstalt für Finanzdienstleistungsaufsicht in ihrem Rund-

---

40) van der Meer, R. und Smink, M. (1993), S. 156.
41) »Capital adequacy and solvency regimes have to address the matching of assets with liabilities.« IAIS (2002).

schreiben 29/2002 deutlich gemacht, dass sie von allen Versicherungsunternehmen ein Asset-Liability-Management erwarten.[42] So ist der BaFin jährlich eine Beschreibung des Asset-Liability-Managements vorzulegen.[43]

Darüber hinaus hat die Aufsichtsbehörde bereits die Berechnung von Worst-Case-Szenarien, so genannte Stresstests, vorgeschrieben, die als Szenariotechnik den deskriptiven Asset-Liability-Techniken beziehungsweise Analysetechniken zugerechnet werden können. Die Pflicht zur Durchführung von Stresstests wurde bereits 2002 begründet.[44] 2004 wurden die Anzahl der vorgeschriebenen Szenarien auf drei erhöht und die Berichtspflicht verschärft. Eines der drei Szenarien simuliert einen Rentenmarkteinbruch von zehn Prozent, eines einen Aktienmarkteinbruch von 35 Prozent und eines einen kombinierten Worst Case, bei dem gleichzeitig der Aktienmarkt um 20 Prozent und der Rentenmarkt um fünf Prozent nachgibt. Dabei werden bei festverzinslichen Wertpapieren und Darlehen die Bonitätsrisiken durch entsprechende Abschläge berücksichtigt.[45]

Im Rahmen des Risikomanagements und hier insbesondere der Überwachung der Marktrisiken schlägt die Aufsichtsbehörde die Berechnung des Value-at-Risk (VaR) vor,[46] die in der Literatur auch als Steuerungsgröße für Asset-Liability-Management-Modelle auf Makroebene genannt wird.[47]

Neben diesen rechtlichen Regelungen, die sich unmittelbar mit dem Asset-Liability-Management befassen, gibt es insbesondere in Bezug auf die Kapitalanlagen Vorschriften, die mittelbaren Einfluss auf das Asset-Liability-Management haben. Hierzu zählen § 54 (1) VAG und die Anlageverordnung.

§ 54 (1) VAG enthält die allgemeinen Anlagegrundsätze für das gebundene Vermögen von Versicherungsunternehmen. Er enthält nach Auffassung der Literatur bereits die Ansätze der Portfoliotheorie und des Asset-Liability-Managements[48], denn dort wird postuliert, dass das gebundene Vermögen *»unter Berücksichtigung der Art der betriebenen Versicherungsgeschäfte sowie der Unternehmensstruktur so anzulegen [sei], dass möglichst große Sicherheit und*

---

42) »Aus diesem Grunde ist die detaillierte Analyse der Risiken auf der Aktiv- und Passivseite und das Verhältnis beider Seiten zueinander (Asset-Liability-Management) eine wesentliche Voraussetzung für die Konzeption der Vermögensanlagepolitik und ihrer konkreten Umsetzung.« BaFin Rundschreiben R 29/2002, IX. Anlagemanagement und interne Kontrollverfahren.
43) BaFin Rundschreiben R 29/2002, Teil B.
44) BaFin Rundschreiben R 30/2002.
45) BaFin Rundschreiben R 1/2004, Teil A.
46) BaFin Rundschreiben R 29/2002, Teil A.
47) Albrecht, P. (2003), S. 438 f.
48) Köhler, G. (1994), S. 36 ff.

Rentabilität bei jederzeitiger Liquidität des Versicherungsunternehmens unter Wahrung angemessener Mischung und Streuung erreicht wird«.

In dieser Vorgabe sind Ziele der Kapitalanlage vorgegeben, die auch in das Asset-Liability-Management Eingang finden müssen. Die in diesen Ausführungen enthaltenen Zielkonflikte werden bei Versicherungsunternehmen in der Regel dahin gehend interpretiert, dass der oberste Anlagegrundsatz die Sicherheit sei. Ein sequenzielles Asset-Liability-Management muss daher zunächst die Risikofähigkeit des Unternehmens insgesamt und dann in Bezug auf das Kapitalanlagerisiko ermitteln, so dass die Optimierung der Rendite bei vorgegebenem Sicherheitsniveau erfolgt. Welches Risikomaß hierfür eingesetzt werden muss, wird in der Literatur uneinheitlich diskutiert.[49] Das Grundprinzip ist jedoch unumstritten.

In Ergänzung zu § 54 (1) VAG regelt die Anlageverordnung (AnlVO), die für alle beaufsichtigten Versicherungsunternehmen mit Ausnahme der Rückversicherung gilt, weitere Details des Anlageprozesses. In der Anlageverordnung werden in § 1 AnlVO zulässige Anlageformen definiert. § 2 AnlVO gibt prozentuale Obergrenzen für einzelne Anlageformen oder einzelne Schuldner beziehungsweise Emittenten vor. Diese Rahmenbedingungen gehen als Nebenbedingung in die oben beschriebene Optimierung ein. Wenn mindestens eine dieser Nebenbedingungen bindend ist, ergibt sich keine First-Best-Lösung mehr. Das bedeutet, dass bei vorgegebener Risikofähigkeit nicht mehr die bestmögliche Rendite erwirtschaftet wird. Die Frage, ob die Anlageverordnung eine solche Second-Best-Lösung erzwingt, wird unter Experten unterschiedlich beantwortet. Gründel und Schmeiser (1998) zeigen beispielsweise, dass eine Optimierung des Unternehmenswerts bei gegebenem Risikoniveau zu einer Nichtdiversifikationsstrategie führt, die nach Anlageverordnung nicht zulässig wäre.

Die Anlageverordnung und ihre Vorschriften zur Mischung und Streuung werden nach der letzten Reform des Versicherungsaufsichtsgesetzes (VAG) vom 10. Dezember 2003 überarbeitet. Ursache hierfür ist die neue Definition des gebundenen Vermögens gemäß § 54 (1) VAG. Dort wird das gebundene Vermögen neu als Sicherungsvermögen bezeichnet (§ 66 VAG) und betragsmäßig durch Aufnahme zusätzlicher Positionen erweitert. Mit § 66 (7) VAG ist es erstmals rechtlich möglich, selbstständige Abteilungen des Sicherungsvermögens zu bilden. Eine Portfoliosegmentierung im Rahmen des Asset-Liability-Managements wird damit nicht nur unternehmens-

---

[49] Das Standardmodell basiert auf der erwarteten Rendite und ihrer Standardabweichung als Risikomaß. Inzwischen geht man davon aus, dass sich aufgrund des Sicherheitsstrebens eher ein Ausfallmaß zur Risikomessung eignet, vgl. beispielsweise Albrecht, P. (2002).

intern, sondern auch gegenüber der Aufsichtsbehörde möglich. Da jedoch für jede selbständige Abteilung des Sicherungsvermögens die Vorschriften der Anlageverordnung separat zu erfüllen sind, ist zu vermuten, dass das Problem der Second-Best-Lösung verstärkt auftritt beziehungsweise den Vorteil einer Segmentierung nivelliert.

Als Beispiel mag hier die Lebensversicherung dienen. Angenommen, man möchte den Vertragsbestand an gemischten Kapitallebensversicherungen nach Garantien segmentieren und die Anlagestrategie darauf abstimmen. Entsprechend werden unterschiedliche Anlage- und Hedgingstrategien optimal sein. So wäre es möglich, dass die Mischung in dem Teilvermögen mit dem niedrigeren Garantieniveau im Optimum gegeben die Garantie einen Anteil an riskanten und damit auch chancenreichen Anlagen enthalten müsste, der über die zulässigen Höchstgrenzen hinausginge.

Neben der Kapitalanlageverordnung und den erwähnten Rundschreiben spielt natürlich auch die Kapitalausstattungsverordnung eine wichtige Rolle, denn sie gibt vor, in welchem Umfang für zusätzliches Versicherungsgeschäft zusätzliche Eigenmittel bereitgestellt werden müssen. Insbesondere bei Nichtaktiengesellschaften müssen die zusätzlichen Eigenmittel über die Kapitalanlage generiert werden. Im sequenziellen Asset-Liability-Management geht diese zusätzliche Eigenmittelausstattung als erhöhte Mindestrendite wie auch beispielsweise der garantierte Zins in der Lebensversicherung in die Planung ein.

Zurzeit ist die Höhe der zusätzlichen Eigenmittel nicht von der Qualität des Neugeschäfts abhängig. Eine Rolle spielt lediglich, um welche Sparte es sich handelt. Wenn zukünftig mit Solvency II auch interne Risikomodelle die Grundlage für die Eigenmittelanforderungen geben, wird die Qualität des Geschäfts eine sehr viel stärkere Rolle spielen, so dass ein Asset-Liability-Management dann noch sehr viel stärker an dem Risikogeschäft ansetzen sollte.

Da sich Asset-Liability-Management auf zwei zentrale Geschäftsbereiche des Versicherungsunternehmens bezieht und zudem noch der bilanzielle Aspekt beachtet werden muss, gibt es eine Reihe weiterer Vorschriften, die im Einzelfall eine Rolle spielen.[50] Ob diese Vorschriften explizit in das Asset-Liability-Management eingehen müssen, hängt von der gewählten Form ab.

---

50) Zur Auswirkung der Rechnungslegungsvorschriften siehe auch Baumgärtner, R. und Aschenbrenner, S. (2002).

Der Asset-Liability-Management-Prozess

Asset-Liability-Management kann nur erfolgreich durchgeführt werden, wenn der Managementprozess problemadäquat strukturiert und in einen festen Ablauf eingebettet wird, der dann auch organisatorisch gewährleistet werden muss.[51] Entsprechend der klassischen betriebswirtschaftlichen Einteilung wird der Prozess in drei, wenn man die Zielsetzung als eine Phase begreift, in vier Phasen eingeteilt, von denen zumindest Planung und Kontrolle wieder einen eigenen Prozess bilden.

Man erkennt in Abbildung 33 den typischen Entscheidungsprozess[52]. Hier ist der erste Schritt die Zielvorgabe. Da Asset-Liability-Management Teil des Risikomanagements ist, muss die Zielsetzung des Asset-Liability-Managements konsistent aus der Zielsetzung des Risikomanagements abgeleitet werden. Damit aber sind auch für das Asset-Liability-Management schlussendlich die Unternehmensziele maßgeblich. Spezifische Zwischenzielformulierungen oder Präzisierungen sind möglich.

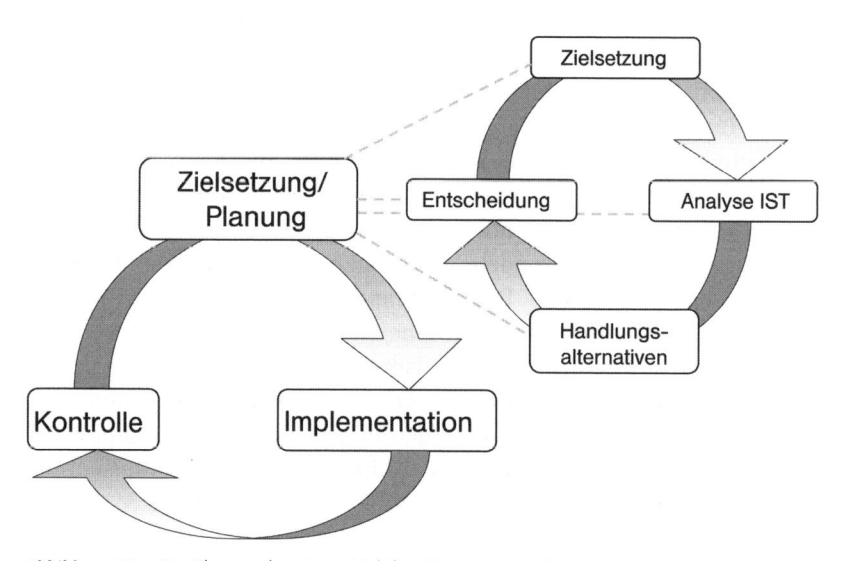

Abbildung 33: Die Phasen des Asset-Liability-Management-Prozesses

---

51) Zu den Problemen der Organisation des Asset-Liability-Managements siehe auch Graumann, M. und Helmstätter, M. (2003).

52) Näheres siehe beispielsweise Laux, H. in der jeweils aktuellen Auflage.

Die Analysephase (»Analyse IST« in Abbildung 33) besteht aus drei Teilphasen: der Bestimmung der Ausgangslage, der Prognose und der eigentlichen Analyse.

Die Bestimmung der Ausgangslage entspricht einer Risikoerfassung. Hierbei genügt es nicht, sich an Vergangenheitswerten zu orientieren. Vielmehr muss auch eine Prognose für die Zukunft erstellt werden. Aus der Prognose heraus muss schließlich die eigentliche Risikoanalyse erfolgen, bei der die Risiken quantifiziert werden. Hier spielen die Risikomaße, die herangezogen werden, eine entscheidende Rolle. Verschiedene Prognoseverfahren und Risikomaße werden in den folgenden Abschnitten noch vorgestellt.

Im Anschluss an die Analysephase werden Handlungsalternativen zur Steuerung der als relevant betrachteten Risiken gesucht. Jede Handlungsalternative besteht aus einem Maßnahmenbündel. Die dann folgende Entscheidung für ein Maßnahmenbündel muss von qualitativen und ökonomischen Erwägungen getragen sein. So sind zunächst die Instrumentalbeziehungen zu prüfen: Bei Maßnahmen mit unerwünschten Wechselwirkungen kann mindestens eine der Maßnahmen nicht Bestandteil eines wählbaren Maßnahmenbündels sein. Erwünscht sind hingegen Maßnahmen, die sich in ihrer positiven Wirkung verstärken. Ergänzend sind die Kosten-Nutzen-Relationen der einzelnen Maßnahmen und verschiedener Maßnahmenbündel untereinander zu analysieren. Risiken, auch Matching-Risiken, müssen nicht um jeden Preis vermieden werden. Ein Risiko kann auch selbst getragen werden, es sei denn, es ist ruinös. Diese Analyse kann aufgrund unterschiedlicher Risikopräferenzen nur durch die Entscheidungsträger erfolgen, wobei sie insbesondere in Bezug auf die Kosten die notwendigen Informationen benötigen. Die Entscheidungsträger fällen dann auch auf dieser Basis ihre Entscheidung für eine Handlungsalternative.

Die so gefundene Lösung für ein Mismatch-Problem wird dann implementiert und anschließend kontrolliert. Die Kontrollen bestehen unter anderem in einer Soll-Ist-Analyse und folgen einem eigenen Kontrollprozess. Dabei ist wesentlicher Bestandteil der Soll-Ist-Analyse die Abweichungserklärung, bei der man auch die in der Analysephase eingesetzten Instrumente nutzen kann.

Die folgenden Ausführungen gehen näher auf einzelne Aspekte des Prozesses ein.

Ziele des Asset-Liability-Managements

Die Ziele des Asset-Liability-Managements werden aus den Zielen des Risikomanagements abgeleitet. Um diese Ziele operationalisierbar zu machen, bedarf es jedoch der Ziel- beziehungsweise Steuerungsgrößen. Zentrale Steuerungsgrößen sind dabei absolute oder relative finanzwirtschaftliche Kennzahlen.[53] Gebräuchliche Beispiele für absolute Kennzahlen sind Shareholder Value, Embedded Value oder auch Jahresüberschuss, Beispiele für relative Kennzahlen sind der Return on Equity oder der Return on Investment.

Bei den Steuerungsgrößen ergibt sich die Frage nach dem Wertkonzept, das zugrunde gelegt werden soll. Hier erscheint es wesentlich, dass sowohl Markt- als auch buchhalterische Werte berücksichtigt werden. Marktwerte und buchhalterische Werte hängen über die Bewertungsvorschriften zusammen. Bei einem Übergang zu internationalen Rechnungslegungsvorschriften werden sich die Wertkonzepte annähern. Dennoch verbleibt gerade bei Versicherungsunternehmen das Problem, dass es zwar in weiten Teilen Marktwerte für die Kapitalanlagen gibt, nicht jedoch für die Verbindlichkeiten, für die kein Markt im eigentlichen Sinn existiert. Hier gibt es verschiedene Ansätze, als Ersatz den Fair Value von Versicherungsverbindlichkeiten zu bestimmen. Besonders im Lebensversicherungsbereich hat die Bewertung der innewohnenden Optionen dabei Aufmerksamkeit gefunden.[54] Aber auch für Verbindlichkeiten der Schaden-/Unfallversicherung wird an Konzepten zur Bestimmung des Fair Value gearbeitet.[55]

Die Rechnungslegungsperspektive mit den buchhalterischen Werten schließt durchaus unterschiedliche Rechnungslegungskonzepte mit ein, die dann parallel geführt werden müssten.[56] Sie mündet schließlich in die Erstellung von Planbilanzen.

Die Wahl der Steuerungsgröße und der Wertperspektive ist aufgrund der Zielabhängigkeit unternehmensspezifisch und wird im Bereich der Rechnungslegungsperspektive regional beeinflusst.

---

[53] Vgl. Albrecht. P. (2003), S. 436.
[54] Vgl. beispielsweise Briys, E. und de Varenne, F. (1997).
[55] Vgl. beispielsweise das White Paper der Casualty Actuarial Society.
[56] Kaufmann, R., Gadmer, A. und Klett R. (2001), S. 236.

Analyse der Ausgangssituation

Zur Analyse der Ausgangssituation gibt es unterschiedliche Vorgehensweisen. Hierbei kann man zunächst unterscheiden zwischen Analysemethoden, die die Risikosituation abbilden, so genannten deskriptiven Methoden, und solchen, die bereits Absicherungsregeln implizieren, so genannten präskriptiven Methoden.

Scenario Testing sowie die mit Hilfe von Simulationen vorgenommene Evaluation von Rendite-/Risiko-Profilen oder auch die Erstellung von Fälligkeitsprofilen gehören zu den deskriptiven Methoden. Die gebräuchlichste Simulationstechnik ist die Monte-Carlo-Simulation. Sie kommt in der Praxis des Asset-Liability-Managements insbesondere im Zusammenhang mit der Dynamic Financial Analysis (DFA) zur Anwendung. Weitergehende Informationen zu DFA finden Sie im Kapitel »Dynamische Finanzanalyse (DFA) in der Versicherungswirtschaft«. Die Zuordnung der Stresstests zum Scenario Testing wurde an anderer Stelle bereits erwähnt. Ebenfalls weit verbreitet ist das Cashflow Testing, bei dem unterschiedliche Marktzinsverläufe angenommen und ihre Auswirkungen auf die Cashflows untersucht werden.[57]

Die zudem im Asset-Liability-Management eingesetzten verschiedenen Optimierungs- und Immunisierungsverfahren gehören zu den präskriptiven Methoden. Zu den gebräuchlichsten Optimierungsverfahren gehören das Markowitz-Verfahren, Safety-First oder die direkte Rendite-/Risiko-Optimierung.[58] Zu den bekanntesten Immunisierungsverfahren gehören das Cashflow Matching und das Duration Matching. Abbildung 34 gibt einen Überblick über diese Zusammenhänge, wobei die gebräuchlichsten Methoden ohne Anspruch auf Vollständigkeit mit aufgeführt sind.

Das Scenario Testing ist ein sehr einfaches Verfahren. Es ist leicht verständlich und gibt eine Bandbreite möglicher Ergebnisse vor. Als nachteilig wird angesehen, dass keine Annahmen über die Wahrscheinlichkeiten für den Eintritt der einzelnen Szenarien in die Analyse einfließen. Eine Umfrage der DAV unter deutschen Unternehmen aus dem Jahr 2001 hat denn auch ergeben, dass zwar 76 Prozent der befragten Unternehmen Szenarioanalysen nutzen, eine Mehrheit dieser befragten Unternehmen das aber nicht als ausreichend empfand.[59]

Im Rahmen der Evaluation von Risiko-/Rendite-Profilen ist der Ansatz stochastisch. Dabei kann das Vorgehen analytisch sein oder es werden Si-

---

[57] Näheres siehe Friese, S. und Mittendorf, T. (2003), S. 6 f.
[58] Näheres siehe Albrecht, P. (2003), S. 438.
[59] DAV-Arbeitskreis ALM (2001), S. 495.

```
                            Analysemethoden
                    ┌───────────┴───────────┐
                präskriptiv              deskriptiv
              ┌─────┴─────┐         ┌────────┼────────┐
        Immunisierung  Optimierung  Risiko-Rendite-  Scenario-  Fälligkeits-
                                    Profile          Testing    profile
           ├─ Cashflow      ├─ Markowitz    └─ DFA-Analyse   ├─ Stresstests
           │  Matching      │
           │                │                                 │
           └─ Duration      ├─ Safety-First                   └─ Cashflow
              Matching      │                                    Testing
                            └─ direkte Rendite/
                               Risiko-Optimierung
```

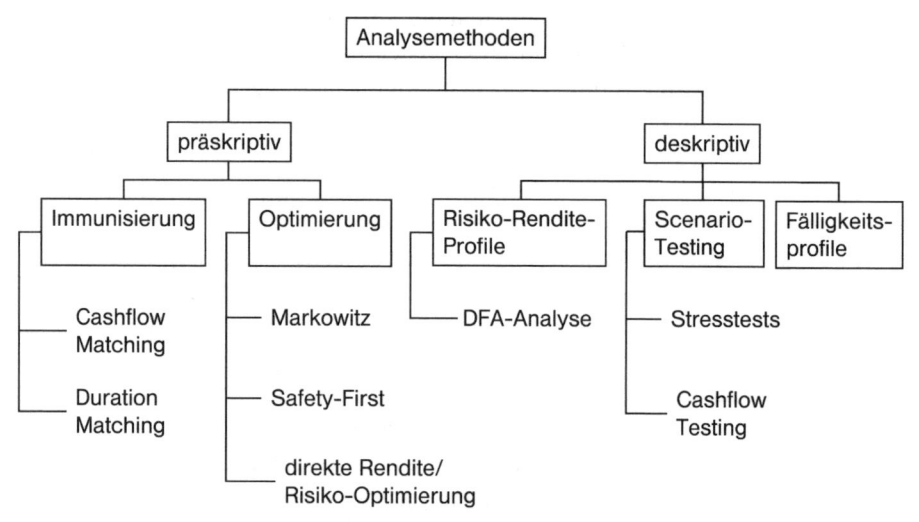

Abbildung 34: Analysemethoden des Asset-Liability-Managements

mulationen angewandt. Ein analytisches Vorgehen bietet den Vorteil einer mathematisch nachvollziehbaren Lösung, die zudem genau ist. Allerdings eignet sich ein solches Vorgehen nur bei wenig komplexen Modellen, bei denen die Verteilungsfunktion bekannt ist. Gerade im Bereich des Asset-Liability-Managements sind die Modelle aber so komplex, dass Simulationen in der Regel vorzuziehen sind.[60] Hier bietet die DFA eine interessante Anwendungsmöglichkeit. Sie ist »*virtually the only feasible way to model an entire nonlife operation on cash flow basis. It allows for a high degree of detail including analysis of the reinsurance program, modeling of catastrophic events, dependencies between random element.*«[61]

Im Rahmen der DFA werden finanz- und leistungswirtschaftlicher Teil mit Hilfe der Monte-Carlo-Simulation simuliert und die gemeinsame Wirkung analysiert. Dieses Verfahren eignet sich auch zur konzernweiten Nutzung. Insofern gibt es in der Praxis auch Konzerne, die die DFA für die Lebensversicherungstöchter nutzen, obwohl es ursprünglich für das Nichtlebensversicherungsgeschäft entwickelt wurde.

Im Lebensversicherungsgeschäft, das sehr zinssensitiv ist, sind Zinssteuerungsmethoden sehr verbreitet und Cashflow Matching und Duration Matching sind Standardverfahren. Beim Cashflow Matching versucht man, die Zahlungsströme aus leistungs- und finanzwirtschaftlichem Bereich in

---
60) Vgl. hierzu Sonlin, S.M. und Wolter, H.-J. (2003), S. 466f.
61) Kaufmann, R., Gadmer, A. und Klett, R. (2001), S. 246.

Höhe und zeitlichem Anfall aufeinander abzustimmen.[62] Einen ähnlichen Ansatzpunkt hat auch das Duration Matching, bei dem die Durations der Kapitalanlagen und Verbindlichkeiten aufeinander abgestimmt werden. Gemäß DAV-Umfrage nutzten 59 Prozent der befragten Unternehmen Cashflow Matching, während nur etwas mehr als zehn Prozent Duration Matching betreiben.[63] Dies könnte auch daran liegen, dass dem Duration Matching einige praktische Probleme entgegenstehen. So ist die Duration in ihrer klassischen Ausprägung ein stark zeitabhängiges Maß und setzt sichere Cashflows voraus, die gerade im leistungswirtschaftlichen Bereich nicht gegeben sind. Sie basiert auch auf der Annahme einer flachen Zinskurve.[64] Auch die Literatur empfiehlt daher, diese Methode nicht als einzige einzusetzen.[65]

Es empfiehlt sich grundsätzlich, verschiedene Methoden sinnvoll miteinander zu kombinieren, denn jede Methode liefert den Entscheidungsträgern unterschiedliche Informationen aufgrund der unterschiedlichen Annahmen und Steuerungsgrößen, mit denen sie arbeiten.

Maßnahmen

Nach der Analysephase und der Identifikation der Risiken ist zu ermitteln, wie sich das Versicherungsunternehmen gegen die identifizierten finanzwirtschaftlichen Risiken absichern, das heißt hedgen kann. Hierzu gibt es viele verschiedene Möglichkeiten. Wichtige Kriterien für die Wahl einer Alternative können beispielsweise positive Auswirkungen auf das Rating oder ein geringes Delkredererisiko sein.[66] Die Alternativen können jeweils an den Kapitalanlagen oder an den Verbindlichkeiten ansetzen. Beispiele für den Ansatz an der Kapitalanlageseite ist die so genannte Asset Re-Allocation, bei der die Kapitalanlagen umgeschichtet werden, um besser auf die Verbindlichkeiten abgestimmt zu sein. Gerade im Lebensversicherungsbereich kann dem aber nachteilig entgegenstehen, dass eventuell notwendige länger laufende Kapitalanlagen nur begrenzt zur Verfügung stehen.[67] Eine weitere Alternative wäre es, derivative Finanzinstrumente einzusetzen,

---

62) Näheres siehe beispielsweise Jost, C. (1995), S. 134–141.
63) DAV-Arbeitskreis ALM (2001), S. 495.
64) Es gibt eine Reihe von Verfeinerungen dieses Konzepts. Einen Überblick gibt Jost, C. (1995), S. 149–161.
65) Vgl. beispielsweise Swiss Re (2000), S. 16.
66) Briys, E. und de Varenne, F. (2001), Appendix, S. 23.
67) Briys, E. und de Varenne, F. (2001), Appendix, S. 27.

die aber ein größeres Know-how erfordern und nur bedingt aufsichtsrechtlich zulässig sind.[68] Im leistungswirtschaftlichen Bereich besteht neben den klassischen Methoden der vorsichtigen Reservierung und der Rückversicherung auch die Möglichkeit, alternativen Risikotransfer zu betreiben, beispielsweise die Verbindlichkeiten zu verbriefen.[69]

Auch hier wird man sich in den seltensten Fällen für eine isolierte Maßnahme entscheiden. Vielmehr wird man ein in Bezug auf Kosten und Nutzen optimales Maßnahmenbündel als Handlungsalternative wählen.

Implementation

Das Asset-Liability-Management muss im Unternehmen als Prozess implementiert werden. Dabei bedarf es einer Aufgabenverteilung, der Festlegung entscheidungsvorbereitender Stellen, der Bestimmung der verantwortlichen Entscheidungsträger sowie der Koordination.

Die Verantwortung für das Asset-Liability-Management liegt letztendlich bei der Geschäftsleitung. Die Aufgaben können unterschiedlich verteilt werden, was sich auch an der Form des Asset-Liability-Managements orientieren wird. Graumann und Helmstätter (2003) haben unterschiedliche Organisationsalternativen untersucht. Sie sind zu dem Ergebnis gekommen, dass die Organisationsform zusätzlich von der Art des Versicherungsgeschäfts abhängen sollte. Bei geringer Bedeutung des Spargeschäfts erwies es sich nach ihren Überlegungen als günstig, die Aufgaben analog zur funktionalen Versicherungsbetriebslehre den Geschäftsabteilungen zuzuordnen und keine selbstständige Abteilung zu bilden. Die Bildung einer selbstständigen Abteilung, die bei Banken als so genannte Asset-Liability-Komitees üblich sind, war auch bei hoher Bedeutung des Spargeschäfts nicht von Vorteil. Hier war es sinnvoller, einen Richtlinienbereich einzurichten, der die strategische Ausrichtung koordiniert und Richtlinienkompetenzen hat.[70] Empirisch kann man ebenfalls feststellen, dass es keinen Trend zu selbstständigen Einheiten gibt. Nur drei Prozent der befragten Versicherungsunternehmen hatten laut DAV-Untersuchung eine eigene Abteilung oder Gruppe, die sich mit Asset-Liability-Management befasst.[71]

Die Umsetzung des oben beschriebenen Asset-Liability-Managements setzt voraus, dass die Methoden informationstechnisch unterstützt werden

---

68) Zur Zulässigkeit derivativer Finanzprodukte vgl. BAV Rundschreiben R 3/2000.
69) Zu alternativem Risikotransfer siehe beispielsweise Culp, C. L. (2002).
70) Graumann, M. und Helmstätter, M. (2003), S. 89.
71) DAV-Arbeitskreis ALM (2001), S. 496.

können und ausgebildetes Personal vorhanden ist. Kernproblematik der IT-Unterstützung sind die erforderliche Struktur und Qualität der Daten sowie die geeignete Wahl der unterstützenden Software.[72] Hierbei können Versicherungsunternehmen vielfältige Unterstützung erhalten. Berater, Softwarehäuser, Rückversicherer und Banken bieten ihre Hilfe an, die auch von zahlreichen Unternehmen in Anspruch genommen wird.[73]

Asset-Liability-Management hat aufgrund des schwierigen Marktumfelds an Bedeutung gewonnen. Außerdem wird es zunehmend von den Aufsichtsbehörden gefordert. Versicherungsunternehmen profitieren von dieser Entwicklung, wenn sie den Asset-Liability-Management-Prozess auf ihre spezifischen Bedürfnisse zuschneiden und dabei darauf achten, dass sie mit den gewählten Analysemethoden die komplexen Interdependenzen zwischen finanz- und leistungswirtschaftlichem Bereich erfassen und dann auch gestalten können.

Entwickelt ein Versicherungsunternehmen ein internes Risikomodell für Aufsichtszwecke, so bietet es sich an, Asset-Liability-Modelle darin zu integrieren. Es ist daher auch davon auszugehen, dass von der Entwicklung interner Risikomodelle neue Impulse für das Asset-Liability-Management ausgehen werden.

Literatur

Albrecht, P.:	Asset-Liability-Management bei Versicherungen. In: Leser; Rudolf (Hrsg.): Handbuch Institutionelles Asset Management. S. 428–446, Wiesbaden 2003.
Albrecht, P.:	Was ein Aktuar über Finanzmathematik wissen sollte: Portfolioselektion mit Shortfallrisikomaßen. In: Aktuar 1/2002, S. 19–22.
Ammann, D.:	Asset-Liability-Management für Pensionskassen. In: Finanzmarkt und Portfoliomanagement Vol. 6 1992, S. 192–203.
	Anlageverordnung (AnlV), BGBl. 2001 I S. 1857.
Babbel, D.F./Stricker, R.:	Asset/Liability Management for Insurers. New York, 1987.

BaFin, Rundschreiben R 1/2004 (VA), Berlin 2004.

BaFin, Rundschreiben R 30/2002 (VA), Berlin 2002.

BaFin, Rundschreiben R 29/2002 (VA), Berlin 2002.

BAV Rundschreiben R 3/2000, Bonn 2000.

---

[72] Siehe auch Busson, M. und Ruß, J. (2000), S. 108f.
[73] Siehe auch DAV-Arbeitskreis ALM (2001), S. 496.

Baumgärtner, R./ Aschenbrenner, S.:	Assets und Liabilities. In: Versicherungswirtschaft 24/2002, S. 1945–1950.
Busson, M./Ruß, J.:	Modernes Asset Liability Management. In: Versicherungswirtschaft 2/2000, S. 104–109.
Briys, E./de Varenne, F.:	Insurance from underwriting to derivatives – Asset liability management in insurance companies. Chichester 2001.
Briys, E./de Varenne, F.:	On the Risk of Insurance Liabilities: Debunking some Common Pitfalls. In: Journal of Risk and Insurance, 4/1997, S. 673–694.
Casualty Actuarial Society:	White Paper on Fair Valuing Property/Casualty Insurance Liabilities. Arlington 2000.
Culp, C. L.:	The ART of Risk Management. New York 2002.
Dattatreya, R. E.:	A Practical Approach to Asset/Liability Management. In: DAV Arbeitskreis ALM, Einsatz von Asset Liability Management-Tools und -Methoden bei deutschen Versicherungsgesellschaften. In: Versicherungswirtschaft 7/2001, S. 493–496.
Dus, I./Maurer, R.:	Integrated Asset-Liability Modelling for Property Casualty Insurance. In: Leser, R. (Hrsg.): Handbuch Institutionelles Asset Management. S 447–463, Wiesbaden 2003.
European Commission:	Study into the methodologies to assess the overall financial position of an insurance undertaking from the perspective of prudential supervision. Brüssel 2002.
Europäische Kommission:	Entwurf eines künftigen Aufsichtssystems in der EU – Empfehlungen der Kommissionsdienststellen. Dok. MARKT/2509/03-DE, Brüssel 2002.
Fabozzi/Konishi (Hrsg.):	The Handbook of Asset/Liability Management, 2. Auflage, Boston 1996.
Farny, D.:	Versicherungsbetriebslehre. 3. Auflage, Karlsruhe 2000.
Friese, S./Mittendorf, T.:	Asset-Liability-Management bei Komposit- und Lebensversicherern – Besinnung auf die Grundlagen. Universität Hannover, Discussion Paper Nr. 288, Hannover 2003.
Graumann, M./ Helmstätter, M.:	Organisatorische Planung des Asset-Liability-Managements. In: Zeitschrift für die gesamte Versicherungswissenschaft 1 2003, S. 53–93.
Gründl, H./Schmeiser, H.:	Asset-Liability-Management der Versicherungsunternehmung und Shareholder Value. In: Zeitschrift für die gesamte Versicherungswissenschaft 2/3 1999, S. 489–514.
Harrington, R.:	Asset and Liability Management by Banks. Paris 1987.
IAIS:	Principles on Capital Adequacy and Solvency. Principles No. 5. Tokyo Januar 2002.

Jost, C.:	Asset-Liability-Management bei Versicherungen. Wiesbaden 1995.
Jost, C.:	Das Risk Controlling der Kapitalanlage bei der Helvetia Patria Gruppe. In: Schierenbeck (Hrsg.): Risk Controlling in der Praxis. Zürich 1999.
Jost, P.-J.:	Organisation und Koordination. Wiesbaden 2000.
Kaufmann, R./Gadmer, A./Klett, R.:	Introduction to Dynamic Financial Analysis. In: ASTIN Bulletin 1/2001, S. 213–249.
Köhler, G.:	Asset/Liability Management – eine permanente Herausforderung. In: Zeitschrift für Versicherungswesen 2/3 1994, S. 30–38.
Lamm-Tennant, J.:	The Effect of Asset/Liability Management on the Economic Value of the Insurance Enterprise. In: KPMG (Hrsg.): Insurance Industry Issues and Trends. New York 1989.
Platt, R.B.:	Controlling Interest Rate Risk. New York 1986.
Schradin, H.R.:	Erfolgsorientiertes Versicherungsmanagement, Karlsruhe 1993.
Sonlin, S.M./Wolter, H.-J.:	Asset-Liability-Management – Instruments and Approaches. In: Leser, R. (Hrsg.): Handbuch Institutionelles Asset Management. S. 465–479, Wiesbaden 2003.
Swiss Re:	Asset-Liability-Management für Versicherer. sigma 6/2000.
Van der Meer, R./Smink, M.:	Strategies and Techniques for Asset-Liability-Management: An Overview. In: Geneva Papers on Risk and Insurance Vol. 18 1993, S. 144–157.
Vaughan, E.J./Vaughan, T.:	Fundamentals of Risk and Insurance. New York 2003.
	Versicherungsaufsichtsgesetz i.d.F. der Bekanntmachung vom 17.12.1992 (BGBl. 1993 I S. 2), zuletzt geändert durch Artikel 1 des Gesetzes vom 10.12.2003 (BGBl. I S. 2478).
Wilson, J.G.:	Assets and Liabilities Management – Definitions, Origins and Development. In: Wilson (Hrsg.): Managing Bank Assets and Liabilities. London 1988.

Risikoaggregation nach Solvency II durch ein einfaches Simulationsmodell

Werner Gleißner, Matthias Müller-Reichart, Frank Romeike

Ausgangspunkt

Ausgangspunkt der Überlegungen für das nachfolgend beschriebene Risiko-Aggregationsmodell mittels Simulationstechnik sind die zu erwartenden Veränderungen der Eigenmittelausstattung der Versicherungswirtschaft basierend auf den regulatorischen Veränderungen Solvency II. Neben aufsichtsrechtlich verabschiedeten Standardansätzen (beispielsweise die Modelle des Gesamtverbandes der Deutschen Versicherungswirtschaft, GDV) wird den Versicherungsunternehmen in der Zukunft die Option gewährt, eigene Methoden und Ansätze sowie individuelle Risikomanagementsysteme in ihre Solvabilitätsberechnung einzubringen. Im Sinne eines eigenständigen Risikomanagements wird den Unternehmen gegenüber den bestehenden Regelungen in Bezug auf die Mindestkapitalanforderungen somit eine größere Freiheit in der Auswahl der Risiken gewährt, indem sich die Verfahren zur Berechnung der Güte der unternehmensindividuellen Risikopolitik anpassen werden. Um die Wettbewerbsfähigkeit durch vergleichsweise höhere Eigenkapitalkosten nicht zu verlieren, müssen sich die Versicherungsunternehmen bereits jetzt auf die künftigen Anforderungen einstellen und sich intensiv um interne Risikomanagementmodelle und -systeme bemühen.

Aktuelle empirische Erfahrungen offenbaren noch ein gewisses Beharrungsvermögen der Versicherungsbranche in der Annahme der unausweichlichen, veränderten Rahmenparameter – letztendlich resultierend aus der Erkenntnis einer mangelnden, jedoch für Solvency II unerlässlichen Datenverfügbarkeit. Obwohl die technischen Voraussetzungen mit den am Markt verfügbaren Softwarelösungen gegeben sind, stellt diese Frage der notwendigen Datenstrukturen die eigentliche Herausforderung für die Versicherungswirtschaft dar. Im Folgenden soll ein erster Lösungsansatz zur Behebung dieser Herausforderung vorgestellt werden.

Lösungsansatz

Versicherungsgesellschaften müssen die Voraussetzungen schaffen, statische und deterministische Planungssysteme in Richtung stochastischer und dynamischer Modelle zu entwickeln. Am einfachsten gelingt dies mit einfachen, individuell auf die Unternehmen angepassten Simulationsmodellen.[1] Der Hauptvorteil dieser vereinfachten Abbildungen der Unternehmensrealität besteht in ihrer leichten Verständlichkeit und dem daraus erwachsenden didaktischen Nutzen.

In Form eines komprimierten Einstiegs werden Aggregationsmodelle auf der Basis unternehmensinterner Rechenalgorithmen (etwa Gewinn-und-Verlust-Rechnung, technische Rechnung) individuell konfiguriert, indem relevante Unternehmensdaten je nach Unternehmensspezifika integriert werden. Aufbauend auf diesem Grundgerüst können die Anforderungen an die integrierte, holistische Gesamtlösung leicht nachvollziehbar definiert werden. Unabhängig von den einzelnen, im Detail noch nicht fixierten aufsichtsrechtlichen Regelungen lassen sich schon heute einige wesentliche Anforderungen an die Risikoaggregationsmodelle zur Bestimmung des Eigenkapitalbedarfs von Versicherungen ableiten. An einigen Stellen werden sich dabei deutliche Unterschiede im Vergleich zu den in den letzten Jahren implementierten Risikoaggregationsmodellen von Industrie- und Handelsunternehmen ergeben.

1. Um den Gesamtrisikoumfang, den ökonomischen Eigenkapitalbedarf (Economic Capital) und die daraus ableitbaren (risikoabhängigen) Kapitalkosten zu bestimmen, sollten alle versicherungstechnischen und nicht versicherungstechnischen Risiken der Versicherungsgesellschaft mit einbezogen werden. Unabhängig von möglicherweise anderen aufsichtsrechtlichen Anforderungen sollten daher insbesondere auch Risiken des Versicherungsmarktes (etwa konjunkturelle Prämienschwankungen, Großkundenverluste) mit berücksichtigt werden.
2. Für die quantitative Beschreibung einzelner Risiken durch Verteilungsfunktionen sollte eine große Bandbreite an Verteilungsfunktionen vorgesehen werden, da bei weitem nicht alle Risiken durch klassische Poisson-Verteilungen (für Schadenhäufigkeiten) und Log-Normalverteilungen (für Schadenhöhen) zu beschreiben sind. Dabei sind insbesondere Verteilungen zur Beschreibung von Extremschäden zu

---

1) Vgl. Müller-Reichart, M. (2003): Dynamische Verfeinerung linearer Hypothesen. In: Versicherungswirtschaft 58. Jahrgang, S. 318–323.

berücksichtigen (vgl. Extremwert-Theorie, Nutzung so genannter Copulas). Teilweise wird eine zeit- und/oder ereignisorientierte Modellierung der Parameter eines Risikos erforderlich sein (vgl. etwa GARCH-Prozesse). Um unterschiedliche Arten von Verteilungen bei einer Risikoaggregation miteinander verbinden zu können, wird es zu einer Monte-Carlo-Simulation in der Regel keine Alternative geben.
3. Die Erkenntnisse über den (aggregierten) Gesamtrisikoumfang sollten hinsichtlich der Konsequenzen für das Rating (Insolvenzwahrscheinlichkeit infolge Illiquidität oder Überschuldung) einerseits und Kapitalkostensatz (Unternehmenswert) andererseits ausgewertet werden. Um Letzteres zu erreichen, können die risikodeckungsorientierten Ansätze zur Bestimmung von Kapitalkostensätzen genutzt werden, die sich im Gegensatz zu dem bekannten CAP-Modell (Capital Asset Pricing Model) bei ineffizienten Kapitalmärkten oder im Informationsvorsprung der Unternehmensführung gegenüber den Kapitalmärkten anbieten.

Eine Voraussetzung für die Bestimmung des »Gesamtrisikoumfangs« (Risikoaggregation) mittels Simulationsmodell stellt die Verbindung der Risikoinformationen und der Unternehmensplanung dar[2]. Um die Einzelrisiken eines Unternehmens zu aggregieren, müssen diese nämlich zunächst quantitativ bewertet und dann denjenigen Positionen der Unternehmensplanung zugeordnet werden, bei denen sie zu Planabweichungen führen können. Jedes Risiko wirkt auf eine Position der Planerfolgsrechnung (GuV) und/oder Planbilanz. Die Risikoaggregation selbst erfolgt mittels Monte-Carlo-Simulation, weil mit diesem Verfahren unterschiedlichste Wahrscheinlichkeitsverteilungen für die Risiken gemeinsam verarbeitet werden können. Dabei werden gerade die versicherungstechnischen Risiken durch separate Verteilung für Schadenhäufigkeit (beispielsweise basierend auf einer Poisson-Verteilung) und Schadenhöhe (beispielsweise basierend auf einer Lognormalverteilung unter ergänzender Berücksichtigung von Extremschäden) zu beschreiben sein. Bei jedem Simulationslauf werden sich andere Kombinationen von Ausprägungen der Risiken ergeben. Damit erhält man jeweils (unter Berücksichtigung von Korrelationen zwischen den Risiken) einen zufällig erzeugten Wert für die betrachtete Zielgröße (etwa Gewinn oder Eigenkapital). Die Menge aller Simulationsläufe liefert eine »repräsentative Stichprobe« aller möglichen risikobedingten Zukunfts-

---

[2] Vgl. Gleißner, W., Identifikation, Messung und Aggregation von Risiken. In: Gleißner, W./Meier, G., Wertorientiertes Risikomanagement. S. 111–138, 2001.

szenarien der Versicherung, die dann analysiert wird. Aus den ermittelten Realisationen der Zielgröße ergeben sich aggregierte Wahrscheinlichkeitsverteilungen (Dichtefunktionen)[3]. Von besonderem Interesse ist dabei die Wahrscheinlichkeit des Unterschreitens bestimmter kritischer Mindestwerte für das Eigenkapital; im Extremfall die Wahrscheinlichkeit eines negativen Eigenkapitals (also die Überschuldung).

Entwicklung eines Simulationsmodells[4]

Der Umgang mit Simulationsmodellen, im Besonderen die Datenerhebung und -aufbereitung, die Berechnung beziehungsweise Schätzung der Parameter sowie die Interpretation der Ergebnisse, erfordert auf Erfahrung und empirischer Heuristik beruhendes »Fingerspitzengefühl« (Expertenwissen). Erfahrungsgemäß hat sich dabei die folgende Vorgehensweise bewährt:

Projektstart und erste Datenerhebung: Das Projekt muss zunächst nach Projektmanagementprinzipien strukturiert werden, wobei ein »Kick-off-Meeting« sehr empfehlenswert ist, bei welchem den Projektteilnehmern die Intention des Projekts, die Inhalte und der genaue Ablauf mitgeteilt werden. Anschließend werden die erforderlichen Daten anhand von Checklisten zusammengetragen. Für die Gewinn-und-Verlust-Rechnung und die Bilanz sind zumindest die letzten fünf Jahre sowie die Planung maßgebend. Weiter sind Daten aus den Bereichen Prämien, Schäden und Kosten sowie Informationen zur Rückversicherung, zu den operationellen Risiken als auch den Planannahmen zu erheben. Für den Kapitalanlagebereich benötigt man Informationen über die Portfoliostruktur[5].

Modellkonfiguration: Das Simulationsmodell wird auf das Versicherungsunternehmen angepasst und in seiner Grundstruktur beschrieben. Dabei sind explizit die zu betrachtenden Sparten sowie modelltechnische Vorgaben wie die Korrelationsmatrix und das zu berechnende Konfidenzniveau festzulegen. Die Risiken werden quantitativ beschrieben und ins Simulationsmodell integriert.

---

3) Im Unterschied zur Kapitalmarkttheorie für vollkommene Märkte (zum Beispiel CAP-Modell) sind hier systematische und unsystematische Risiken relevant, was zum Beispiel durch Konkurskosten oder schlecht diversifizierte Portfolios zu begründen ist; vgl. auch zum Beispiel Amit, R.; Wernerfelt, B., 1990.
4) Für die produktive Unterstützung im Rahmen der Konfiguration des Simulationsmodells danken die Autoren den Herren Dr. Herbert Lienhard und Marco Wolfrum (beide Mitarbeiter der Firma RMCE).
5) Die Quantifizierung der hier maßgeblichen Risikofaktoren (zum Beispiel Zinsen, Aktienindexrenditen oder Währungen) resultiert aus historischen Daten.

Simulation und vertiefte Risikoanalyse, etwa basierend auf einer Expertenrunde. Auf Basis der eingetragenen Daten werden die für das Modell erforderlichen Parameter der Planung übernommen oder berechnet. Auf der Basis zum Beispiel einer Fünfjahresplanung wird dann die Risikoaggregation mittels der Monte-Carlo-Simulation vorgenommen.

Es werden die vom Modell weitgehend automatisch erstellten ersten Ergebnisse zusammen mit den Führungskräften diskutiert und Parameter gegebenenfalls für das Unternehmen spezifisch adjustiert. Dabei ist es wichtig, dass Ergebnisstand, Annahmen und Begründungen detailliert dokumentiert werden, um die Nachvollziehbarkeit zu gewährleisten.

Interpretation der Ergebnisse: Die Ergebnisse der Monte-Carlo-Simulation sind für das Gesamtunternehmen sowie für die einzelnen Sparten in Form von Grafiken und Risikokennzahlen (inklusive Sensitivitäten) dargestellt. Zusammen mit den Führungsverantwortlichen sollen die Ergebnisse diskutiert und interpretiert werden. Folgende Fragen sollen beantwortet werden können:

- Ist das Unternehmen angemessen mit Eigenkapital ausgestattet?
- Wie verhält sich das gesetzliche Solvenzkapital zum tatsächlichen Eigenkapitalbedarf?
- Welches Rating ist aufgrund des Gesamtrisikoumfangs und der Eigenkapitalausstattung zu erwarten?
- Wie hoch ist die Rendite des Unternehmens und der einzelnen Sparten unter Risikoaspekten?
- Wie viel Eigenkapital muss jeder Sparte zugewiesen werden? Wie viel Rendite muss eine Sparte aufgrund des Risikoprofils erwirtschaften?
- Wo wollen wir zukünftig investieren? Was bringt den größten Wertbeitrag für das Unternehmen?
- Ist die Rückversicherung optimal strukturiert?

Möglicherweise müssen Modellanpassungen vorgenommen und die Simulation erneut gestartet werden. Oft werden auch verschiedene Planszenarien berechnet.

Risikobericht: Der Risikobericht dokumentiert komprimiert den Ergebnisstand und dient der periodischen Berichterstattung. Dadurch soll sichergestellt werden, dass die Führungsinformationen regelmäßig zur Steuerung des Unternehmens und der Sparten vorliegen.

Dokumentation: Das ganze Projekt (und insbesondere das Simulationsmodell selbst) wird dokumentiert, um nachvollziehbar die Ergebnisse zu verstehen, aber auch die Basis für zukünftige Modellanpassungen zu schaffen.

Schlusspräsentation und Projektzwischenbilanz: Projektergebnisse und Schlussfolgerungen werden der Unternehmensführung präsentiert und dort diskutiert. Es werden der Handlungsbedarf priorisiert und die weitere Vorgehensweise wie beispielsweise die Weiterentwicklung des Aggregationsmodells oder die Evaluation verfügbarer Daten festgelegt. Zudem kann über eine langfristig geeignete IT-Lösung für das Simulationsmodell und die Verbindung mit bestehenden IT-Systemen der Versicherungsgesellschaft nachgedacht werden.

Beschreibung eines einfachen Simulationsmodells

Rahmenbedingungen

Im Folgenden wird zur Verdeutlichung ein einfaches Simulationsmodell eines Versicherungsunternehmens erläutert. Das Simulationsmodell ist auf eine Schaden-Unfall-Versicherungsgesellschaft[6] ausgerichtet und zeigt folgende Rahmenbedingungen auf:

Eckpunkte: Das Modell umfasst eine Dreijahresplanung (sowie eine darauf basierende bilanzielle Sichtweise), um den Liquiditäts- und Eigenkapitalbedarf pro Sparte und für das Versicherungsunternehmen insgesamt abzuleiten. Die aktuellen Solvenzvorschriften sind zu Vergleichszwecken abgebildet. Das Modell ermöglicht es, maximal zehn Sparten zu erfassen. Die Gesamtrisikoposition kann einzeln pro Sparte und auf der Stufe des Gesamtunternehmens berechnet werden. Rückversicherungsstrukturen können pro Frequenz- und Großschadensbereich abgebildet werden und erlauben jeweils eine Brutto-Netto-Betrachtung. Zu didaktischen Zwecken können auch einfache »As-if«-Berechnungen durchgeführt werden.

Excel und Crystal Ball: Technisch wird die Unternehmensplanung in Excel abgebildet. Das Modell erfordert ein so genanntes »Add-in« zu Excel. Es handelt sich dabei um eine Softwarekomponente, die Simulationen ermöglicht und bereits als kostengünstige Standardversion sehr hohen Ansprüchen gerecht wird.

Eingabe: Für die Eingabe der Unternehmensdaten sind fünf historische GuV-Jahre sowie (hier nicht näher erläutert) die Bilanz des letzten Jahres vorgesehen. Folgende Parameter können bis auf die Stufe der Versicherungssparte festgelegt werden:

---

[6] Vgl. hierzu: Müller-Reichart, M./Lauwe, M. (2004): Versicherungsspartenspezifische quantitative Risikomanagement-Modelle am Beispiel der Berufshaftpflichtversicherung der Architekten und Ingenieure. In: Zeitschrift für Versicherungswesen, 55. Jahrgang, Ausgaben 2 und 3.

- verdiente Bruttoprämien für Bestands- und Neugeschäft
- Frequenz- und Großschäden
- Kosten für Provisionen, Personal und Verwaltung
- Rückversicherung
- Kapitalanlagen (Aktien, Renten, Immobilien und Hypotheken)

Dreijahresplanung: Das erste Planjahr wird unter Risikogesichtspunkten detailliert geplant. Die zwei Folgejahre können auch mittels Regression auf Basis der fünf Vorjahre sowie des ersten Planjahres abgeleitet werden.

Ergebnisse: Pro Sparte und für das Gesamtunternehmen wird ein Risiko-Kennzahlentableau berechnet, das für die wesentlichen Größen den so genannten VaR (Value-at-Risk) und das so genannte RAC (Risk Adjusted Capital, Eigenkapitalbedarf) in einer Tabelle zeigt. Im Vergleich mit den Bilanzgrößen lassen sich daraus der Liquiditäts- und der zusätzliche Eigenkapitalbedarf ableiten, aber auch die Insolvenzwahrscheinlichkeit feststellen. Darauf aufbauend werden Risiko-Rendite-Profile pro Sparte erstellt. Mittels einer datentechnischen Option können einzelne Sparten ausgeblendet werden, um auch Sensitivitätsanalysen zu ermöglichen. Dadurch lassen sich beispielsweise Fragen der Kapitalallokation beantworten.

Reporting: Sämtliche Eingaben und Parameter wie auch die berechneten Risikowerte werden übersichtlich dokumentiert. Für die Risikokennzahlen pro Sparte und Gesamtunternehmen werden gesondert Tabellen und Grafiken erstellt.

Das vorliegende Risikoaggregationsmodell für Schaden-Unfall-Versicherungsgesellschaften ermöglicht auf Basis einer Gewinn-und-Verlust-Rechnung die Berechnung risikoadjustierter Kennzahlen. Zielgrößen sind dabei die versicherungstechnischen Ergebnisse vor beziehungsweise nach Rückversicherung. Für diese werden bei einer Simulation Häufigkeitsverteilungen generiert, die weitere statistische Auswertungen erlauben. Insbesondere wird daraus ein risikobedingter Eigenkapitalbedarf für das Unternehmen abgeschätzt.

Zumal die didaktisch sinnvolle Weiterentwicklung von statischen und deterministischen Planungssystemen in Richtung dynamischer und stochastischer Prognosemodelle im Vordergrund steht, ist es nur bedingt das Ziel, ein vollständiges und theoretisch korrektes Modell zu entwickeln. Vielmehr sollen anhand eines einfachen, universell einsetzbaren Beispielmodells die Möglichkeiten aufgezeigt werden, eine deterministische Planung mit Risiken zu hinterlegen. So wurde beispielsweise darauf verzichtet, Großschäden und

Tabelle 8: Gewinn-und-Verlust-Rechnung

Gewinn-und-Verlust-Rechnung
Bruttoprämie
./. Schadenaufwendungen brutto
./. Aufwendungen für Versicherungsbetrieb
versicherungstechnisches Ergebnis (brutto)
./. Rückversicherung
versicherungstechnisches Ergebnis (netto)

deren Rückversicherung mit Verteilungen abzubilden. Auch wurde die didaktisch einfache Dreiecksverteilung zur Beschreibung der Risiken gewählt.

Beschreibung des Planungsmodells und der Parameter

Als Basis des Risikoaggregationsmodells wird eine versicherungstypische Gewinn-und-Verlust-Rechnung herangezogen (siehe Tabelle 8), wobei bis zu zehn verschiedene Sparten betrachtet werden können, die letztlich zum Gesamtunternehmen aggregiert werden.

Die Erfolgsrechnung strukturiert sich in die Blöcke (verdiente) Bruttoprämie, Schadenaufwendungen (brutto), Aufwendungen für den Versicherungsbetrieb sowie Rückversicherung. Ergebnis hieraus ist das versicherungstechnische Ergebnis (netto). Als Zwischenergebnis wird ebenfalls das versicherungstechnische Ergebnis (brutto), also vor Rückversicherung betrachtet.

Die beiden versicherungstechnischen Ergebnisse sind auch die Zielgrößen des Modells. Für sie werden bei der Simulation Häufigkeitsverteilungen generiert und darauf aufbauende risikoadjustierte Kennzahlen berechnet.

Bei der Bruttoprämie wird nach Bestands- und Neugeschäft unterschieden, wobei eine Differenzierung nach Anzahl der abgeschlossenen Verträge und der durchschnittlichen Bruttoprämie pro Vertrag erfolgt. Für das Bestandsgeschäft werden, basierend auf den Werten der Vorperiode, durch die Angabe einer Stornoquote und eines Umtarifierungsfaktors die Werte für die Planperiode berechnet. Vereinfachend wird die durchschnittliche Prämie eines neu abgeschlossenen Vertrags mit der durchschnittlichen Prämie eines Bestandsvertrags gleichgesetzt, um die Umsetzung eines Mengengerüsts zu ermöglichen.

Bezüglich der Schadenaufwendungen (brutto) wird nach Großschäden und Frequenzschäden differenziert. Inputparameter bei den Großschäden sind der erwartete Aufwand für die Großschäden insgesamt und die Zahlungsquote für Großschäden. Durch diese wird angegeben, welcher Anteil der Aufwendungen für Großschäden in der betrachteten Periode tatsächlich ausbezahlt wird. Die Residualgröße der Schadenaufwendungen erhöht die Schadenrückstellungen. Bei den Frequenzschäden werden die Gesamtschadenaufwendungen berechnet als Produkt von Schadenhäufigkeit pro Vertrag und durchschnittlicher Höhe eines Schadens. Analog zu den Großschäden wird auch bei den Frequenzschäden eine Zahlungsquote integriert.

Die Aufwendungen für den Versicherungsbetrieb unterteilen sich in die Positionen Abschlussprovisionen, Bestandspflegeprovisionen und Verwaltungskosten. Hierzu werden jeweils Quoten für die Kosten pro Vertrag angegeben. Für neu abgeschlossene Verträge werden Abschlussprovisionen fällig, für Bestandsverträge Bestandspflegeprovisionen. Die Verwaltungskosten betreffen sowohl Neu- als auch Bestandsverträge.

Bei der Rückversicherung werden die Prämie für die Rückversicherung und die Erträge aus der Rückversicherung gesondert betrachtet. Während die Prämie für die Rückversicherung insgesamt als Prozentsatz der Bruttoprämie angegeben wird, wird bei den Erträgen aus der Rückversicherung nach der Exzedenten-Rückversicherung und der Quoten-Rückversicherung unterschieden. Bei der Quoten-Rückversicherung wird hierfür angegeben, welcher Anteil der Frequenzschäden durch die Rückversicherung gedeckt ist.

Zusammenfassend müssen pro Sparte folgende Parameter eingegeben werden:

- Anzahl der Bestandsverträge in der Vorperiode
- Stornoquote der Bestandsverträge
- durchschnittliche Bruttoprämie bei Bestandsverträgen in der Vorperiode
- Umtarifierung bei Bestandsverträgen
- Anzahl der neu abgeschlossenen Verträge
- Aufwendungen für Großschäden
- Quote für Schadenzahlungen bei Großschäden
- Anzahl der Frequenzschäden pro Vertrag
- durchschnittliche Höhe eines Frequenzschadens
- Quote für Schadenzahlungen bei Frequenzschäden
- Abschlussprovision pro Neuvertrag
- Bestandspflegeprovision pro Bestandsvertrag

- Verwaltungskosten pro Vertrag
- Quote für die Rückversicherungsprämie
- Rückversicherungsquote bei Frequenzschäden
- Rückversicherungsertrag bei Großschäden

Erläuterung der Risiken

Zur Vereinfachung werden im Sinne einer didaktisch sinnvollen Komplexitätsreduktion nicht alle Planparameter mit Risiken – das heißt mit Varianzen oder Standardabweichungen – belegt. Insbesondere werden die Aufwendungen für Großschäden und die Rückversicherung als risikolos angesehen. Allerdings ist hier zu beachten, dass die Rückversicherungsprämie direkt von der Bruttoprämie und die Quoten-Rückversicherung von der Anzahl der Versicherungsverträge abhängt.

Als risikobehaftet werden pro Sparte somit folgende Parameter angenommen:

- Stornoquote bei Bestandsverträgen
- Umtarifierung bei Bestandsverträgen
- Anzahl der neu abgeschlossenen Verträge
- Anzahl der Frequenzschäden pro Vertrag
- durchschnittliche Höhe eines Frequenzschadens
- Abschlussprovision pro Neuvertrag
- Bestandspflegeprovision pro Bestandsvertrag
- Verwaltungskosten pro Vertrag

Vereinfachend wird für jeden dieser Parameter angenommen, dass die Schwankungen durch jeweils eine Dreiecksverteilung dargestellt werden können. Für eine Dreiecksverteilung werden als Inputparameter benötigt:

- das Minimum
- ein wahrscheinlichster Wert (Most Likely Value, MLV)
- das Maximum

Vereinfachend wird angenommen, dass der Planwert den wahrscheinlichsten Wert repräsentiert. Dies bedeutet aber, dass bei einer nicht symmetrischen Verteilung (das heißt die Differenzen von Planwert zu Minimum und Maximum zu Planwert sind unterschiedlich) eine nicht erwartungstreue Planung unterstellt wird.

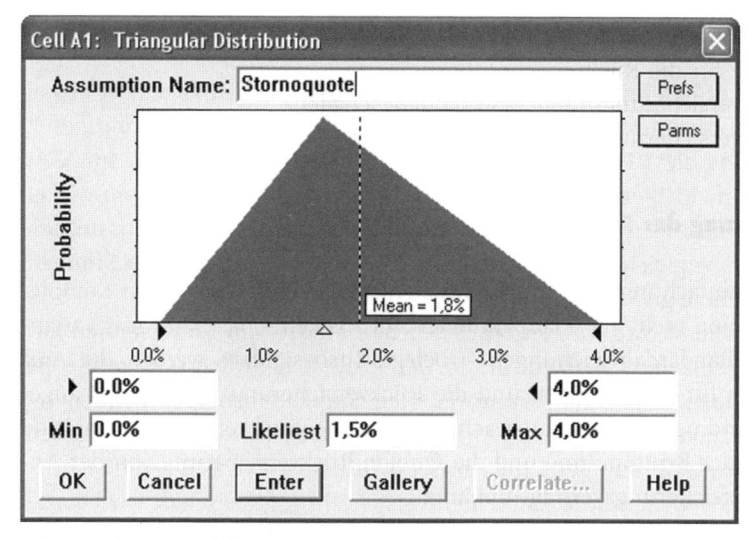

Abbildung 35: Beispiel für Dreiecksverteilung

Tabelle 9: Eingaben zu Risiken pro Sparte

Unfall	Minimum	Planwert	Maximum	Beurteilung der Eingabe
Bestandsgeschäft				
Stornoquote	0,0%	3,0%	4,5%	ok
Umtarifierung	0,0%	3,0%	6,0%	ok
Neugeschäft				
Stückzahl	0,0	6670,4	13340,9	ok
Frequenzschaden				
Schäden pro Vertrag	0,0	0,1	0,1	ok
durchschnittliche Schadenhöhe	0,0	500,0	1500,0	ok
Aufwendungen für Versicherungsbetrieb				
Abschlussprovision pro Neuvertrag	8,9	11,9	14,9	ok
Bestandspflegeprovision pro Bestandsvertrag	17,9	23,8	29,8	ok
Verwaltungskostensatz pro Vertrag	34,8	46,4	58,0	ok

Beschreibung eines einfachen Simulationsmodells

Vorgenommene Vereinfachungen und Modellerweiterungen

Das bisher beschriebene einfache Simulationsmodell ist abgeleitet aus einem (Excel-basierten) Standard-Simulationsmodell für Versicherungsgesellschaften, das die RMCE RiskCon GmbH & Co. KG gemeinsam mit dem Lehrstuhl für Risikomanagement der Fachhochschule Wiesbaden entwickelt hat.[7] Im Folgenden werden kurz einige der Vereinfachungen zusammengefasst, was zugleich die Potenziale für den weiteren Ausbau von Simulationsmodellen zeigt.

Vereinfachend wird im hier beschriebenen Modell von Korrelationen zwischen den einzelnen Risiken, die in der Realität natürlich eine große Bedeutung haben, abgesehen. Im erweiterten Simulationsmodell können solche Korrelationen natürlich zwischen allen Risiken vorgegeben werden. Auch die Modellierung der Großschäden wurde hier deutlich vereinfacht.

In einem erweiterten Modell einer Versicherungsgesellschaft wird vor allem eine Bilanzplanung einbezogen, die auf der Aktivseite zwischen (im Detail spezifizierten, risikobehafteten) Kapitalanlagen und sonstigen (risikolosen) Aktiva unterscheidet. Auf der Passivseite stehen dem gegenüber Eigenkapital und (risikoloses) Fremdkapital (insbesondere in Form von Rückstellungen).

Diese Modellerweiterung um eine Bilanz ermöglicht die Einbeziehung und Optimierung des Asset-Liability-Managements in das Simulationsmodell.

Als risikobehaftet gelten dann zusätzlich folgende Planvariablen:

- Wert der Finanzanlagen[8]
- Prämieneinnahmen (Versicherungsmarktrisiken im Detail)

Auch in diesem erweiterten Simulationsmodell werden sämtliche Risiken letztlich im Eigenkapital der Versicherungsgesellschaft aggregiert[9]. Die Überschuldungswahrscheinlichkeit ist dabei genau die Wahrscheinlichkeit, mit der das Eigenkapital risikobedingt kleiner 0 wird.[10]

---

[7] Weitere Informationen zum erweiterten Simulationsmodell können unter info@rmce.de angefordert werden.

[8] Die Renditen der einzelnen Komponenten der Finanzanlage werden als lognormalverteilt angesehen.

[9] Wichtig ist im Kontext des Ratings die – möglicherweise aufsichtsrechtlich irrelevante – Berücksichtigung auch der Versicherungsmarktrisiken; also aller Risiken.

[10] Von der zweiten Insolvenzursache – der Illiquidität – wird in diesem einfachen Modell ebenso abgesehen wie von weiteren aufsichtsrechtlichen Restriktionen, die eine Versicherungsgesellschaft längst vor einer Aufzehrung des Eigenkapitals bedrohen können.

Tabelle 10: Bilanz

Aktiv	Passiv
Finanzanlagen	Eigenkapital
Sonstige Aktiva	Fremdkapital

Das Eigenkapital der Periode (EK) wird in einem so erweiterten Modell als Residuum mit Hilfe der (differenziert abzubildenden) Finanzanlagen (FA), der sonstigen Aktiva (SA) und des Fremdkapitals (FK) bestimmt:

$EK_t = FA_t + SA_t - FK_t$

Das Fremdkapital der Periode ist das mit dem (thesaurierten) Gewinn (vor Finanzergebnis) der Vorperiode (aus der GuV) geschmälerten Fremdkapital der Vorperiode.

$FK_t = FK_{t-1} - \text{Gewinn}_{t-1}$

Der Konkurs tritt ein, wenn das Eigenkapital, das somit vom versicherungstechnischen Ergebnis und von den (ökonomischen) Wertänderungen der Finanzanlagen abhängt, unter 0 fällt.

$EK_t < 0 \iff \text{Konkurs}$

Somit ist die für das Rating relevante Konkurswahrscheinlichkeit (Probability of Default, PD) der Versicherungsgesellschaft im Simulationsmodell:

$PD = P(EK_t \leq 0)$

Beispielhafte Ergebnisse

Im Folgenden werden die Ergebnisse lediglich für das Simulationsmodell der Plan-Gewinn-und-Verlust-Rechnung betrachtet (ohne Berücksichtigung der zuvor skizzierten Erweiterungen). Die Bilanz (und damit das Anlageergebnis) wird hier also vereinfachend vernachlässigt. Als Zielgrößen werden deshalb in dem Modell für jede Sparte und für das Gesamtunternehmen das versicherungstechnische Ergebnis brutto sowie das versicherungstechnische Ergebnis netto betrachtet.

Für diese Zielgrößen werden in einem Simulationslauf Häufigkeitsverteilungen generiert und daraus jeweils der Erwartungswert, die Standardabweichung und fünf Quantile ermittelt. Welche Quantile bestimmt werden, kann in den Systemeinstellungen hinterlegt werden. Zu den Quantilen werden auch die jeweiligen Value-at-Risk (VaR) berechnet[11]. Der VaR berücksichtigt explizit die – für KonTraG und Solvency II relevanten – Konsequenzen einer besonders ungünstigen Entwicklung für das Unternehmen. Der Value-at-Risk ist dabei definiert als Schadenhöhe, die in einem bestimmten Zeitraum (»Halteperiode« von einem Jahr) mit einer festgelegten Wahrscheinlichkeit (»Konfidenzniveau«, etwa 99,8 Prozent) nicht überschritten wird. Formal gesehen entspricht die Differenz zwischen dem entsprechenden Quantil und dem Erwartungswert einer Verteilung des Eigenkapitals (EK, Risk Based Capital), welches zur Bedeckung des versicherungstechnischen Risikos einer Versicherungssparte notwendig ist.

Die wichtigsten Ergebnisse, nämlich das erwartete (dies muss bei asymmetrischen Verteilungen nicht dem geplanten Wert entsprechen!) versicherungstechnische Ergebnis netto sowie der risikobedingte Eigenkapitalbedarf (Risk Adjusted Capital, RAC) zu einem ausgewählten Konfidenzniveau werden im Cockpit des Modells dargestellt. Es wird hier jeweils auch angezeigt, welchen Anteil die Sparten am Gesamtergebnis haben.

Um den risikobedingten Eigenkapitalbedarf zu bestimmen, wird zu einem ausgewählten Konfidenzniveau (beispielsweise 99,8 Prozent) untersucht, ob das entsprechende Quantil des versicherungstechnischen Ergebnisses netto (also beispielsweise 0,2 Prozent) im negativen Bereich liegt. Der entsprechende Betrag (positiv!) ergibt somit den risikobedingten Eigenkapitalbedarf (siehe Tabelle 12). Die Anteile der Sparten am Gesamtergebnis werden auch grafisch dargestellt (siehe Abbildung 37).

Bei den jeweiligen Anteilen der Sparten am Gesamtergebnis ist zumindest für den risikobedingten Eigenkapitalbedarf zu beachten, dass aufgrund auftretender Diversifikation zwischen den Sparten der risikobedingte Eigenkapitalbedarf des Unternehmens kleiner ist als die Summe der risikobedingten Eigenkapitalbedarfe der Sparten. Dies wird im Modell gesondert ausgewiesen (siehe Tabelle 13).

Folgende Schlussfolgerungen lassen sich unmittelbar aus den Simulationsergebnissen ableiten:

---

[11] Eine ergänzende Berechnung des CVaR (Conditional Value at Risk) ist ebenfalls möglich, was der aktuellen Diskussion um geeignete (konsistente) Risikomaße gerecht wird.

Tabelle 11: CB-Ergebnisse pro Unternehmenseinheit

Versiche-rung AG	Erwartungs-wert	Standard-abweichung	Quantile				
			0,1	0,2	0,5	1	2,5
versicherungs-technisches Ergebnis (brutto)	48.933.327,1	153.680.359,2	−502.193.542,2	−488.677.460,1	−443.706.575,6	−391.427.469,4	−311.017.022,9
versicherungs-technisches Ergebnis (netto)	43.664.223,3	142.021.865,8	−466.440.918,2	−451.455.554,7	−411.570.309,5	−363.613.138,0	−288.521.210,3

Forecast: VTErg_netto Versicherungs AG

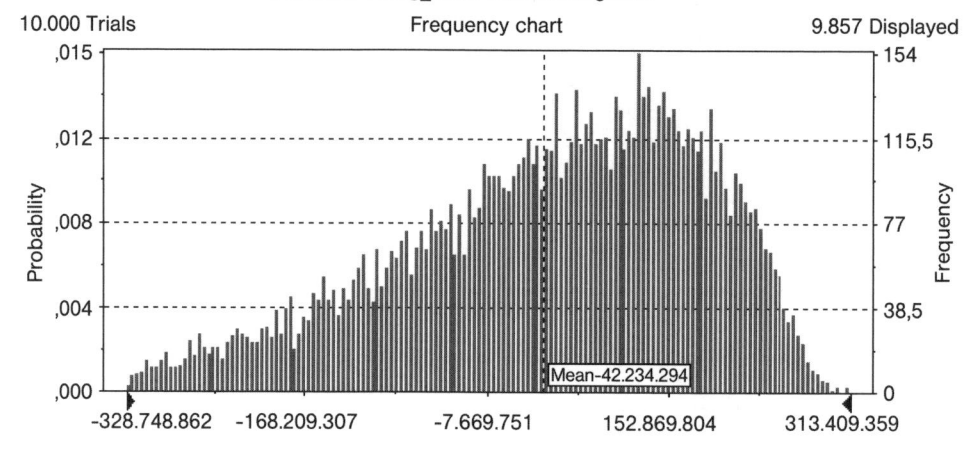

Abbildung 36: Dichtefunktion des operativen Ergebnisses

Tabelle 12: Ergebnisse des Modells im Cockpit

Ergebnisse vom 1.7.2004, 14:16:43 nach 10000 Simulations-Steps	versicherungstechnisches Ergebnis (netto) in Tsd. €		EK-Bedarf zum 0,2-% Konfidenzniveau in Tsd. €	
Versicherung AG	43.664,2		451.456,0	
Unfall	4.851,0	11,1%	19.291,0	3,0%
Haftpflicht	4.270,7	9,8%	48.478,0	7,6%
Kfz	9.711,6	22,2%	477.080,7	75,2%
Feuer	−3.488,9	−8,0%	35.002,0	5,5%
TR/TV	−2.101,5	−4,8%	13.107,1	2,1%
Glas	−83,6	−0,2%	8.338,8	1,3%
VHV	1.770,0	4,1%	33.454,8	5,3%
VGV	28.734,9	65,8%	0,0	0,0%
−	0,0	0,0%	0,0	0,0%
−	0,0	0,0%	0,0	0,0%

1. Der Gesamtrisikoumfang der Versicherungs AG beträgt:
   - bei einem Sicherheitsniveau von **1,0 Prozent 407 Mio. Euro**
   - bei einem Sicherheitsniveau von **0,2 Prozent 495 Mio. Euro**
2. Der Eigenkapitalbedarf beträgt:
   - bei einem Sicherheitsniveau von **1,0 Prozent 364 Mio. Euro**
   - bei einem Sicherheitsniveau von **0,2 Prozent 451 Mio. Euro**
3. Der Eigenkapitalbedarf entspricht bei einem Sicherheitsniveau von 0,2 Prozent etwa 50 Prozent des bilanziellen Eigenkapitals.

versicherungstechnisches Ergebnis (netto) in Tsd. €

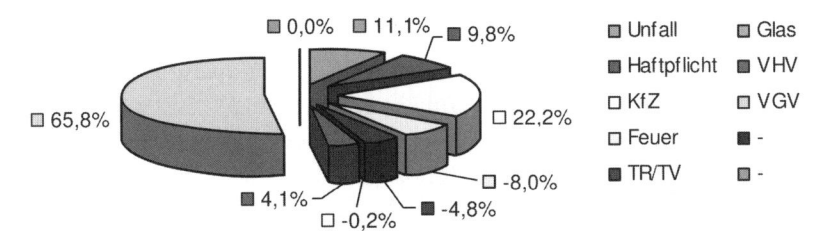

- 65,8%
- 0,0%
- 11,1%
- 9,8%
- 22,2%
- -8,0%
- -4,8%
- -0,2%
- 4,1%

□ Unfall □ Glas
■ Haftpflicht ■ VHV
□ KfZ □ VGV
□ Feuer ■ -
■ TR/TV □ -

Abbildung 37: Anteil Sparten am versicherungstechnischen Ergebnis netto

EK-Bedarf zum 0,2-%-Konfidenzniveau in Tsd. €

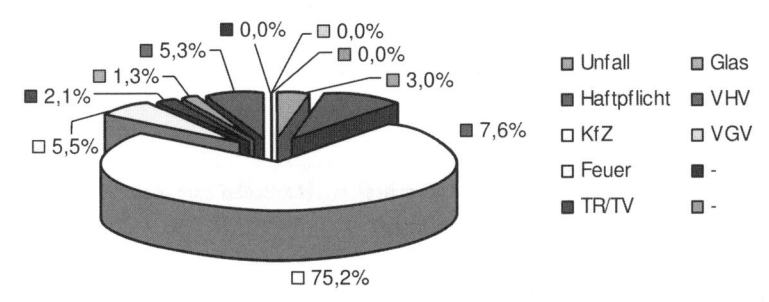

- 0,0%
- 0,0%
- 5,3%
- 0,0%
- 1,3%
- 3,0%
- 2,1%
- 7,6%
- 5,5%
- 75,2%

□ Unfall □ Glas
■ Haftpflicht ■ VHV
□ KfZ □ VGV
□ Feuer ■ -
■ TR/TV □ -

Abbildung 38: Anteil Sparten am Eigenkapitalbedarf

Tabelle 13: Ergebnisse pro Einheit

Ergebnisse	Versicherung AG
versicherungstechnisches Ergebnis (brutto) Anteil	48.933.327,1
versicherungstechnisches Ergebnis (netto) Anteil	43.664.223,3
EK-Bedarf zum 0,2-%-Konfidenzniveau	
EK-Bedarf (undiversifiziert)	634.752.287,3
EK-Bedarf (Anteil)	100,0 %
EK-Bedarf (diversifiziert)	451.455.554,7

Die hier beispielhaft abgebildeten Ergebnisse zeigen, dass die Strukturen des versicherungstechnischen Ergebnisses und des Eigenkapitalbedarfs sich sehr deutlich unterscheiden. Bei einem sehr hohen Anteil am Eigenkapitalbedarf ist das versicherungstechnische Ergebnis der Kfz-Sparte sehr gering. Eine Kennzahl, die beide Ergebnisse miteinander verbindet, ist der RORAC (Return on risk adjusted Capital). Dieser liegt in der Sparte Kfz beispielsweise lediglich bei zwei Prozent (9,7 Mio.:477 Mio). Diese Verzinsung des eingesetzten Eigenkapitals in der Sparte ist offensichtlich unbefriedigend und muss Handlungsbedarf auslösen. Dieser kann von Maßnahmen zur Steigerung der Rentabilität, über eine Reduzierung des Risikos bis auf den Ausstieg aus diesem Geschäftsfeld, also eine neue Zuordnung des Eigenkapitals, führen.

$$RORAC = \frac{\text{versicherungstechnisches Ergebnis}}{\text{Eigenkapitalbedarf}}$$

Anwendungsfelder: Rating, Eigenkapitalallokation und Ableitung von Kapitalkosten

Überlegungen zu Rating und Risikoumfang

Ein wesentlicher Zusatznutzen der hier beschriebenen Simulationsmodelle zur Risikoaggregation besteht darin, dass mit diesen unmittelbar die Wahrscheinlichkeit für Überschuldung und/oder Illiquidität einer Versicherungsgesellschaft berechnet werden kann. Durch die Berechnung der Insolvenzwahrscheinlichkeit (etwa also der Probability of Defaults) mittels eines internen Modells kann man auf die angemessene Ratingstufe schließen[12]. Derartige Risikoaggregationsmodelle sind damit zugleich das adäquate Instrument für eine Selbsteinschätzung eines angemessenen Ratings einer Versicherungsgesellschaft. Diese Information könnte auch in die Prozesse der Erstellung von Ratings – durch externe Ratingagenturen oder Kreditinstitute – mit einfließen. Um diesem Zweck zu genügen, ist es jedoch – wie schon erwähnt – erforderlich, dass sämtliche ökonomisch maßgebliche Risiken in der Betrachtung berücksichtigt werden – insbesondere auch die Versicherungsmarktrisiken und die Anlagerisiken.

---

12) Setzt man dabei das Quantil des VaR nach den Vorgaben der Rating-Agenturen, erkennt man die Bedeutung und den Einsatzbereich dieses Ansatzes im Rahmen der Rating-Diskussion (man vergleiche den RBC-Ansatz von Standard & Poors).

Tabelle 14: Zuordnung von Ausfallwahrscheinlichkeiten zu Ratingstufen

PD	=	0,00% :	AA
PD	⇐	0,01% :	A
PD	⇐	0,15% :	A–
PD	⇐	0,28% :	BBB+
PD	⇐	0,48% :	BBB
PD	⇐	0,78% :	BBB–
PD	⇐	1,37% :	BB+

Die für die Berechnung des Eigenkapitals zu unterstellende Insolvenzwahrscheinlichkeit oder Ausfallwahrscheinlichkeit (PD) – also das Konfidenzniveau des Simulationsmodells – kann aus dem angestrebten Rating abgeleitet werden. Tabelle 14 zeigt dabei die typische Zuordnung von Ausfallwahrscheinlichkeiten zu Ratingstufen (in der S&P-Notation).

Demnach entspricht die PD von 0,2 Prozent etwa einem BBB+-Rating. Das Simulationsmodell kann also einerseits genutzt werden, um aus einem gegebenen Eigenkapital auf die erwartete Wahrscheinlichkeit einer Insolvenz[13] – und damit auf das angemessene Rating – zu schließen. Andererseits kann aus einem angestrebten Rating der Bedarf an Eigenkapital abgeleitet werden.

Überlegungen zur Kapitalallokation und optimaler Rückversicherungspolitik

Bei der Betrachtung der Eigenkapitalallokation im Unternehmen sind eine strategische und eine operative Dimension zu unterscheiden:

- strategisch: In welchen Geschäftsfeldern/Sparten ist der Einsatz von Eigenkapital überhaupt sinnvoll?
- operativ: Wie viel Eigenkapital muss *aktuell* für ein bestehendes Geschäftsfeld zur Risikodeckung (Eigenkapitalbedarf) vorgesehen werden?

Ein Versicherungsunternehmen sollte sich aus strategischer Perspektive grundsätzlich auf Sparten und Tätigkeitsfelder konzentrieren, bei denen die vorhandenen Erfolgspotenziale zum Tragen kommen.

Für eine wertorientierte, strategische Kapitalallokation gelten zudem zwei Regeln:

---

13) Hier vereinfachend nur Wahrscheinlichkeit der Überschuldung.

- Sofern »unbeschränkt« Eigenkapital zur Verfügung steht, sollten alle Unternehmensaktivitäten durchgeführt werden, die einen positiven Wertbeitrag [14] erwarten lassen.
- Wenn das verfügbare Eigenkapital beschränkt ist, sollten genau diejenigen Unternehmensaktivitäten durchgeführt werden, die den höchsten relativen Wertbeitrag (Wert- oder Ertragsbeitrag pro Eigenkapitaleinheit) [15] erwarten lassen.

Für die Berechnung der Kapitalallokation, das heißt das Aufteilen des Eigenkapitalbedarfs (RAC) der gesamten Versicherung auf RAC pro Sparte, gibt es verschiedene Ansätze, die hier nur angerissen werden [16]. Für die strategische Ebene eignet sich oft die Eigenkapitalallokation nach dem marginalen Beitrag einer Sparte zur Gesamtrisikoposition der Gesellschaft. Bei diesem Verfahren wird die Gesamtrisikoposition mehrmals berechnet, nämlich jeweils mit und ohne die jeweiligen Sparten. Die Differenz bestimmt das zuzuweisende RAC. Für die operative Kapitalzuteilung (und die eng damit verknüpfte Performancemessung) dient meist das RAC der Sparte ohne Berücksichtigung der Zugehörigkeit zum Unternehmen, was Diversifikationseffekte vernachlässigt.

Die bisherigen Ausführungen konzentrierten sich auf die Zuordnung des Eigenkapitals bei gegebenem Risiko. Durch Rückversicherung kann die Risikoposition optimiert werden. Es werden die in der Risikoanalyse aggregierten Risiken nach Bewältigungsgesichtspunkten strukturiert und die Rückversicherungsstrategie definiert. Mittels Kombination von Rückversicherungsvarianten wird das Risikokapital des ganzen Versicherungsunternehmens unter Berücksichtigung von Kosten-Nutzen-Betrachtungen optimiert. Dabei geht es insbesondere darum, die optimalen Selbstbehalte der einzelnen Sparten zu bestimmen.

Mit Hilfe der Simulationsmodelle ist damit neben der Berechnung der (operativen) Eigenkapitalallokation durch Szenario- und Optimierungsrechnungen auch die Ableitung einer optimalen Rückversicherungsstrategie möglich. Der beste Erfolgsmaßstab zum Vergleich der Alternativen ist dabei der Unternehmenswert, der Risiko und erwartete Rendite in einer Kennzahl verbindet.

14) Dabei ist die erwartete Rendite größer als der risikoabhängige Kapitalkostensatz.
15) Dieser lässt sich beispielsweise berechnen mit dem bereits erwähnten RORAC, also dem Verhältnis von erwartetem Gewinn zu Eigenkapitalbedarf (= Risiko).
16) Vgl. vertiefend Gleißner, W.; Lienhard, H.: Wertorientierte Kapitalallokation – ein Schlüssel zum Unternehmenserfolg. In: Gleißner, W./Meier, G.: Wertorientiertes Risikomanagement. S. 269–288, 2001.

Wertorientiertes Management:
Die Ableitung von Kapitalkostensätzen

Neben den bisher vorgestellten Anwendungsfeldern bieten Simulationsmodelle für die Risikoaggregation auch die Grundlage für die Weiterentwicklung von wertorientierten Unternehmensführungsmodellen[17]. Diesen fehlt heute nämlich noch häufig eine klare Fundierung ihrer risikoabhängigen Kapitalkostensätze, also der Diskontierungszinsen der zukünftig erwarteten Erträge. Offensichtlich müssen die risikoabhängigen Kapitalkostensätze (WACC) vom tatsächlichen Risikoumfang eines Unternehmens abhängig sein. Genau diese Informationen lassen sich aus den Simulationsergebnissen der Risikoaggregation ableiten. Der häufig im wertorientierten Management anzutreffende »Umweg« bei der Bestimmung der Kapitalkostensätze, nämlich die ausschließliche Beschaffung von Kapitalmarktdaten, ist wenig überzeugend. Das häufig zur Herleitung von Kapitalkostensätzen genutzte Capital-Asset-Pricing-Modell (CAPM) ist theoretisch zweifelhaft und empirisch kaum mehr zu verteidigen: Es unterstellt vollkommene, effiziente Kapitalmärkte. Dies impliziert, dass alle Käufer und Verkäufer von Aktien die Risikosituation eines Unternehmens genau so gut einschätzen können wie die Unternehmensführung selbst. Diese Annahme ist sicherlich – gerade bei Versicherungsgesellschaften – wenig haltbar. Es ist realitätsnäher, anzunehmen, dass das Unternehmen selbst seine Risikosituation besser einschätzen kann als der Kapitalmarkt.

Auf Grund der bestehenden Informationsvorteile sollten Versicherungsgesellschaften daher die Kapitalkostensätze (jeder Sparte!) für ihre wertorientierte Steuerung auf Grundlage der Erkenntnisse der Risikoaggregation ableiten. Unternehmenswert oder EVA werden dann auf Grundlage von Kapitalkostensätzen berechnet, die die tatsächliche Risikosituation widerspiegeln, und die Erkenntnisse des Risikomanagements fließen über den Weg der Kapitalkostensätze unmittelbar in unternehmerische Entscheidungen ein. Dies ermöglicht ein Abwägen von erwarteten Erträgen und den damit verbundenen Risiken bei wichtigen Entscheidungen.

---

[17] Vgl. hierzu Gleißner, W.: FutureValue – 12 Module für eine wertorientierte strategische Unternehmensführung. 2004.

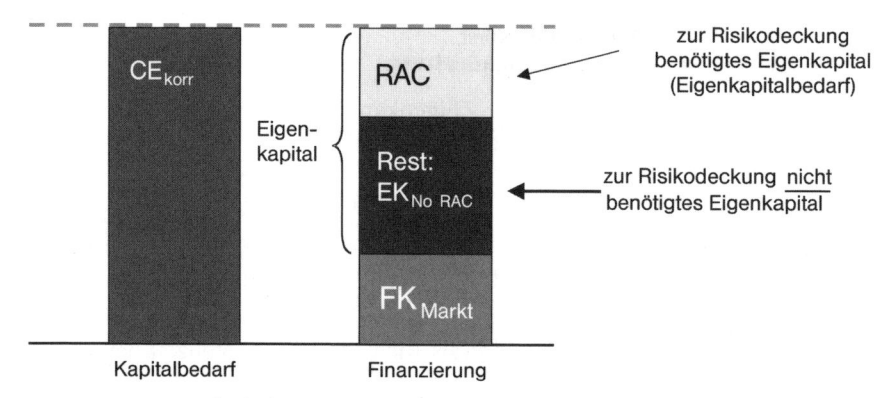

Abbildung 39: Kapitalbedarf und Finanzierung

Für die konkrete Bestimmung eines risikoangepassten Kapitalkostensatzes bietet sich ein modifizierter WACC-Ansatz (Weighted Average Costs of Capital [18]) an [19]. Dabei wird unterstellt, dass nur risikotragendes Eigenkapital (Eigenkapitalbedarf, RAC) auch eine Risikoprämie verdient. Der Eigenkapitalkostensatz basiert hierbei auf einem Opportunitätskostenkalkül: Welche Rendite wäre *langfristig* für das benötigte Eigenkapital in einer Alternativanlage erzielbar, wenn man bestimmte Risikocharakteristika (Ausfallwahrscheinlichkeit und gegebenenfalls auch weitere Risikoparameter) unterstellt? [20]

Bei dieser Betrachtung wird das einem Unternehmen insgesamt zur Verfügung stehende Eigenkapital gedanklich getrennt in einen risikotragenden Teil (RAC) und einen Teil, der zur Abdeckung risikobedingter Verluste (bei gegebenen ratingabhängigen Konfidenzniveaus) eigentlich nicht erforderlich ist und somit keinen (kalkulatorischen) Kostenaufschlag gegenüber einer Fremdkapitalfinanzierung (mit identischer Ausfallwahrscheinlichkeit) rechtfertigt.

Der Kapitalkostensatz berechnet sich nun in Abhängigkeit des risikoabhängigen Eigenkapitalbedarfs, der unmittelbar aus dem Simulationsmodell entnommen wird, wie folgt:

18) = gewichtete durchschnittliche Kapitalkosten.
19) Zur Methodik dieser »risikodeckungsorientierten Konzepte« siehe Gleißner, W.: Wertorientierte Analyse der Unternehmensplanung. In: *Finanz Betrieb*, 7/8, 2002; sowie Gleißner, W./Berger, T.: Die Ableitung von Kapitalkostensätzen aus dem Risikoinventar eines Unternehmens – ein Fallbeispiel. In: UM – Unternehmenswert und Management, 4/2003.
20) Durch die Ableitung des Eigenkapitalbedarfs zu einem vorgegebenen (z. B. aus dem angestrebten Rating abgeleiteten) Konfidenzniveau wird schon eine gewisse Normierung für alle Unternehmen gleichen Ratings erreicht.

$$\text{WACC} = k_{EK} \times \frac{\text{Eigenkapitalbedarf}}{\text{Gesamtkapital}} + k_{FK} \times \frac{\text{Gesamtkapital} - \text{Eigenkapitalbedarf}}{\text{Gesamtkapital}} \times (1-s)$$

Die Einzelrisiken der Versicherungsgesellschaft bestimmen so den aggregierten Gesamtrisikoumfang und damit über den Eigenkapitalbedarf (RAC) den Kapitalkostensatz (WACC), der wiederum den Unternehmenswert beeinflusst. Je höher die Risiken des Unternehmens oder einer Sparte sind, desto mehr teures Eigenkapital wird als Risikodeckungspotenzial benötigt.

Schlussfolgerungen

Für eine fundierte Bewertung alternativer unternehmerischer Maßnahmen einer Versicherungsgesellschaft ist die Rendite allein als Erfolgsmaßstab untauglich[21]. Grundsätzlich ist es erforderlich, neben der Wirkung auf die Rentabilität auch die Wirkungen auf den Risikoumfang und damit den Eigenkapitalbedarf und den Kapitalkostensatz zu erfassen. Damit bietet es sich an, direkt den Wertbeitrag von verschiedenen unternehmerischen Maßnahmen (zum Beispiel alternativen Strategien oder Risikobewältigungsmaßnahmen) zu bestimmen. Diese Nutzung des Unternehmenswertes als Erfolgsmaßstab ist ein Grundgedanke des wertorientierten Managements und sollte gerade bei Versicherungsgesellschaften offensichtlich sein, weil diese gezielt Rendite durch das Eingehen (kalkulierter) Risiken erzielen. Größtes Problem ist heute noch die Bestimmung der Kapitalkostensätze, die den Risikoumfang widerspiegeln und eine Mindesthöhe für eine angemessene Rendite angeben[22]. Die jeweiligen Risiken jeder Sparte einer Versicherungsgesellschaft beeinflussen über den Eigenkapitalbedarf die Kapitalkostensätze (Diskontierungszinssätze). Mit den Simulationsmodellen wie dem in diesem Beitrag erläuterten können diese Kapitalkostensätze basierend auf unternehmensinternen Informationen abgeleitet werden, womit spartenspezifische Anforderungen an die zu erwartenden Renditen entstehen. Auch die unmittelbare Ableitung des angemessenen Ratings ist so möglich.

---

21) vgl. Gleißner, W.: FutureValue – 12 Modelle für eine wertorientierte strategische Unternehmensführung. 2004.
22) Vgl. zum Beispiel Schierenbeck, R.: Value Controlling. 2002; sowie Pfennig, M.: Shareholder Value durch unternehmensweites Risikomanagement. In: Johanning, L./Rudolph, B.: Handbuch Risikomanagement. 2000, S. 1295–1332.

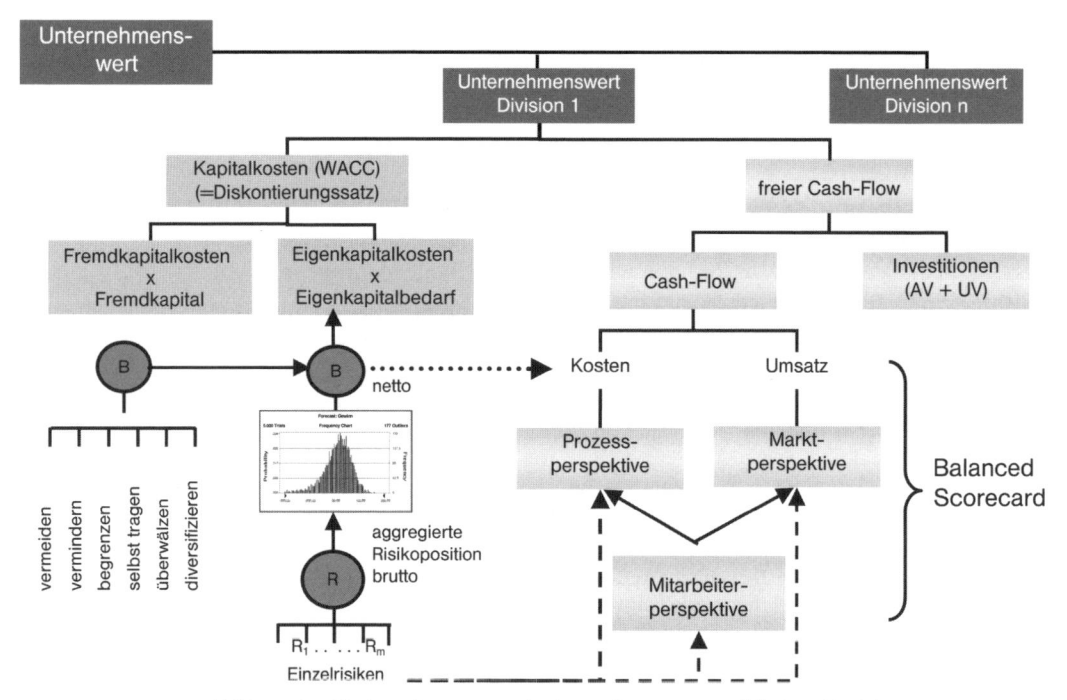

Abbildung 40: Ein integriertes wertorientiertes Steuerungsmodell einer Versicherung

Insgesamt bieten Simulationsmodelle zur Risikoaggregation weit mehr als nur die Erfüllung aufsichtsrechtlicher Anforderungen, speziell durch Solvency II. Sie sind das Fundament für

- die Eigenkapitalallokation zwischen den Sparten
- die Ableitung eines Ratings
- das Asset-Liability-Management
- die Optimierung der Rückversicherungspolitik
- die Ableitung risikoadäquater Kapitalkostensätze und damit die wertorientierte Unternehmenssteuerung – speziell den Performancevergleich der Sparten.

Solvency II bietet so möglicherweise den Anstoß zum Ausbau integrierter wertorientierter Gesamtsteuerungsansätze von Versicherungsgesellschaften auf Basis von Simulationsmodellen, die zukünftig auch die strategische

Steuerung mittels Balanced Scorecard einschließen können (vgl. Abbildung 40 [23]). Damit bieten sich große Potenziale für eine effizientere und noch fundiertere Unternehmensführung in Versicherungsgesellschaften.

Literatur

Gleißner, W.:	FutureValue – 12 Module für eine wertorientierte strategische Unternehmensführung. 2004.
Gleißner, W.:	Wertorientierte Analyse der Unternehmensplanung. In: FINANZ BETRIEB, 7/8, 2002.
Gleißner, W./Berger, T.:	Die Ableitung von Kapitalkostensätzen aus dem Risikoinventar eines Unternehmens – ein Fallbeispiel. In: UM – Unternehmenswert und Management, 4/2003.
Gleißner, W./Meier, G.:	Wertorientiertes Risikomanagement. Wiesbaden 2001.
Johanning, L./Rudolph, B.:	Handbuch Risikomanagement. Bad Soden/Ts. 2000, S. 1295–1332.
Müller-Reichart, M.:	Dynamische Verfeinerung linearer Hypothesen. In: Versicherungswirtschaft 58. Jahrgang, S. 318–323.
Müller-Reichart, M./ Lauwe, M.:	Versicherungsspartenspezifische quantitative Risikomanagement-Modelle am Beispiel der Berufshaftpflichtversicherung der Architekten und Ingenieure. In: Zeitschrift für Versicherungswesen, 55. Jahrgang, Ausgaben 2 und 3, 2004.
Romeike, F./Finke, R.:	Erfolgsfaktor Risikomanagement. Wiesbaden 2003.
Schierenbeck, H./Lister, M.:	Value Controlling. München 2002.

---

[23] Vgl. Gleißner, W.: Balanced Scorecard und Risikomanagement als Bausteine eines integrierten Managementsystems. S. 301–314. In: Romeike; F./Finke, R.: Erfolgsfaktor Risikomanagement. 2003, S. 309 ff.; sowie Gleißner, W.: FutureValue. 2004, S. 255–286.

Dynamische Finanzanalyse (DFA) in der Versicherungswirtschaft

Frank Romeike

Traditionelle und integrierte Entscheidungsprozesse im Versicherungsunternehmen

Während sich auf der einen Seite die Produktlandschaft gravierend verändert hat und die Substitutionskonkurrenz permanent zunimmt, sieht auf der anderen Seite auch die Risikolandkarte für ein Versicherungsunternehmen heute aufgrund der kapitalmarktseitigen, demographischen, sozialen und politischen Veränderungen völlig anders aus als noch einige Jahrzehnte zuvor. Gleichzeitig sind in den vergangenen Jahren die Anforderungen der Kapitalmarktteilnehmer und Ratingagenturen an die Profitabilität der Unternehmen gestiegen. Kurzum: Der Versicherungsmarkt ist gekennzeichnet durch einen verschärften Wettbewerb um Marktanteile bei sinkenden Gewinnmargen. Eine Lösung dieser Herausforderungen bedingt eine Analyse der herkömmlichen Entscheidungsprozesse in der Assekuranz.

Nimmt man die traditionellen Entscheidungsprozesse in einem Versicherungsunternehmen genauer unter die Lupe, so erkennt man, dass die Informationen häufig bilateral zwischen den einzelnen Bereichen, Abteilungen oder Organisationseinheiten ausgetauscht werden. Nicht selten basieren die Informationen auf partiellen Informationen, die auf diversen »Unternehmensinseln« isoliert generiert und verarbeitet werden. Entscheidungen werden quasi in den einzelnen »Unternehmenssilos« des Versicherers getroffen (siehe Abbildung 41). So werden die versicherungstechnischen Risiken nicht selten isoliert auf der Seite des »Underwriting« gesteuert, während die Kapitalanlageseite Markt- und Kreditrisiken weitestgehend separat analysiert und kontrolliert. In der Praxis der Assekuranz wird beispielsweise der Rückversicherungsschutz häufig pro Versicherungssparte eingekauft, ohne den Rückversicherungseinkauf sparten- und unternehmensübergreifend zu optimieren. Ergänzend und isoliert werden Hedgingstrategien für bestimmte Finanzrisiken initiiert und durchgeführt. Erst in der jüngsten Vergangenheit hat die Assekuranz erkannt, dass diese »Kommunikations- und Informationsschlucht« zwischen den einzelnen Unternehmensberei-

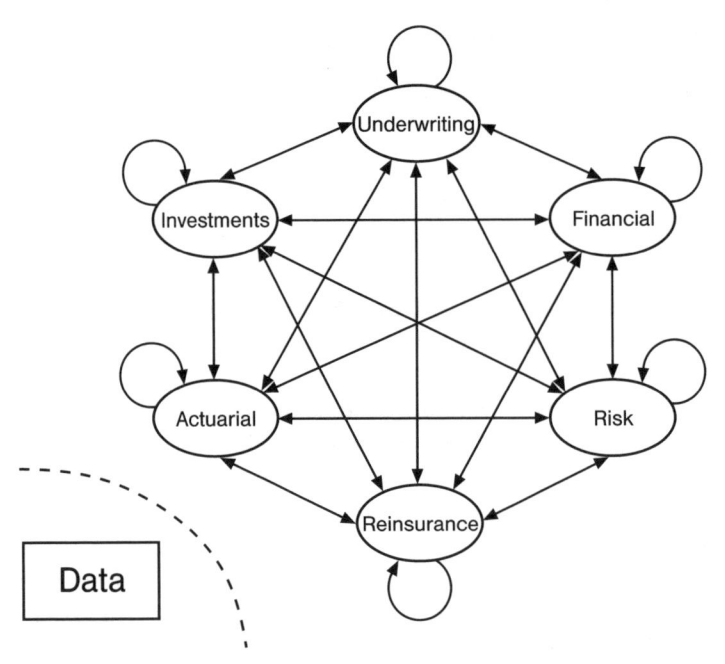

Abbildung 41: Traditionelle Entscheidungsfindung im Versicherungsunternehmen

chen überbrückt werden muss. Diese notwendige Brücke zwischen Versicherungstechnik und Kapitalanlagen fehlte zwar auch schon in einem Umfeld »einfacher« Versicherungsprodukte und stabiler Kapitalmärkte, wird jedoch bei komplexen Produkten und volatilen Versicherungs- und Kapitalmärkten unabdingbar.

Die Ergebnisse dieses traditionellen Entscheidungsprozesses sind häufig:

- eine zeitaufwendige und teure Informationsbeschaffung
- inkonsistente Annahmen bei der Entscheidungsfindung basierend auf verschiedenen und inkonsistenten Informationsquellen
- eine nur partielle Berücksichtigung aller relevanten Informationsquellen bei der Entscheidungsfindung, insbesondere beeinflusst durch einen hohen Zeitdruck bei der Informationsgenerierung
- eine mangelnde Verwendung von zweckmäßigen quantitativen Entscheidungsgrundlagen

In der Praxis kann vor allem auch beobachtet werden, dass dem Entscheidungsprozess entweder partielle oder lediglich aggregierte Daten vorliegen. Für eine optimale Entscheidungsfindung sind aber vor allem Detaildaten auf Transaktionsebene wichtig. Ohne diese Detailinformationen ist es sehr schwierig festzustellen, welche Versicherungssparten oder Organisationseinheiten profitabel sind oder welche Risiken mit bestimmten Geschäftsbereichen verknüpft sind.

Da nicht selten die einzelnen Abteilungen und Bereiche ihre eigenen Analysewerkzeuge für ihre Entscheidungsprozesse entwickeln, finden Entscheidungen im Versicherungsunternehmen häufig auf einzelnen Informationsinseln statt. Zudem basieren die Entscheidungen nicht selten auf rein qualitativen Methoden und Informationen. Derartige Systeme ermöglichen nur eine sehr oberflächliche und rein subjektive Analyse und Entscheidungsfindung. Abhängigkeiten zwischen einzelnen Organisationseinheiten werden nur sehr selten berücksichtigt, was oft zu Widersprüchen in den Entscheidungsgrundlagen führt. Ein solcher Entscheidungsprozess ist nicht nur ineffizient, sondern führt aus Sicht des Gesamtunternehmens vor allem zu suboptimalen Entscheidungen.

Eine gute Performance im Versicherungsunternehmen kann nur erreicht werden, wenn der Wertschöpfungsprozess im Unternehmen mit dem Risikomanagement und dem Kapitalmanagement in Einklang gebracht wird. Die Integration und Optimierung dieser drei Prozesse wird mit dem Terminus »Dynamic-Financial-Management« beziehungsweise Dynamische Finanzanalyse (auch als Dynamic Financial Analysis, DFA bezeichnet) zusammengefasst.

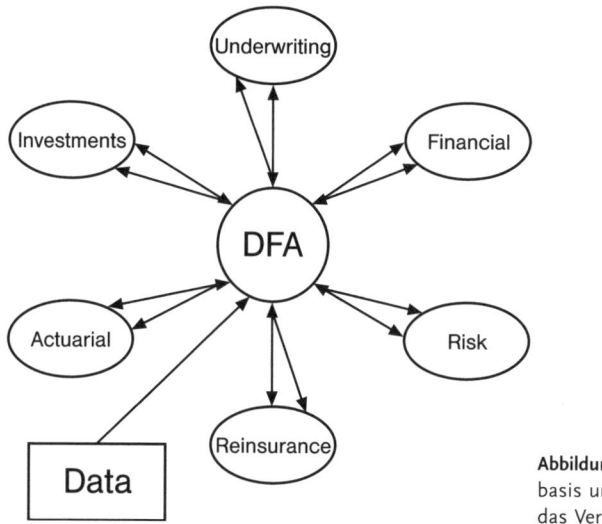

Abbildung 42: Integrierte Datenbasis und ganzheitliche Sicht auf das Versicherungsunternehmen

Die wichtigste Eigenschaft der DFA ist die integrierte und ganzheitliche Sicht auf das gesamte Versicherungsunternehmen, basierend auf einer einheitlichen und integrierten Datenbasis (siehe Abbildung 42). In der Praxis des Versicherungsunternehmens ist dies insbesondere mit den folgenden Vorteilen verbunden:

- minimaler Zeitaufwand für die Beschaffung von Informationen
- die Informationen werden grundsätzlich von der Funktion beziehungsweise Organisationseinheit bereitgestellt, die diese Informationen am schnellsten und kostengünstigsten und in adäquater Qualität zur Verfügung stellen kann
- jede Organisationseinheit im Versicherungsunternehmen greift auf dieselben Eingaben zu, was zu konsistenten Annahmen und Entscheidungsgrundlagen führt

Bei der DFA werden insbesondere die Interaktionen zwischen den einzelnen Organisationseinheiten, Risiken und makroökonomischen Parametern berücksichtigt und fließen in den gesamten Entscheidungsprozess ein. DFA-Modelle bilden in der Regel die komplette Finanzstruktur (einschließlich Rechnungswesen und Steuerrecht) eines Versicherungsunternehmens ab und ermöglichen daher die Projektion von Bilanz und Gewinn-und-Verlust-Rechnung. DFA-Modelle basieren im Wesentlichen auf einer Simulation der potenziellen Pfade in die Unternehmenszukunft (siehe Abbildung 43).

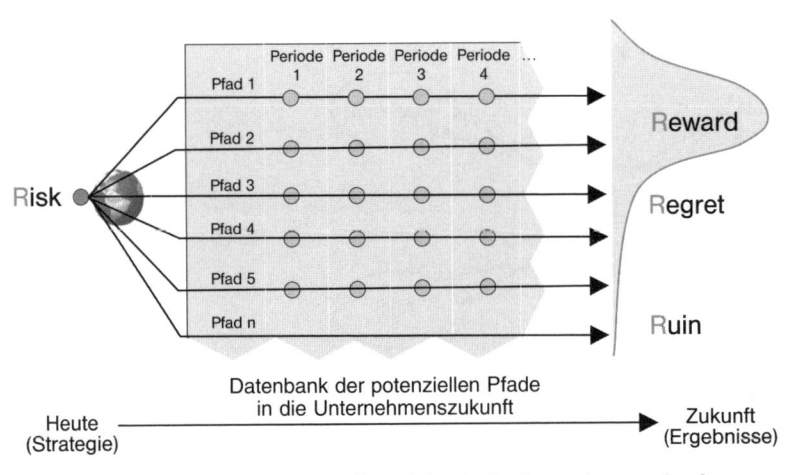

Abbildung 43: Simulation von potenziellen Pfaden in die Unternehmenszukunft

Methodisch basieren DFA-Modelle auf einer stochastischen Simulation, das heißt, im Anschluss an die Modellierung wird mit einer großen Anzahl von Zufallszahlen eine Vielzahl von Modellrealisierungen (Pfaden) simuliert. Risiken führen somit auch zu unterschiedlichen Modellrealisationen (Reward, Regret, Ruin).

Die Monte-Carlo-Simulation als methodische Grundlage eines DFA-Modells

Der Simulationsprozess einer DFA-Simulation basiert methodisch auf einer Monte-Carlo-Simulation. Dabei handelt es sich um eine statistische Methode, mit der das Verhalten dynamischer Systeme untersucht werden kann, ohne dass die exakten Eingabedaten bekannt sein müssen, das heißt, es werden »Zufälle« generiert (vergleichbar mit einem Würfelspiel).

Der Name kann dabei auf die Spielbank in Monte Carlo zurückgeführt werden, da man die statistischen Methoden, die der Monte-Carlo-Theorie zugrunde liegen, auch im Bereich der Spieltheorie wieder findet. Die Resultate der Roulettetische sollen auch die ersten Zufallszahlen gewesen sein, die man für die Methode eingesetzt hat.

Ein in Lehrbüchern häufig genanntes Beispiel für Monte-Carlo-Methoden ist die Berechnung der Zahl Pi aus dem Vergleich von zufällig gebildeten Punktepaaren innerhalb eines Quadrats mit der Kantenlänge eins und eines Viertelkreises mit dem Radius eins, dessen Ursprung in einem Eckpunkt des Quadrats liegt. Aus zwei gleich verteilten Zufallsfolgen bildet man zufällige Paare, die man geometrisch als Punkte innerhalb dieser Region auffassen kann. Vergleicht man nun die Zahl der Punkte im Viertelkreis mit allen Punkten in dem Quadrat, lässt sich aus dem mathematischen Modell schnell die Zahl Pi bestimmen.

Absolute Voraussetzung für die Anwendung der Monte-Carlo-Simulation sind detaillierte Kenntnisse über das Verhalten eines Systems (etwa eines Versicherungsunternehmens) in Form eines mathematischen Modells. Aus diesem Modell wird ein statistisches Modell entwickelt, so dass für einen Eingabewert Vorhersagen über die Ergebnisse möglich sind. Dieses statistische Modell wird nun mit tausenden von Zufallszahlen untersucht, die in Abhängigkeit von dem zugrunde liegenden Modell einer bestimmten statistischen Verteilungsfunktion (Normal-, Gamma-, Gleich-, Binomial-, Poisson-Verteilung) folgen.

Funktionsweise und Modellierungskonzept der Dynamischen Finanzanalyse (DFA)

Die Dynamische Finanzanalyse betrachtet ein Versicherungsunternehmen quasi aus der »Vogelperspektive« und nicht wie üblich aus einem bestimmten Blickwinkel. Vielmehr verfolgt DFA einen integrierten Ansatz und verknüpft »Enterprise-Wide-Risk-Management« mit einem strategischen Entscheidungsunterstützungstool. DFA könnte man, allgemein gesprochen, auch mit einem »Flugsimulator für Entscheidungsträger« in Versicherungsunternehmen vergleichen. Mit Hilfe eines DFA-Modells können zukünftige Entscheidungen und deren Auswirkungen auf das Unternehmen »auf sicherem Boden« simuliert werden. Dabei adressiert DFA sowohl Kapitalanlagenmanagement, Investmentstrategien, Rückversicherungsstrategien als auch strategisches Asset-Liability-Management.

Bei der Dynamischen Finanzanalyse handelt es sich um eine Simulationstechnik basierend auf einer integrierten Modellierung zur Analyse der gesamten Finanz- und Risikolage eines Versicherungsunternehmens über einen definierten Zeitraum. DFA wurde ursprünglich im Bereich der Schaden- und Unfallversicherung entwickelt und gewinnt heute aber auch zunehmend bei Lebensversicherungsunternehmen an Bedeutung. Bei DFA werden insbesondere die komplexen und gegenseitigen Abhängigkeiten zwischen den das Ergebnis beeinflussenden Faktoren berücksichtigt. Daher unterstützt DFA vor allem auch eine integrierte Unternehmenssteuerung unter Berücksichtigung aller Risikofaktoren (Kapitalanlagen, Versicherungstechnik).

Im Wesentlichen besteht ein DFA-Modell aus den folgenden vier Komponenten (siehe Abbildung 44):

- Modellierung beziehungsweise Definition der Anfangsbedingungen
- Simulation beziehungsweise Szenariengenerator
- Analyse und Optimierer
- Ergebnisse und Entscheidungen

Jedes DFA-Modell beginnt mit der Erstellung eines stochastischen Modells. Hierbei werden beispielsweise die versicherungstechnischen Risiken basierend auf geschätzten Schadenfrequenzen und Schadenhöhen modelliert. Hierbei können sowohl die spezifischen Schadenabwicklungen für einzelne Versicherungssparten als auch die Verteilungen der Endschadenlasten modelliert werden. Die Markt- und Kreditrisiken werden mit entsprechenden makroökonomischen Marktmodellen berücksichtigt. Ergänzend

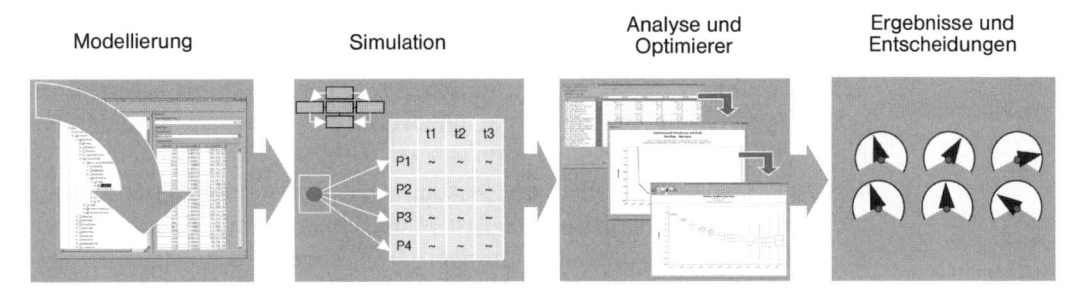

Abbildung 44: Die Prozessphasen eines DFA-Modells

wird auch das aktuelle Rückversicherungsportfolio des Versicherers im Modell berücksichtigt.

So können mit einem DFA-Modell verschiedene alternative Anlage-, Finanzierungs- und Rückversicherungsentscheidungen simuliert werden. Ist es beispielsweise sinnvoll, eine aggressivere Anlagestrategie zu verfolgen und weniger Geld für den Einkauf von Rückversicherungsschutz auszugeben, oder ist das Gegenteil von Vorteil? Sollte die Rückversicherungsstruktur insgesamt überdacht werden?

Basierend auf der Verknüpfung der Risiken sowie resultierend aus der Versicherungstechnik, dem Kapitalanlage- und Rückversicherungsportfolio, werden sodann die Cashflows des Projektionszeitraums modelliert. Dies beinhaltet auch die Modellierung einer statistischen Verteilung der Cashflows. Daher haben die Entscheidungen hinsichtlich Rückversicherungs-, Kapitalanlage- oder Underwritingstrategie einen wesentlichen Einfluss auf die simulierten Ergebnisse beziehungsweise Cashflows. Die verschiedenen Simulationen reflektieren verschiedene mögliche Ergebnisse der zugrunde liegenden Risiken, etwa verschiedene Entwicklungen der Zinssätze auf den Kapitalmärkten oder der Aktienmärkte oder auch von Extremereignissen (etwa Naturkatastrophen beziehungsweise operationellen Risiken), die sich in einigen Simulationen ereignen und in anderen nicht.

Bei der Analyse der unterschiedlichen Szenarien beziehungsweise Strategiealternativen ist es daher wichtig als Vergleichsmaßstab eine Basisstrategie zugrunde zu legen. Welche Kennzahlen beziehungsweise Statistiken im Mittelpunkt einer DFA stehen sollen, richtet sich nach den Präferenzen und Zielen der Entscheidungsträger. In einem nächsten Schritt werden die simulierten Ergebnisse in eine Planbilanz überführt. Bei der Transformation der relevanten Aktiv- und Passivposten werden vor allem auch die anzuwendenden Bilanzierungsvorschriften sowie Zu- und Abschreibungen berücksichtigt.

Bei der Interpretation der Ergebnisse ist in jedem Fall zu berücksichtigen, dass diese immer nur so gut sein können, wie die im Modelldesign zugrunde gelegten Annahmen und die Modellstruktur mit Daten von ausreichender Qualität kalibriert wurden. Auch hier gilt die alte Binsenweisheit von Datenbankadministratoren »garbage in – garbage out« (gigo). Unbedingte Voraussetzung für eine erfolgreiche Umsetzung eines DFA-Projekts ist gute Datenqualität. Die wichtigsten Kriterien für eine adäquate Datenqualität können wie folgt zusammengefasst werden:

- Konsistenz: Sind die Daten widerspruchsfrei?
- Korrektheit: Stimmen die Daten mit der Realität überein?
- Vollständigkeit: Sind die Attribute und Werte sowie Metadaten komplett?
- Genauigkeit: Ist der Detaillierungsgrad beziehungsweise die Granularität ausreichend?
- Zuverlässigkeit und Glaubwürdigkeit: Sind die Datenquellen und Datentransformationen bekannt und glaubwürdig?
- Verständlichkeit: Sind die Daten inhaltlich und technisch für die jeweilige Zielgruppe verständlich beschrieben?
- Relevanz: Welchen Zweck sollen die Daten erfüllen?

Im Analyseprozess sollte auch überprüft werden, inwieweit Artefakte auftreten, die durch die jeweilige Modellierung des Versicherungsunternehmens entstehen können. So kann sich beispielsweise herausstellen, dass die Kalibrierung oder das Modelldesign nicht adäquat sind.

Mit Hilfe eines DFA-Modells können beispielsweise die folgenden praxisrelevanten Fragen beantwortet werden:

- Wie viel ökonomisches beziehungsweise regulatorisches Kapital benötigt das Unternehmen?
- Wie und wo erfolgt die Wertschöpfung des Unternehmens?
- Ist die Leistung/Performance des Unternehmens adäquat?
- Welche Produkte haben eine adäquate Performance?
- Was sind die maßgeblichen Verbindlichkeiten?
- Welche Konsequenzen hat der aktuelle Incentive-Plan (Anreiz-/Bonussystem) auf das Unternehmensergebnis?
- Wie kann das regulatorische beziehungsweise ökonomische Eigenkapital optimiert beziehungsweise reduziert werden?

- Welche Rückversicherungsverträge stellen auch eine tatsächliche Wertschöpfung dar?
- In welchem Bereich sollte der Versicherer noch zusätzlichen Rückversicherungsschutz einkaufen?
- Was wäre ein angemessener Preis für den Rückversicherungsschutz unter Berücksichtigung der projizierten zedierten Verluste?
- Wie groß ist der potenzielle Kumul- beziehungsweise Katastrophenschaden?
- Steht dem potenziellen Kumul- beziehungsweise Katastrophenrisiko ein adäquates Kapital gegenüber?
- Welches sind die wesentlichen Risiken (Markt-, Kreditrisiko, operationelle Risiken, versicherungstechnische Risiken) des Versicherers?
- Wie hoch wäre der höchst mögliche Schaden bei einem Konfidenzniveau von beispielsweise 95 Prozent über einen bestimmten Zeitraum, beispielsweise drei Monaten?
- Wie hoch ist der Tail-Value-at-Risk (TailVaR)? Der TailVaR ist definiert als der Erwartungswert der Extremereignisse und wird auch von der IAA Insurer Solvency Assessment Working Party als »kohärentes« Risikomaß empfohlen. Allerdings hat der TailVaR auch den Nachteil, dass am »äußeren Rand« der Verteilung häufig keine ausreichenden historischen Daten ermittelt werden können.
- Wie hoch ist das Risikopotenzial bezogen auf die versicherungstechnischen Risiken beziehungsweise Risiken resultierend aus der Investmenttätigkeit?
- Wie verteilt sich das Risikopotenzial auf die einzelnen Sparten beziehungsweise Produkte?
- Wie verteilt sich das Risikopotenzial auf die verschiedenen Kapitalanlagen?

Ein einfaches Beispiel soll im Folgenden die grundsätzliche Vorgehensweise eines DFA-Modells bei der Lösung eines praxisrelevanten Entscheidungsproblems demonstrieren. Selbstverständlich wird anhand des Beispiels nur ein sehr kleines Spektrum eines komplexen DFA-Modells fokussiert.

In unserem Beispiel möchten die Entscheidungsträger des Versicherungsunternehmens wissen, wie sich die Performance der Gesellschaft in den nächsten fünf Jahren unter Beibehaltung der aktuellen Strategie entwickeln wird. Hierbei wurden im Modell die aktuelle Kapitalanlage-, Underwriting- und Rückversicherungsstrategie berücksichtigt. In dem Beispiel wird außerdem unterstellt, dass der Versicherer den risikoadjustierten lang-

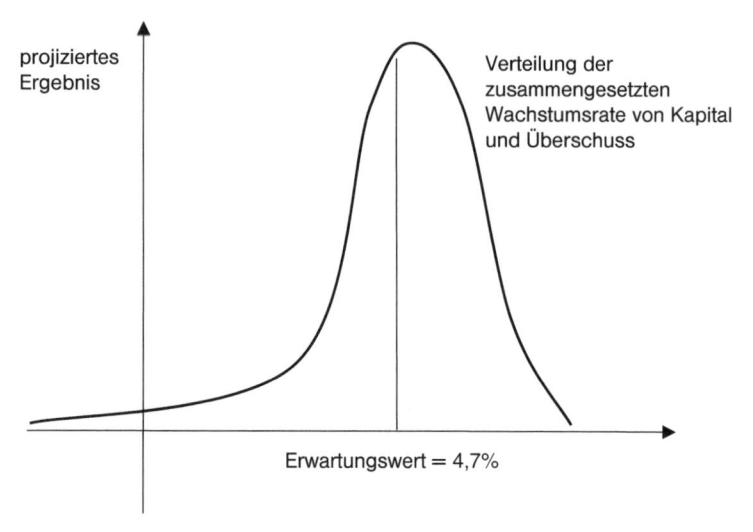

Abbildung 45: Wie wird die Performance der Gesellschaft in den nächsten fünf Jahren unter Beibehaltung der aktuellen Strategie aussehen?

fristigen Unternehmenswert maximieren möchte. Die regulatorischen und steuerlichen Anforderungen sowie makroökonomischen Anfangsbedingungen (Inflation, Wachstum des BIP) sind adäquat modelliert.

Die Ergebnisse der Simulation wurden vom Szenariengenerator in die folgende Verteilung transformiert (siehe Abbildung 45).

Basierend auf der bisherigen Kapitalanlage-, Underwriting- und Rückversicherungsstrategie wird ein mittleres Jahresergebnis von +4,7 Prozent erwartet. Aus der Verteilungsfunktion resultiert, dass die Wahrscheinlichkeit eines Verlustes bei etwa 13 Prozent liegt.

Es liegt nahe, dass sich in einem nächsten Schritt die Entscheidungsträger dafür interessieren, welche Geschäftsbereiche die Gewinne des Unternehmens reduzieren. Das DFA-Modell soll daher die Frage beantworten, wie das Versicherungsunternehmen das Risiko von Verlustereignissen verringern kann.

Die Ergebnisse der DFA-Simulation sind in Abbildung 46 zusammengefasst.

Die Analyse der Modellresultate zeigt, dass für Sparte B ein unterdurchschnittliches Ergebnis prognostiziert wird. Der erwartete Gewinn liegt bei – 8,1 Prozent, im schlechtesten Fall sogar bei – 12,6 Prozent. In 92 Prozent der analysierten Szenarien werden mit Sparte B negative Ergebnisse erzielt.

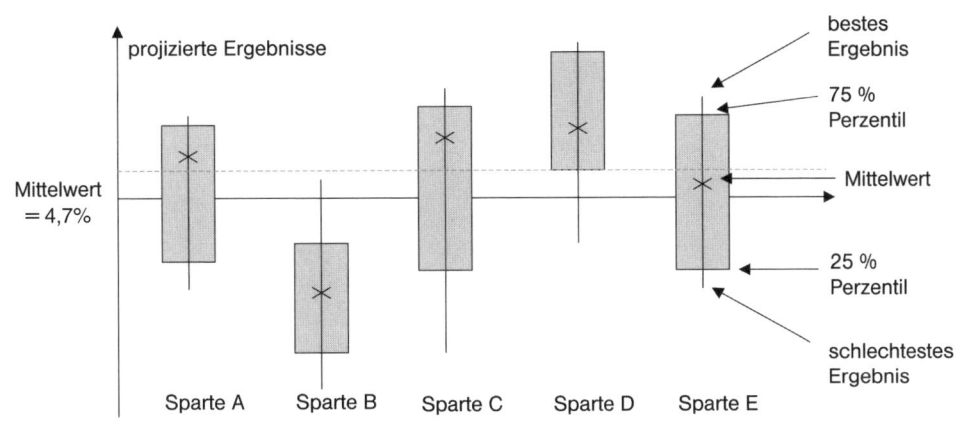

Abbildung 46: Welche Geschäftsbereiche reduzieren den erwarteten Gewinn des Unternehmens?

Die DFA macht außerdem transparent, dass ohne Sparte B das Unternehmensergebnis unseres Beispielversicherers auf 5,8 Prozent steigen würde.

In einem nächsten Schritt werden sich die Entscheidungsträger möglicherweise dafür interessieren, was die Ursachen dafür sind, dass die Performance für Sparte B suboptimal verläuft und das Gesamtergebnis negativ beeinflusst. Das Management wird nach entscheidungsrelevanten Informationen suchen, um anschließend darüber zu entscheiden, mit welchen Schritten die Unternehmensergebnisse verbessert werden können. So soll das DFA-Modell in einem nächsten Schritt die Frage beantworten, wie das Ergebnis von Sparte B durch die aktuelle Rückversicherungsstrategie beeinflusst wird. In der Praxis werden DFA-Modelle sehr häufig zur Betrachtung alternativer Anlage- und Rückversicherungsstrategien eingesetzt.

Die Ergebnisse der DFA-Simulation sind in Abbildung 47 zusammengefasst. Jeder Stern repräsentiert dabei das Simulationsergebnis eines einzelnen Zukunftspfades – mit und ohne spezielle Rückversicherung für Sparte B.

Eine Analyse der Ergebnisse zeigt, dass die Bandbreite der Combined Ratio (Summe aus Schadenquote und Kostenquote) durch die Rückversicherung erheblich reduziert wird, allerdings zu signifikanten Kosten: der Mittelwert steigt von 102 Prozent bei Combined Ratio (brutto) auf 107 Prozent bei Combined Ratio (netto).

Ein Entscheidungsträger im Versicherungsunternehmen wird sich in einem nächsten Analyseschritt die Frage stellen, ob der Preis für den Einkauf des Rückversicherungsschutzes angemessen ist. Möglicherweise sollte zur

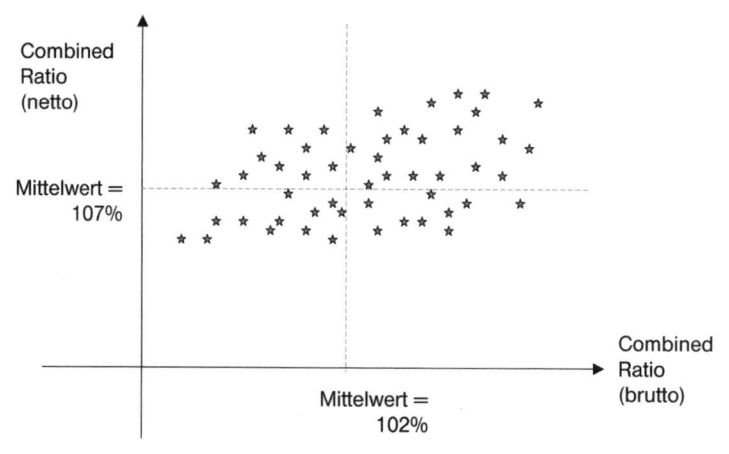

Abbildung 47: Wie wird das Ergebnis von B durch die Rückversicherung beeinflusst?

Reduzierung der passivseitigen Risiken die Ausgestaltung des Rückversicherungsvertrags verbessert werden.

Abbildung 48 zeigt das Ergebnis der Analyse auf die Frage, inwieweit der Preis für den Rückversicherungsvertrag für Sparte B angemessen ist.

Die Analyse der Modellresultate zeigt, dass die Sparte B im Durchschnitt vor Einkauf von Rückversicherungsschutz profitabel ist. Den Prämieneinnahmen von 78 Millionen Euro stehen Schäden und Kapitalkosten von 76

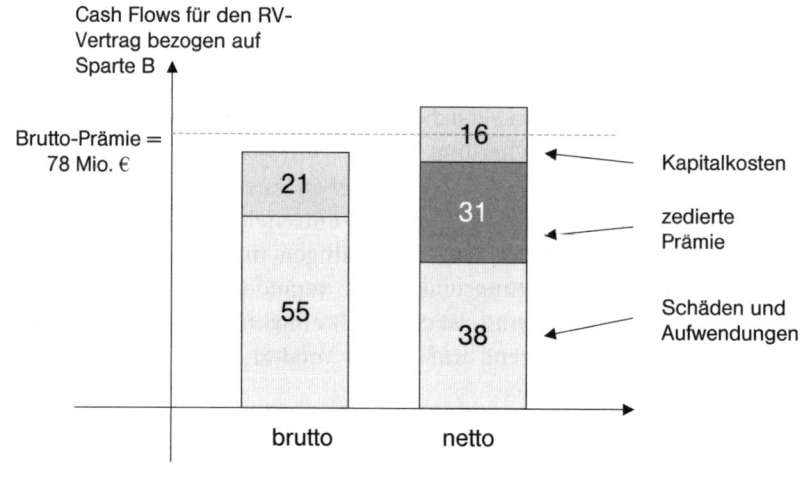

Abbildung 48: Ist der Preis für den Rückversicherungsvertrag für Sparte B angemessen?

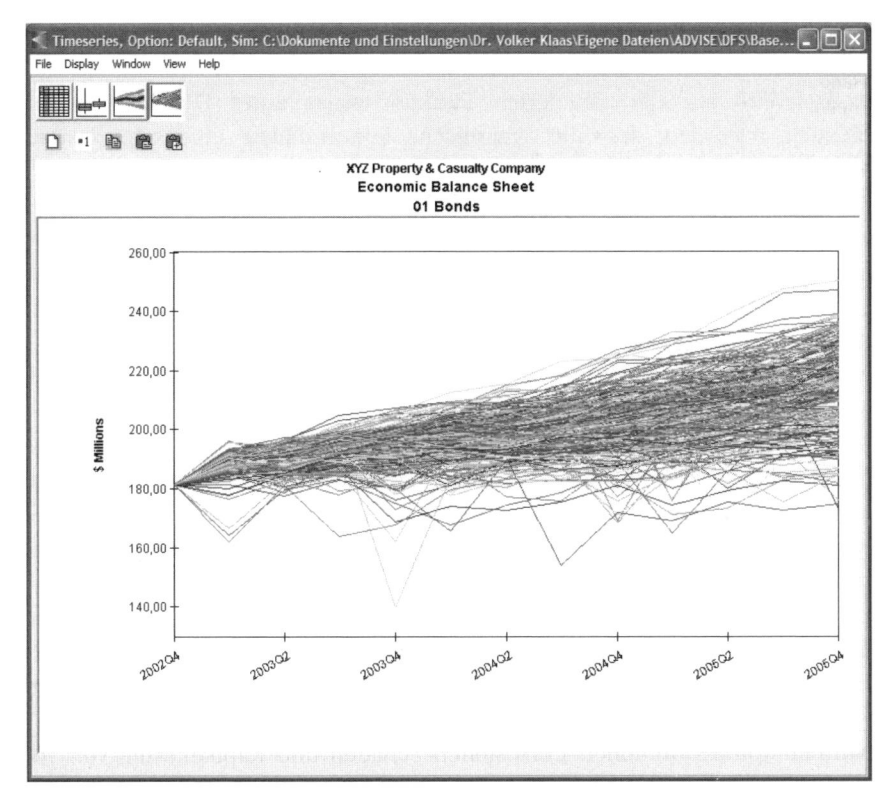

Abbildung 49: Beispiel für eine Ergebnissimulation mit ADVISE (DFA Capital Management)

Millionen Euro gegenüber. Obwohl die Rückversicherung die Schäden im Selbstbehalt und auch die Kapitalkosten reduziert, wird dieses Ergebnis durch die Kosten für den Rückversicherungsschutz mehr als aufgewogen, da der Einkauf des Rückversicherungsschutzes um etwa 7 Millionen Euro zu teuer ist.

In einem nächsten Schritt wird sich der Entscheidungsträger im Versicherungsunternehmen mit der Frage beschäftigen müssen, inwieweit die Konditionen des Rückversicherungseinkaufs so verändert werden, dass hierdurch auch eine Preisreduzierung der Sparte B eintritt. Abbildung 49 zeigt die Ergebnissimulation basierend auf einem modernen und integrierten DFA-Tool.

Zusammenfassung und Ausblick

Basierend auf der skizzierten Funktionsweise eines DFA-Modells ist deutlich geworden, dass die dynamische Finanzanalyse eine sehr flexible Modellierung des gesamten Versicherungsunternehmens »aus der Makroperspektive« ermöglicht, um unterschiedliche Sachverhalte und Zielgrößen zu simulieren. Hierbei werden vor allem zukünftige Entwicklungen auf gegenwärtigen Strategien und Wahrscheinlichkeiten alternativer Entwicklungen prognostiziert. Somit haben die Entscheidungsträger im Versicherungsunternehmen ein flexibles Werkzeug, um Strategien zu simulieren, zu analysieren und zu optimieren. In jedem Fall erfordern die Modellierung und stochastische Simulationen eines Versicherungsunternehmens eine adäquate Softwareunterstützung (hier sei beispielhaft ADVISE von DFA Capital Management erwähnt). Einfache Excel-basierte Lösungen führen in einer komplexen Unternehmenspraxis recht häufig zu fehlerhaften Schlussfolgerungen beziehungsweise Entscheidungen, da die dynamischen Zusammenhänge nicht korrekt abgebildet und interpretiert wurden. In diesem Zusammenhang muss auch noch einmal betont werden, dass es sich bei DFA-Lösungen lediglich um Entscheidungsunterstützungssysteme handelt, die in jedem Fall nur eine Entscheidungshilfe sind und sowohl die Managemententscheidung als auch die Verantwortung nicht ersetzen können. DFA-Modelle erhöhen jedoch die Transparenz der Entscheidungsgrundlagen und strukturieren die relevanten Parameter.

Parallel fordern auch die Kapitalmärkte und Ratingagenturen eine höhere Transparenz der Versicherungsunternehmen. So fordert etwa der im Jahr 2002 veröffentlichte Deutsche Corporate Governance Kodex (DCGK) eine wesentlich höhere Transparenz der Unternehmen und gibt konkrete Handlungsempfehlungen und -anregungen für Vorstände und Aufsichtsräte börsennotierter (Versicherungs-)Unternehmen. Der Kodex soll vor allem die Transparenz deutscher Unternehmen insbesondere für ausländische Investoren erhöhen und das Vertrauen in sie stärken. Er ist eng mit dem am 26. Juli 2002 in Kraft getretenen Transparenz- und Publizitätsgesetz (TransPuG) verzahnt, welches die Rechte der Aufsichtsräte erweitert und die Berichtspflichten des Vorstands verschärft.

Auch der im Jahr 2002 vom US-Präsidenten unterzeichnete Sarbanes-Oxley Act (SOA) hat sich zum Ziel gesetzt, die Transparenz der Unternehmen zu fördern und das Vertrauen der Anleger in die Rechnungslegung wiederherzustellen sowie die Anleger zu schützen. Der SOA regelt die Verantwortlichkeiten der Unternehmensführung und der Wirtschaftsprüfer grundlegend neu und definiert Regeln für die Zusammenarbeit von Unternehmen und Wirtschaftsprüfern. Anlass für das Gesetzgebungsverfahren waren die Unternehmenszusammenbrüche von Enron und WorldCom. Vorausgegangen waren diesen Zusammenbrüchen Bilanzskandale, die nicht nur in der US-amerikanischen Öffentlichkeit, sondern auch weltweit in einer bislang nicht gekannten Intensität diskutiert wurden.

Zusammenfassend kann festgestellt werden, dass ein DFA-Modell – anders als oft unterstellt – keine geheimnisvolle Blackbox ist. Vielmehr bietet ein DFA-Modell den Unternehmenslenkern eine Entscheidungsunterstützung basierend auf einem komplexen, dynamischen und integrierten Modell, bei dem sowohl die Underwriting- und Kapitalanlage- als auch die Rückversicherungsstrategie simultan analysiert werden. Insbesondere auch bei der Entwicklung neuer und integrierter Produkte kann ein DFA-Modell eine wertvolle Unterstützung bieten, da mittels Modellierung und Simulation die Interaktion verschiedener Risiken integriert analysiert und die Komplexität derartiger Produkte transparent gemacht werden.

Literatur

Blum, P./Dacorogna:	DFA – Dynamic Financial Analysis. In: Encyclopedia of Actuarial Science. John Wiley & Sons, Hoboken 2004.
Fishman, G.:	Monte Carlo – Concepts, Algorithms and Applications. Springer Verlag, Berlin 1996.
Gleißner, W.:	Identifikation, Messung und Aggregation von Risiken. In: Gleißner, W./Meier, G.: Wertorientiertes Risikomanagement für Industrie und Handel. Gabler Verlag 2001.
Gleißner, W.:	Auf nach Monte Carlo – Simulationsverfahren zur Risiko-Aggregation. In: RISKNEWS, Februar/März 2004 S. 31 ff.
Romeike, F.:	Die Auswirkungen von Solvency II auf die Versicherungswirtschaft. In: RATING aktuell, Januar/Februar 2003, Heft 1, S. 26–29.
Romeike, F.:	Basel II und die Versicherungswirtschaft. In: Zeitschrift für Versicherungswesen, 53. Jahrgang, 15. Mai 2002, Heft 10.

Umfangreiche Informationen zu DFA sind auf der Website der Casualty Actuarial Society zusammengefasst, inkl. des DFA Research Handbook: http://www.casact.org/research/dfa/

Strategische und operative Risiken

Frank Romeike

Einer uralten Risikokategorie auf der Spur

Verfolgt man die Diskussion um operationelle Risiken, insbesondere vor dem Hintergrund der neuen Baseler Eigenkapitalvereinbarung (in Deutschland auch kurz Basel II nach dem Sitz der »Bank für Internationalen Zahlungsausgleich« und in England, in Anlehnung an die »Bank for International Settlements«, BISMARK II genannt), so hat man das Gefühl, dass in den vergangenen Jahren, spätestens seit dem 11. September, eine völlig neue Risikokategorie geboren wurde. Ein Blick in die Geschichte zeigt jedoch: Die Unsicherheiten darüber, was die Zukunft bringen wird, führten in allen Kulturen und Epochen zu (Risikomanagement-)Praktiken, die den Schleier der Ungewissheit zerreißen sollten. Dieser Schleier war vor allem von strategischen und operationellen Risiken belegt, den ältesten Risiken der Welt.

In der jüngsten Vergangenheit wurden im Risikomanagement der Banken primär Markt- und Kreditrisiken betrachtet. Versicherungen fokussierten sich ergänzend auch auf das Management der versicherungstechnischen Risiken. Spektakuläre Unternehmenszusammenbrüche oder Beinahezusammenbrüche ließen sowohl bei den Aufsichtsbehörden für Finanzdienstleister als auch bei den Unternehmen die Einsicht reifen, dass die Steuerung von operationellen Risiken ein integraler Bestandteil des Risikomanagements sein muss. Insbesondere der milliardenschwere Sanierungsfall des LTCM-Hedgefonds (Long Term Capital Management) sowie der Untergang der BCCI (Bank for Credit and Commerce International) führten den Verantwortlichen die Bedeutung eines professionellen Operational-Risk-Managements drastisch vor Augen. Eine der bekanntesten Beispiele für Unternehmenszusammenbrüche, die sich auf operationelle Risiken zurückführen lassen, sind der Zusammenbruch der Barings Bank im Jahr 1995 durch fehlende Trennung der Verantwortlichkeiten und mangelhafte Überwachung des Händlers Nicholas Leeson in Singapur sowie erhebliche Verluste bei Morgan Grenfell Asset Management, basierend auf der Verletzung der Anlagevorschriften für Aktienfonds durch Peter Young im Jahr 1997.

Auch die terroristischen Anschläge vom 11. September 2001 fallen in die Kategorie der operationellen Risiken.

Sehr häufig sind operationelle Risiken in einer Kausalkette mit strategischen Risiken beziehungsweise dem strategischen Management verbunden. Operationelle Risiken können allgemein in

- operative und
- strategische Risiken

unterteilt werden. Technische Risiken, Katastrophen- und Verhaltensrisiken können zu den operativen Risiken gezählt werden, während die strategischen Risiken im Wesentlichen Investitions- und Ereignisrisiken umfassen.

Im Mittelpunkt der strategischen Führung, die immer auch mit Risiken und Chancen verbunden ist, steht die Schaffung von Erfolgspotenzialen. Strategisches Management reflektiert die Fähigkeit eines Unternehmens, das intern und extern verursachte Kräftespiel auszubalancieren und Ressourcen optimal einzusetzen, dass die unternehmerischen Ziele realisiert werden können. Hierbei werden etwa die folgenden Fragen beantwortet:

- In welchen (strategischen) Geschäftsfeldern sind wir tätig (Versicherungssparten, Regionen)?
- In welchen Geschäftsfeldern können wir tätig sein?
- In welchen Geschäftsfeldern wollen wir tätig sein?
- Wie können wir dies erreichen?

Zwangsläufig muss man sich beim strategischen Management auch mit dem Management von Risiken beschäftigen. Denn strategische Risiken resultieren aus Fehlern in der strategischen Planung beziehungsweise dem strategischen Management eines Versicherungsunternehmens. Resultierend aus der folgenden Definition des Risikobegriffs wird deutlich, dass jedwede unternehmerische (strategische) Entscheidung Risiken beinhaltet:

- Risiko als die Gefahr des Misslingens einer Leistung
- Risiko als die Gefahr einer Fehlentscheidung
- Risiko als die Gefahr negativer Zielerreichung

Strategische Risiken in einem Versicherungsunternehmen können zum einen aus der Strategieentwicklung (falsches Instrumentarium), aus der Strategieimplementierung (mangelhafte Projektorganisation, keine adäquaten Personalkapazitäten, mangelnde strategische Konsequenz, falsche Ressourcenallokation), dem strategischen Controlling (fehlendes Instrumentarium, keine adäquate Organisation) und zum anderen auch aus einer fehlerhaften beziehungsweise nicht adäquaten Informationsanalyse (Umweltanalyse, Marktanalyse, Wettbewerbsanalyse, Unternehmensanalyse) resultieren. Durch die immer engere Verzahnung der Geschäftsprozesse mit den IT-Prozessen haben in den vergangenen Jahren insbesondere auch eine klare IT-Strategie sowie das Management der damit verbundenen Risiken in Versicherungen an Bedeutung gewonnen.

Strategische Risiken in einem Versicherungsunternehmen können typischerweise durch die folgenden Merkmale gekennzeichnet werden:

- sie sind hochgradig komplex miteinander vernetzt, das heißt strategische Risiken weisen vielfache Wechselbeziehungen zu anderen, etwa versicherungstechnischen Risiken auf,
- sie bestehen über einen längeren Zeitraum,
- sie sind stark abhängig von ihrer Umwelt,
- sie sind relativ umfangreich,
- sie lassen sich nur sehr schwer quantifizieren.

Versicherungsunternehmen, die auch in Zukunft erfolgreich sein wollen, müssen Strategien schnell umsetzen und gleichzeitig Risiken bei der Strategieentwicklung und -umsetzung proaktiv steuern. Hierbei hilft etwa die Balanced Scorecard weiter. Sie ist ein geeignetes Instrument, um die strategischen Ansätze des Topmanagements in greifbare Kennzahlen umzuwandeln. Gleichzeitig werden kausale Abhängigkeiten zwischen den einzelnen Kennzahlen aufgezeigt. Ergebniszahlen (Lag Indicators) und deren Leistungstreiber (Lead Indicators) werden über Ursache-Wirkung-Ketten definiert. Dies ist gleichzeitig das Fundament für ein effizientes Frühwarnsystem im Operational-Risk-Management. Ziel der Balanced Scorecard ist es vor allem, alle Unternehmensprozesse auf die Strategie auszurichten. Weitere Details hierzu finden Sie im Kapitel »Die Integration des Risikomanagements in das Konzept der Balanced Scorecard«.

Insbesondere die komplexe Verknüpfung der Einzelrisiken ist von besonderer Bedeutung für das Management strategischer und operationeller Risiken. In der unternehmerischen Praxis kann man sehr häufig beobachten, dass bei einem umfassenden Blick auf das Ganze manchmal der größte Baum zu einem Bonsai wird. Dies heißt nichts anderes, als dass man insbesondere nach einer Analyse von Unternehmenszusammenbrüchen und Insolvenzursachen erkennen wird, dass Risikokategorien nicht losgelöst voneinander erfasst werden können, sondern vielmehr durch positive und negative Rückkoppelungen miteinander verbunden sind. Sehr häufig ist ein ganzes Bündel von unterschiedlichen Risikokategorien für den Zusammenbruch eines Unternehmens verantwortlich.

In der Praxis der Unternehmen (insbesondere im Finanzdienstleistungsbereich) wird man jedoch erkennen, dass Risiken in einzelnen Silos (Marktrisiko, Kreditrisiko, operationelle Risiken, versicherungstechnische Risiken) analysiert und gesteuert werden. Die Ursache hierfür liegt unter anderem an den »siloorientierten« Organisationsstrukturen sowie den daran ausgerichteten Problemlösungswerkzeugen. Vor diesem Hintergrund ist systematisches Denken im Risikomanagement besonders wichtig. Hierbei steht der Gedanke im Vordergrund, die Komplexität zu reduzieren und gleichzeitig die Risikolandkarte als Ganzes zu betrachten (quasi aus der Vogelperspektive). Die Risikosituation eines Unternehmens kann nur dann umfassend erfasst werden, wenn man die Komplexität der Vernetztheit sowie das System aus der Makroperspektive analysiert. Dies bedeutet jedoch keinesfalls, dass die Details vernachlässigt werden dürfen. Die Risikoursachen sind sehr oft in den Details (etwa der Prozesse) zu finden.

Bei der Bewertung der Gesamtrisikolage (»Risk Exposure«) ist zu berücksichtigen, dass kompensatorische beziehungsweise kumulative Effekte der Einzelrisiken dazu führen, dass das Gesamtrisiko nicht identisch mit der Summe der Einzelrisiken ist. Diese Tatsache wird in der betrieblichen Praxis nicht selten ebenso vernachlässigt wie die Frage, welche relative Bedeutung Einzelrisiken für die Gesamtrisikolage haben (Sensitivitätsanalyse). Möglicherweise sind bestimmte Einzelrisiken isoliert betrachtet von nachrangiger Bedeutung, während sie kumulativ ein bestandsgefährdendes Risiko darstellen.

Beispiele für typische operationelle Risiken im Versicherungsunternehmen

Operationelle Risiken resultieren aus der Gefahr von Verlusten, die aufgrund der Unangemessenheit oder des Versagens von internen Verfahren, Menschen oder Systemen oder von externen Ereignissen eintreten. Verallgemeinert kann man sagen, dass operationelle Risiken aus Schwächen in den Geschäftsprozessen, in der Informationstechnologie, beim Personal oder in der Unternehmenskultur resultieren. Damit wird deutlich, dass operationelle Risiken in fast allen Unternehmensbereichen und Branchen latent vorhanden sind. Insbesondere fehlerhafte Methoden, inadäquate Prozesse, ungenügende Kontrollmechanismen sowie ineffiziente Abläufe können in kürzester Zeit irreversible Schäden anrichten.

Versicherungsunternehmen verdienen mit dem Management operationeller Risiken auf der einen Seite ihr Geld und müssen auf der anderen Seite ihre eigenen operationellen Risiken steuern. Heute handelt es sich bei den operationellen Risiken um den typischen Serverausfall, den Brandschaden im Rechenzentrum, den Überschwemmungsschaden in der Tiefgarage, die Verwüstungen durch den Hurrikan Andrew in den USA und auf den Bahamas, die Schäden durch das Northridge-Erdbeben in Kalifornien, die Betrügereien eines Nicholas Leeson bei seinem Arbeitgeber Barings oder eben auch die terroristischen Angriffe auf das World Trade Center vom 11. September 2001.

Tatsache ist, dass operationelle Risiken bereits da waren, bevor man überhaupt das erste Mal über Markt-, Kreditrisiken oder auch andere Risiken nachgedacht hat. Bereits vor der Gründung eines Unternehmens geht man operationelle Risiken ein. Operationelle Risiken sind schlichtweg die ältesten Risiken der Welt. Wahrscheinlich gibt es sie schon seit der Entstehung des modernen Risikobegriffs ab dem 15. Jahrhundert in den europäischen Volkssprachen. Und auch der etymologische Ursprung des Risikobegriffs, der sich aus dem frühitalienischen »risco«, die Klippe, die es zu umschiffen gilt, ableitet, deutet bereits auf operationelle Risiken hin. Und überhaupt war die Seefahrt immer schon mit operationellen Risiken konfrontiert.

Identifikation und Quantifizierung operationeller Risiken

Insbesondere ihre Komplexität und Vielschichtigkeit sowie das inhärente menschliche Verhalten erschweren die vollständige Identifikation und Erfassung operationeller Risiken. Operationelle Risiken sind vor allem durch eine heterogene Risikolandkarte gekennzeichnet (siehe Abbildung 50). Neben Frequenzschäden (hohe Schadeneintrittswahrscheinlichkeit, geringes Schadenausmaß) liegt der Fokus bei der Steuerung operationeller Risiken vor allem bei Katastrophenrisiken (geringe Schadeneintrittswahrscheinlichkeit, hohes Schadenausmaß). Derartige Risiken treten diskontinuierlich auf und können sowohl auf interne als auch auf externe Ursachen zurückgeführt werden. Die Heterogenität der Risikolandkarte im Bereich der operationellen Risiken hat auch direkte Auswirkungen auf die Quantifizierung. Während bei Frequenzschäden historische Verlustinformationen vorliegen, ist eine quantitative Bewertung basierend auf empirischen Verteilungen möglich und sinnvoll. Bei Katastrophenereignissen liegen in der Regel keine ausreichenden Daten vor, so dass man theoretische Zufallsverteilungen

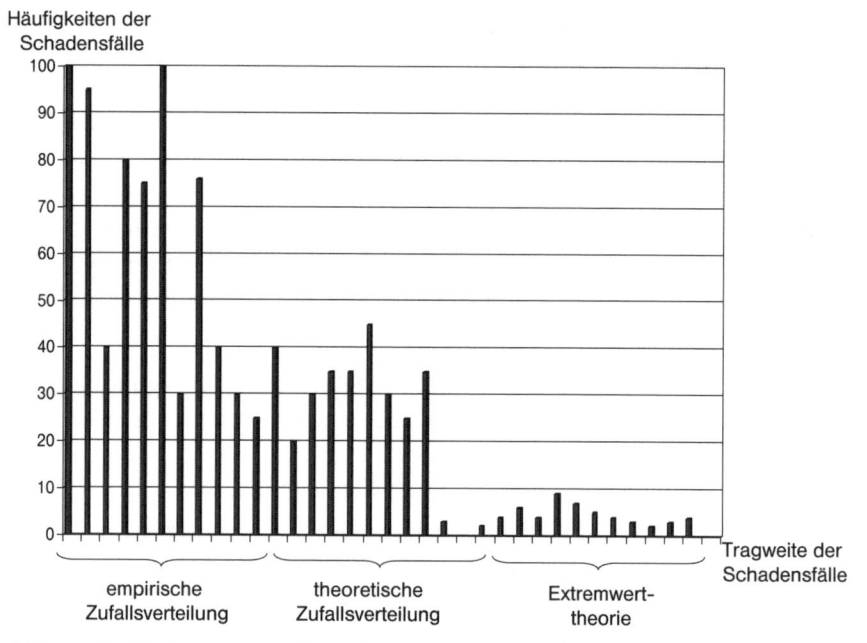

Abbildung 50: Die heterogene Risikolandkarte von operationellen Risiken

und qualitative Daten zur Bewertung heranzieht. Bei potenziell katastrophalen Ereignissen, die zwar selten eintreten, dafür aber fatale Schadensummen produzieren, greift man auf die Extremwert-Theorie (»Extreme-Value-Theorie«, EVT) beziehungsweise die Peaks-over-Threshold-Methode (PoT) zurück. Mit ihrer Hilfe wurde beispielsweise die Höhe der Deiche berechnet, die die Niederlande vor Überschwemmungen schützen. Für die Fluthöhen oberhalb von drei Metern setzte man eine verallgemeinerte Pareto-Verteilung an. Deren Parameter bestimmte man jedoch nicht nur aus den Daten der seltenen Katastrophenereignisse (vier Meter im Jahre 1570 als höchste Flut aller Zeiten; 3,85 Meter im Jahr 1953), sondern aus den empirischen Daten »normaler« Zeiten. Daraus ergab sich, dass ein Deich von 5,14 Meter Höhe eine Katastrophe mit großer Sicherheit verhindert, da mit einer solchen Flut nur einmal in 10 000 Jahren zu rechnen ist.

Aufsichtsrechtliche Ansätze zur Quantifizierung operationeller Risiken

Sowohl Basel II als auch Solvency II werden Banken und Versicherungsunternehmen dazu verpflichten, ihre operationellen Risiken mit Eigenkapital zu unterlegen, um etwaige eintretende Risiken abdecken zu können. Hierbei ist jedoch zu berücksichtigen, dass die aufsichtsrechtlichen Verfahren lediglich Mindeststandards darstellen. Die Aufsichtsbehörden verfolgen mit einer Eigenmittelunterlegung für operationelle Risiken vor allem zwei Ziele:

- Die Aufsichtsbehörden wollen mit der Eigenmittelunterlegung Steuerungssignale setzen, die einen Anreiz zu einer Reduzierung operationeller Risiken geben.
- Die Eigenmittelunterlegung dient als Kapitalpuffer, durch den Verluste aufgrund operationeller Risiken aufgefangen werden können.

Auch im Bereich der Steuerung operationeller Risiken basieren Basel II und Solvency II auf einer Dreisäulenstruktur (siehe Abbildung 51). Die Regelungsinhalte stützen sich auf die folgenden drei Säulen:

- Säule 1: Berechnung der aufsichtsrechtlich geforderten Unterlegung von Risiken mit Eigenmitteln,
- Säule 2: Aufsichtsrechtlicher Überprüfungsprozess,
- Säule 3: Marktdisziplin (Offenlegung).

Die erste Säule beschäftigt sich mit der Neuregelung der Mindestkapitalanforderungen. Zur Messung operationeller Risiken werden seitens der Aufsicht drei quantitative Berechnungsansätze vorgeschlagen. Hierbei kann im Wesentlichen zwischen einfachen, faktorbasierten Bemessungsansätzen und fortgeschrittenen Bemessungsansätzen unterschieden werden.

Beim »Basic Indicator Approach« (Basisindikatorenansatz) wird die Eigenkapitalunterlegung für das operationelle Risiko aufgrund eines einzigen Indikators »alpha« ermittelt, der stellvertretend für das gesamte operationelle Risiko der Bank steht. Er sieht vor, dass ein bestimmter Anteil des Bruttoertrags die Höhe des regulatorischen Eigenkapitals bestimmt. Der »Standardised Approach« (Standardansatz) baut auf dem Basisindikatorenansatz auf und zerlegt die Prozesse einer Bank in brancheneinheitliche Geschäftsbereiche und Geschäftsfelder. Jedem Geschäftsfeld wird ein Indikator zugewiesen. Die Eigenkapitalunterlegung wird durch Multiplikation des Indikators mit dem »Betafaktor« errechnet. Die Gesamteigenkapitalunterlegung resultiert dann aus der Summe des Eigenkapitalbedarfs für die einzelnen Geschäftsfelder. Da auch beim Standardansatz keine institutsspezifischen Verlustdaten berücksichtigt werden, ist eine genaue Messung des operationellen Risikos nicht möglich. Vielmehr wird beim Basisindikatorenansatz und beim Standardansatz unterstellt, dass besonders ertragsstarke Banken beziehungsweise Versicherungen auch durch besonders hohe operationelle Risiken gekennzeichnet sind. Ertragsschwache Unternehmen mit sinkenden Bruttoerträgen demgegenüber werden mit einer Eigenkapitalentlastung »belohnt«. Außerdem sind beide Ansätze nicht risikosensitiv, da keine signifikante Korrelation zwischen den Erträgen und dem operationellen Risiko besteht. Direkt verbunden hiermit ist ein nur geringer Anreiz, die Kapitalanforderungen durch ein adäquates Risikomanagement zu reduzieren.

Der fortgeschrittene Bemessungsansatz oder Advanced Measurement Approach (AMA) stellt im Kontinuum der Ansätze die dritte und komplexeste Bemessungsstufe dar. Bei den fortgeschrittenen Bemessungsansätzen können Finanzdienstleister unterschiedliche Verfahren zur Bestimmung ihrer Eigenkapitalanforderungen für operationelle Risiken heranziehen. Diese reichen von der direkten Ermittlung des erwarteten Verlustes aus bankinternen Daten bis zur Berechnung des Risikokapitals auf Basis eigener stochastischer Modelle. Dabei müssen jedoch strenge quantitative und qualitative Zulassungskriterien seitens der Aufsichtsbehörden erfüllt sein.

Sowohl bei den faktorbasierten als auch bei den fortgeschrittenen Bemessungsansätzen ist zu berücksichtigen, dass auch eine risikoadäquate Eigenkapitalausstattung allein nicht die Solvenz einer einzelnen Bank beziehungsweise Versicherung oder die Stabilität des internationalen Finanzsystems sicherstellen kann. Vielmehr sollen die eingegangenen Risiken auch effizient gesteuert und kontrolliert werden. Die in der Zukunft stärker qualitativ ausgerichtete Finanzdienstleistungsaufsicht (zweite Säule) ist ein wichtiger Pfeiler von Basel II und Solvency II. Operational-Risk-Management soll vor allem die Qualität der Unternehmensprozesse und des internen Kontrollsystems verbessern. Vor diesem Hintergrund wird deutlich, dass Risikomanagement von operationellen Risiken einige Parallelen zu Corporate Governance aufweist. Eine »gute« Unternehmensführung (Corporate Governance) ist gleichzeitig auch ein stabiles Fundament für ein effizientes Operational-Risk-Management.

Vor diesem Hintergrund hat das Baseler Komitee die so genannten »Sound Practices for the Management of Operational Risk« publiziert. Sie sind eine Art Mindeststandard für das Management operationeller Risiken in Form von zehn Grundsätzen, die sich auch auf Versicherungsunterneh-

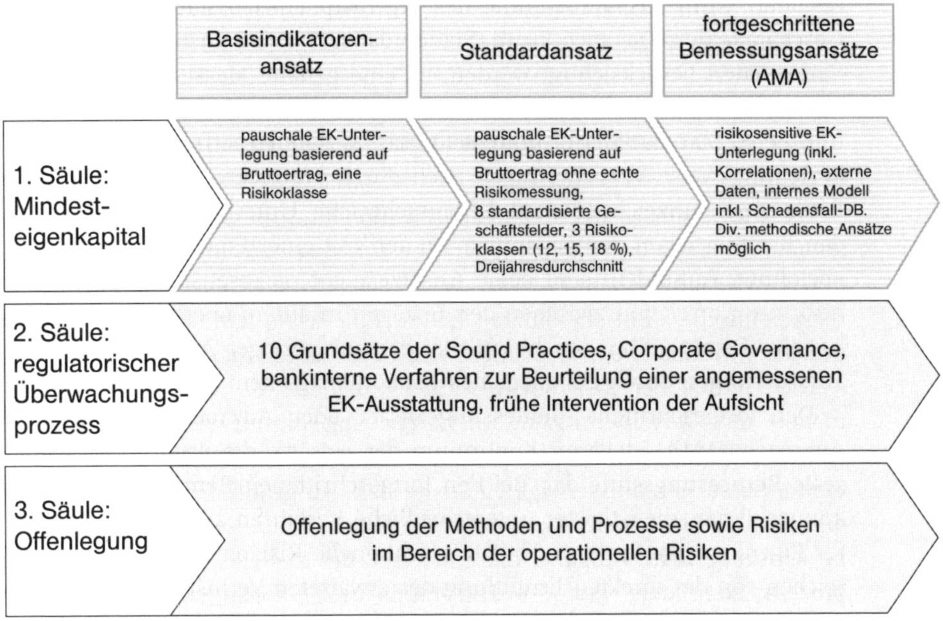

	Basisindikatorenansatz	Standardansatz	fortgeschrittene Bemessungsansätze (AMA)
1. Säule: Mindesteigenkapital	pauschale EK-Unterlegung basierend auf Bruttoertrag, eine Risikoklasse	pauschale EK-Unterlegung basierend auf Bruttoertrag ohne echte Risikomessung, 8 standardisierte Geschäftsfelder, 3 Risikoklassen (12, 15, 18 %), Dreijahresdurchschnitt	risikosensitive EK-Unterlegung (inkl. Korrelationen), externe Daten, internes Modell inkl. Schadensfall-DB. Div. methodische Ansätze möglich
2. Säule: regulatorischer Überwachungsprozess	10 Grundsätze der Sound Practices, Corporate Governance, bankinterne Verfahren zur Beurteilung einer angemessenen EK-Ausstattung, frühe Intervention der Aufsicht		
3. Säule: Offenlegung	Offenlegung der Methoden und Prozesse sowie Risiken im Bereich der operationellen Risiken		

Abbildung 51: Die Dreisäulenstruktur von Basel II/Solvency II im Bereich der operationellen Risiken

men übertragen lassen. Insgesamt lassen sich die Sound Practices in vier Bereiche gliedern:

- Rahmenbedingungen für die Steuerung der operationellen Risiken (Vorstandsverantwortung, Strategie, interne Revision, Risiko- und Kontrollkultur)
- Anforderungen an das Risikomanagement (kontinuierlicher Risikomanagementprozess, Business Continuity Planning, fortlaufende Überwachung, Kontrolle und Risikominderung)
- die Rolle der Bankenaufsicht
- Förderung der Markttransparenz

Hierbei ist zu berücksichtigen, dass die Sound Practices keine unmittelbare Verbindlichkeit darstellen. Jedoch ist ihr Einfluss auf die Anwendungserfordernisse der verschiedenen Bemessungsansätze deutlich zu erkennen.

Die disziplinierenden Kräfte der Märkte – insbesondere die Finanzmarktteilnehmer selbst – ergänzen durch eine Erweiterung der Offenlegungspflichten (dritte Säule) den aufsichtsrechtlichen Überprüfungsprozess sowie die Mindestkapitalanforderungen.

Der Risikomanagementprozess in der Praxis

Die Prozessphase der Risikoidentifikation und -bewertung (häufig auch als Risikoanalyse bezeichnet) spielt eine Schlüsselrolle im gesamten Operational-Risk-Management-Prozess, da sie die Informationsgrundlage für alle risikopolitischen Entscheidungen liefert. Ein Risiko kann schließlich nicht gesteuert werden, wenn man nicht weiß, dass es überhaupt besteht.

Die Technik der Risikoidentifikation muss auf die spezifische Risikosituation des Versicherungsunternehmens abgestimmt sein. Insbesondere sollten möglichst alle Risiken erfasst werden und schnell zu präzisen und verwertbaren Ergebnissen aggregiert werden. Aufgrund der sich ständig ändernden Unternehmenssituation ist die Prozessphase der Identifikation eine kontinuierliche Aufgabe, die ein fester Bestandteil der Unternehmensprozesse sein sollte. Erst eine Integration in die sonstigen Steuerungsprozesse des Unternehmens wird zu einer höheren Akzeptanz bei den betroffenen Mitarbeitern führen.

Ein wichtiges Instrument zur Risikoidentifikation sind *Frühwarnsysteme*, mit deren Hilfe Frühwarnindikatoren (etwa externe Größen wie Zinsen oder Konjunkturindizes, aber auch interne Faktoren wie etwa Fluktuation im Management) ihren Benutzern rechtzeitig latente (das heißt verdeckt bereits vorhandene) Risiken signalisieren, so dass noch hinreichend Zeit bleibt, um geeignete Maßnahmen zur Abwendung oder Reduzierung der Bedrohung zu ergreifen. Frühwarnsysteme verschaffen dem Unternehmen Zeit für Reaktionen und optimieren somit die Steuerbarkeit eines Unternehmens. Da häufig auch latente Chancen signalisiert werden, spricht man auch von *Früherkennung*. Wird zusätzlich noch der Prozessschritt der Risikosteuerung und Risikokontrolle berücksichtigt, das heißt die entsprechenden Maßnahmen zur Realisierung der Chancen beziehungsweise der Abwehr/Minderung der Bedrohungen, so wird der Begriff *Frühaufklärung* verwendet.

Wenn Risikoindikatoren (Key Risk Indicators) im Operational-Risk-Management verwendet werden, so handelt es sich um eine Prognose von Wahrscheinlichkeiten basierend auf Daten aus der Vergangenheit. Hierbei kann auch zwischen Früh- und Spätindikatoren unterschieden werden. In der heutigen Unternehmenspraxis wirken die meisten Kennzahlen als *Spätindikatoren*. Spätindikatoren sind Ergebniskennzahlen, die bereits eingetretene Ereignisse beziehungsweise Risikofaktoren reflektieren (daher häufig auch als Lagging Indicators bezeichnet). Demgegenüber beobachtet beziehungsweise quantifiziert man mit Hilfe von *Frühindikatoren* in einer sehr frühen Phase des betriebswirtschaftlichen Prozesses bestimmte Vorgänge, die zu zukünftigen Ereignissen führen können. Daher werden Frühindikatoren auch als *Leistungstreiber* bezeichnet. Bei der Festlegung der Kennzahlen sollte auf einen ausgewogenen Mix von Spät- und Frühindikatoren geachtet werden.

Bei der Definition von Risikoindikatoren sollte man insbesondere auf die folgenden Mindestanforderungen achten:

- Risikoindikatoren sollten leicht feststellbar oder messbar sein und nicht erst mit Hilfe von aufwendigen Algorithmen berechnet werden (Transparenz).
- Risikoindikatoren sollten möglichst objektiv nachvollziehbar sein und nicht auf einer ausschließlich subjektiven Einschätzung basieren (Objektivität).
- Risikoindikatoren sollten leicht zu überwachen und zu aktualisieren sein und möglichst in bereits bestehende Managementinformationssysteme integriert werden (Wirtschaftlichkeit).
- Risikoindikatoren sollten einen möglichst direkten Einfluss auf die beobachtete Risikokategorie haben (Relevanz).

Sowohl bei der Bestimmung von angemessenen Risikoindikatoren als auch bei der Erstellung einer angemessenen Risikolandkarte ist die Informationsbeschaffung die schwierigste Phase im gesamten Risikomanagementprozess. Gleichzeitig ist sie eine Schlüsselfunktion, da dieser Prozessschritt die Informationsbasis für die nachgelagerten Phasen liefert. Erforderlich ist eine systematische, prozessorientierte Vorgehensweise (siehe Abbildung 52). Die Identifikation kann je nach Unternehmen aus verschiedenen Perspektiven erfolgen; beispielsweise auf der Ebene der Risikokategorien (Mensch, Prozesse, Technologie), der Ebene der Prozesse (Projekte, Kern- und Unterstützungsprozesse), der Geschäftsfelder (Dienstleistungen, IT- Services, Produktion), der Applikationen sowie der IT-Infrastruktur (Betriebssysteme, Standardsoftware, Netzwerk).

Von der Methodik bietet sich entweder ein Top-down- oder ein Bottom-up-Ansatz an. Beim Top-down-Ansatz stehen die bekannten Folgen operationeller Risiken im Fokus. Mit Hilfe von internen und externen Daten werden die operationellen Risiken geschätzt. Dies bietet den Vorteil einer relativ schnellen Erfassung der Hauptrisiken aus strategischer Sicht. Diese

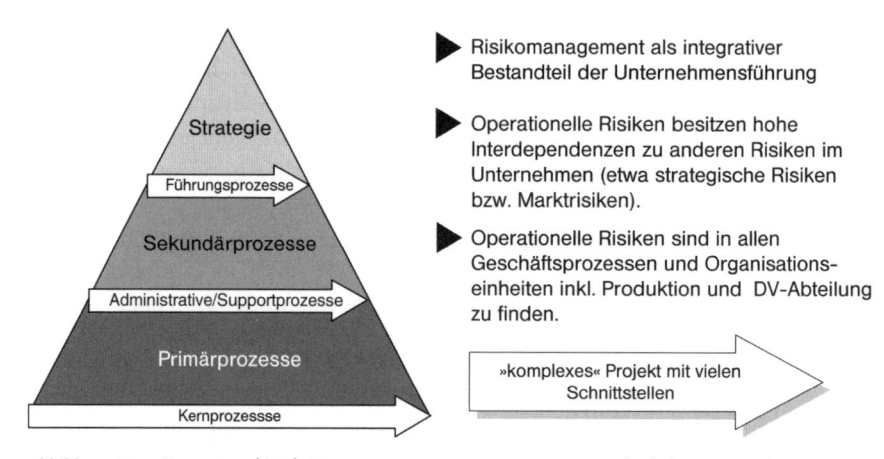

Abbildung 52: Operational-Risk-Management ist integrativer Bestandteil der Unternehmensführung und beeinflusst alle Unternehmensprozesse

»Makroperspektive« kann jedoch auch dazu führen, dass bestimmte Risiken nicht erfasst oder Korrelationen zwischen Einzelrisiken nicht korrekt bewertet werden. Demgegenüber bietet ein Bottom-up-Ansatz den Vorteil, dass sämtliche Geschäftsbereiche und Prozesse erfasst und analysiert werden können, da man hier – ausgehend von den Ursachen operationeller Risiken – die potenziellen Folgen für das Unternehmen bewertet. Allerdings ist der Bottom-up-Ansatz auch um ein Vielfaches aufwändiger als der »Makroblick« eines Top-down-Ansatzes. In den vergangenen Jahren haben sich diverse Methoden zur Identifikation operationeller Risiken etabliert. Zu den bekannten Verfahren zählen insbesondere Fehlerbaumanalysen (Fault Tree Analysis, FTA), Störablaufanalyse (Consequence Tree Method, CQTM), Ergebnisablaufanalyse (EAA), Fehlermöglichkeits- und Einflussanalyse (Failure Mode and Effect Analysis, FMEA), Predictive Human Error Analysis (PHEA), What-if-Analysen sowie die Hazard and Operability Study (HAZOP).

Die *Fehlerbaumanalyse* analysiert die für die Störung eines Gesamtsystems ursächlichen Fehler. Sie dient der Analyse der Zuverlässigkeit eines Systems. Den einzelnen Störungen werden recht häufig Eintrittswahrscheinlichkeiten zugeordnet, um die einzelnen Risiken zu bewerten.

Im Gegensatz zur Fehlerbaumanalyse, die den Ursachen eines unerwünschten Ereignisses nachgeht, suchen die *Störablaufanalyse* und die *Ergebnisablaufanalyse* nach den Auswirkungen eines unerwünschten Ereignisses. Aus dieser systematischen Suche nach den Konsequenzen operationeller Risiken können vor allem Risikosteuerungsstrategien zur Vermeidung oder Reduzierung abgeleitet werden.

Die *Ausfalleffektanalyse (FMEA)* ist eine strukturierte und formalisierte Analysetechnik, um in einem System, einer Maschine oder einem Prozess nach Fehlerarten zu suchen, diese in ihrer Auswirkung zu verfolgen und die Ursachen zu analysieren. Die FMEA ist eine präventive Risikoanalyse-Methode, bei der die potenziellen Fehler der einzelnen Systemkomponenten mit Wahrscheinlichkeiten belegt werden. Ziel ist es zu ermitteln, wann das Gesamtsystem einen kritischen, instabilen Zustand erreicht. Das Verfahren hat seinen Ursprung in der Produktion und hilft Fehler frühzeitig zu erkennen, die Fehlerursachen festzustellen und die Maßnahmen zur Fehlervermeidung festzulegen.

Die *Predictive Human Error Analysis* eignet sich vor allem zur Analyse des Irrtumsrisikos, indem durch eine Prozessanalyse alle potenziellen Fehlerquellen, die zwischen Menschen und (technischen) Systemen entstehen können, identifiziert und analysiert werden.

Eine *What-if-Analyse* (»Was-wäre-wenn-Analyse«) ist eine Szenarioanalyse und wird etwa zur Beurteilung von Katastrophenrisiken eingesetzt. Methodisch gehen What-if-Analysen von den Risikoursachen aus und leiten daraus resultierende Risikoereignisse und Eintrittswahrscheinlichkeiten und deren Schadenausmaß ab.

Die *Worst-Case-Betrachtung* (auch Maximum Possible Loss, MPL) ist eine Variante der What-if-Analyse und beschreibt Extremsituationen.

Eine *Hazard and Operability Study* wird im Team durchgeführt. Hierbei wird vor allem das Ziel verfolgt, Gefahren »phantasievoll« vorherzusehen. Mit Hilfe von »Leitwörtern« (etwa kein, mehr, weniger, teilweise, mehr als, andere) wird nach möglichen Störungen für Prozesse gesucht. Dabei beschreibt ein Leitwort eine hypothetische Abweichung von normalerweise erwarteten Eigenschaften mit Hilfe von Schlüsselwörtern und Kreativitätstechniken. Im Wesentlichen handelt es sich bei der Hazard and Operability Study um eine stark weiterentwickelte und standardisierte Form der Szenarioanalyse. Weitere Informationen zum methodischen Vorgehen im Bereich der Risikoidentifikation und -bewertung sind im Kapitel »Grundlagen des Risikomanagements in der Versicherungsbetriebslehre«, skizziert.

Neben der Identifikation erweist sich auch die Bewertung der Risiken als nicht trivial. Sind die Risiken identifiziert, so erfolgt in der nächsten Phase der *Risikobewertung* eine Quantifizierung der Risiken hinsichtlich des Erwartungswerts. Der Erwartungswert bestimmt sich aus der Multiplikation der Eintrittswahrscheinlichkeit mit dem Schadenausmaß (Risikopotenzial, Trag-

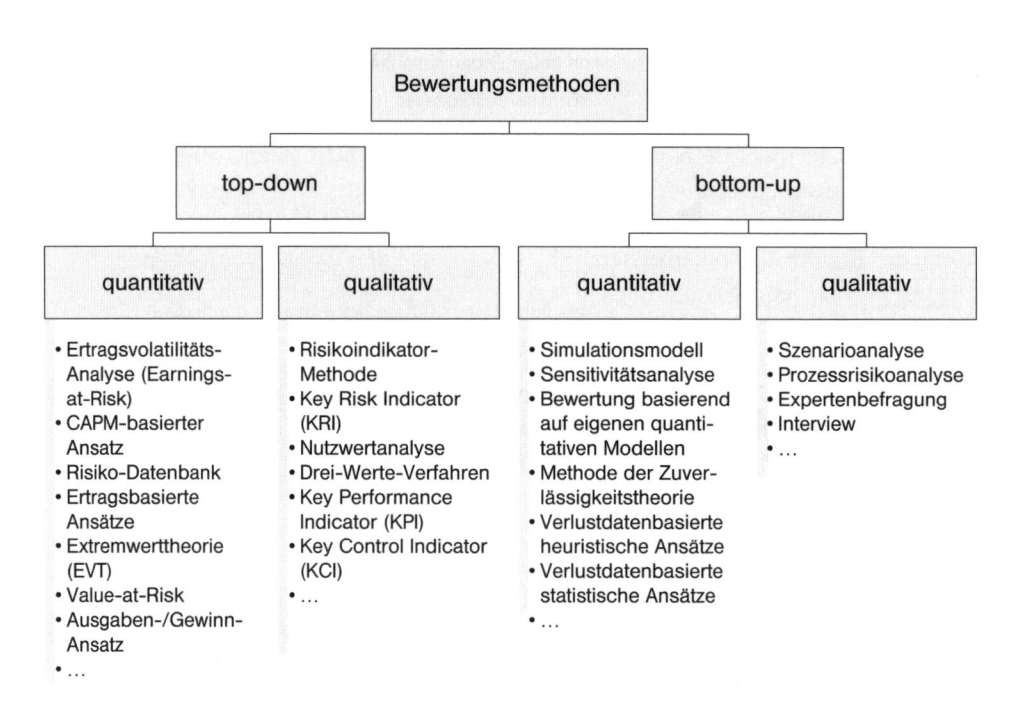

```
                          Bewertungsmethoden
                    ┌───────────┴───────────┐
                 top-down                bottom-up
              ┌─────┴─────┐            ┌─────┴─────┐
          quantitativ  qualitativ  quantitativ  qualitativ
```

quantitativ (top-down)
- Ertragsvolatilitäts-Analyse (Earnings-at-Risk)
- CAPM-basierter Ansatz
- Risiko-Datenbank
- Ertragsbasierte Ansätze
- Extremwerttheorie (EVT)
- Value-at-Risk
- Ausgaben-/Gewinn-Ansatz
- …

qualitativ (top-down)
- Risikoindikator-Methode
- Key Risk Indicator (KRI)
- Nutzwertanalyse
- Drei-Werte-Verfahren
- Key Performance Indicator (KPI)
- Key Control Indicator (KCI)
- …

quantitativ (bottom-up)
- Simulationsmodell
- Sensitivitätsanalyse
- Bewertung basierend auf eigenen quantitativen Modellen
- Methode der Zuverlässigkeitstheorie
- Verlustdatenbasierte heuristische Ansätze
- Verlustdatenbasierte statistische Ansätze
- …

qualitativ (bottom-up)
- Szenarioanalyse
- Prozessrisikoanalyse
- Expertenbefragung
- Interview
- …

Abbildung 53: Methoden der Risikobewertung

weite). Die Risikobewertung zielt darauf ab, die Risiken hinsichtlich ihres Gefährdungspotenzials in eine Rangordnung zu bringen sowie ein unternehmensindividuelles Risikoportfolio (auch Risikolandschaft, Risk Landscaping, Risikomatrix oder Risk Map bezeichnet) abzubilden. In Abbildung 53 sind die wichtigsten Methoden der Risikobewertung zusammengefasst.

Ist eine objektive Quantifizierung nicht möglich (beispielsweise bei Imageverlust), so wird das Risiko subjektiv bewertet (existenzbedrohend, schwerwiegend, mittel, gering, unbedeutend).

Die organisatorische Implementierung eines Operational-Risk-Managements ist die Basis für einen funktionierenden und gelebten Risikomanagementprozess (siehe Abbildung 54). Dies ist insbesondere bei Finanzdienstleistern wichtig, da für sie die Übernahme von Risiken zum Kerngeschäft und zur Kernkompetenz gehört. So ist etwa die Unterstützung der Führungsebene für einen erfolgreichen Operational-Risk-Management-Prozess ein wichtiger Erfolgsfaktor. Hierbei sollte auch beachtet werden, dass die unterschiedlichen Rollen und Verantwortlichkeiten in der Risikomanagementorganisation definiert werden. Die organisatorische Funktion eines Risikomana-

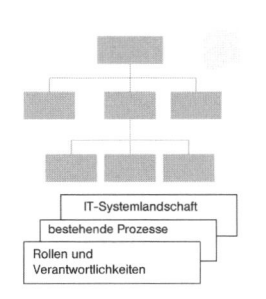

- Definition neuer Organisationselemente
  - Prozesse/Teilprozesse (z. B. Risikobewertung)
  - Risikoberichte
  - Gremien, Sitzungen, etc.
- Verankerung der Organisationselemente in die bestehende Organisation
  - Zuordnung von Rollen und Verantwortlichkeiten
  - Abbildung/Unterstützung der Prozesse durch die IT
  - Integration der Systeme
  - Schulung, Training, Coaching

Ein funktionierendes Risikomanagement muss in die Kultur des Unternehmens integriert und vor allem »gelebt« werden!

Abbildung 54: Die organisatorische Implementierung eines Operational-Risk-Managements

gements beziehungsweise Risikocontrollings sollte unabhängig sein und in der Organisationsstruktur möglichst exponiert positioniert sein. Zunehmend benennen daher auch Versicherungsunternehmen einen Chief Risk Officer (CRO) oder betrauen ein Vorstandsmitglied mit Aufgaben des Risikomanagements. Erst eine adäquate organisatorische Umsetzung des Risikomanagements schafft ein Risikobewusstsein bei den Mitarbeitern. Voraussetzung hierfür ist, dass die Unternehmensleitung eine Unternehmenskultur schafft, die den Mitarbeitern Risikomanagement als Wertschöpfungsfaktor vermittelt. Ein erfolgreiches Risikomanagement bedingt eine Kooperation und gelebte Transparenz quer durch alle Ebenen und Bereiche eines Versicherungsunternehmens. In diesem Zusammenhang kann auch ein Risk Management Committee eine wertvolle Unterstützung bieten. Dieses sollte eher heterogen zusammengesetzt sein, damit der Risikomanager und die Unternehmensleitung Impulse aus unterschiedlichen Blickwinkeln erhalten. Außerdem sollte ein solcher Ausschuss mit Unabhängigkeit und mit Weisungsgewalt ausgestattet und direkt der Geschäftsleitung unterstellt werden.

Steuerung operationeller Risiken

Eine Schlüsselstelle im gesamten Risikomanagementprozess nimmt die Risikosteuerung und -kontrolle ein. Die Risikosteuerung dient der aktiven Beeinflussung der identifizierten und bewerteten Risiken, um so alle wesentlichen Verlustpotenziale durch den gezielten Einsatz von Risikosteuerungsmaßnahmen zu kontrollieren. Diese Phase zielt vor allem darauf ab, die Risikolage des Unternehmens positiv zu verändern beziehungsweise ein ausgewogenes Verhältnis zwischen Ertrag (Chance) und Verlustgefahr (Risiko) zu erreichen. Die Risikosteuerung und -kontrolle umfasst alle Methoden und Maßnahmen zur Beeinflussung der Risikosituation, durch eine Verringerung entweder der Eintrittswahrscheinlichkeit und/oder des Schadenausmaßes.

Risiken können vermieden werden, indem etwa die Unternehmensstrategie angepasst wird. So können etwa wirtschaftliche Aktivitäten aufgegeben (etwa Ausstieg aus einem Projekt) beziehungsweise verändert werden (etwa Entwicklung neuer Technologien).

Sind Veränderungen von Strategie, Funktionen und Aufgaben aus wirtschaftlichen oder praktischen Gründen nicht möglich beziehungsweise sinnvoll, so sollten die potenziellen Maßnahmen einer Risikominderung überprüft werden. Insbesondere durch organisatorische (etwa Notfallplanung) und technische (etwa Firewall oder CO_2-Löschanlage) Maßnahmen können Risiken vermindert werden. Risiken können auch durch Risikoüberwälzung und Risikostreuung begrenzt werden. So kann etwa durch Allgemeine Geschäftsbedingungen die Haftung begrenzt werden. Durch die Ausgliederung von Unternehmensfunktionen (etwa Outsourcing) und Leasing können Risiken reduziert werden. Durch regionale, objektbezogene und personenbezogene Streuung kann ein Risikoausgleich bei voneinander unabhängigen Risiken erfolgen.

In der praktischen Umsetzung stellt Risikomanagement einen permanenten, proaktiven und systematischen Prozess im Sinne eines Regelkreises dar. Die wesentlichen Phasen dieses Regelkreises sind in Abbildung 55 skizziert. Damit die tatsächliche Risikolandschaft des Unternehmens der angestrebten entspricht, werden alle Phasen des risikopolitischen Regelkreises durch eine permanente operative Kontrolle hinsichtlich der Wirksamkeit und Angemessenheit der Steuerungsmaßnahmen überwacht. Für die betriebliche Praxis ist es vor allem wichtig, dass der Prozess des Risikomanagements angesichts des permanenten Wandels der Unternehmensumwelt keine einmalige Aktivität bleibt.

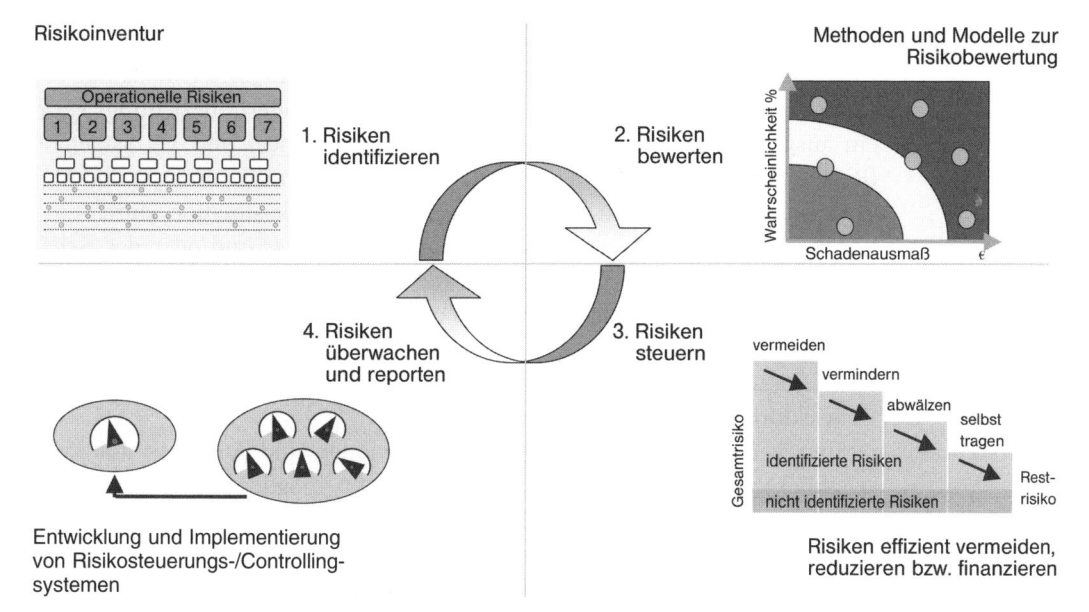

Abbildung 55: Der Regelkreis des Operational-Risk-Managements

Literatur

Bank for International Settlement, Basel Committee on Banking Supervision (Hrsg.):	Sound Practices for the Management and Supervision of Operational Risk. February 2003.
Bank for International Settlement, Basel Committee on Banking Supervision (Hrsg.):	Third Consultative Paper. April 2003.
European Commission:	Study into the methodologies to assess the overall financial position of an insurance undertaking from the perspective of prudential supervision (KPMG-Report). Mai 2002.
Hoffman, D.G.:	Managing Operational Risk. John Wiley & Sons, New York 2002.
Minz, K.-A.:	Operationelle Risiken in Kreditinstituten. Bankakademie-Verlag, Frankfurt 2004.
Romeike, F.:	Lexikon Risiko-Management. Wiley Verlag, Weinheim 2004.
Romeike, F./Finke, R.B. (Hrsg.):	Erfolgsfaktor Risiko-Management, Chance für Industrie und Handel., Methoden, Beispiele, Checklisten (inkl. CD-ROM). Gabler Verlag, Wiesbaden 2003.

Romeike, F.:	Balanced Scorecard in Versicherungsunternehmen – Strategien erfolgreich in der Praxis umsetzen. Gabler Verlag, Wiesbaden 2003.
Romeike, F.:	Rating von Versicherungsunternehmen. In: RATING aktuell, August/September 2003, Heft 4, S. 12–17.
Romeike, F.:	Die Auswirkungen von Solvency II auf die Versicherungswirtschaft. In: RATING aktuell, Januar/Februar 2003, Heft 1, S. 26–29.
Romeike, F.:	Enterprise-wide Risk Management: Opportunities to maximise value and minimise risk. In: Credit Management in a European Context (Hrsg. Schneider-Maessen/Weiß, B.), Economica Verlag, Heidelberg 2003.
Romeike, F.:	Basel II und die Versicherungswirtschaft. In: Zeitschrift für Versicherungswesen, 53. Jahrgang, 15. Mai 2002, Heft 10.
Romeike, F./Maitz, J.:	Operational Risk. In: Finance on Windows, Autumn 01, London 2001.

Risiko leitet sich aus dem frühitalienischen »ris(i)co« ab, die Klippe, die es zu umschiffen gilt.

Teil IV
Integriertes Risikomanagement im Versicherungsunternehmen

Enterprise-Wide-Risk-Management der Versicherungswirtschaft im Lichte interdisziplinärer Risikoforschung

Matthias Müller-Reichart

Enterprise-Wide-Risk-Management als ganzheitliche, interdisziplinäre Unternehmenssteuerung

Volatile Kapitalmärkte, konjunkturelle Rezessionen, Unternehmersinsolvenzen und zunehmende *Natural* (steigendes Naturkatastrophenpotenzial) und *Man-Made Hazards*[1] lassen das unternehmerische Risikomanagement in den Fokus unternehmenspolitischer Entscheidungen rücken. Unter dem Druck dieser externen – teilweise nicht zu vermeidenden – Effekte sehen Unternehmen ihr maßgebliches Ziel in einer Verstärkung des Managements interner Unternehmensrisiken, um mittels interner Risikobalance externen Risiken optimal begegnen zu können. Risikomanagement emanzipiert sich somit von der unternehmensexternen Sichtweise ursprünglicher Risikomanagementtheorien (man denke an primär exogen orientierte Kapitalmarktentscheidungen und Versicherungsfragen sowie die im Bankensektor vor allem betrachteten Markt- und Kreditrisiken) hin zu einer originär unternehmensimmanenten Sichtweise der endogenen Unternehmensrisiken (Risiken der Ablauf- und Aufbauorganisationen und -prozesse). Dabei konzentriert sich diese unternehmensinterne Sichtweise einer Steuerungskomponente nicht nur auf finanzwirtschaftliche – mithin im Unternehmenscontrolling abgebildete – Kennziffern, sondern betrachtet primär die auf operative Abläufe im Unternehmen einwirkenden Risiken technischer, juristischer, physischer, psychischer und soziologischer Art.

Der Ansatz eines Enterprise-Wide-Risk-Managements muss demnach eine ganzheitliche Betrachtung der Risikolage eines Unternehmens erreichen, aus der sich eine optimierte operative und interdisziplinäre Steuerung aller Risiken im Unternehmen ergibt. Diese ganzheitliche Sicht des Enterprise-Wide-Risk-Managements sollte dabei als Konzept holistischer Unternehmensführung regulatorische (Basel II, Solvency II, MaH, MaK), legislative (KonTraG,

---

[1] Vgl. Chakraborty, S./Yadigaroglu, G.: Ganzheitliche Risiko-Betrachtungen: Technische, ethische und soziale Aspekte. Köln 1991, S. 1–10

TranPuG) und arbeitsrechtliche (Arbeitssicherheit und Gesundheitsschutz) Vorgaben, Erfordernisse und Erkenntnisse berücksichtigen.

In den Betrachtungsfokus eines Enterprise-Wide-Risk-Managements rückt aufgrund der unternehmensimmanenten sowie durch Basel II vorgegebenen Sichtweise das Konstrukt des operationellen Risikos als Ausdrucksform ganzheitlicher Risikostrukturen. Interessanterweise stellt dieses operationelle Risiko als Sammelbegriff intern vermeidbarer und extern unvermeidbarer Risiken de facto die älteste Risikovariante unternehmerischen Handelns dar [2], wurde jedoch im Rahmen der erwähnten exogenen risikopolitischen Maßnahmen häufig vernachlässigt. Erst mittels des Baseler Akkords zur Eigenkapitalvereinbarung (Basel II) wurde das operationelle Risiko nun auf seine wahre Bedeutungsstufe gehoben, indem es durch Festschreibung in die zu beobachtende Risikonomenklatur aufgenommen wurde. Der neue Baseler Akkord soll mittels Beachtung operationeller Risiken eine risikoadäquate Steuerung der Kreditflüsse (Kreditnehmer mit hoher Bonität erhält günstige Kreditkonditionen und vice versa) gewährleisten und somit Fehlallokationen der Kreditvergabe vermeiden – mithin soll die Beachtung operationeller Risiken die Allokationseffizienz der Kreditvergabe durch Kreditinstitute erhöhen. Dieses konkrete Ziel des Ausschusses basiert auf einer stärker am tatsächlichen Bonitätsrisiko des einzelnen Bankkunden orientierten Eigenkapitalausstattung der Banken. Von den Veränderungen des Baseler Akkords »unmittelbar berührt sind die Banken, für die es neben der Eigenkapitalunterlegung und damit den Eigenkapitalkosten um umfangreiche Investitionen in ihre Risikomanagementsysteme und einen grundlegenden Wandel der Kunde-Bank-Beziehung geht«[3].

Das operationelle Risiko im Enterprise-Wide-Risk-Management

Durch den Baseler Ausschuss wurden im aktuellen, dritten Konsultationspapier operationelle Risiken wie folgt definiert:

Operationelles Risiko ist das Risiko von Verlusten, bedingt durch inadäquate oder fehlerhafte interne Prozesse, Mitarbeiter, Systeme oder externe Ereignisse.

---

2) Vgl. Romeike, F.: Die ältesten Risiken der Welt. In: RISKNEWS – Das Fachmagazin für Risikomanagement, Heft 01/2004, S. 16.
3) Arnold, W./Boos K.-H.: Basel II – Einzel- und gesamtwirtschaftliche Aspekte. In: Die Bank 10/2001, S. 712.

Erörterungen verschiedener Expertengruppen haben im Laufe der Diskussionen für operationelle Risiken folgende Risikokategorien herauskristallisiert: [4]

- interner oder externer Betrug
- kundenbezogene Risiken (Praktiken hinsichtlich Dienstleistungen und Produkten, die zu Streitfällen und Verlusten führen können)
- Schäden, die materielle Aktiva treffen können
- vollständiger oder teilweiser Ausfall beziehungsweise Unterbrechung von Systemen oder Prozessen
- schlechte oder fehlerhafte Durchführung von bestimmten internen oder externen Prozessen (zum Beispiel fehlerhafte Transaktionen)

Strategische Risiken und Reputationsrisiken sind durch die Definition des Baseler Konsultationspapiers ausdrücklich nicht unter der Rubrik operationeller Risiken subsumiert.

Aufgrund der definitorischen Facetten operationeller Risiken ist eine Beachtung der subjektiven Risikokomponente menschlichen Verhaltens höchst immanent und angeraten, fokussiert doch das operationelle Risiko über Betrugs-, Kunden-, Prozess- (Ablauf- und Aufbauprozesse) und Transaktionsrisiken sehr wohl die menschliche, individuelle Komponente des betroffenen Entscheiders. Enterprise-Wide-Risk-Management muss sich demnach von der ausschließlichen Sicht objektiver, quantitativer Risiken lösen und sich subjektiven, qualitativen Risiken zuwenden. Indem subjektive Risiken (ausgedrückt im moralischen Risiko des Moral Hazard) im Lichte des operationellen Risikos zunehmend risikotechnische Relevanz gewinnen und objektive Schadeneintrittswahrscheinlichkeiten ihre steuerbare Relevanz verlieren, wird das individuelle Risikoverhalten zu einer bedeutenden Größe. Als stringente und logische Schlussfolgerung einer Erforschung und Beeinflussung individuellen Risikoverhaltens findet die Theorie des Enterprise-Wide-Risk-Managements Eingang in empirische Verifizierungen verhaltenswissenschaftlicher Forschungen. Enterprise-Wide-Risk-Management muss sich somit im Bezug auf das operationelle Risiko mit den interdisziplinären, das subjektive Risiko bestimmenden Facetten der Risikoforschung befassen.

---

4) Vgl. Romeike, F.: Die ältesten Risiken der Welt. In: RISKNEWS Das Fachmagazin für Risikomanagement, 1. Jahrgang, 2004, S. 16.

Theorie des Enterprise-Wide-Risk-Managements im Lichte operationeller Risiken

Theoretisch verbindet man mit dem Begriff des Risikomanagements die Vorstellung eines geplanten und sinnvollen Umgangs mit Risiken[5] (Haller 1990, S. 230). Enterprise-Wide-Risk-Management bezieht hierbei die klassischen Ansätze der Risikomanagementlehre auf die unternehmensendogene Risikosituation und versucht diese in ganzheitlicher Form zu identifizieren sowie zu analysieren. Der Risikomanagementprozess zur Erkennung unternehmensendogener Risiken bedient sich der klassischen Abfolge:

- Risikoidentifikation
- Risikoanalyse (quantitativer und/oder qualitativer Art)
- Eruierung risikopolitischer Maßnahmen
- Eruierung der Wirkungen dieser risikopolitischen Maßnahmen (Einwirkung auf Schadeneintrittswahrscheinlichkeit und/oder Schadenhöhe)
- Abschätzung von Kosten (Kosten-Nutzen-Verhältnis) und Akzeptanz (Verständnis und Durchführbarkeit) dieser risikopolitischen Maßnahmen
- Durchführung der als sinnvoll erachteten risikopolitischen Maßnahmen (Realisation schadenzahl- und/oder schadenhöhenbeeinflussender Maßnahmen)
- Kontrolle der Wirkungen der durchgeführten Maßnahmen und gegebenenfalls Adaption und Neukalibrierung der Risikopolitik

Im Rahmen der Identifikation operationeller Risiken wird sich somit das Enterprise-Wide-Risk-Management unter anderem auf folgende Aspekte subjektiver – von individuellen Verhaltensweisen abhängiger – Risiken konzentrieren:

- Erhaltung der Arbeitskraft der Mitarbeiter (Arbeitsergonomie, Umgang mit Gefahrstoffen, soziale Balance der Mitarbeiter, Arbeitszufriedenheit nach der Motivationstheorie von Herzberg)
- Sicherstellung der reibungslosen und schnittstellenbereinigten Ablauforganisation (Darstellung der Ablaufprozesse mittels Online Analytical Processing OLAP zur Verhinderung von Schnittstellenproblemen)
- Verhinderung mitarbeiterinduzierter Betrugsfälle
- Gewährleistung der IT-Verfügbarkeit und -Sicherheit

---

[5] Vgl. Haller, M.: Risiko-Management und Risiko-Dialog. Pfullingen 1990, S. 230.

Dabei gibt es für den Umgang mit den erkannten Risiken grundsätzliche und vom Entscheider individuell zu wählende Handlungsalternativen:

- *Risikovermeidung* impliziert den unter Sicherheitsaspekten bewussten Verzicht auf bestimmte Erwartungen und Ziele. Welche Konsequenzen diese Alternative nach sich zieht, zeigt die Vermeidung der Produkthaftung durch eine konsequente Produktionseinstellung[6]. Risikovermeidung dürfte somit, im Hinblick auf die Zielerreichung, nur selten eine praktische Alternative darstellen. Operationelle Risiken dürften sich umso mehr als nicht vermeidbar erweisen, als sie im Sinne originärer Risiken per se vorhanden sind.
- Auf der Alternative der *Risikoüberwälzung* basiert der Versicherungsgedanke. Durch den Transfer von Risiken auf ein anderes System (hier: Versicherungsunternehmen) befreit sich der Entscheider von den möglichen Folgen des Schadeneintritts. Durch den Versicherungsabschluss werden nicht vorhersehbare Schadenkosten in kalkulierbare Risikokosten transferiert. Nur wenige Versicherungsprodukte (man denke an die D&O-Versicherung) können die subjektive Komponente operationeller Risiken im Sinne eines versicherbaren, reinen Risikos erfassen. Ergo dürfte die Risikoüberwälzung bei operationellen Risiken nur marginal greifen.
- Bei der *Risikoverminderung* versucht man die beiden Komponenten des Risikos, Eintrittswahrscheinlichkeit und/oder Schadenausmaß, direkt zu beeinflussen und zu reduzieren. Durch die Maßnahme der Schadenverhütung werden Schutzvorrichtungen installiert, um die Schadeneintrittswahrscheinlichkeit zu reduzieren. Im Rahmen der Schadenherabsetzung versucht man dagegen die möglichen Auswirkungen eines Schadenfalles gering zu halten (Beispiel der Sprinkleranlage, die bei Feuerausbruch einen Großbrand verhindert, aber dafür zu einem im Verhältnis geringeren Wasserschaden führen kann). Operationellen Risiken ist besonders mit den Formen der Risikoverminderung zu begegnen, da sie als originäre Risiken nur teilweise diversifizierbar und lediglich in ihrer Erwartung und Ausprägung beeinflussbar sind. Somit lohnt sich bei operationellen Risiken ein Rückschluss auf die klassische betriebswirtschaftliche Definition des Risikomanagements, welche Risiken in Ursachen- (Frage der Eintrittswahrscheinlichkeit) und Wirkungsbezogenheit (Frage der Schadenhöhe) unterteilt:

---

6) Vgl. Haller, M.: Risiko-Management und Risiko-Dialog. Pfullingen 1990, S. 244.

- *Ursachenbezogene* risikopolitische Maßnahmen:
  - Ex-ante-Eingriff in das Ursachensystem, welches Zielabweichungen bewirkt
  - Zahl und/oder Höhe der Zielabweichungen sollen reduziert werden
  - Beispiel: Verwendung nicht brennbarer Materialien
- *Wirkungsbezogene* risikopolitische Maßnahmen:
  - Ex-post-Minderung der Folgen einer Zielabweichung
  - Höhe der Zielabweichung soll reduziert werden
  - Beispiel: Bereithaltung eines Feuerlöschers, finanzielle Reservebildung
- Fällt die Wahl des Entscheiders auf die *Risikoselbsttragung*, so versucht sich das Individuum seines Risikos möglichst exakt bewusst zu werden, um durch materielle oder immanente Reservenbildung für den Schadenfall vorzusorgen. Ad hoc erspart sich der Entscheider sämtliche Kosten der Risikoüberwälzung oder Risikoverminderung. Die so ersparten Finanzmittel kann er als materielle Reserven zurücklegen.

Grundlage der Überlegungen des Risikomanagements ist neben zahlreichen Risikodefinitionen die Betrachtung von Risiko als die Summe der Möglichkeiten, dass sich Erwartungen des Einzelnen respektive der Unternehmung aufgrund von Störprozessen zum Beispiel in Form von operationellen Risiken nicht erfüllen[7].

Störprozesse werden dabei als Aktionsrisiko bezeichnet, wenn sie die Erfüllung bewusst gewählter Ziele beeinträchtigen. Demgegenüber liegen lediglich Bedingungsrisiken vor, wenn nur Randbedingungen oder Begleiterscheinungen die Zielerfüllung gefährden. Für den Prozess des Risikomanagements ist es unbedingt erforderlich, neben den dezidierten Zielen auch alle möglichen Bedingungsrisiken exakt zu eruieren, da ihre Existenz im Gegensatz zu den Aktionsrisiken durch Risikovermeidungs- oder -verminderungsmaßnahmen nur schwach verringert werden kann.

Der verhaltenswissenschaftliche Risikoprozess als Grundlage des Managements operationeller Risiken

Operationelle Risiken werden in weiten Teilen von subjektiven Merkmalen der betroffenen Risikosubjekte beeinflusst. Will man qua Realitäts- und Praxisferne nicht den in der klassischen Betriebswirtschaftslehre bemühten

---

[7] Vgl. Haller, M.: Risiko-Management und Risiko-Dialog. Pfullingen 1990, S. 234.

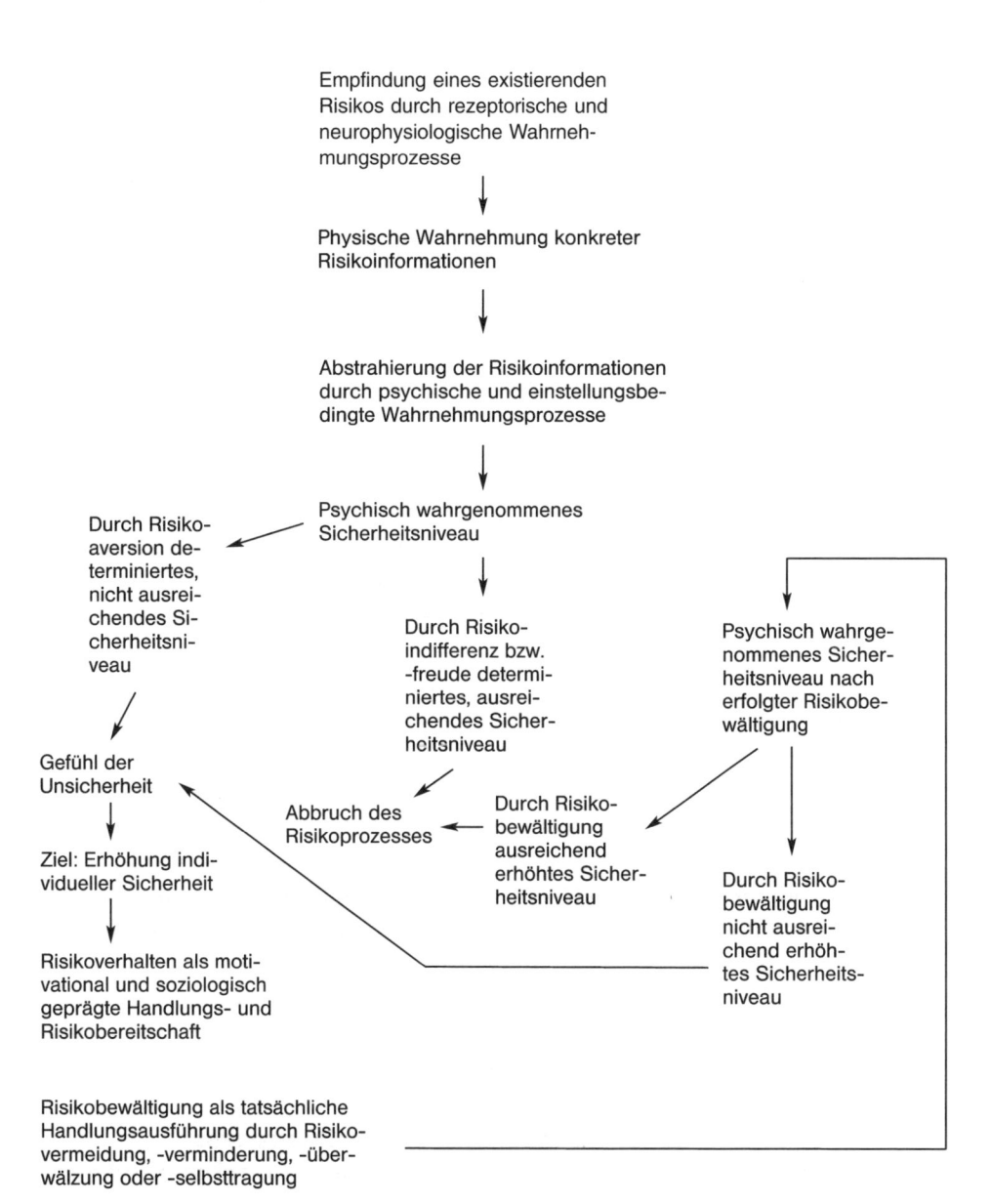

```
┌─────────────────────────────┐
│ Empfindung eines existierenden │
│ Risikos durch rezeptorische und│
│ neurophysiologische Wahrneh-   │
│ mungsprozesse                  │
└─────────────┬───────────────┘
              ▼
┌─────────────────────────────┐
│ Physische Wahrnehmung konkreter│
│ Risikoinformationen            │
└─────────────┬───────────────┘
              ▼
┌─────────────────────────────┐
│ Abstrahierung der Risikoinformationen │
│ durch psychische und einstellungsbe-  │
│ dingte Wahrnehmungsprozesse           │
└─────────────┬───────────────┘
              ▼
         Psychisch wahrgenommenes
         Sicherheitsniveau
```

- Durch Risikoaversion determiniertes, nicht ausreichendes Sicherheitsniveau
- Durch Risikoindifferenz bzw. -freude determiniertes, ausreichendes Sicherheitsniveau
- Psychisch wahrgenommenes Sicherheitsniveau nach erfolgter Risikobewältigung

- Gefühl der Unsicherheit
- Abbruch des Risikoprozesses
- Durch Risikobewältigung ausreichend erhöhtes Sicherheitsniveau
- Durch Risikobewältigung nicht ausreichend erhöhtes Sicherheitsniveau

- Ziel: Erhöhung individueller Sicherheit
- Risikoverhalten als motivational und soziologisch geprägte Handlungs- und Risikobereitschaft
- Risikobewältigung als tatsächliche Handlungsausführung durch Risikovermeidung, -verminderung, -überwälzung oder -selbsttragung

Abbildung 56: Verhaltenswissenschaftlicher Risikoprozess

Homo Oeconomicus (rein rational nach Nutzenmaximierung strebendes Wesen im Inbegriff vollkommener Information) unterstellen, so sind zur Betrachtung der Risikosubjekte verhaltenswissenschaftlich geprägte Entscheidungsprozesse relevant. Individuelle Entscheidungslogiken (siehe die mittels Nobelpreis ausgezeichnete Prospect Theory von Kahneman und Tversky[8]) müssen die Akzeptanz eines Homo Irrationalis zu Grunde legen, dessen Entscheidungsverhalten sich als situativ und emotional gesteuert erweisen kann. Entscheidungsvereinfachungsstrategien dürfen somit getrost als eine Komponente operationeller Risiken bezeichnet werden – sind jedoch in einer Welt heuristischer Entscheidungen gang und gäbe. Der oben angedeutete, sach- und inhaltslogisch strukturierte Risikomanagementprozess sollte somit verhaltenswissenschaftlichen Komponenten im Rahmen einer praxeologischen Betrachtung Rechnung tragen. Operationelle Risiken müssen somit zu ihrer Verminderung oder Überwälzung einer verhaltenswissenschaftlichen Analyse unterzogen werden, die folgendem verhaltensorientierten Risikomanagementprozess genügt[9].

Mit mehr oder weniger bewussten heuristischen Regeln versucht der Entscheider bei auftretenden Risiken sein Entscheidungsverhalten unter Berücksichtigung individueller Zielsetzungen zu optimieren. Als Vereinfachungsstrategien im Sinne einer »kortikalen Entlastung« (Entscheider versucht in seinem Streben nach Konsonanz – siehe Dissonanztheorie von Leon Festinger aus dem Jahr 1957[10] – offensichtlich plausible Alternativen zu finden) haben sich hierbei folgende Strategien entwickelt:

- *Repräsentativitäts-Heuristik*[11]: Entscheider konzentrieren sich auf die spezifischen Merkmale des zu betrachtenden Ereignisses und ignorieren Zusatzinformationen wie insbesondere die Größe und Zusammensetzung der Grundgesamtheit (des Ereignisraums) und damit die relative Häufigkeit des Ereignisses im Rahmen der Grundgesamtheit. Beispiel »Gambler's Fallacy«: Je länger die Rotfolge beim Roulette bisher war, für desto wahrscheinlicher wird es gehalten, dass der nächste Wurf auf Schwarz landet.

---

8) Kahneman, D./Tversky, A.: Prospect theory: An Analysis of Decision under Risk. In: Econometrica 47, 1979.
9) Müller-Reichart, M.: Empirische und theoretische Fundierung eines innovativen Risiko-Beratungskonzeptes der Versicherungswirtschaft. Karlsruhe 1994, S. 23.
10) Festinger, L.: A theory of cognitive dissonance. Stanford University, 1957.
11) Vgl. Kahneman, D./Tversky, A.: Subjective Probability: A Judgment of Representativeness. In: Judgment under Uncertainty: Heuristics and Biases. Cambridge 1982, S. 32–47.

- *Verfügbarkeits-Heuristik (Availability Bias)* [12]: Aus der Tatsache, dass man sich an häufig wiederholte Vorgänge am besten erinnert, wird der nicht immer zutreffende Umkehrschluss gezogen, dass den am besten erinnerlichen Vorgängen auch die größte Wahrscheinlichkeit oder Häufigkeit zuzuordnen sei.
  Beispiel »Fame, Frequency and Recall Experiment«: Versuchspersonen wird eine Folge von Namen aus Funk und Fernsehen unterschiedlich gut bekannter Frauen und Männer vorgelesen. Die absolute Mehrheit der Versuchspersonen glaubt – unabhängig von der tatsächlichen Anzahl – die Gruppe mit den bekannteren Namen sei auch zahlenmäßig stärker in der Folge vertreten.
- *Anker-Heuristik (Anchoring)* [13]: Bei der Schätzung subjektiver Wahrscheinlichkeiten konzentriert sich der Entscheider auf einen – etwa durch die Aufgabenstellung induzierten – Ausgangspunkt und nutzt weitere Informationen nur unzureichend. Auf diesem Wege wird ein habituelles Verhalten ermöglicht.

Verhaltenswissenschaftler konkretisieren Risikoverhalten »als eine Abfolge von Beobachten und Identifizieren relevanter Sachverhalte, Interpretationen vorliegender Daten, Handlungsauswahl und Handlungsausführung« [14]. Individuelle Risikobereitschaft und das daraus konsequent folgende Risikoverhalten werden somit determiniert durch die verhaltenspsychologischen Komponenten Risikowahrnehmung, Einstellung zum antizipierten Risiko, Problemlösungsmotivation und konsequentes Entscheidungsverhalten.

In welcher Form die Gravität eines Risikos vom Entscheider wahrgenommen wird, hängt ursprünglich von seinen Einstellungen und subjektiven Präferenzen ab. Einstellungen sind überdauernde kognitive Gliedstrukturen einer Person, die durch Erziehung, religiösen Glauben und individuelle Erfahrung begründet werden [15]. In Bezug auf die operationellen Risiken interner und externer Betrug bestimmen Einstellungen, Beurteilungs-, Deutungs-, und Bewertungsgesichtspunkte der durch Betrug auslösbaren Sachverhalte.

Da Einstellungen fundamentale Verhaltensparameter darstellen, müssen sie für eine Identifikation der durch individuelles Verhalten bestimmten operationellen Risiken beleuchtet werden. In der Wissenschaft hat sich zur

---

[12] Vgl. Tversky, A./Kahneman, D.: Judgment under Uncertainty: Heuristics and Biases. In: Science 85, 1974, S. 1128.
[13] Ebenda
[14] Hoyos, C.: Einstellungen zu und Akzeptanz von unsicheren Situationen. Die Sicht der Psychologie. München 1987, S. 59.
[15] Vgl. Undeutsch, U.: Psychologische Bedingungen der Risikoakzeptanz. Karlsruhe 1988, S. 6.

Ermittlung der individuellen Einstellungen eines Entscheiders das Dreikomponentenmodell der Einstellung durchgesetzt[16]:
- kognitive Komponente: Iststand der Kenntnisse zu einem Risiko beziehungsweise zu einem Objekt (bewusste Speicherung eines Kenntnisstandes im Lang- und Kurzzeitspeicher des Gedächtnisses)
- affektive Komponente: Gefühle und Emotionen, die der Entscheider gegenüber einem Risiko oder einem Objekt zeigt; situative Rahmenbedingungen beeinflussen die emotionale, psychische Wahrnehmung und führen somit zur hauptsächlichen Inkonsistenz von grundsätzlichen Einstellungswerten und situativen Einstellungen
- konative Komponente: Handlungsbereitschaft einer Person gegenüber einem Risiko (motivationale Struktur des Entscheiders)

Einstellungen eines Entscheiders zu einem operationellen Risiko werden durch eine Schwerpunktsetzung auf kognitive, affektive oder konative Komponenten geprägt. Konsequent sollte zur Verminderung operationeller Risiken die Einstellung der handelnden Personen Berücksichtigung finden.

Unabhängig von derartigen Randbedingungen der Risikowahrnehmung kann man den Vorgang der Wahrnehmung als fortlaufenden Prozess von Informationsannahme, Informationsabsorption, Informationsidentifikation und letztendlicher Informationsinterpretation beschreiben.[17]

Im Rahmen der Betrachtung operationeller Risiken ist bei deren Wahrnehmung und Identifikation eine subjektive Verzerrung einer an sich objektiv einheitlich zu bewertenden Situation möglich. Für entscheidungstheoretische Darstellungen darf Wahrnehmung deshalb nicht als rein biologischer Vorgang des Erkennens eines Körpers mit Hilfe von Netzhaut und Sehnerv verstanden werden. Wahrnehmung sollte eher als Vorgang des sich einer Situation Bewusstwerdens gelten. Somit ist Wahrnehmung weniger als biologischer, sondern verstärkt als neurologischer Vorgang zu verstehen (Theorie des »Perceived Risk«).

Wahrnehmung und Risikosituationen werden durch psychophysische Gesetze und erlernte Muster stark geprägt. Risiken senden mehr oder weniger wahrnehmbare (ins Bewusstsein tretende) Reize aus. Erst wenn diese Reize eine individuelle Fühlbarkeitsschwelle überschreiten, führen sie zu einer Verhaltensänderung und zu einem zielgerichteten Risikoverhalten im Sinne eines bewussten Risikomanagements (Risikoüberwälzung, -verminderung, -vermeidung, -tragung). Individuen betrachten und bewerten die aus einer

---

16) Vgl. Asche, T.: Das Sicherheitsverhalten von Konsumenten. Heidelberg, 1990, S. 35.
17) Vgl. Brauchlin, E.: Mensch und Risiko im Entscheidungsprozess. St. Gallen 1979, S. 12.

Risikoantizipation resultierenden Handlungskonsequenzen als Abweichungen von einem individuellen Bezugspunkt oder Adaptionsniveau.[18]

Von der Lage des individuellen Referenzpunktes (=Adaptionsniveau oder Bezugspunkt) hängt es ab, welche Reizintensität für eine zielgerichtete Risikoantizipation notwendig ist. Zusätzlich zur Existenz individueller Referenzpunkte erschweren rezeptorische (physische) Reizschwellen eine adäquate Risikoantizipation. In empirischen Untersuchungen von Weber und Fechner wurden absolute Reizschwellen, bei denen eine rezeptorische Reizwahrnehmung physisch nicht mehr möglich ist, ermittelt. Neben absoluten Reizschwellen sind für die Risikoantizipation auch Unterschiedsschwellen (rezeptorisch mögliche, von Umgebungsreizen jedoch erschwerte Reizwahrnehmung) zu beachten. Alle aufgezeigten Grenzen der Risikowahrnehmung können eine notwendige Risikoantizipation verhindern.

In zahlreichen empirischen Untersuchungen wurden im Wesentlichen vier Eigenschaftspaare festgestellt, die die Risikoakzeptanz operationeller Risiken beeinflussen:[19]

1. Freiwillig/unfreiwillig: Ob man ein Risiko freiwillig eingeht oder ob man unfreiwillig durch Dritte einer Gefahr ausgesetzt wird, ist das wichtigste Beurteilungskriterium überhaupt. Bei Freiwilligkeit liegt eine hohe Risikobereitschaft vor, bei Unfreiwilligkeit eine niedrige. Betrugstatbestände lassen aufgrund ihrer freiwilligen Ausübung eine hohe Risikofreude erwarten – ergo muss diesem operationellen Risiko mit erhöhter Kontrollfrequenz zur Verminderung der Eintrittswahrscheinlichkeit begegnet werden.

2. Vertraut/unbekannt: Gewöhnung an eine Gefahr baut die Ängste davor ab. Schwächen in der Ablauforganisation werden bei konstanter Wiederholung hingenommen (»hat man immer schon so gemacht«), womit dieses operationelle Risiko über einen Gewöhnungseffekt aufgebaut wird.

3. Gefahr für einen selbst/für die Gesellschaft insgesamt: Wird das Individuum von einem Risiko bedroht, so zeigt es eine geringere Risikobereitschaft, als wenn nur ein Teil der Gesellschaft (anonyme Masse) von diesem Risiko bedroht würde. Gefährdet der Mitarbeiter durch sein Verhalten seinen eigenen Arbeitsplatz, so wird er dieses operatio-

---

[18] von Engelhardt, D.: Risikobereitschaft bei betriebswirtschaftlichen Entscheidungen. Berlin 1981, S. 354.
[19] Vgl. Zweifel, P./Pedroni, G.: Chance und Risiko. Messung, Bewertung, Akzeptanz. Basel 1988, S. 33.

nelle Risiko mit Risikoaversion betrachten, während er bei Schädigung des Gesamtunternehmens sich eher risikofreudig zeigt. Dieses typische Problem im Rahmen der Kostenkontrolle auf Abteilungsebene zeigt ein erhöhtes operationelles Risiko aufgrund mangelnder Betroffenheit.

4. Niedrige/hohe Zahl der Gefährdeten: Sterben 100 und mehr Menschen gleichzeitig in einer einzigen Katastrophe, so wird dies als schlimmer empfunden (geringere Risikobereitschaft), als wenn 100 Personen im Verlauf eines Jahres durch Unfälle sterben. Gefährdet eine fehlerhafte Transaktion das Gesamtunternehmen, so wird der Mitarbeiter tendenziell risikoaverser vorgehen, als wenn er sich nur für sich selbst verantwortlich fühlt. Im Falle der Barings Bank hatte das operationelle Risiko »Nick Leeson« durch seine höchst risikoreichen Transaktionen anfangs auch nur versucht, eigene Fehler durch erhöhten Einsatz wieder auszugleichen und nicht primär dem Gesamtunternehmen zu schaden.

Individuen erstreben eine innere Konsistenz ihrer Informationen. Operationelle Risiken werden im Rahmen suboptimaler Prozesse, fehlerhafter Transaktionen und schädigender Dienstleistungen primär durch Vereinfachungsstrategien und habituelle Verhaltensmuster der Entscheider verursacht. Diese Tendenz eines mangelnden Hinterfragens eigener Vorgehensweisen und der vereinfachenden Wiederholung bekannter Verhaltensweisen kann neurologisch (kortikale Entlastung) und psychologisch (Streben nach Konsonanz als Bestätigung bisherigen Verhaltens) nachgewiesen werden, stellt aber den Ausgangspunkt zahlreicher operationeller Risiken dar. Analog zur Informations- und Reizüberflutung (Information Overload) versucht sich der Entscheider vor zu vielen Informationen über ein Risiko zu schützen. Um den neurologischen Stoffwechselhaushalt nicht außer Kontrolle geraten zu lassen, sorgt eine biologische Sicherung für einen Stopp der Reize. Dabei baut diese biologische Sicherung auf einer Erhöhung der Reizschwellenwerte und einer Reduzierung der Nervenleitgeschwindigkeit auf (so genannter Decken-Effekt).[20]

Eigentlich konterkariert dieser medizinisch schützende Vorgang ein für die Risikoantizipation notwendiges »Aufsaugen« aller verfügbaren Risikoinformationen. Andererseits ist die Zahl der alltäglichen, auch mit heuristi-

---

20) Vgl. Hötte, J.: Individuelles Lernen und rationales Handeln in einer komplexen Umwelt. Systemtheoretische und kybernetische Aspekte der Modellbildung in der Bildungsökonomie. Frankfurt am Main 1983, S. 117.

schen Regeln zu lösenden Risikosituationen derart groß, dass eine ungebremste Menge von Risikoinformationen verbunden mit ihrer psychischen und physischen Verarbeitung zu einer Handlungsunfähigkeit des Entscheiders führen würde (Grundlage wäre auch hier wieder eine Informationsüberflutung).

Entscheider schirmen sich bewusst oder unbewusst gegen unangenehme Informationen ab. »Sämtliche Überlegungen zum Informationsverhalten machen deutlich, dass die perzeptorischen Aktivitäten selektiver Natur sind und dass die Informationsverarbeitung (Speicherung) im zentralen Nervensystem begleitet ist von mannigfaltigen Umdeutungen und Verzerrungen.«[21] Schon Sigmund Freud hat bei seinen Patienten zahlreiche Abwehrmethoden (Isolierung, Verdrängung, Ungeschehenmachen) erkannt, mit denen unangenehme Erinnerungen oder Informationen deformiert oder verdrängt wurden. Bedrohlich erscheinende Informationen über ein Risiko werden verdrängt und weniger gefahrvoll erscheinende Risikoparameter werden isoliert hervorgehoben. Als Folge zeigt sich eine übersteigerte und unangepasste Risikobereitschaft.

Die Gefahren derartiger selektiver Wahrnehmungen werden in zahlreichen Unfallanalysen reflektiert. Im Vertrauen auf die Technik wird ein Risiko bewusst unterschätzt, was durch unangepasstes Verhalten zum Unglücksfall (z. B. durch nicht angepasste Geschwindigkeit) führt.

Von psychologisch und physiologisch bestimmten Grenzen beeinflusste Risikowahrnehmungen implizieren eine mehr oder weniger deutliche Abweichung vom tatsächlichen operationellen Risiko. Eine durch Verdrängung, Isolierung oder selektive Wahrnehmung fehlerhafte Risikoantizipation führt zur bewussten oder unbewussten Verzerrung der Schadeneintrittswahrscheinlichkeit und des wahrscheinlichen Schadenumfangs. Letztendlich beeinflussen derartige Verzerrungen auch das Versicherungsentscheidungsproblem. Eine Risikoüberwälzung auf ein Versicherungsunternehmen kann nur dann für den Entscheider sinnvoll sein, wenn er sein Risiko in allen tatsächlichen Dimensionen absichert. Um diese vertraglich mit dem Versicherungsunternehmen festzulegenden Risikodimensionen zu erkennen, muss der Entscheider seine Risikowahrnehmung stets korrigieren und neu überdenken. Effizientes Handeln, im Sinne einer optimalen Versicherungsentscheidung, erfordert nicht nur Selbstperzeption und -kognition,

---

21) Rinne, R.: Erfahrungswissenschaftliche Untersuchung des Konsumentenverhaltens. Ein Beitrag zur Untersuchung des Kaufverhaltens der Konsumenten und der privaten Haushalte. Frankfurt am Main 1976, S. 37.

sondern auch eine zieladäquate Wahrnehmung und kognitive Verarbeitung der immer mit gegebenen Situation.[22]

Zahlreichen operationellen Risiken fehlen aber die notwendigen Voraussetzungen einer Versicherbarkeit (Kriterien der Zufälligkeit, Eindeutigkeit, Schätzbarkeit, Unabhängigkeit und ausreichender Zahl), da Betrugsfälle oder Transaktionsfehler nicht zufällig oder unabhängig und schon gar nicht in gleicher Form und größerer Zahl auftreten. Ergo lassen sich zahlreiche operationelle Risiken nicht mittels klassischer Versicherungsprodukte überwälzen und müssen durch Verminderungsmaßnahmen bewältigt werden.

Im theoretischen Idealfall bewirkt eine objektive Risikowahrnehmung die Motivation zu einer entsprechenden Verhaltensanpassung. Die passive Kognition der Risikoantizipation wird somit durch motivationale Faktoren (körperliche oder finanzielle Bedrohung, Gewinnchance, Verlustmöglichkeit, Prestigedenken) zur aktiven Verhaltensentscheidung (Risikoüberwälzung, -vermeidung, -verminderung oder -akzeptanz). Motive verkörpern somit als Abbild der Ansprechbarkeitsneigung und der Problemlösungsbereitschaft eines Entscheiders das Bindeglied zwischen Risikoantizipation und notwendigem Risikoverhalten (Aktion-Reaktion-Verhalten).

Um die Bedeutung der Motivation für die Risikoantizipation zu veranschaulichen, kann man auf das Modell der Motivationskurve[23] zurückgreifen (siehe Abbildung 57). Bei geringerer Spannung ist auch die Motivation gering (Unterforderung). Steigt die Spannung an, kommt es zu einem optimalen Motivationsniveau (so genannte hoch motivierte Herausforderung). Steigt der Spannungspegel noch weiter, kommt es zu einem Abfall der Motivation, zu Widerstand und Demotivation (so genannte Überforderung). Operationelle Risiken in Form von Transaktions- oder Ablauforganisationsfehlern treten durch derartige motivatorische Effekte auf. Perpetuierte Abläufe führen zu einer Unterforderung und lassen durch Gleichgültigkeit eine motivationslose Risikowahrnehmung als Grundlage schlagender operationeller Risiken entstehen. Überforderte Mitarbeiter zeigen demgegenüber eine durch Widerspruch aufkommende Demotivation, die ebenso zu operationellen Risiken qua eines sich Ergebens in die Situation führt.

Anzahl und Wirkung der Interaktion zwischen kognitiven Prozessen (Informationsaufnahme, Informationssuche, Informationsbewertung) und motivationalen Faktoren hängen von der Einbeziehung des Entscheiders in die Risikosituation ab. Je höher der Entscheider ein Involvement in unterneh-

---

22) Vgl. Filipp, S.-H.: Selbstkonzept-Forschung: Probleme, Befunde, Perspektiven. Stuttgart 1979, S. 49.

23) Vgl. Königswieser, R.: Motivation. Wien-Neuwaldegg 1985, S. 1ff.

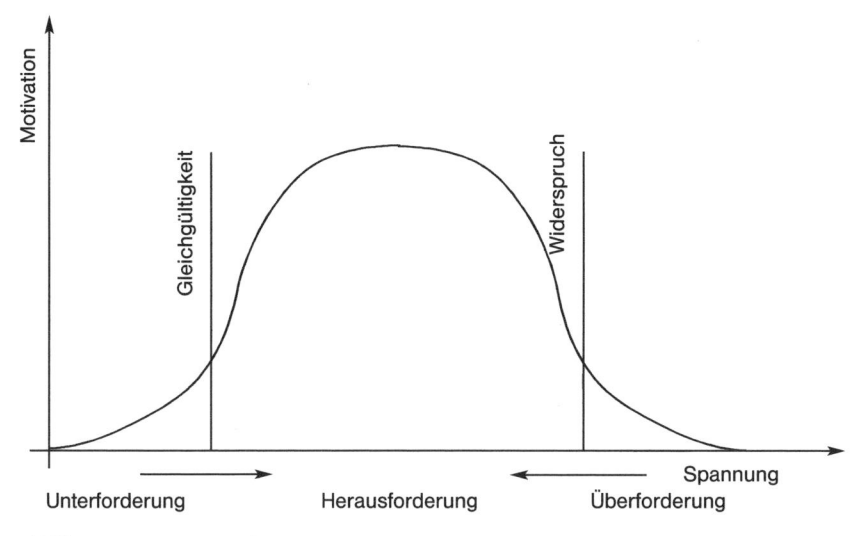

Abbildung 57: Motivationskurve

merische Ablaufprozesse empfindet, desto motivierter zeigt er sich für eine Abwehr operationeller Risiken. Bedienungsfehler an Maschinen als Beispiel operationeller Risiken zeigen eine hohe Korrelation mit der eigenverantwortlichen Vorgehensweise des Bedieners. Fühlt sich der Entscheider von einem antizipierten Risiko nur geringfügig tangiert (geringe Eintrittswahrscheinlichkeit und/oder geringes mögliches Schadenausmaß), so wird er durch Maßnahmen der Verdrängung, Isolierung oder selektiven Wahrnehmung die Zahl der möglichen Interaktionen einschränken. Da jedoch in der doppelstochastischen Risikogröße weder Eintrittswahrscheinlichkeit noch Schadenausmaß vorausgesagt werden können, werden somit aufgrund mangelnder Motivation notwendige zusätzliche Informationsaufnahmeprozesse unterlassen. Werden Eintrittswahrscheinlichkeit und Schadenausmaß stark unterschätzt, fehlt meist die Motivation zu einem problembewussten Risikoverhalten. Die innere Bereitschaft (= Motivation) eines Entscheiders, eine Problemlösung herbeizuführen, wird sich somit nach den von ihm vermuteten (= subjektive Größe) Konsequenzen einer Risikobereitschaft (Tod beziehungsweise kleinere Verletzung; finanzieller Ruin oder Verlust eines Glücksspieleinsatzes) ausrichten.

Ohne Motivation wird sich das Individuum für keine mögliche Verhaltensalternative entscheiden. Diese Form der Motivationslosigkeit kann die Folge von Kontrollillusionen sein. Bei mangelnder Einbindung des Entscheiders in technische Vorgänge kommt es aufgrund mangelnden Verständnisses der ablaufenden Prozesse zu einer Resignation des Individuums und zur Selbstaufgabe hinsichtlich aktiver Einschreitungsmöglichkeiten. Diese passive Kontrollillusion, hervorgerufen durch Resignation bei komplexen Vorgängen, führt zu einer Motivationslosigkeit, da der Entscheider sich für den Ablauf der Vorgänge als überflüssig erachtet und somit operationellen Risiken fehlerhafter Dienstleistungen und Transaktionen Vorschub leistet.

Der diametrale Fall der Übermotivation lässt sich kurz unter dem Stichwort der Risikokompensation beschreiben. Indem der Entscheider entweder seine eigenen oder aber technischen Fähigkeiten (zum Beispiel Möglichkeiten eines Antiblockiersystems) überschätzt, entsteht eine Form der aktiven Kontrollillusion. Der Entscheider wählt bewusst die Handlungsalternative der Risikoakzeptanz, da er glaubt, sein Risiko kontrollieren zu können. So fanden empirische Versuche mit Metrofahrern statt, die glaubten, die Augenzahl eines Würfels manipulieren zu können [24]. Ebenso wurde in einem weiteren empirischen Versuch selbst gewählten Lotterielosen (zum Beispiel mit aufgedruckten Football-Stars) eine höhere Gewinnwahrscheinlichkeit zugeordnet als zugeteilten Losen [25]. Tausende Mal wiederholte Handgriffe werden nicht mehr in Frage gestellt und werden zu einem Nährboden für operationelle Risiken.

Im Rahmen der Analyse der individuellen Motivationsstruktur und Problemlösungsbereitschaft kommt dem Bereich der Risikokommunikation eine bedeutende Rolle zu. Risikowahrnehmung und Risikoakzeptanz werden durch die Art und Weise der optischen und verbalen Darstellung eines Risikos beeinflusst. So können Signalfarben oder drastische Schadenanalysen den Entscheider dazu motivieren, sein Risikomanagement neu zu überdenken. Mit Hilfe einer zielorientierten (eher Über- als Untertreibung) Risikokommunikation können Reizschwellenwerte des Entscheiders überschritten werden und ihn so zu einem adäquaten Risikomanagement motivieren. Operationelle Risiken müssen dem Entscheider in der Interaktion immer wieder kommuniziert werden, um über die Kommunikation die Motivation einer adäquaten Risikowahrnehmung (siehe Vorgaben der Risikoadäquanz) zu gewährleisten.

---

[24] Vgl. von Engelhardt, D.: Risikobereitschaft bei betriebswirtschaftlichen Entscheidungen. Berlin 1981, S. 378.
[25] Vgl. von Engelhardt, D.: Risikobereitschaft bei betriebswirtschaftlichen Entscheidungen. Berlin 1981, S. 382.

Verhaltenswissenschaftliche Betrachtung operationeller Risiken im Lichte des Enterprise-Wide-Risk-Managements

Fokussiert man im Rahmen der unternehmerischen Risiken die operationellen Risiken »externer Betrug durch Kunden«, »interner Betrug durch Mitarbeiter«, »schädigendes Kundenverhalten allgemein« und »Risiken der Ablauf- und Aufbauprozesse«, so muss man eine fundamentale Bedeutung verhaltenswissenschaftlicher Komponenten berücksichtigen. Moralische und charakterliche Vorstellungen der handelnden Personen bestimmen und prägen die Ausprägung und Bewältigung derartiger operationeller Risiken und werden primär vom Einstellungsmuster der Entscheider bestimmt. Gesellschaftliche Strömungen (Abqualifizierung von Straftaten zu Kavaliersdelikten – zum Beispiel im Falle von Versicherungsbetrug) lassen die Eintrittswahrscheinlichkeit operationeller Risiken anwachsen und beeinflussen das Bewusstsein für die Bedeutung und Existenz der Risikosituation (man denke an die private Nutzung unternehmenseigener Computer für Internetabfragen und E-Mail-Korrespondenz). Die moralische Komponente operationeller Risiken muss jedoch nicht als Blackbox verstanden werden, sondern kann und sollte mit den Mitteln der Verhaltenswissenschaften dechiffriert werden. Moral Hazard gilt als intrapersonelle Komponente des Risikoverhaltens und zeigt sich in mangelnder Motivation zu risikovermeidenden oder präventiven Maßnahmen ebenso wie in der kriminellen Energie der bewussten Herbeiführung derartiger Risikosituationen. In seiner Ausprägung kann Moral Hazard als Ergebnis von Einstellungs- und Motivationsveränderungen sowie häufig finanziellen Engpässen analysiert werden. In dieser Form gilt das moralische Risiko aufgrund seiner »Dunkelziffercharakteristik« als Hauptproblem der Risikoentstehung aufgrund zwischenmenschlicher Interaktionen.

Damit operationelle Risiken bewältigt werden können, muss im Rahmen des Enterprise-Wide-Risk-Managements eine präventive Identifikation und Analyse mit einhergehender offener Kommunikation und Kontrolle durchgeführt werden. Neben der individuellen Einstellung des Entscheiders prägen kommunikative Angebote die Motivation, um ein operationelles Risiko schlagend werden zu lassen:

- Innere Kündigungen von Mitarbeitern können als Form eines operationellen Risikos durch problemlösende Kommunikation präventiv vermindert werden. Zumeist resultiert dieses operationelle Risiko nicht

aus finanziellen Überlegungen (das Gehalt gilt nach Herzbergs Theorien als Frustrator und nicht als Motivator), sondern aus fehlender Eigenverantwortung und damit einhergehender Motivationslosigkeit.
- Verärgerte Kunden zeigen sich als operationelles Risiko in Form von Vertragsstornierungen und Fluktuationstendenzen. Häufig könnte dieses Risiko durch eine kommunikative Schaltstelle in Form eines Beschwerdemanagements oder eines Ombudsmannes vermindert werden. So können Versicherungsunternehmen ansprechende Erfolge mit Customer-Recovery-Programmen vorweisen, indem sie verärgerte Kunden besonders ernst nehmen und zu einem Neuaufleben ihres Vertrages bewegen können. Dabei zeigen Marketingstudien, dass ehemals verärgerte und sodann wieder gewonnene Kunden eine deutlich erhöhte Kundenbindung aufweisen.
- Interne Betrugsfälle (Diebstahl durch Mitarbeiter, Nutzung unternehmenseigener Instrumente für private Zwecke, bewusste Fehltransaktionen zur finanziellen Bereicherung) würden durch eine erhöhte Loyalität zum Unternehmen deutlich vermindert werden. Sieht sich ein Mitarbeiter durch unternehmensinterne Kommunikation (Leitbild eines Unternehmens, Darstellung einer Unternehmensphilosophie, Kommunikation der gemeinsamen Unternehmensziele) als integraler Bestandteil des Unternehmens, so werden seine unternehmensschädigenden Tendenzen konterkariert.
- Externer Betrug durch Kunden geht häufig mit mangelnden Kommunikationsmöglichkeiten einher. Direktversicherungen, bei denen der Versicherungsnehmer über unpersönliche Medien (Telefon, Internet) mit dem Unternehmen kommuniziert, weisen deutlich höhere Schadenquoten und Versicherungsbetrugsquoten auf als mit persönlichem Außendienst operierende Versicherungsgesellschaften.

Enterprise-Wide-Risk-Management muss zur Berücksichtigung operationeller Risiken verhaltenswissenschaftliche Komponenten der Risikoidentifikation, -analyse und -kommunikation berücksichtigen. Als aus dem angelsächsischen Raum der Begriff des Risikomanagements aufkam, wurde seine Bedeutung ausschließlich mit gewerblichen Unternehmen assoziiert und auf technische Aspekte bezogen. Der von den betroffenen Unternehmen eigens engagierte Risk-Manager zeigte sich als Spezialist in der Erkennung und Handhabung gewerblicher und technischer Risikopotenziale. Basel II und in Analogie Solvency II haben durch ihre Dreisäulentheorie das unternehmerische Risikomanagement explizit auf operationelle Risiken ausgeweitet, womit der unternehmerische Risikomanager einer interdisziplinären Risikoschulung bedarf. Als interner und externer Ombudsmann muss er sich als zentrale Kommunikationsstelle der verhaltenswissenschaftlichen Komponenten der Stakeholder eines Unternehmen annehmen, um so operationelle Risiken im Vorfeld vermindern zu können. Mitarbeiter, Kunden, Lieferanten, Behörden sowie alle Interaktionsstellen eines Unternehmens stellen durch ihre Verhaltensweisen ein operationelles Risiko für dieses Unternehmen dar. In der Berücksichtigung verhaltenswissenschaftlicher Grundregeln (im Sinne eines »Baseler Verhaltensakkords«) können derartige Risiken identifiziert, analysiert, gesteuert, bewältigt und kontrolliert werden. Verhaltensregeln können dergestalt als stützendes Gerippe unternehmerischer Innen- und Außenbeziehungen gelten und stellen einen notwendigen Fokus des Enterprise-Wide-Risk-Management im Rahmen operationeller Risiken dar.

Literatur

Arnold, W./Boos, K.-H.:	Basel II – Einzel- und gesamtwirtschaftliche Aspekte. In: Die Bank 10/2001, S. 712.
Asche, T.:	Das Sicherheitsverhalten von Konsumenten. Heidelberg 1990.
Brauchlin, E.:	Mensch und Risiko im Entscheidungsprozess. St. Gallen 1979.
Brauner, C.:	Das verdrängte Risiko. Können wir Katastrophen verhindern? Freiburg 1990.
Chakraborty, S./Yadigaroglu, G.:	Ganzheitliche Risiko-Betrachtungen: Technische, ethische und soziale Aspekte. Köln 1991.
Engelhardt von, D.:	Risikobereitschaft bei betriebswirtschaftlichen Entscheidungen. Berlin 1981.
Festinger, L.:	A Theory of Cognitive Dissonance. Stanford University, 1957.
Filipp, S.-H.:	Selbstkonzept-Forschung: Probleme, Befunde, Perspektiven. Stuttgart 1979.
Hoyos, Graf C.:	Einstellungen zu und Akzeptanz von unsicheren Situationen. Die Sicht der Psychologie. München 1987.
Haller, M.:	Risiko-Management und Risiko-Dialog. Pfullingen 1990.

Hötte, J.:	Individuelles Lernen und rationales Handeln in einer komplexen Umwelt. Systemtheoretische und kybernetische Aspekte der Modellbildung in der Bildungsökonomie. Frankfurt am Main 1983.
Kahneman, D./Tversky, A.:	Subjective Probability: A Judgement of Representativeness, in: Judgment under Uncertainty: Heuristics and Biases. Cambridge 1982.
Kahneman, D./Tversky, A.:	Prospect theory: An Analysis of Decision under Risk. In: Econometrica 47, 1979.
Königswieser, R.:	Motivation. Wien-Neuwaldegg 1985.
Müller-Reichart, M.:	Empirische und theoretische Fundierung eines innovativen Risiko-Beratungskonzéptes der Versicherungswirtschaft. Karlsruhe 1994.
Puschmann, K.-H.:	Praxis des Versicherungsmarketing. Die Marketingarbeit der Versicherungsbetriebe und Versicherungsvermittlerbetriebe. Karlsruhe 1986.
Rinne, R.:	Erfahrungswissenschaftliche Untersuchung des Konsumentenverhaltens. Ein Beitrag zur Untersuchung des Kaufverhaltens der Konsumenten und der privaten Haushalte. Frankfurt am Main 1976.

Die Integration des Risikomanagements in das Konzept der Balanced Scorecard

Frank Romeike

Wozu braucht ein Versicherungsunternehmen eine Balanced Scorecard?

Performance Measurement als Grundlage der Balanced Scorecard

Während die Unternehmensprozesse sich permanent verändern, basieren die Systeme zur Leistungsmessung (Performance Measurement) häufig immer noch auf Methoden der Vergangenheit. In den vergangenen Jahren wurden die Systeme der Leistungsmessung häufig eher reaktiv beziehungsweise retrospektiv und situativ betrieben. Viele (Versicherungs-)Unternehmen verhalten sich wie ein Autofahrer, dessen Frontscheibe beschlagen ist und der deshalb mit Hilfe des Rückspiegels fährt.

Traditionelle, reaktive Unternehmenssteuerung unterstellt eine einfache Ursache-Wirkung-Folge. Die Realität sieht jedoch etwas anders aus: Unternehmen können insgesamt als zielgerichtete, offene und hochgradig komplexe sozioökonomische Systeme charakterisiert werden. Sie zeichnen sich durch eine Vielzahl sehr heterogener Elemente aus, die durch zahlreiche unterschiedliche Beziehungen sowohl miteinander als auch mit anderen Umweltelementen verknüpft sind, wobei diese Elemente und Beziehungen ständigen – häufig auch sehr starken und abrupten – Veränderungen unterworfen sind. Unternehmen sind komplexe Netzwerke ohne einfache Ursache-Wirkung-Logik. Auch Versicherungsunternehmen sind eben doch keine mechanischen Konstrukte, die top-down steuerbar sind, sondern bestehen vielmehr aus Menschen, die eigene und autonome Machtbereiche aufbauen. Bei solchen polyzentrischen Gebilden kann man nur begrenzt von »steuern« im Sinne der Vorgabe inhaltlicher Ziele sprechen. Ebenso wichtig sind die *prozedurale Führung*, also die Vorgabe von Kommunikationsprozessen und Leitplanken, in der sich das Unternehmen entwickeln soll, und die *interpretative Führung*, also das Schaffen gemeinsamer Symbole, Legenden und Sprachformen, an denen sich die Mitglieder einer Organisation orientieren.[1]

Unternehmerische Chancen und Risiken werden so leider nicht erkannt. Sowohl für die Leistungsmessung als auch für ein proaktives Risikomanagement ist es daher wichtig, dass die Unternehmen den Rückspiegel nicht wegwerfen, aber eben nur als *eine* Informationsquelle nutzen. Wichtiger ist der Blick nach vorne, um mit Hilfe der verschiedenen Instrumente (Navigationssystem, Tachometer, Verkehrsschilder, Bremslichter des Vordermanns) zu antizipieren, ob den Fahrer hinter der nächsten Kuppe eine Links- oder Rechtskurve erwartet. Ein Blick in den Rückspiegel sagt ihm lediglich, dass es die letzten fünf Kilometer ausschließlich geradeaus ging.

Das kontinuierliche Messen, Bewerten und Visualisieren der Performance eines Versicherungsunternehmens ermöglicht auf der einen Seite eine systematische Unternehmenssteuerung und auf der anderen Seite eine transparente Leistungsmessung und Selbststeuerung auf Mitarbeiterebene. Traditionell orientieren sich jedoch sowohl die Unternehmenslenker als auch die Mitarbeiter eher an eindimensionalen, finanziellen und retrograden Messgrößen, wie etwa Umsatzerlösen oder dem Cashflow. In einer auf Maschinen und Körperkraft basierenden Wirtschaft mögen diese Größen auch ausreichend sein.

In der heutigen schnelllebigen und sich rapide entwickelnden Unternehmenswelt gewinnen jedoch zunehmend Intangible Assets, also immaterielle Vermögenswerte, an Bedeutung. Intangible Assets sind etwa das Mitarbeiter-Know-how, die Unternehmenskultur, Patente, Infra- und Prozessstruktur, die Innovationsfähigkeit, der Markenwert, die Kundenbindung, Flexibilität der Organisation oder die Beziehungen zu den Zulieferunternehmen. Hierbei handelt es sich um so genannte Soft Facts, die nur schwer quantifizierbar sind. Soft Facts gewinnen jedoch in dem heutigen betrieblichen und volkswirtschaftlichen Umfeld, insbesondere im Versicherungsunternehmen, eine immer größere Bedeutung.

In unserer heutigen wissensbasierten Ökonomie werden bereits Werte geschaffen oder vernichtet, oft lange bevor etwa eine Verkaufstransaktion stattfindet. So kann etwa die erfolgreiche Entwicklung einer neuen und innovativen Versicherungslösung einen beträchtlichen wirtschaftlichen Wert generieren. Die Realisierung dieses Wertes, basierend auf dem Verkauf der Versicherungspolice, kann jedoch erst Jahre später erfolgen. Bis zu diesem Zeitpunkt verbucht das traditionelle Rechnungswesen keinen dieser geschaffenen Werte, während die entsprechenden Investitionen als Aufwand verbucht werden. Genau diese

---

[1] Vgl. Kirsch, W.: Betriebswirtschaftslehre – Eine Annäherung aus der Perspektive der Unternehmensführung. München 1998.

Diskrepanz ist auch der Grund für die wachsende Lücke zwischen dem Marktwert von Unternehmen und den in der Bilanz ausgewiesenen Werten.

Eine empirische Studie aus dem Jahr 2001, an der sich etwa 2 000 US-amerikanische Unternehmen beteiligten, hatte bereits aufgezeigt, dass Unternehmen aller Branchen über signifikante Intangible Assets[2] verfügen. Die Studie wies außerdem eine weit stärkere Korrelation der Intangible Assets mit dem Marktwert der Unternehmen nach als die klassischen Performance-Messgrößen wie Cashflow oder Gesamtjahresüberschuss.

Während nach Schätzungen des Brooking Institute im Jahr 1982 die Intangible Assets etwa 38 Prozent des gesamten Unternehmenswertes ausmachen, stieg dieser Anteil heute auf mehr als 75 Prozent.

Wie bereits dargestellt, fokussieren sich traditionelle Messsysteme häufig auf die Vergangenheit und liefern primär eine Zustandsbeschreibung. Bilanzdaten haben jedoch – wie bereits skizziert – nur eine eingeschränkte Aussagekraft über die Zukunft des Unternehmens. So geben hohe Investitionen in Intangible Assets bei innovativen Unternehmen ein völlig falsches Bild wieder: Die Kosten für die Versicherungsprodukt- oder Marktentwicklung werden in der Regel in anderen Perioden verbucht als die dadurch erzielten Erlöse. Kritische Entwicklungen werden erst verzögert aufgezeigt. Zukunftsrelevante Steuerungsinformationen oder Aussagen über Ursachen von bestimmten Unternehmensentwicklungen lassen sich mit Hilfe traditioneller (finanzieller) Kennzahlen nicht ableiten.

Und auch bei der Formulierung von Visionen und Strategien besteht auf der Geschäftsleitungs- beziehungsweise Vorstandsebene häufig keine Klarheit darüber, wie der Performance Management Prozess mit der strategischen Planung verknüpft wird. Wie können beispielsweise die strategischen Unternehmensziele mit den Zielen der Geschäftsbereiche, Abteilungen und Niederlassung zu einem integrierten Planungs- und Performance-Measurement-System verknüpft werden? Zukünftig sind Systeme zum »Performance Measurement« erforderlich, die die Genauigkeit vergangener Bilanzzahlen mit den heutigen Antriebsfaktoren wirtschaftlichen Erfolgs verbinden. So sollten bei einem Versicherungsunternehmen etwa der Prozess für das Kundenbeziehungsmanagement sowie der Produktentwicklungsprozess ein integraler Bestandteil des operativen Wertschöpfungsmanagements sein. Hierbei sollten auch für die Wertschöpfung relevante Supportprozesse explizit berücksichtigt werden (etwa im Bereich der Informationstechnologie oder der Personalbeschaffung beziehungsweise -entwicklung).

---

2) Vgl. Gu, F./Lev, B.: Intangible Assets – Measurement, Drivers, Usefulness, New York 2001, S. 12.

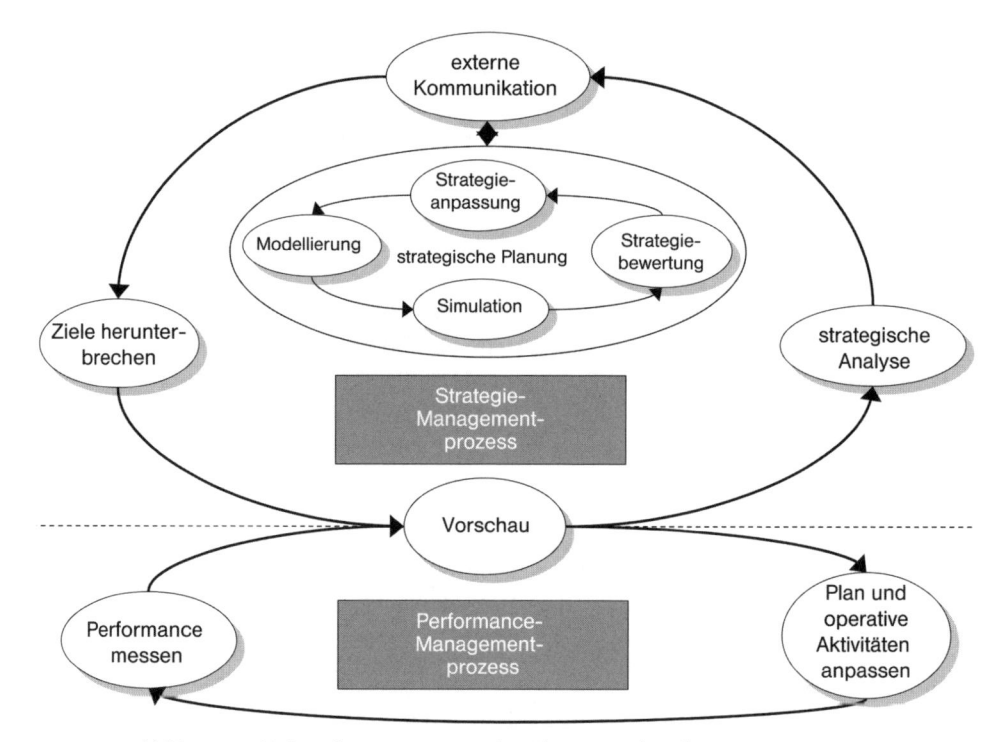

Abbildung 58: Verknüpfung von strategischer Planung und Performance Management Prozess

Mit der Balanced Scorecard wurde ein Managementsystem entwickelt beziehungsweise wieder belebt, das die Strategieimplementierung unterstützt und ausgehend von der Unternehmensstrategie die Unternehmensziele kaskadenförmig entlang der Organisationsstruktur deduziert. Die Balanced Scorecard basiert auf dem Performance Measurement. Hierbei geht es vor allem um die Messung von Effektivität und Effizienz im Unternehmen, um das Führungssystem im Unternehmen über die Leistungsentwicklung der Unternehmenseinheit zu informieren. Anhand vorgegebener Leistungsziele kann so ein Unternehmen systematisch gesteuert werden. Die Balanced Scorecard liefert gleichzeitig ein Instrument zur individuellen Leistungsmessung und -steuerung.

Wie bereits skizziert, stellt die Balanced Scorecard als strategisches Managementsystem quasi das Bindeglied zwischen der Strategieentwicklung und ihrer Umsetzung dar. Die Umsetzung der Strategie basiert auf einem vierstufigen Managementprozess:

- Formulierung und Umsetzung von Vision und Strategie: In dieser Prozessphase identifiziert das Management die richtige Strategie und überführt diese in die Balanced Scorecard.
- Kommunikation und Verknüpfung der Strategie: In dieser Prozessphase wird die Strategie an die hierarchisch nachfolgenden Ebenen kommuniziert und dort weiter konkretisiert. Hierbei können dann auch bereichsspezifische oder individuelle Ziele mit der Strategie abgestimmt werden.
- Planung und Zielvorgaben: In der dritten Phase werden strategische Maßnahmen abgestimmt sowie Ressourcen und Meilensteine definiert.
- Strategisches Feedback und Lernprozess: Die letzte Phase des Regelkreises dient der Analyse, dem Hinterfragen sowie der eventuellen Korrektur der erreichten Ergebnisse.

Abbildung 59 zeigt die grundsätzliche Konzeption einer Balanced Scorecard. Die einzelnen Schritte bauen aufeinander auf und müssen in der Praxis strukturiert und logisch geschlossen erfolgen. Eine interessante Beobachtung aus der Praxis ist, dass der Prozess der Erstellung einer Balanced Scorecard häufig viel wichtiger ist als die Resultate. Die Implementierung einer Balanced Scorecard ist eine klassische Projektaufgabe, die entweder von einer unternehmensinternen Projektgruppe oder auch mit externer Unterstützung durchgeführt wird.

Zwei Schlüsselprobleme bekommt ein Unternehmen mit Hilfe der Balanced Scorecard in den Griff: Erstens werden beim Performance Measurement die wahren Leistungstreiber in Form von Intangible Assets berücksichtigt. Zweitens unterstützt die Balanced Scorecard die Umsetzung von Visionen und Strategien im Unternehmen.

Was ist neu an der Balanced Scorecard?

In seinen theoretischen Qualitäten gelten sowohl das Konzept als auch die Idee der Balanced Scorecard als innovativ, problemlösend und unbestritten. Trotzdem wurde die Balanced Scorecard in den vergangenen Jahren – insbesondere auf der Ebene der Praxis – kontrovers diskutiert. Kritiker argumentierten, dass die Balanced Scorecard »alter Wein in neuen Schläuchen« sei oder primär die Erlöse der Beratungsunternehmen steigern würde. Handelt es sich nun tatsächlich um eine Managementinnovation oder um eine Modewelle mit nur kurzer Halbwertszeit? Die Praxis wurde in den vergangenen Jahren ja geradezu mit neuen Instrumenten und Methoden (etwa Just-in-

```
                            ┌─────────┐
                            │  Vision │
                            └─────────┘

        ┌─────────────────────────────────────────────────────┐
        │    Strategie: Formulierung der Vision               │
        │              und Zielpositionierung                 │
        └─────────────────────────────────────────────────────┘
```

	Finanzielle Sicht	
	Ziel	Indikator

Balanced Scorecard:

Kundensicht			Vision und Strategie		Interne prozessbezogene Sicht	
Ziel	Indikator				Ziel	Indikator

strategische Ziele

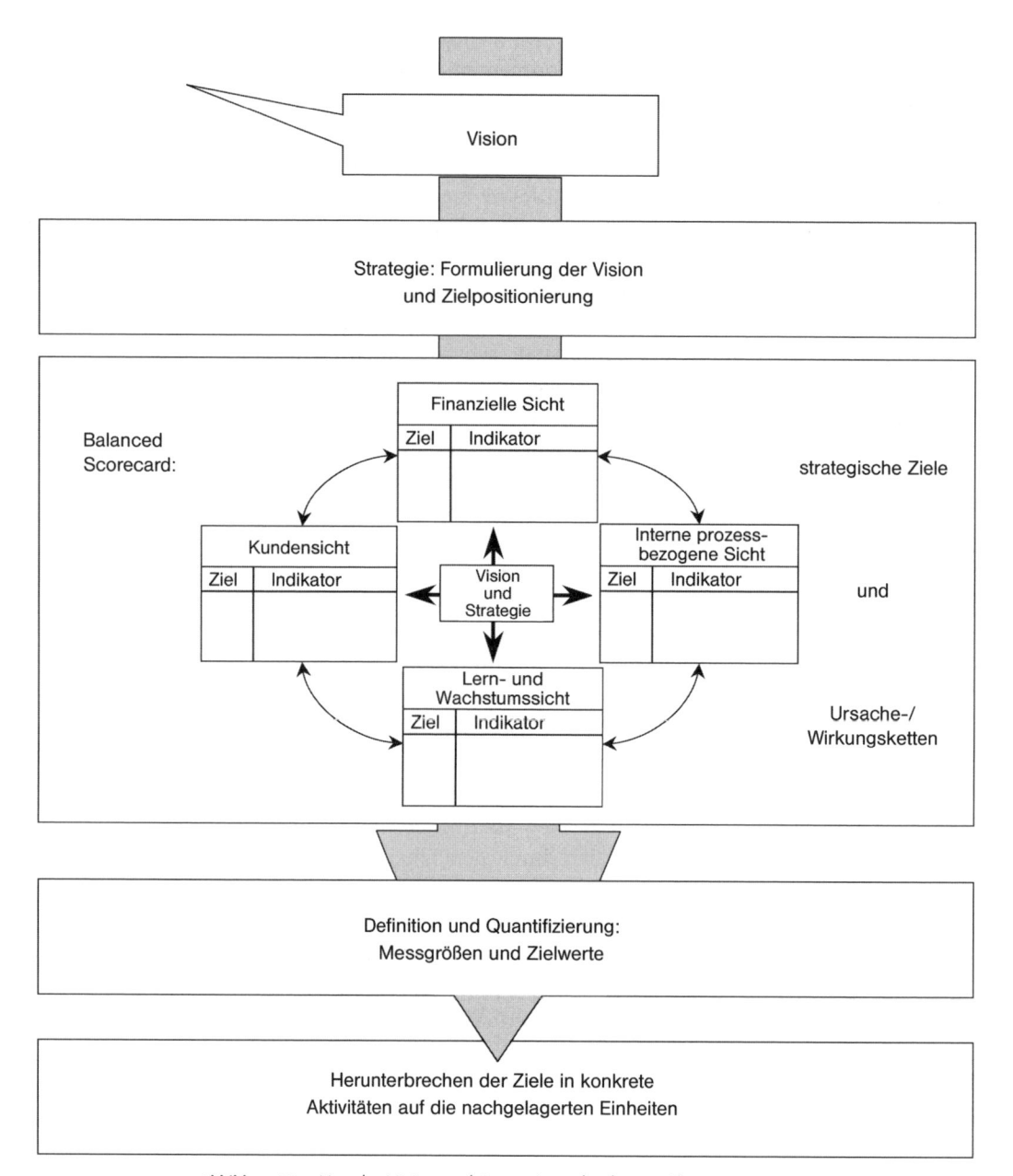

und

Ursache-/Wirkungsketten

	Lern- und Wachstumssicht	
	Ziel	Indikator

Definition und Quantifizierung:
Messgrößen und Zielwerte

Herunterbrechen der Ziele in konkrete Aktivitäten auf die nachgelagerten Einheiten

Abbildung 59: Von der Vision und Strategie zu konkreten Aktivitäten

Time, Kaizen, Lernende Organisation, Zen-Management, Reengineering, Fraktale Organisation, Empowerment, Competition, Change Management, Human Performance Management) überflutet.

Das Ziel der Balanced Scorecard ist an sich schlicht: Sie will als strategisches Managementsystem einen Nutzen schaffen durch die Berücksichtigung zusätzlicher, gegenwarts- und zukunftsbezogener Informationen. Die Balanced Scorecard will damit die Unzulänglichkeiten rein finanzwirtschaftlich ausgerichteter Kennzahlensysteme beseitigen und eine umfassende, an der Unternehmensstrategie ausgerichtete Steuerung ermöglichen.

Und auch ein Blick in die Praxis zeigt die große Akzeptanz der Balanced Scorecard. Nach einer Studie der Universität Eichstätt hatten im Jahr 2001 in Deutschland etwa 40 Prozent der DAX-100-Unternehmen die Balanced Scorecard bereits umgesetzt oder ein entsprechendes Projekt initiiert.[3] Studien über die Strategieprozesse in deutschen Unternehmen belegen, dass die Umsetzung von Strategien die Phase des Strategieprozesses ist, die in der Praxis die meisten Probleme aufwirft.[4] Eine Studie hierzu kommt zu dem Ergebnis, dass Unternehmen, die Balanced Scorecards eingeführt haben oder einführen werden, weil sie Unterstützung bei der Strategieumsetzung suchen (88 Prozent), die Führungsinstrumente ergänzen (59 Prozent) beziehungsweise ihre Reportingsysteme verbessern wollen (36 Prozent).[5] Weitere Ergebnisse sind in Abbildung 60 zusammengefasst.

Nach einer aktuellen Studie von Horváth & Partners[6] bei mehr als 100 großen und mittelgroßen Unternehmen in Deutschland, Österreich und in der Schweiz bestätigten etwa 67 Prozent der Befragten, dass sich der Einsatz der BSC positiv auf die Qualität auswirkt, 62 Prozent sehen entsprechende Effekte im Bereich der Kostensenkung. Auch Mitarbeiter- und Kundenzufriedenheit (je etwa 61 Prozent) lassen sich durch den Einsatz dieser Managementmethode steigern. Die BSC wirkt sich zudem positiv auf die Rendite (58 Prozent) aus. Nach der Studie waren die Hauptgründe für die Einführung der BSC bei nahezu allen Unternehmen die Unterstützung einer erfolgreichen Strategierealisierung (94 Prozent), die Schaffung eines gemeinsamen Strategieverständnisses (91 Prozent) sowie die Verbesserung der Strategie-

---

[3] Universität Eichstätt: Balanced Scorecard in der Unternehmenspraxis. In: Bilanzbuchhalter & Controlling, Heft 2, 2001, S. 34–37.
[4] Vgl. Gomez, P./Wunderlin, G.: Stakeholder-Value-orientierte Unternehmensführung: Das Konzept des Performance Management. In: Hinterhuber, H./Friedrich, S./Al-Ani, A./Handlbauer, G. (Hrsg.): Das Neue Strategische Management. Wiesbaden 2000, S. 425–446.
[5] Vgl. PwC Deutsche Revision: Die Balanced Scorecard im Praxistest: Wie zufrieden sind Anwender? Frankfurt 2001.
[6] Vgl. www.horvath-partners.com

kommunikation (91 Prozent). Knapp zwei Drittel aller Unternehmen haben mehr als fünf Balanced Scorecards im Einsatz, ein Drittel sogar mehr als 20. Beim Spitzenreiter der Studie sind rund 900 Balanced Scorecards im Einsatz. 82 Prozent der Befragten sind dabei der Meinung, dass die Investition sich gelohnt hat und dass der Payback der BSC deutlich höher ist als der Aufwand, den sie verursacht. Insgesamt bestätigen über 70 Prozent der befragten Unternehmen, dass die BSC die in sie gesetzten Erwartungen erfüllt hat. Enttäuscht zeigten sich lediglich elf Prozent.

Auch in der Vergangenheit gab es bereits Ansätze und Methoden, Strategien in den praktischen Alltag umzusetzen. Schlägt man die Klassiker der Betriebswirtschaftslehre[7] oder Versicherungsbetriebslehre[8] auf, so wird man erkennen, dass dort alle Bestandteile der Balanced Scorecard bereits detailliert beleuchtet wurden. Auch so genannte weiche, nicht finanzielle Faktoren wurden bereits in der Vergangenheit diskutiert.

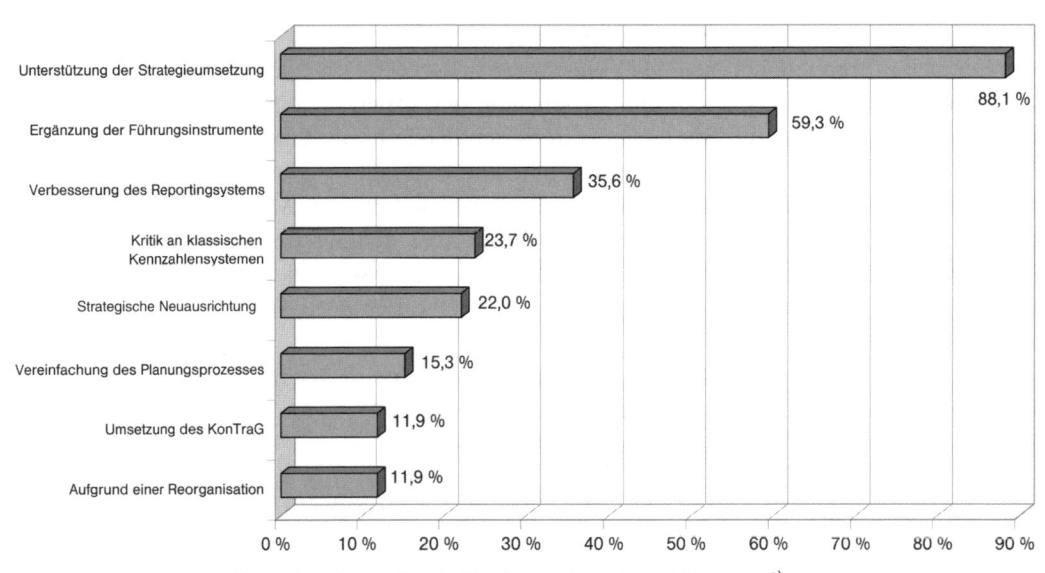

Grund	Prozent
Unterstützung der Strategieumsetzung	88,1 %
Ergänzung der Führungsinstrumente	59,3 %
Verbesserung des Reportingsystems	35,6 %
Kritik an klassischen Kennzahlensystemen	23,7 %
Strategische Neuausrichtung	22,0 %
Vereinfachung des Planungsprozesses	15,3 %
Umsetzung des KonTraG	11,9 %
Aufgrund einer Reorganisation	11,9 %

Abbildung 60: Gründe für die Einführung der Balanced Scorecard[9]

---

7) Vgl. Wöhe, G./Döring, U.: Einführung in die Allgemeine Betriebswirtschaftslehre, 21. Auflage. 2002.
8) Vgl. Farny, D.: Versicherungsbetriebslehre. Karlsruhe 2000.
9) Quelle: PwC Deutsche Revision: Die Balanced Scorecard im Praxistest: Wie zufrieden sind Anwender? Frankfurt 2001, S. 9.

So ist etwa in Frankreich das »Tableaux de Bord« als System finanzieller und nicht finanzieller Kennzahlen weit verbreitet.[10] Wörtlich kann man »Tableau de Bord« mit »Bordtafel« übersetzen. Auch das Armaturenbrett eines Autos heißt in Frankreich »le tableau de bord«. Und auch in den 1950er Jahren wurden bereits in einem Kennzahlenprojekt bei General Electric neben »harten« Finanzzahlen auch »weiche« Parameter sowie eine Balance zwischen kurz- und langfristigen Zielen gefordert.[11]

Von Kaplan und Norton selbst wurde die Balanced Scorecard als neuer Managementansatz[12] propagiert. Die Balanced Scorecard ist vor allem auch ein Performance-Measurement-System, das die Umsetzung von Strategien in konkrete operative Maßnahmen ermöglicht. Visionen werden aus verschiedenen Perspektiven betrachtet, um dann jeweils aus der unterschiedlichen Perspektive konkrete Maßnahmen und Ziele abzuleiten. Auf den ersten Blick klingt dieser Gedanke trivial. Aber gerade die Einfachheit dieses Gedankens und die Verknüpfung mit einer ganzheitlichen Betrachtung machen den Erfolg der Balanced Scorecard aus. Insbesondere auch die Fokussierung auf die vier Scorecard-Perspektiven tragen zu einem intuitiven Verständnis bei.

Kurzum: Die Balanced Scorecard basiert auf bewährten betriebswirtschaftlichen Konzepten und Methoden. Ein wesentlicher Erfolgsfaktor der Balanced Scorecard ist die Reduktion vieler bereits bekannter Steuerungsgrößen auf das Wesentliche. Die Balanced Scorecard liefert dem Management und den Mitarbeitern quasi einen Spickzettel für den Weg von der Strategie bis hinunter in den tagtäglichen Geschäftsablauf. Sie fördert strategisches Denken und Handeln auf allen Ebenen im (Versicherungs-)Unternehmen.

Als Auslöser für die Einführung einer Balanced Scorecard können die folgenden Punkte aufgeführt werden (siehe Abbildung 61):[13]

- Visionen und Strategien sind entweder unklar oder nicht vorhanden.
- Es besteht Unklarheit darüber, wie die Strategien beziehungsweise Visionen schnell und effektiv umgesetzt werden können. Nach einer

---

10) Vgl. Gray, J./Pesqueux, Y.: Evolutions Actuelles des Systemes de Tableau de Bord. In: Revue Francaise de Compatibilité, Februar 1993, S. 61ff.
11) Vgl. Eccles, R.G./Noriah, N./Berkley, J.D.: Beyond the Hype – Rediscovering the Essence of Management. Boston 1992, S. 157f.
12) Vgl. Kaplan, R.S./Norton, D.P.: Balanced Scorecard – Strategien erfolgreich umsetzen. Stuttgart 1997, S. 8ff.
13) Vgl. Romeike, F.: Balanced Scorecard in Versicherungen. Strategien erfolgreich in der Praxis umsetzen. Gabler Verlag, Wiesbaden 2003.

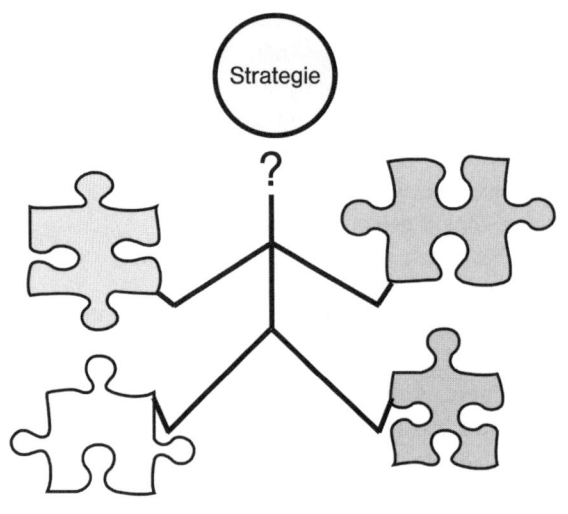

- **Visionsbarriere**
  Die Strategie wird von denen, die sie umsetzen sollen, nicht verstanden und nicht in operable Ziele transformiert.

- **Mitarbeiterbarriere**
  Mitarbeiterziele, Wissens- und Kompetenzentwicklung sind nicht mit der Strategie verbunden.

- **Managementbarriere**
  Managementsysteme sind für die operative Kontrolle entwickelt. Nur sehr wenig Zeit wird für echtes strategisches Management verwendet.

- **Verfahrensbarriere**
  Die Budgetierung ist nicht mit der strategischen Planung verbunden. Die Management- und Controlling-Prozesse und -Verfahren sind eher auf kurz- als auf langfristige Zeiträume ausgelegt.

Abbildung 61: Die »klassischen« Hindernisse bei der Strategieentwicklung

1999 im Magazin Fortune erschienenen Studie scheitern 70 Prozent der CEOs nicht an einer schlechten Strategie, sondern an deren miserabler Umsetzung.

- Häufig anzutreffende Unverbindlichkeit strategischer Pläne.
- Die Strategien werden von denjenigen nicht verstanden und gelebt, die sie eigentlich umsetzen müssen. Nach Studien erreichen lediglich 20 Prozent der ursprünglichen Informationen die fünfte Hierarchieebene. Die Balanced Scorecard unterstützt das »Management mit offenem Visier«, so dass die Strategie für alle Mitarbeiter transparent ist.
- Klassische Kennzahlensysteme ermöglichen nur eine unzulängliche Steuerung des Versicherungsunternehmens, weil sie an Symptomen und nicht an Ursachen anknüpfen.
- Die Suche nach einer unternehmensweit verständlichen Sprache zur Strategieumsetzung.

- Die klassischen Steuerungs- und Messgrößen in Versicherungsunternehmen werden von finanziellen Daten dominiert (siehe DuPont- oder ZVEI-Kennzahlensystem).[14]
- Insbesondere aus dem Rechnungswesen liegen sehr umfangreiche, häufig aber auch unübersichtliche Informationen als Führungsinformation vor, die nur eine sehr bedingte Steuerungsrelevanz darstellen. Das heutige Rechnungswesen basiert auf Transaktionen, wie etwa dem Verkauf einer Versicherungspolice. In der heutigen wissensbasierten Ökonomie werden jedoch oft Werte geschaffen oder vernichtet, lange bevor beispielsweise eine Verkaufstransaktion stattfindet.
- Unternehmenslenker fokussieren sich häufig eher auf Spätindikatoren aus dem Rechnungswesen, die nur einen Blick in die Vergangenheit ermöglichen. Demgegenüber lenken Frühwarnindikatoren den Blick eher nach vorne.
- Der Zeitbedarf von strategischer und operativer Planung ist zu groß. Auf immer schneller werdenden Märkten kann man nicht schnell genug steuern.
- Viele Unternehmen haben es sich zum Ziel gesetzt, persönliche Zielvereinbarungen mit Mitarbeitern effizienter zu treffen und zu überprüfen.
- Das KonTraG (Gesetz zur Kontrolle und Transparenz im Unternehmensbereich), der Corporate-Governance-Kodex[15] und Solvency II sollen die Transparenz der Unternehmen erhöhen und verlangen neue Wege in der Unternehmenssteuerung und im Risikomanagement.

Was ist bei der Einführung einer Balanced Scorecard zu beachten?

Achtzig Prozent aller Reorganisationsprojekte scheitern in der Implementierungsphase, weil entweder die Verantwortlichen die Handlungsempfehlungen unreflektiert übernommen haben (»one fits all«) oder die Unternehmenskultur mit den Änderungen überfordert war.[16]

---

14) »The financial measures tell some, but not all, of the story about past actions and they fail to provide adequate guidance for the actions to be taken today and the day after to create future financial value« (Vgl. Kaplan/Norton: Using the BSC as a Strategic Management System. In: Harvard Business Review, Vol. 74, Nr. 1, 1996, S. 75–85).
15) Vgl. Romeike, F.: Gesetzliche Grundlagen, Einordnung und Trends. In: Romeike, F./Finke, R. (Hrsg.): Erfolgsfaktor Risikomanagement: Chance für Industrie und Handel. Lessons learned, Methoden, Checklisten und Implementierung. Gabler Verlag, Wiesbaden 2003, S. 75 ff.
16) Vgl. Hopfenbeck, W.: Allgemeine Betriebswirtschaft- und Managementlehre. Landsberg/Lech 2000, S. 754.

Abbildung 62: Schwierigkeiten bei Balanced-Scorecard-Projekten[17]

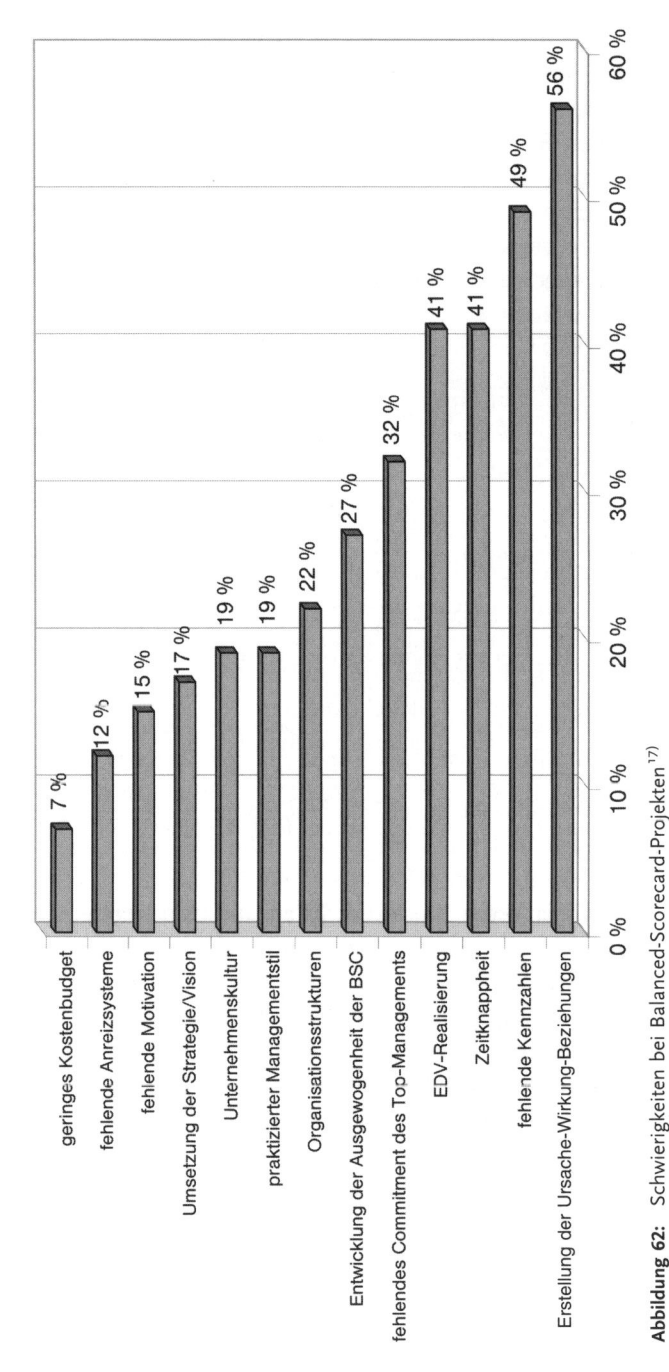

17) Quelle: PwC Deutsche Revision: Die Balanced Scorecard im Praxistest: Wie zufrieden sind Anwender? Frankfurt 2001, S. 34.

Die Integration des Risikomanagements in das Konzept der Balanced Scorecard

Basierend auf einer Studie von PwC Deutsche Revision haben 56 Prozent der befragten Unternehmen Schwierigkeiten bei der Erstellung von Ursache-Wirkung-Ketten, 49 Prozent nannten fehlende Kennzahlen und bei 41 Prozent war die Zeitknappheit das größte Problem bei der Entwicklung der Balanced Scorecard. Abbildung 62 hat die wesentlichen Ergebnisse der Studie zusammengefasst. Basierend auf den Erfahrungen diverser Balanced-Scorecard-Projekte finden Sie im Folgenden einige Tipps und Tricks aus der Balanced Scorecard-Praxis:

1. *Commitment des Topmanagements:* Ein klares Commitment und Engagement des Topmanagement sind die Basis für eine erfolgreiche Umsetzung und den dauerhaften Einsatz der Balanced Scorecard. Die Balanced Scorecard ist »Chefsache« und sollte top-down eingeführt werden. Dies resultiert bereits aus der Tatsache, das die Balanced Scorecard ein Führungsinstrument ist, das vom Topmanagement selbst erarbeitet, angewandt und kaskadenartig in die anderen Organisationseinheiten »heruntergebrochen« wird. Auch die Process Owner sollten frühzeitig in ein Balanced-Scorecard-Projekt involviert werden, da ihre Unterstützung ein wesentlicher Erfolgsfaktor für die Implementierung der Balanced Scorecard ist. Praktische Erfahrungen haben gezeigt, dass auch eine Unterstützung der Stakeholder, etwa der Anteilseigner oder des Aufsichtsrates, die erfolgreiche Implementierung einer Balanced Scorecard unterstützen kann.
2. *»One fits all« gilt nicht für die Balanced Scorecard:* Diese muss in jedem Fall unternehmensindividuell entwickelt werden. Die Balanced Scorecard ist kein fertiges Rezept »von der Stange«. Versicherungsunternehmen sollten eine Balanced Scorecard nicht aus anderen Branchen adaptieren, sondern vielmehr eine branchen- und unternehmensindividuelle Scorecard entwickeln.
3. *Integration in existierende Managementsysteme:* Die Umsetzung der Balanced Scorecard darf nicht losgelöst von bereits bestehenden Managementsystemen erfolgen, da die Balanced Scorecard kein einmaliges Projekt mit befristeter Laufzeit ist, sondern dauerhaft im Unternehmen integriert werden soll. Daher darf die Balanced Scorecard nicht als isoliertes Instrument betrachtet werden, sondern muss mit den bestehenden Systemen (strategische und operative Planung; Berichtswesen; Zielvereinbarungssysteme, Rechnungswesen) abgestimmt werden.

4. *Strukturierter Ansatz zur Ableitung und Priorisierung von Leistungsindikatoren:* Damit das Konzept der Balanced Scorecard in der unternehmerischen Praxis auch gelebt werden kann, müssen erfolgskritische Leistungsindikatoren (Werttreiber) mit Hilfe einer unternehmensweit einheitlichen Methodik bestimmt werden. Des Weiteren ist eine klare Priorisierung und Fokussierung auf die in der Praxis relevanten Werttreiber wichtig.
5. *Ursache und Wirkungsketten müssen analysiert werden:* Im täglichen Unternehmensalltag versteht der einzelne Mitarbeiter häufig nicht, in welcher Form seine Arbeit zur Unternehmenswertsteigerung beiträgt. Ein Grund hierfür ist die Tatsache, dass nur selten in Prozessen gedacht wird, sondern vielmehr in Hierarchien und Funktionen. Vor diesem Hintergrund ist es wichtig, dass für eine erfolgreiche Umsetzung der Balanced Scorecard die Ursache- und Wirkungszusammenhänge analysiert und berücksichtigt werden.
6. *Integration des Ziel- und Kennzahlensystems (Messgrößensystems) in die Zielvereinbarungen:* Das Ziel- und Kennzahlensystem sollte in die strategische und operative Planung integriert werden. Hierbei sollte man sich jedoch auf wenige Key Performance Indicators fokussieren, um nicht wieder die Zahlenfriedhöfe traditioneller Kennzahlensysteme zu generieren. Häufig gilt: »Je mehr, desto besser« oder »Viel hilft viel«. Wer kennt nicht die verzweifelten Bemühungen, aus dem dadurch entstandenen Zahlensalat die wesentlichen Daten herauszufischen?
7. *Interdisziplinäres Projektteam:* Analog der Mehrdimensionalität der Balanced Scorecard sollte auch das Projektteam interdisziplinär zusammengesetzt sein. Ein interdisziplinäres Team unterstützt zudem die hierarchieübergreifende Projektunterstützung vom Topmanagement bis zum Process Owner und reduziert die Gefahr von Widerständen. Während das interdisziplinäre Projektteam in der Zusammensetzung nicht konstant sein muss, ist die Konstanz des Kernteams ein wesentlicher Erfolgsfaktor. Auch kann eine externe Moderation während der Entwicklungsphase sinnvoll sein. Eine externe Unterstützung gewährleistet auf der einen Seite eine neutrale Sichtweise und auf der anderen Seite das Einbringen von entsprechendem Methodenwissen und Projekterfahrungen.
8. *Vertrauensbasierte Organisation und offene Kommunikation:* Ein Balanced-Scorecard-Projekt darf nicht als »Top-Secret«-Projekt des Vorstandes gelebt werden. Eine offene Kommunikation erleichtert die Umsetzung der Balanced Scorecard in den Unternehmensalltag. Diese offe-

ne Kommunikation beginnt bereits bei der Definition und Kommunikation von Vision und Strategie. Hierbei sollten alle Mitarbeiter mitwirken. Insbesondere in einer durch eine hohe Wettbewerbsintensität geprägten (Versicherungs-)Welt kommt es auf einen effektiven Umgang mit dem im Unternehmen akkumulierten Wissen an. Kurzum: Eine erfolgreiche Umsetzung von Strategien ist sehr eng verwoben mit der Kommunikationskultur im Unternehmen. Der Kreativität sind hier keine Grenzen gesetzt. Man kann über die Hauszeitschrift die Ziele und die Funktionsweise der Wirkungsweise kommunizieren, das Intranet nutzen oder auch während einer Betriebsversammlung die Balanced Scorecard vorstellen. Ziel muss eine breite Akzeptanz im gesamten Unternehmen sein.

9. *IT-Unterstützung:* Eine IT-Lösung sollte sich in jedem Fall an dem Konzept der Balanced Scorecard orientieren und nicht umgekehrt. Synergieeffekte lassen sich nutzen, indem die Balanced Scorecard in bereits vorhandene Controlling- und Führungs-Informationssysteme integriert wird.

10. *Think simple:* Eine Reduktion von Komplexität ist wichtig für ein erfolgreiches Balanced-Scorecard-Projekt. Eventuell macht es auch Sinn, die Balanced Scorecard zunächst nur in einer Organisationseinheit einzuführen, anstatt sie im ersten Schritt gleich unternehmensweit zu implementieren. Versuchen Sie nicht gleich die Hundertprozentlösung umzusetzen. Arbeiten Sie nach der 80:20-Regel: Mit 20 Prozent Aufwand erreicht man 80 Prozent der Ziele. Für die restlichen 20 Prozent jedoch benötigt man dann 80 Prozent des Aufwands.

11. *Lösen Sie sich von der Finanzlastigkeit traditioneller Managementsysteme:* Ziel der Balanced Scorecard ist es, eine Ausgewogenheit (»Balance«) zwischen kurzfristigen und langfristigen Zielen, monetären und nicht monetären Kennzahlen, zwischen Spätindikatoren und Frühindikatoren sowie internen und externen Performanceperspektiven herzustellen.

12. *Straffes Projektmanagement:* Die erfolgreiche Implementierung einer Balanced Scorecard funktioniert nur mit der Unterstützung eines guten und effizienten Projektmanagements. Termine müssen eingehalten werden. Es muss klare Verantwortlichkeiten etwa für Ziele, Kennzahlen oder Maßnahmen geben. Des Weiteren sollten klare Meilensteine definiert werden. Die Projektpraxis zeigt immer wieder, dass Balanced-Scorecard-Projekte scheitern, weil kein straffes Projekt-

management vorhanden ist und die bisherigen Zahlenfriedhöfe durch Scorecard-Friedhöfe ersetzt werden.

13. *Dokumentieren Sie alle Ergebnisse.* Die Entwicklung einer Balanced Scorecard basiert auf einem Diskussionsprozess, bei dem die unterschiedlichsten Meinungen und Vorschläge geäußert werden. Eine vollständige Dokumentation der Ergebnisse und auch Zwischenergebnisse und des Entwicklungsweges ermöglicht ein jederzeitiges »Nachvollziehen« der Balanced Scorecard (etwa bei Ergänzungen, Erweiterungen).

Die verschiedenen Perspektiven der Balanced Scorecard im Detail

»*Translating Strategy into Action*« heißt der Untertitel des Standardwerks zur Balanced Scorecard von Kaplan und Norton.[18]

Visionen und Strategien stehen am Anfang eines jeden Balanced-Scorecard-Projekts. Visionen sind häufig sehr pauschal und allgemein formuliert. »Wir wollen die Nummer eins in der Industrieversicherung werden. Der Kunde steht bei uns im Mittelpunkt.« Visionen werden auch als Leitziele des Unternehmens bezeichnet. Demgegenüber spiegelt die Mission eines Unternehmens das Leitbild des Unternehmens wider. Eine Mission kommuniziert, wie ein Unternehmen von »außen«, etwa von Kunden oder Medien, gesehen werden will. Welches Bild hat unser Kunde, Partner oder wer auch immer von uns im Kopf, welche Gefühle und Emotionen verbindet er mit uns? Die Mission ist dabei mit dem Markenkern verbunden. Die Marke wiederum ist quasi das Spiegelbild der Visionen, Missionen und Strategien.

Visionen sind demgegenüber eher nach innen, auf das eigene Unternehmen, gerichtet und haben ihren Ausgangspunkt häufig in Utopien. Diese Tatsache macht es problematisch, sie auch als Basis für die Entwicklung einer Balanced Scorecard zu machen. Eine Vision spiegelt jedoch auch ein sehr konkretes Bild der Zukunft wider. Dabei ist das Zukunftsbild so nahe, dass eine Realisierbarkeit bereits erkannt wird.

Geht man einen Schritt weiter (siehe auch Abbildung 59), so gelangt man von der Vision zur Strategie. Etymologisch entstammt der Begriff dem militärischen Bereich. Im Brockhaus des Jahres 1906 konnte man lesen: »Feldherrnkunst, die Lehre von der Anwendung der Kriegsmittel zur Erreichung des Kriegszwecks, die in Friedenszeiten schon in der Anlage von Be-

---

[18] Kaplan, R.S./Norton, D.P.: The Balanced Scorecard: Translating Strategy into Action. Boston 1996.

festigungen, in der Unterbringung und Ausbildung des Heers und dem Ausbau der Flotte, sodann aber im Kriegsfalle beim Aufmarsch und beim Vorgehen der Truppen sowie in der Ausnützung des Geländes und aller Schwächen des Gegners sich zu bewähren hat.«

Im aktuellen Brockhaus hingegen wird Strategie definiert als der Entwurf und die Durchführung eines Gesamtkonzepts (etwa einer Unternehmensstrategie). Bei der Entwicklung einer Strategie werden Grundsatzentscheidungen getroffen, die sämtliche Unternehmensbereiche betreffen. Auch ein Versicherungsunternehmen entwickelt in der Regel Strategien, um stärker oder besser zu werden als der Mitbewerber. Oder kurzum: *Zunächst die richtigen Dinge tun und dann die Dinge richtig tun.* Eine Strategie sollte Klarheit darüber verschaffen, wie bestimmte Ziele (etwa Wachstum) erreicht werden. Passen unsere Prozesse? Haben wir die richtigen Mitarbeiter? Nutzen wir die adäquaten Vertriebswege?

Die Strategie beschreibt den Weg, welchen das Unternehmen mittel- und langfristig beschreiten wird.

- Missionen beantworten die Frage, welche Rolle das Unternehmen einnehmen möchte und welche Aufgaben es in diesem Zusammenhang erfüllt!
- Visionen beantworten die Frage, wo wir hinwollen, also das Ziel unserer Reise!
- Strategien definieren unseren »Spielplan«!

Strategische Ziele bilden einen ganz wesentlichen Kern einer Balanced Scorecard. Die Definition der strategischen Ziele hinsichtlich Qualität und strategischer Relevanz ist von wesentlicher Bedeutung für die erfolgreiche Umsetzung der Balanced Scorecard. Strategische Ziele sind in jedem Fall unternehmensspezifisch zu definieren. Bei der Bestimmung der strategischen Ziele müssen die verschiedenen Perspektiven der Balanced Scorecard berücksichtigt werden. In Tabelle 15 sind einige strategische Zielsetzungen eines Unternehmens zusammengefasst.

Tabelle 15: Strategische Ziele, Spät- und Frühindikatoren eines Unternehmens [19]

Strategische Zielsetzung	Spätindikatoren (Ergebniskennzahlen)	Frühindikatoren (Leistungstreiber)
Finanzen:		
F1 – Aktionärserwartungen erfüllen	Economic Value Added (EVA)	
F2 – Gesamtrentabilität verbessern	Return on Investment (ROI)	
F3 – rentables Wachstum erreichen	Betriebsergebnis (-entwicklung)	
Kunden:		
K1 – höhere Kundenzufriedenheit	Kundenakquisition/-loyalität	Kundenzufriedenheit (Befragungsergebnisse, Stornoquote)
K2 – Vertretungsleistung verbessern	Vertretungsakquisition/-loyalität	Vertretungsleistung (Stichprobe)
Prozesse:		
P1 – Zielmärkte entwickeln	Leistungssortiment (je Segment)	Geschäftsentwicklung (wie Plan)
P2 – verstärktes Cross-Selling	Cross-Selling-Rate	Kundenkontaktdauer
P3 – rentable Vertragsabschlüsse	Schadenquote	Vertragsqualitätsprüfungsergebnis
P4 – Risikomanagement verbessern	Schadenhäufigkeit und -höhe	Schadenqualitätsprüfungsergebnis
P5 – Wirtschaftlichkeitssteigerung/interne Prozessoptimierung	Leistungen/Kosten, Kostenstruktur, Fehlerrate	Aufwandsentwicklung/-struktur, Prozesskosten, Durchlaufzeit
Lernen & Wachsen:		
L1 – Mitarbeiterqualifikation/-motivation erhöhen	Mitarbeiterfluktuationsrate	Personalentwicklung (wie Plan), Mitarbeiterzufriedenheit
L2 – Verbesserung der Informationsversorgung	Personalproduktivität, Entscheidungssicherheit/-qualität	Verfügbarkeit strategischer Informationen

[19] Vgl. Kaplan, R.S./Norton, D.P.: Balanced Scorecard – Strategien erfolgreich umsetzen. Stuttgart 1997, S. 150f.

Bei der Bestimmung der strategischen Ziele sollten die folgenden Punkte beachtet werden:[20]

- je Perspektive sollte man maximal fünf Ziele bestimmen,
- die Zieldefinition sollte nicht allzu pauschal erfolgen, sondern möglichst spezifisch,
- die Formulierungen sollten sich bereits an den Maßnahmen/Aktionen orientieren,
- die Messbarkeit der Ziele ist zunächst von zweitrangiger Bedeutung,
- Fokussierung auf Ziele mit einer hohen strategischen Bedeutung,
- die Definition von strategischen Zielen ist ein interaktiver Prozess im Unternehmen,
- Ziel muss ein eindeutiges und allgemein akzeptiertes Zielsystem im Unternehmen sein.

Kennzahlen sind ein wesentliches Kernelement der Balanced Scorecard, da mit ihrer Hilfe die Zielerreichung gemessen werden soll. In der Literatur werden Kennzahlen auch als Maßgrößen oder Messgrößen bezeichnet. Mit Hilfe von Kennzahlen wird dargestellt, wie die strategischen Ziele mit der Vision und Mission des Unternehmens zusammenhängen und wie die Strategie des Unternehmens umgesetzt werden kann.

Die Balanced Scorecard fokussiert ausschließlich auf strategische Kennzahlen. Diagnostische Kennzahlen, die vor allem der Unternehmensüberwachung dienen und auf drohende oder eingetretene ungewöhnliche Ereignisse hinweisen, bleiben bei der Balanced Scorecard unberücksichtigt. Der »Value at Risk« etwa ist demnach kein Indikator für die Qualität des Risikomanagements, da ihn insbesondere externe Markteinflüsse beeinflussen können.

Strategische Kennzahlen müssen klar und eindeutig formuliert werden, da ansonsten Verwirrungen vorprogrammiert sind. Bei der Formulierung von Kennzahlen sollte man sich immer wieder vor Augen führen, dass mit ihrer Hilfe strategische Ziele konkretisiert werden.

Nach Kaplan und Norton ist durch die unterschiedlichen Sichtweisen der diversen Interessengruppen auf das Unternehmen eine »balanced«, also ausgewogene Sichtweise auf das Unternehmen möglich. Die Indikatoren der insbesondere nicht finanziellen Perspektiven laufen als Frühindikatoren der zukünftigen Entwicklung voraus, so dass sie als Leistungstreiber wirken. Traditionelle Kennzahlen (insbesondere die aus dem Jahresabschluss

---

[20] Vgl. Romeike, F.: Balanced Scorecard in Versicherungen. Strategien erfolgreich in der Praxis umsetzen. Gabler Verlag, Wiesbaden 2003, S. 57.

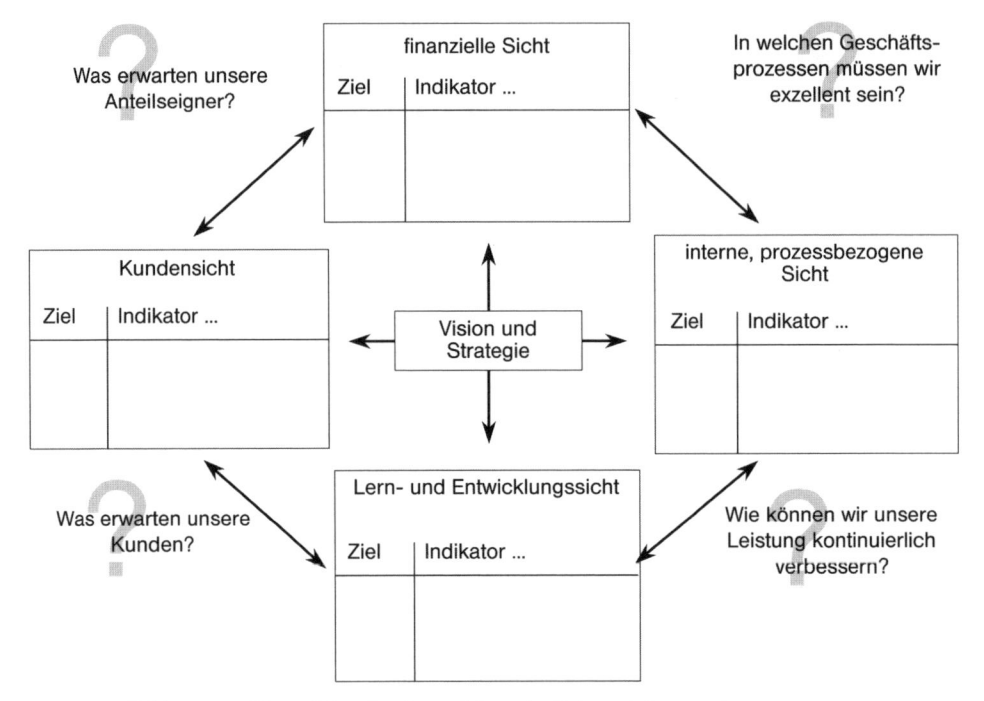

Abbildung 63: Die traditionellen Perspektiven der Balanced Scorecard

abgeleiteten Finanzkennzahlen wie Cashflow, Return on Capital, Shareholder Value Added) fokussieren häufig auf den Ergebnissen von Entscheidungen und Entwicklungen in der Vergangenheit. Frühindikatoren sollen aber gerade wesentliche Veränderungen der Gesamtsituation eines komplexen Netzwerks proaktiv aufzeigen und analysieren.

Die »Väter« der Balanced Scorecard, Kaplan und Norton[21], unterscheiden die folgenden Perspektiven (siehe Abbildung 63):[22]

- Die *Finanzperspektive* basiert auf den Ergebnissen des Rechnungswesens und war in der Vergangenheit häufig die einzige Perspektive, nach der ein Unternehmen gesteuert wurde. Die Finanzperspektive

---

21) Kaplan, R.S./Norton, D.P.: The Balanced Scorecard: Measures that Drive Performance. In: Harvard Business Review, 1992, Heft 1, S. 71–79; Kaplan, R.S./Norton, D.P.: Putting the Balanced Scorecard to Work. In: Harvard Business Review, Heft 5, 1993, S. 134–147.; Kaplan, R.S./Norton, D.P.: The Balanced Scorecard: Translating Strategy into Action. Boston 1996; Kaplan, R.S./Norton, D.P.: Using the Balanced Scorecard as a Strategic Management System. In: Harvard Business Review, Heft 1, 1996, S. 75–85.
22) Vgl. Romeike, F.: Balanced Scorecard in Versicherungen. Strategien erfolgreich in der Praxis umsetzen. Gabler Verlag, Wiesbaden 2003, S. 24–28.

beantwortet die Frage, inwieweit die Realisierung der Unternehmensstrategie auch eine finanzielle Ergebnisverbesserung bedeutet. Über Ursache-Wirkung-Beziehungen fließen schließlich auch die Ergebnisverbesserungen der anderen Perspektiven in die Finanzperspektive mit ein. Die Leitfrage der Finanzperspektive könnte lauten: *Was erwarten unsere Kapitalgeber beziehungsweise welche Zielsetzungen können aus den finanziellen Erwartungen abgeleitet werden?*

Typische Kennzahlen sind beispielsweise:
- Unternehmenswert
- RfB-Quote (Rückstellung für Beitragsrückerstattung)
- Bruttoaufwendungen für Versicherungsfälle
- Umsatzwachstumsrate
- Umsatzrendite
- Investitionsquote
- Operating Profit
- Cashflow
- Cashflow-Marge
- Debitorenfrist
- Kapitalrentabilität
- Kapitalrückflussquote
- dynamischer Verschuldungsgrad
- Betriebskostensatz
- Economic-Value-Added (EVA)
- Return-on-Capital-Employed (ROCE)
- Return-on-Risk-Adjusted-Capital (RORAC)
- Kapitalkosten (WACC = Weightted Average Cost of Capital)
- Kapitalerträge
- Fixkostenanteil am Umsatz
- Return on Investment (ROI)

- Die *Kundenperspektive* fokussiert die Kunden- und Marktsegmente, in denen das Unternehmen aktiv sein möchte. Symbolisiert wird quasi die Sichtweise des Kunden auf das Unternehmen. Welche Kunden (etwa Industrie-, Gewerbe-, Privatkunden) möchte man schwerpunktmäßig betreuen? Welchen Nutzen möchte man den Kunden bieten? Die Leitfrage der Kundenperspektive könnte lauten: *Was erwarten unsere Kunden beziehungsweise welche Ziele müssen wir hinsichtlich Struktur und Anforderungen unserer Kunden setzen, um unsere (finanziellen) Ziele zu erreichen?*

Typische Kennzahlen sind beispielsweise:
- Kundentreue
- Anteil Stammkunden
- Anteil Großkunden
- Angebotstreue
- Termintreue
- Bekanntheitsgrad
- Anzahl Kundenreklamationen (etwa beim BaFin = Bundesanstalt für Finanzdienstleistungsaufsicht. Zum 1. Mai 2002 wurden die Aufgaben der ehemaligen Bundesaufsichtsämter für das Kreditwesen (BAKred), das Versicherungswesen (BAV) und den Wertpapierhandel (BAWe) unter dem Dach der Bundesanstalt für Finanzdienstleistungsaufsicht zusammengefasst.)
- Kundenakquisition
- Kundenrentabilität
- Kundenzufriedenheit (»Happy Customer Index«)
- »Easy to deal with«-Image
- Marktanteile
- Akquisitionserfolgsquote (etwa nach Direktmailingaktion)
- Anzahl der positiven Erwähnungen in der Presse
- Reaktionsgeschwindigkeit auf Kundenwünsche
- Werbung in Prozent des Umsatzes

- Die *interne Prozessperspektive* identifiziert und optimiert die kritischen Prozesse, um die Ziele der finanziellen und der Kundenperspektive zu erfüllen. Hierbei fokussiert man sich auf die Prozesse, die eine herausragende Rolle bei der erfolgreichen Durchsetzung einer Unternehmensstrategie spielen. Es werden aber nicht nur existierende Prozesse untersucht, sondern vielmehr auch neue Prozesse identifiziert. Ziel der internen Prozessperspektive ist in jedem Fall eine höhere Kundenzufriedenheit, aber auch beispielsweise eine schnellere Antrags- oder Schadenbearbeitung beziehungsweise die Ausnutzung von Kostensenkungspotenzialen. Die Leitfrage der internen Prozessperspektive könnte lauten: *In welchen Geschäftsprozessen müssen wir exzellent sein, um den aktuellen und zukünftigen Herausforderungen gewachsen zu sein?*
Typische Kennzahlen sind beispielsweise:
- Wertschöpfung aus neuen Produkten (Innovationsprozess)
- Anzahl neuer Produkte (Innovationsprozess)
- Entwicklungsdauer neuer Produkte (Innovationsprozess)

- Zeitdauer bis zum Erreichen des Break-even-Points (Innovationsprozess)
- Time-to-Market (Innovationsprozess)
- Netzwerk strategischer Partnerschaften (Innovationsprozess)
- Deckungsbeitrag pro Mitarbeiter (Betriebsprozess)
- Fehlerquoten bei der Antragsbearbeitung (Betriebsprozess)
- prozessabhängige Kosten (Betriebsprozess)
- Geschwindigkeit der Angebotserstellung (Betriebsprozess)
- Systemverfügbarkeit EDV (Betriebsprozess)
- Erreichbarkeit Callcenter (Kundendienstprozess)
- Anzahl von Reklamationen (Kundendienstprozess)

- Die *Lern- und Entwicklungsperspektive* hat sich zum Ziel gesetzt, kompetente Mitarbeiter und leistungsfähige Systeme (Infrastruktur) zur Verfügung zu stellen, um ein langfristiges Wachstum und die Erfüllung der Ziele der anderen Perspektiven zu ermöglichen. Die Lern- und Entwicklungsperspektive entfaltet eine Langzeitwirkung, um die Voraussetzung für eine zukünftige Anpassungs- und Wandlungsfähigkeit zu schaffen. Neben dem menschlichen Know-how als Basis für zukünftige Veränderungen spielt insbesondere auch die zur Verfügung stehende Informationstechnologie eine maßgebliche Rolle für die Zukunftsfähigkeit eines Unternehmens. Daher wird die Lern- und Entwicklungsperspektive auch häufig wie folgt bezeichnet: Mitarbeiter-, Zukunfts-, Wissens-, Potenzial- oder Innovationsperspektive, »Learning and Growth«. Die Leitfrage der Lern- und Entwicklungsperspektive könnte lauten: *Wie können wir unsere Leistung kontinuierlich verbessern, um den aktuellen und zukünftigen Herausforderungen gewachsen zu sein?*

Typische Kennzahlen sind beispielsweise:
- Mitarbeiterzufriedenheit (Spätindikator)
- Mitarbeitertreue (Spätindikator)
- Mitarbeiterproduktivität (Spätindikator)
- Anzahl Veröffentlichungen von Mitarbeitern (Spätindikator)
- Krankenstand (Spätindikator)
- Weiterbildungsaktivitäten pro Mitarbeiter (Spätindikator)
- Fluktuationsrate (Spätindikator)
- Mitarbeitermotivation (Frühindikator)
- Leistungsfähigkeit der Informationssysteme (Frühindikator)
- Information Coverage Ratio (Spätindikator)
- Anzahl der Prozesse mit Real-time-Informationen (Frühindikator)

Basierend auf den skizzierten Perspektiven entsteht das Grundmodell der Balanced Scorecard. In diesem Zusammenhang ist es wichtig zu verstehen, dass die Balanced Scorecard ein integratives Instrument ist: Alle Perspektiven gehören zusammen. So kann etwa die Perspektive »Kunden« oder »Lernen und Entwicklung« die finanzwirtschaftliche Perspektive beeinflussen und umgekehrt.

Ursache-Wirkung-Beziehungen der Balanced Scorecard

In einer dynamischen Unternehmensumwelt wird man keine völlig unabhängigen Ziele finden, die nicht von der Zielerreichung anderer Ziele abhängen. Vielmehr sind Unternehmen komplexe Systeme, die durch vernetzte Ursache-Wirkung-Ketten gekennzeichnet sind. So genannte strategische Landkarten (auch als Strategy Map bezeichnet) visualisieren dabei die Strategie selbst (siehe Abbildung 64).

Eine Strategie spiegelt eine Vielzahl von Ursache-Wirkung-Hypothesen wider, die in Form von Wenn-Dann-Aussagen ausgedrückt werden können. Dabei durchlaufen die Ursache-Wirkung-Ketten alle vier Perspektiven der Balanced Scorecard. In diesem Zusammenhang ist es wichtig zu verstehen, dass jedes Kriterium, das für eine Balanced Scorecard gewählt wird, ein Element einer solchen Kette von Ursache-Wirkung-Beziehungen sein muss.

Obgleich der finanzielle Fokus innerhalb des Perspektiven-Quartetts – trotz des Gleichgewichts aller vier Perspektiven – oberste Priorität hat, ist es wichtig zu verstehen, dass die Balanced Scorecard ein integratives Instrument ist. Dadurch unterstützt die Balanced Scorecard den Transfer von Wissen zwischen Abteilungen, Mitarbeitern und zwischen verschiedenen Hierarchieebenen. Abbildung 65 verdeutlicht den Zusammenhang zwischen Ursache und Wirkung am Beispiel einer Versicherung.

Grundsätzlich bieten sich die folgenden Methoden an, um Ursache-Wirkung-Ketten herzuleiten:[23]

- die logische Herleitung,
- die deduktive Herleitung,
- die induktive Vorgehensweise,
- Ursache-Wirkung-Matrizen.

---

[23] Weitere Details hierzu vgl.: Romeike, F.: Balanced Scorecard in Versicherungen. Strategien erfolgreich in der Praxis umsetzen. Gabler Verlag, Wiesbaden 2003, S. 65ff.

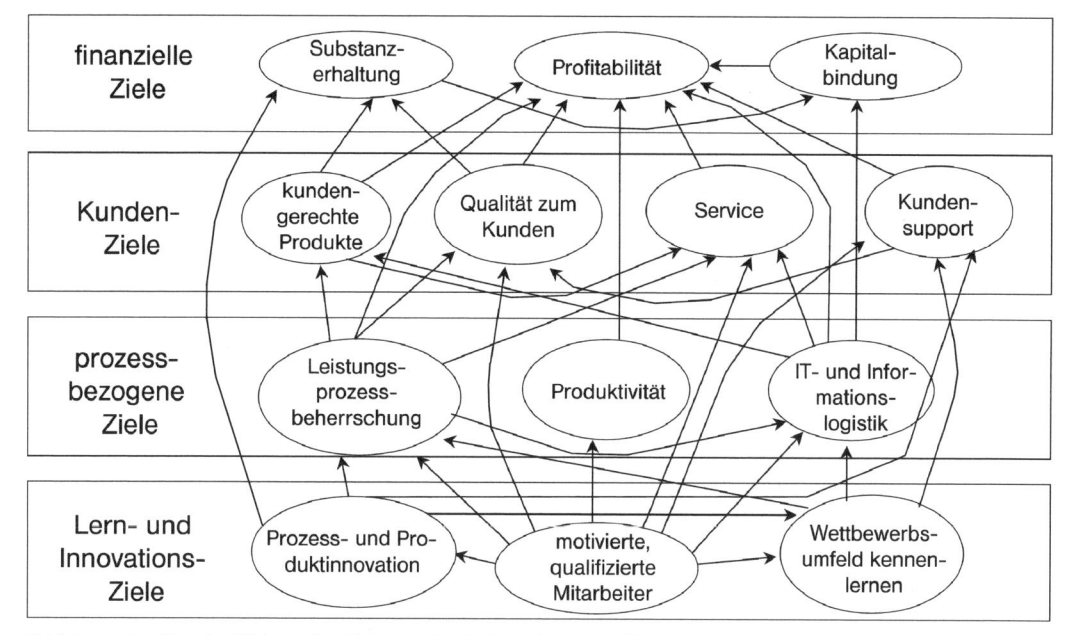

Abbildung 64: Ursache-Wirkung-Beziehungen der Balanced Scorecard

Unabhängig von der eingesetzten Methode ist für die Herleitung der Ursache-Wirkung-Beziehungen eine umfangreiche Kommunikation erforderlich. Hierfür bieten sich interdisziplinär zusammengesetzte Workshops an. Bereits während eines solchen Workshops lernen die Teilnehmer, über den Tellerrand der eigenen Organisationseinheit zu schauen. Dies fördert auch die Identifikation der Teilnehmer mit der Balanced Scorecard.

Kaskadierung der Balanced Scorecard

Die Einführung einer Balanced Scorecard ist ein so genannter Top-down-Prozess (siehe Abbildung 66). Ausgangspunkt sind die Entwicklung einer Vision und die Ableitung der relevanten Strategien auf der Ebene der Unternehmensleitung. Nach und nach wird die Balanced Scorecard dann auch auf die nachfolgenden Hierarchieebenen (Abteilungen, Gruppen oder Mitarbeiter) kaskadenartig »heruntergebrochen«. Neben einer vertikalen Ausdehnung – durch Einbeziehung nachfolgender Hierarchieebenen – erfolgt in der Praxis auch eine horizontale Einbindung weiterer Unternehmenseinheiten auf der gleichen Ebene.

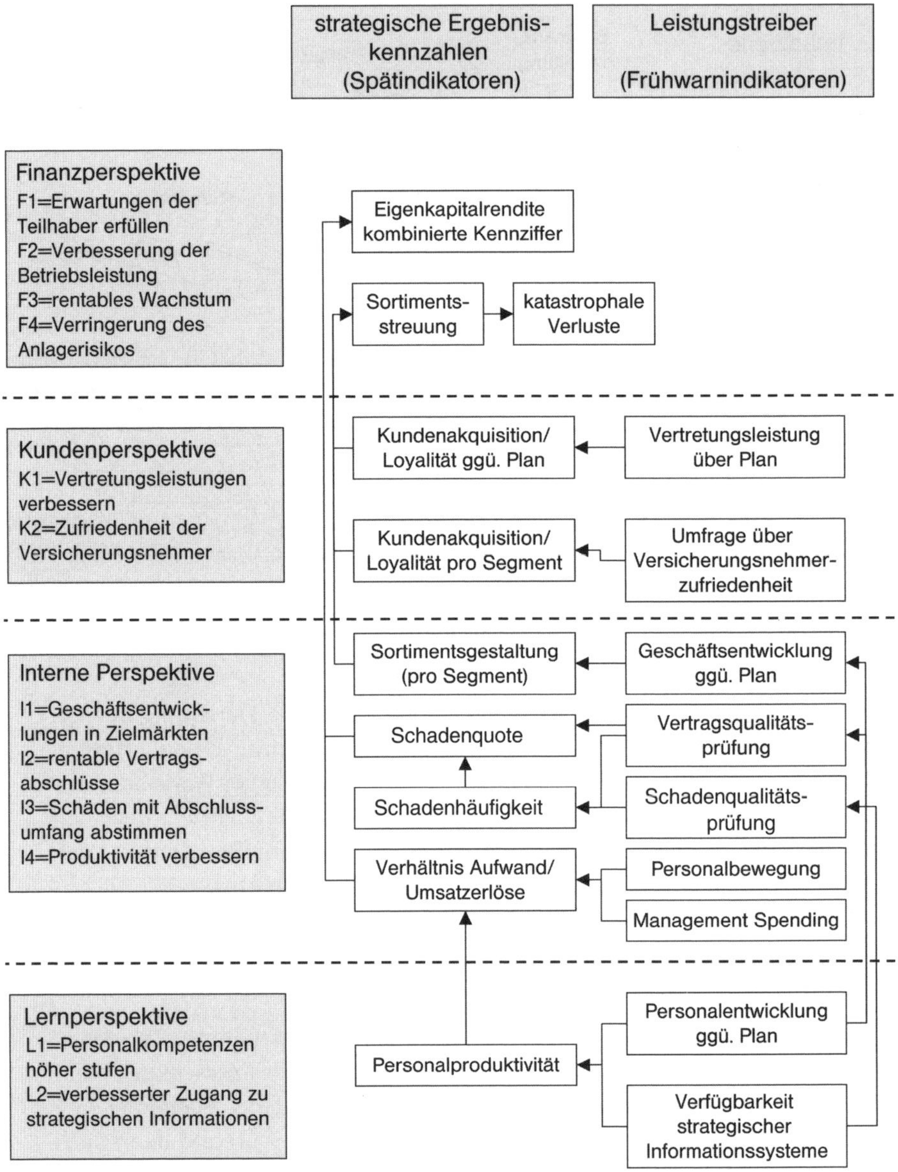

| | strategische Ergebnis-kennzahlen (Spätindikatoren) | Leistungstreiber (Frühwarnindikatoren) |

Finanzperspektive
F1=Erwartungen der Teilhaber erfüllen
F2=Verbesserung der Betriebsleistung
F3=rentables Wachstum
F4=Verringerung des Anlagerisikos

- Eigenkapitalrendite kombinierte Kennziffer
- Sortimentsstreuung → katastrophale Verluste

Kundenperspektive
K1=Vertretungsleistungen verbessern
K2=Zufriedenheit der Versicherungsnehmer

- Kundenakquisition/Loyalität ggü. Plan ← Vertretungsleistung über Plan
- Kundenakquisition/Loyalität pro Segment ← Umfrage über Versicherungsnehmer-zufriedenheit

Interne Perspektive
I1=Geschäftsentwicklungen in Zielmärkten
I2=rentable Vertragsabschlüsse
I3=Schäden mit Abschlussumfang abstimmen
I4=Produktivität verbessern

- Sortimentsgestaltung (pro Segment) ← Geschäftsentwicklung ggü. Plan
- Schadenquote ← Vertragsqualitätsprüfung
- Schadenhäufigkeit ← Schadenqualitätsprüfung
- Verhältnis Aufwand/Umsatzerlöse ← Personalbewegung
- Management Spending

Lernperspektive
L1=Personalkompetenzen höher stufen
L2=verbesserter Zugang zu strategischen Informationen

- Personalproduktivität ← Personalentwicklung ggü. Plan
- Verfügbarkeit strategischer Informationssysteme

Abbildung 65: Ursache-Wirkung-Beziehungen am Beispiel der National Insurance [24]

24) Vgl. Horváth, P./Kaufmann, L.: Balanced Scorecard – Ein Werkzeug zur Umsetzung von Strategien. In: Harvard Business Manager, 5/1998; S. 39–48.

Wie weit eine Balanced Scorecard in der Praxis heruntergebrochen wird, ist individuell zu entscheiden. Grundsätzlich ist ein Herunterbrechen bis auf den einzelnen Mitarbeiter möglich. In einem weiteren Schritt kann dann auch das Entlohnungssystem an die Balanced Scorecard gekoppelt werden.

Eine auf der Ebene der Unternehmensleitung entwickelte Balanced Scorecard dient als Ausgangspunkt für die Entwicklung weiterer Scorecards. Beim Herunterbrechen ist jedoch zu beachten, dass jede einzelne Scorecard mit der Mission und Strategie des Unternehmens im Einklang steht. Dies bedeutet wiederum nicht, dass auch die Perspektiven der Balanced Scorecard 1:1 von den nachgelagerten Bereichen übernommen werden.

Die folgenden Ziele lassen sich durch das Herunterbrechen realisieren:

- Mitarbeiter identifizieren sich mit dem Unternehmen sowie dessen Mission und Strategie.
- Die Mitarbeitermotivation wird erhöht.
- Konkrete Ziele für die einzelnen Bereiche werden transparent gemacht.
- Strategien von Organisationseinheiten werden besser aufeinander abgestimmt.

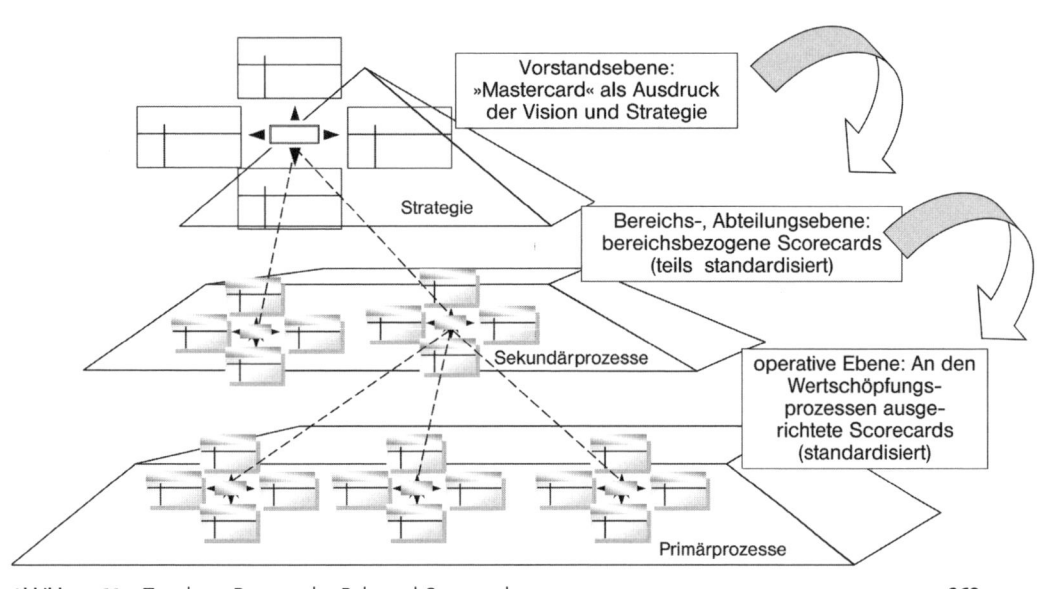

Abbildung 66: Top-down-Prozess der Balanced Scorecard

- Mitarbeiter müssen eine höhere Verantwortung übernehmen und handeln strategiefokussiert
- Der Strategiebeitrag des einzelnen Mitarbeiters/des Mitarbeiterteams oder der Organisationseinheit wird sichtbar.
- Strategisches Lernen wird auf allen Hierarchieebenen gefördert.

Hierbei ist jedoch auch zu beachten, dass mit dem Roll-out der Balanced Scorecard deren Komplexität rapide zunimmt.

Die Integration des Risikomanagements in das Konzept der Balanced Scorecard

Wirtschaftliches Handeln bedeutet auch immer, Risiken einzugehen. Gleichzeitig sind Wert- und Risikomanagement wichtige Inhalte einer Unternehmensstrategie. Der langfristige Erfolg eines Versicherungsunternehmens wird vor allem über das Wert- und Risikomanagement definiert.

Allein mit Hilfe von unternehmerischer Intuition und reaktiven Steuerungssystemen dürfte es kaum mehr möglich sein, die Risiken eines Versicherungsunternehmens zu erfassen, zu analysieren und zu bewältigen.[25] Vielmehr sollte Risikomanagement integraler Bestandteil eines Steuerungskonzepts sein.

Eine explizite Analyse, Steuerung und Überwachung von Risiken erfolgt in der Unternehmenspraxis jedoch sehr häufig isoliert. Eine Verzahnung mit bestehenden Planungs- und Steuerungssystemen findet nur selten statt. Eine Abstimmung der Risikomanagementziele mit den Unternehmenszielen wird nur selten vorgenommen. Reaktives Risikomanagement dominiert in der Praxis. Für einen effizienten und zielgerichteten Risikomanagementprozess ist jedoch eine Integration in bereits bestehende Managementsysteme Grundvoraussetzung. Dies resultiert bereits aus der Tatsache, dass Risiken immanenter Bestandteil jedweder unternehmerischen Entscheidung sind. Das Instrument Balanced Scorecard bietet für die Umsetzung von Wert- und Risikomanagement einen integrativen Ansatz.

Risiken sollten nicht isoliert, sondern unmittelbar im Kontext aller unternehmerischer Entscheidungen behandelt werden. Daher bietet sich eine Integration des Risikomanagements in das Konzept der Balanced Scorecard geradezu an:[26]

---

25) Vgl. Romeike, F.: Risikomanagement als Grundlage einer wertorientierten Unternehmenssteuerung. In: RATING aktuell, Juli/August 2002, Heft 2, S. 13.
26) Vgl. Romeike, F.: Balanced Scorecard in Versicherungen. Strategien erfolgreich in der Praxis umsetzen. Gabler Verlag, Wiesbaden 2003, S. 94.

- Risiken und Chancen sind immer Bestandteil eines integrierten Steuerungskonzepts.
- Sowohl das Risikomanagement als auch die Balanced Scorecard identifizieren steuerungsrelevante Kennzahlen.
- Risikomanagement und die Balanced Scorecard haben das Ziel, ein ausgewogenes (balanced) Verhältnis zwischen den verschiedenen Kennzahlen (externe, interne, vergangenheitsbezogene, zukunftsorientierte, objektive, quantifizierbare, subjektive) herzustellen.
- Kausale Abhängigkeiten zwischen den einzelnen Kennzahlen werden aufgezeigt. Ergebniszahlen (Lag Indicators) und deren Leistungstreiber (Lead Indicators) werden über Ursache-Wirkung-Ketten definiert. Dies ist das Fundament für ein Frühwarnsystem.
- Die Integration bietet erhebliche Vorteile hinsichtlich Effizienz, Qualität und Akzeptanz beider Systeme im Unternehmen.

Kaplan und Norton weisen darauf hin, dass viele Unternehmen ihre finanzwirtschaftliche Perspektive um Ziele erweitern, die sich mit der Risikodimension ihrer Strategie befassen: »Im Allgemeinen ist Risikomanagement eine Restriktion oder ein zusätzliches Ziel, das zur Ergänzung jeder von der Geschäftseinheit gewählten Gewinnstrategie dient.«[27]

Bereits die originäre Balanced Scorecard berücksichtigt – wie wir in den vorangegangenen Kapiteln gesehen haben – implizit Risikoaspekte: Die Balanced Scorecard dient der Strategieumsetzung und reduziert damit die Risikopositionen des Unternehmens.

»Weiche« Indikatoren in der Prozess-, Kunden- und Innovationsperspektive wirken als Früh(warn)indikatoren. So können etwa Informationen über die Entwicklung der Kundenzufriedenheit, der Mitarbeiterloyalität beziehungsweise -zufriedenheit oder des Markenwertes rechtzeitig als Leistungstreiber auf zukünftige Ergebniskennzahlen in der Finanzperspektive hinweisen.

Insbesondere ein wertorientiertes Management, welches die Sicherung und Optimierung des Unternehmenswertes zum tragenden Fundament macht, bedingt die Integration von Risikoaspekten. So wird die finanzwirtschaftliche Perspektive um Kennzahlen ergänzt, wie etwa:

---

[27] Vgl. Kaplan, R. S./Norton, D. P.: Balanced Scorecard – Strategien erfolgreich umsetzen. Stuttgart 1997, S. 49.

- Value-at-Risk, [28)]
- Schadenquote beim Versicherungsunternehmen,
- RAROC. [29)]

In der Literatur wird eine um die Risikodimension ergänzte Balanced Scorecard auch als »Risk Adjusted Balanced Scorecard« bezeichnet.
Die Integration kann dabei auf verschiedenen Wegen erfolgen:

- Risikoaspekte können unmittelbar in die vier Perspektiven der traditionellen Balanced Scorecard integriert werden (siehe Abbildung 67). Jeder Perspektive werden so entsprechende Risikokennzahlen zugeordnet. In der Literatur findet man auch den Begriff »Balanced Scorecard Plus«.[30)] Das bereits skizzierte Vorgehensmodell bei der Implementierung einer Balanced Scorecard wird um den Prozessschritt »Risiken beziehungsweise Chancen sowie deren Einflussfaktoren analysieren« ergänzt. Die direkte Verknüpfung mit den traditionellen Perspektiven stellt u. a. sicher, dass Verantwortlichkeiten für Risiken klar geregelt sind. Problematisch ist jedoch insbesondere die Tatsache, dass die Risiken, die nicht eindeutig den originären Perspektiven (Finanzen, Kunden, Prozesse, Innovation) zugeordnet werden können, im Konzept der Balanced Scorecard dann nicht berücksichtigt werden.
- Ergänzung der traditionellen Vier-Perspektiven-Balanced-Scorecard um eine eigenständige Risikoperspektive (siehe Abbildung 68).

---

28) Der Value-at-Risk (VaR; was wörtlich mit »Wert auf dem Spiel« zu übersetzen wäre) wird seit einigen Jahren als Methode des Risikomanagements, insbesondere im Finanzdienstleistungsbereich, zur Überwachung und Messung von Markt- und Zinsrisiken eingesetzt. Dabei geht man von einem Portfolio aus, das über einen bestimmten Zeitraum gehalten wird. Durch die sich verändernden Marktverhältnisse wird man einen bestimmten Gewinn beziehungsweise Verlust messen können. Der VaR stellt dabei die in Geldeinheiten berechnete negative Veränderung eines Wertes dar, die mit einer bestimmten Wahrscheinlichkeit (auch als Konfidenzniveau bezeichnet) innerhalb eines festgelegten Zeitraums nicht überschritten wird. Vgl. Romeike, F.: Bewertung und Aggregation von Risiken. In: Romeike, F./Finke, R. (Hrsg.): Erfolgsfaktor Risikomanagement. Wiesbaden 2003.

29) RAROC (Risk Adjusted Return On Capital): Risikoadjustierte Eigenkapitalrendite. Weiterentwicklung des Return on Equity (RoE). Beim RAROC-Konzept werden versicherungs- oder banktypische Risiken (insbesondere: Kreditrisiken, Marktrisiken, operationelle Risiken) des Geschäftsportfolios im Sinne eines Value at Risk und im Sinne kalkulatorischer Standardrisikokosten quantifiziert. Das zu unterlegende ökonomische Kapital wird risikogerecht zugeordnet. Die Kennziffer RAROC kann für einzelne Portfolios berechnet werden. RAROC ergibt sich als Quotient aus Erträgen abzüglich Standardrisikokosten und Verwaltungskosten geteilt durch das zugeordnete ökonomische Kapital.

30) Vgl. Weber, J./Weißenberger, B. E./Liekweg, A.: Risk Tracking and Reporting – Unternehmerisches Chancen- und Risikomanagement nach dem KonTraG. Reihe Advanced Controlling (Band 11), Düsseldorf 1999.

Frühwarnsignale Finanzperspektive

- Schadensaufwendungen steigen
- Asset-Liability-Mismatching
- Beitragseinnahmen sinken
- Verluste steigen
- potenzielle Ratingrückstufung

Frühwarnsignale Prozessperspektive

- Bearbeitungszeiten (Antrag) sind zu lang
- Informationen stehen nicht zur Verfügung
- Kernprozesse sind nicht dokumentiert
- Dienstleistungsqualität sinkt
- Fehler in der Schadensabwicklung häufen sich

Frühwarnsignale Kundenperspektive

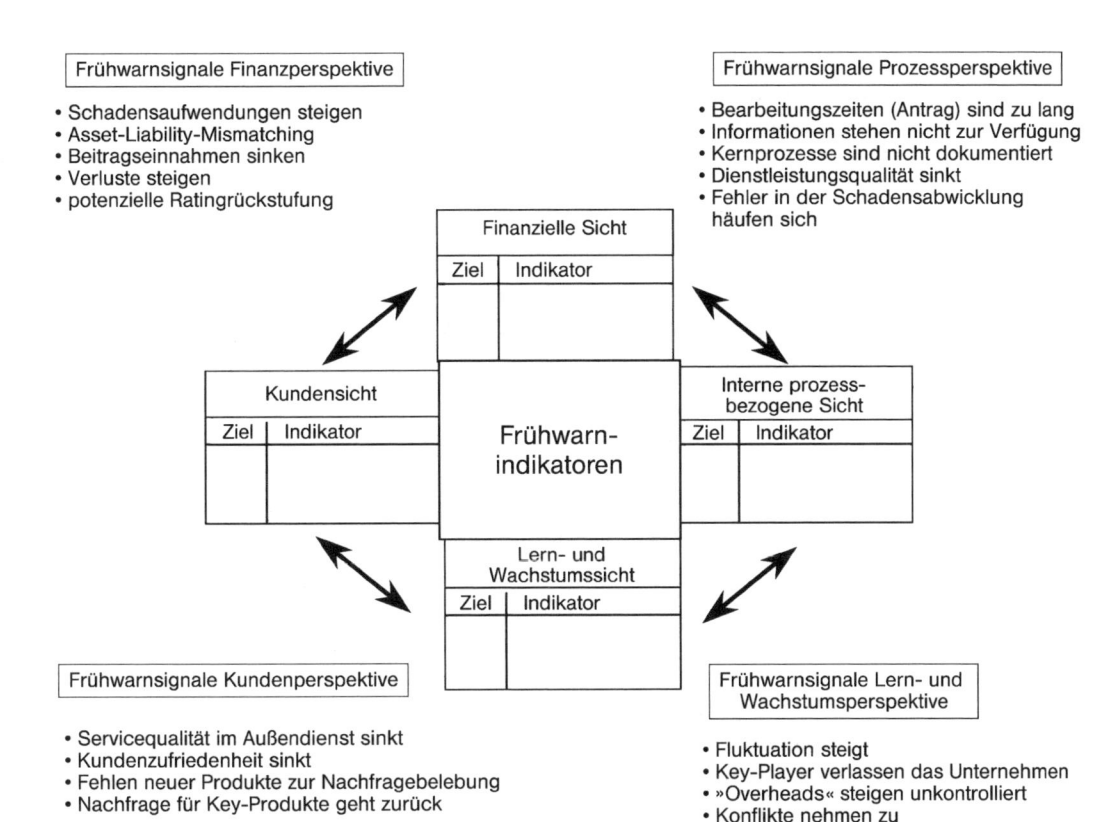

- Servicequalität im Außendienst sinkt
- Kundenzufriedenheit sinkt
- Fehlen neuer Produkte zur Nachfragebelebung
- Nachfrage für Key-Produkte geht zurück

Frühwarnsignale Lern- und Wachstumsperspektive

- Fluktuation steigt
- Key-Player verlassen das Unternehmen
- »Overheads« steigen unkontrolliert
- Konflikte nehmen zu
- Mehr Troublemaker als Troubleshooter

Abbildung 67: Frühwarnsystem auf Basis einer Balanced Scorecard

In dieser eigenständigen Perspektive werden alle für das Unternehmen relevanten Risikokennzahlen erfasst. In Anknüpfung an die bereits skizzierten Leitfragen für die Finanz-, Kunden-, Prozess- beziehungsweise Innovationsperspektive könnte die Leitfrage der Risikoperspektive lauten:

Welche Risiken gefährden den Fortbestand unseres Unternehmens?

Eine eigenständige Risikoperspektive bietet den Vorteil eines aggregierten und holistischen Überblicks über die Risikoaspekte. Hierbei können dann auch Risikofelder abgebildet werden, die nicht eindeutig den originären Perspektiven zugeordnet werden können. Da Risikomanagement eine typische Querschnittsfunktion im Unternehmen ist, die alle Prozess- und Organisationseinheiten im Unternehmen durchzieht, ist ein besonderes Augenmerk auf die Ableitung der Ursache-

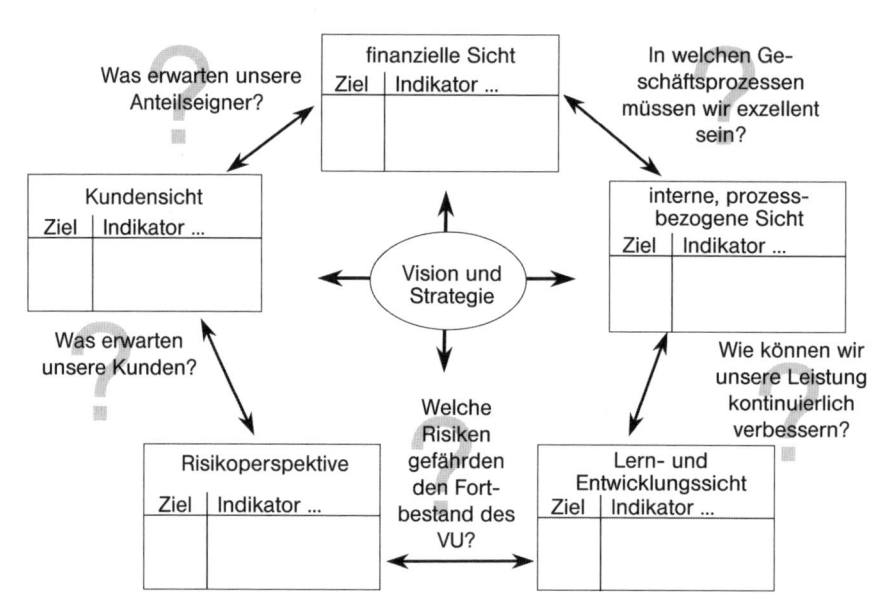

Abbildung 68: Die um eine eigenständige Risikoperspektive ergänzte Balanced Scorecard

Wirkung-Ketten zu legen. Gegen die Integration einer eigenständigen Risikoperspektive spricht, dass aus den bereits dargestellten Gründen die Anzahl der Perspektiven möglichst gering gehalten werden sollte.

- Beim Konzept der Balanced-Chance- and Risk-Card (BCR-Management) wird sowohl für die Risiko- als auch für die Chancendimension eine separate Scorecard erstellt (siehe Abbildung 69).[31] Analog der Ergänzung um eine eigenständige Risikoperspektive bietet auch die Balanced-Chance- and Risk-Card einen aggregierten Gesamtüberblick aller steuerungsrelevanten Risikoaspekte.

  Praktische Schwierigkeiten ergeben sich jedoch in der künstlichen Trennung der Chancen- und Risikoaspekte. In der unternehmerischen Realität sind Chancen und Risiken untrennbar verwoben, quasi die zwei Seiten einer Medaille.

- Risikomanagement kann des Weiteren als eigenständiger, strategischer Erfolgsfaktor betrachtet werden. So wird eine direkte Brücke zwischen Risiko und dem entsprechenden Erfolgsfaktor hergestellt. Risiken sind eben gerade dadurch gekennzeichnet, dass sie vielfältig miteinander

---

31) Vgl. Reichmann, Th./Form, S.: Balanced Chance- and Risk-Management. In: Controlling, Heft 4/5, 2000, S. 189–198.

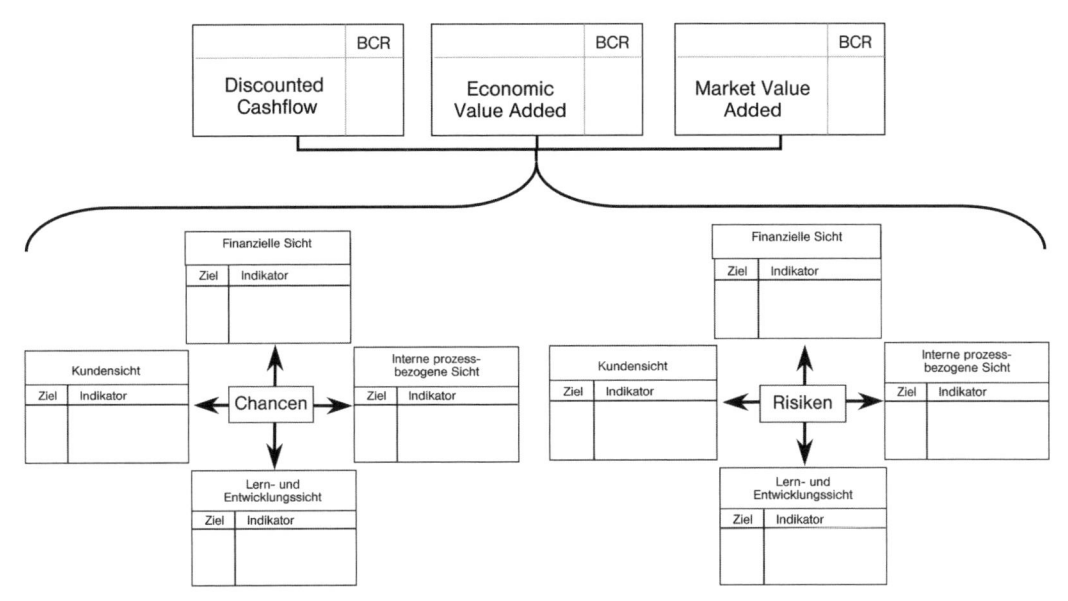

Abbildung 69: Balanced Chance- and Risk-Scorecard[32]

vernetzt sind. Eine isolierte Betrachtung würde die im Unternehmensalltag relevanten Ursache-Wirkung-Ketten ausblenden.
Ergänzend könnten auch hier alle analysierten und erfassten Risiken aggregiert in einer separaten Risk-Balanced Scorecard ausgewiesen werden. So werden die Schwächen der zuvor skizzierten Ansätze umgangen.

Abbildung 70 skizziert die Verknüpfung der Balanced Scorecard mit dem Risikomanagement in einem integrierten wertorientierten Steuerungskonzept. Als primäre Kennzahl dienen die diskontierten Free Cashflows, die sich aus der umsatzbestimmenden Marktperspektive und der kostentreibenden Prozess- und Mitarbeiterperspektive ableiten. Hierbei werden die Risiken, definiert als Streuungswert um eine Zielgröße, direkt mit bestimmten Planungsmodellen (etwa Gewinn-und-Verlust-Rechnung oder Bilanz) verknüpft. Mit Hilfe von Simulationsverfahren lassen sich in einem weiteren Schritt kumulierte Wahrscheinlichkeitsverteilungen gewinnen.

---

[32] In Anlehnung an: Reichmann, Th./Form, S.: Balanced Chance- and Risk-Management. In: Controlling, Heft 4/5, 2000, S. 189–198.

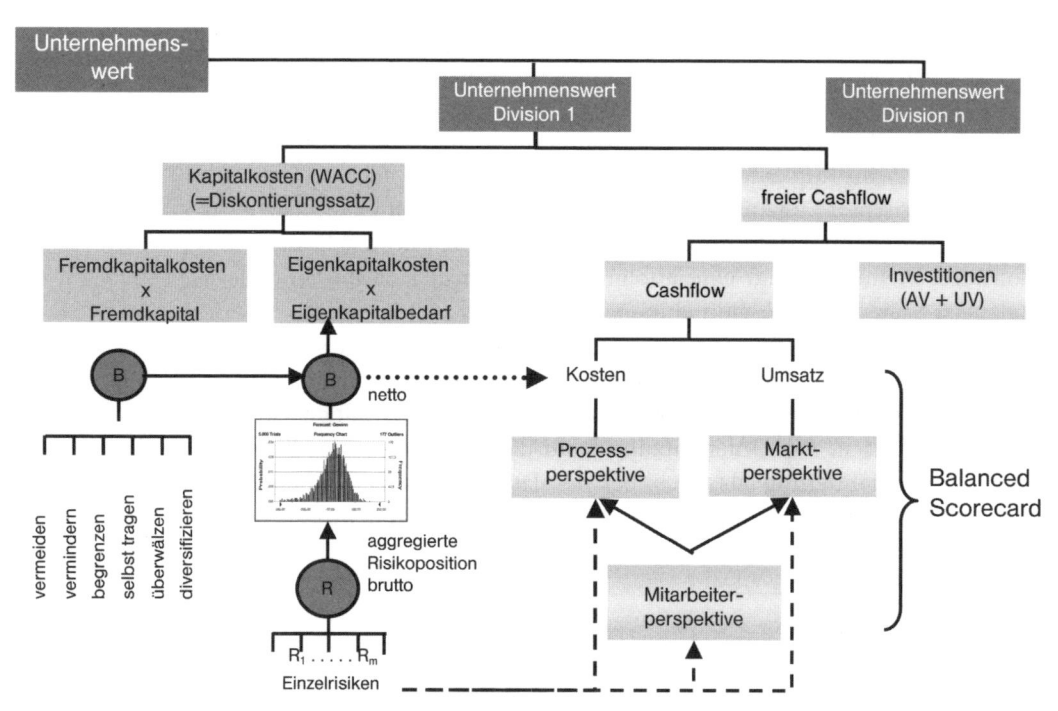

Abbildung 70: Balanced Scorecard im Kontext einer wertorientierten Unternehmenssteuerung [33]

Die Balanced Scorecard wird hierbei primär auf die Erklärung und Steuerung des Unternehmenswertes hin ausgerichtet und macht die heutige und zukünftige Entwicklung des erwarteten Cashflows transparent.

Eine solche durch die Risikodimension erweiterte Balanced Scorecard bietet den Entscheidungsträgern im Unternehmen ein integriertes und holistisches Führungsinformationssystem.

Die Balanced Scorecard im Versicherungsunternehmen softwarebasiert unterstützen

Es soll Unternehmensberater geben, die gleich mit einem Softwareprogramm an die Tür der Unternehmen klopfen und innerhalb weniger Tage eine Balanced Scorecard implementieren wollen. So einfach ist die Imple-

---

[33] Quelle: Gleißner, W.: Balanced Scorecard und Risikomanagement als Bausteine eines integrierten Managementsystems. In: Romeike, F./Finke, R. (Hrsg.): Erfolgsfaktor Risikomanagement: Chance für Industrie und Handel. Lessons learned, Methoden, Checklisten und Implementierung. Gabler Verlag, Wiesbaden 2003, S. 301–313.

mentierung einer Balanced Scorecard in der Praxis allerdings nicht. Lösungen von der Stange gibt es nicht. Die Software ist lediglich als unterstützendes Instrument zu betrachten. Die Knackpunkte einer erfolgreichen Balanced-Scorecard-Implementierung liegen außerhalb einer Softwarelösung. Für eine erfolgreiche Implementierung kommt es vor allem auch auf eine Verbindung zwischen Organisations- und Informationspyramide an (siehe Abbildung 71). Dieser Erfolg bedingt jedoch in keinem Fall den Einsatz einer Software. Vielmehr hängt eine erfolgreiche Einführung davon ab, dass die Balanced Scorecard im Unternehmen »gelebt« wird.

Insbesondere beim Roll-out einer Balanced Scorecard in größeren Unternehmen werden nicht selten mehrere hundert Scorecards miteinander vernetzt. Hier kann eine Softwarelösung die Komplexität bewältigen und die Effizienz erhöhen. Die Unterstützung kann dabei sowohl in der Phase der Projektimplementierung als auch bei der laufenden strategischen Steuerung erfolgen. Eine IT-Lösung sollte sich in jedem Fall an dem Konzept der Balanced Scorecard orientieren und nicht umgekehrt.

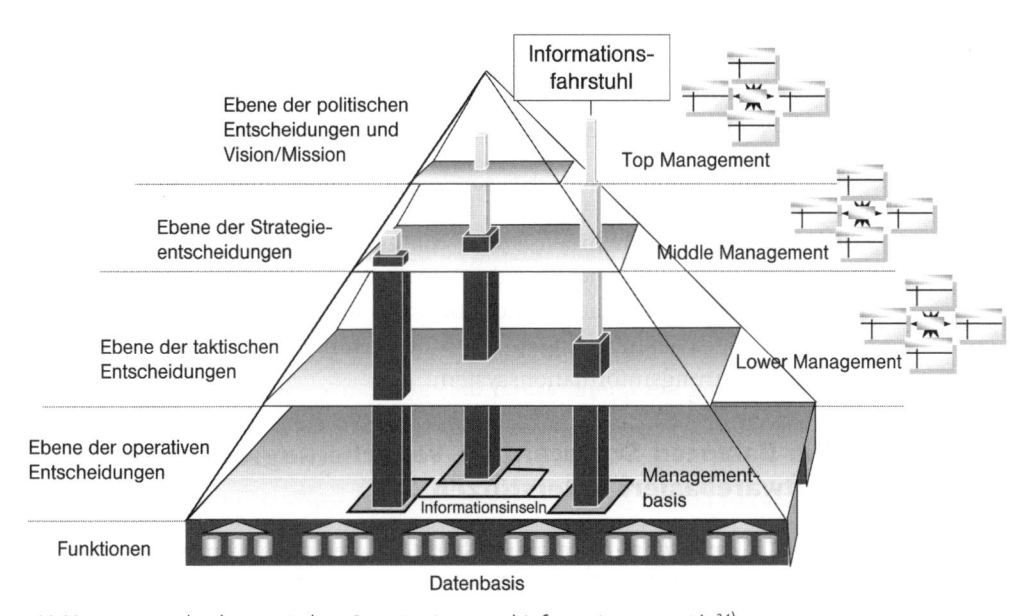

Abbildung 71: Verbindung zwischen Organisations- und Informationspyramide[34]

[34] Quelle: Romeike, F.: Balanced Scorecard in Versicherungen. Strategien erfolgreich in der Praxis umsetzen. Gabler Verlag, Wiesbaden 2003, S. 125.

Bei der Auswahl geeigneter IT-Tools spielen neben funktionalen und technischen Anforderungen auch wirtschaftliche Aspekte eine dominierende Rolle. Daher sollten bei der Auswahl einer Standardsoftware die folgenden Kriterien berücksichtigt werden:

- Benutzerfreundlichkeit (intuitive Bedienung),
- Implementierungsaufwand (die angebotenen Lösungen reichen von einfachen Reporting-Tools bis zum ausgewachsenen, unternehmensweiten Managementsystem),
- Flexibilität (etwa bezüglich Änderungen in der Aufbau- und Ablauforganisation),
- Integrationsmöglichkeit in bestehende Systeme (Finanzdaten stammen etwa aus dem Hauptbuch, Kundeninformationen aus CRM-Systemen, andere Informationen aus ERP-Systemen),
- Drill-down-Funktionalität,
- Mehrdimensionale Auswertungsmöglichkeiten (etwa basierend auf so genannten OLAP-Produkten[35]),
- Beliebige Skalierbarkeit der Software, damit sich die Anwendung funktional und hinsichtlich Umfang leicht den Nutzerbedürfnissen anpassen lassen kann,
- Online-Verfügbarkeit der Informationen,
- Praxisnahe Hilfefunktion,
- Flexible Schnittstellen (insbesondere in Bezug auf ein vorhandenes Data Warehouse),
- Prognose- und Szenarioanalyse, die einen Blick in die Zukunft erlaubt,
- Analysefunktionalitäten und Datenauswertung,
- Mehrsprachigkeit,
- Verwaltung der quantitativen und qualitativen Informationen,
- Service des Anbieters (etwa Wartung und technische Betreuung),
- Preis-Leistungs-Verhältnis (Einmal- und Folgekosten).

---

[35] OLAP (On-Line Analytical Processing) ist eine Analysemethode, mit der die Informationen, die für eine effiziente und durchdachte Unternehmensplanung notwendig sind, schnell bereitgestellt werden (etwa aus einem Data Warehouse). OLAP erlaubt den permanenten Zugriff auf unterschiedlichste Datenbestände und -quellen eines Unternehmens und bietet damit die Möglichkeit, Unternehmensdaten aus verschiedenen Sichtweisen multidimensional zu »Was wäre Wenn«-Szenarien darstellen, Geschäftsprozesse verdeutlichen und kritische Aspekte berücksichtigen zu können. OLAP-Werkzeuge sind somit Softwarelösungen für die Gewinnung, Verwaltung, Verarbeitung und Präsentation multidimensionaler Daten zur Durchführung von Management- und Analyseaufgaben.

Bei kleineren Balanced-Scorecard-Projekten oder für ein »Prototyping« bieten sich auch Spreadsheet-Lösungen, etwa basierend auf Microsoft Excel, an. Excel ist kostengünstig und einfach zu bedienen. Auch bezüglich der Auswertungsmöglichkeiten bietet Excel eine ausreichende Flexibilität. Bei der IT-Umsetzung sollte man auch überlegen, ob ggf. eine Integration in ein bereits vorhandenes Controlling-Informationssystem Sinn ergibt.[36]

Literatur

Eccles, R.G./Noriah, N./Berkley, J.D.:	Beyond the Hype – Rediscovering the Essence of Management. Boston 1992.
Erben, R.F./Romeike, F.:	Allein auf stürmischer See – Risikomanagement für Einsteiger. Wiley-VCH, Weinheim 2003.
Farny, D.:	Versicherungsbetriebslehre. 3. Auflage. Karlsruhe 2000.
Gleißner, W:	Balanced Scorecard und Risikomanagement als Bausteine eines integrierten Managementsystems. In: Romeike, F./Finke, R. (Hrsg.): Erfolgsfaktor Risikomanagement: Chance für Industrie und Handel. Lessons learned, Methoden, Checklisten und Implementierung. Gabler Verlag, Wiesbaden 2003.
Gomez, P./Wunderlin, G.:	Stakeholder-Value-orientierte Unternehmensführung: Das Konzept des Performance Management. In: Hinterhuber, H./Friedrich, S./Al-Ani, A./Handlbauer, G. (Hrsg.): Das Neue Strategische Management. Wiesbaden 2000.
Gray, J./Pesqueux, Y.:	Evolutions Actuelles des Systemes de Tableau de Bord. In: Revue Francaise de Compatibilité, Februar 1993.
Gu, F./Lev. B.:	Intangible Assets – Measurement, Drivers, Usefulness. New York 2001, S. 12.
Horváth & Partner (Hrsg.):	Balanced Scorecard umsetzen. Stuttgart 2001.
Kaplan, R.S./Norton, D.P.:	Balanced Scorecard – Strategien erfolgreich umsetzen. Stuttgart 1997.
Kaplan, R.S./Norton, D.P.:	The Balanced Scorecard: Translating Strategy into Action. Boston 1996.

---

[36] Weitere Informationen zu Softwareanbietern finden Sie unter ww.bscol.com/ sowie in: Romeike, F.: Balanced Scorecard in Versicherungen, Strategien erfolgreich in der Praxis umsetzen. Gabler Verlag. Wiesbaden 2003, S. 129 ff.

Kaplan, R.S./Norton, D.P.:	Using the Balanced Scorecard as a Strategic Management System. In: Harvard Business Review, Heft 1, 1996, S. 75–85.
Kaplan, R.S./Norton, D.P.:	Putting the Balanced Scorecard to Work. In: Harvard Business Review, Heft 5, 1993, S. 134–147.
Kaplan, R.S./Norton, D.P.:	The Balanced Scorecard: Measures that Drive Performance. In: Harvard Business Review, 1992, Heft 1, S. 71–79.
Kirsch, W.:	Betriebswirtschaftslehre – Eine Annäherung aus der Perspektive der Unternehmensführung. München 1998.
PwC Deutsche Revision:	Die Balanced Scorecard im Praxistest: Wie zufrieden sind Anwender? Frankfurt 2001.
Reichmann, Th./Form, S.:	Balanced Chance- and Risk-Management. In: Controlling, Heft 4/5, 2000, S. 189–198.
Romeike, F.:	Balanced Scorecard in Versicherungen. Strategien erfolgreich in der Praxis umsetzen. Gabler Verlag, Wiesbaden 2003.
Romeike, F./Finke, R. (Hrsg.):	Erfolgsfaktor Risikomanagement: Chance für Industrie und Handel. Lessons learned, Methoden, Checklisten und Implementierung (inkl. CD-ROM). Gabler Verlag, Wiesbaden 2003.
Romeike, F.:	Gesetzliche Grundlagen, Einordnung und Trends. In: Romeike, F./Finke, R. (Hrsg.): Erfolgsfaktor Risikomanagement: Chance für Industrie und Handel. Lessons learned, Methoden, Checklisten und Implementierung. Gabler Verlag, Wiesbaden 2003.
Romeike, F.:	Risikomanagement als Grundlage einer wertorientierten Unternehmenssteuerung. In: RATING aktuell, Juli/August 2002, Heft 2, S. 12–17.
Universität Eichstätt:	Balanced Scorecard in der Unternehmenspraxis. In: Bilanzbuchhalter & Controlling, Heft 2, 2001.
Weber, J./Weißenberger, B.E./Liekweg, A.:	Risk Tracking and Reporting – Unternehmerisches Chancen- und Risikomanagement nach dem KonTraG. Reihe Advanced Controlling (Band 11), Düsseldorf 1999.
Wöhe, G./Döring, U.:	Einführung in die Allgemeine Betriebswirtschaftslehre. 21. Auflage, 2002.

Risikomanagement kann vor allem auch zur Glättung von Ertragsschwankungen eingesetzt werden.

Anhang

Glossar

Hinweis: Das Lexikon Risiko-Management von Frank Romeike, erschienen bei Wiley-VCH, ISBN 3-527-50112-6, liefert mit mehr als 1000 Begriffen umfassende und praxisgerechte Informationen und Definitionen rund um den Themenkomplex Risiko-Management.

Ad-hoc-Publizität – Unmittelbare Veröffentlichung von Unternehmensinformationen, die auf Vermögens-, Finanz- oder Ertragslage Auswirkungen haben und somit den Börsenkurs beeinflussen können. Ad-hoc-Publizität stellt eine börsenrechtliche Verpflichtung gem. § 15 I Wertpapierhandelsgesetz dar und wird von der Bundesanstalt für Finanzdienstleistungsaufsicht (BaFin) überwacht.

Adressenausfallrisiko – siehe Kreditrisiko.

Änderungsrisiko – Bestandteil des versicherungstechnischen Risikos. Aufgrund der Dynamik der Risikoursachen verändern sich die Grundlagen der Risikokalkulation (z. B. Reparaturkosten, juristische Rahmenbedingungen).

Agency-Theory – Zweig der Wirtschaftstheorie, der die Kooperation zwischen Wirtschaftssubjekten beim Vorliegen von Interessenkonflikten und Informationsasymmetrien zum Gegenstand hat. Entscheidungen eines Individuums (Agent) beeinflussen nicht nur sein Wohlergehen, sondern ebenso das eines anderen Individuums (Prinzipal). Durch ungleichen Informationsstand (Informationsasymmetrie) zwischen Agent und Prinzipal entstehen Entscheidungsvorteile für den Agenten. Mittels vertraglicher Vereinbarung versucht der Prinzipal das Verhalten des Agenten an seine Interessen zu binden, um somit seine Nachteile zu minimieren. Anliegen der Agency-Theorie ist eine Minimierung volkswirtschaftlicher Wohlfahrtsverluste, die entstehen, indem der Agent seinen Informationsvorteil trotz überproportionalen Schadens des Prinzipals nutzt.

Aggregation – Zusammenfassung mehrerer Einzelgrößen (etwa Einzelrisiken) hinsichtlich eines gleichartigen Merkmals. Im Risikomanagement ist das Ziel der Aggregation, den auf die Risikoanalyse aufbauenden Gesamtrisikoumfang (das so genannte Risk Exposure) des Unternehmens sowie die relative Bedeutung der Einzelrisiken zu bestimmen. Korrelationen der Einzelrisiken sind explizit zu berücksichtigen. Ein Verfahren zur Risikoaggregation und -quantifizierung ist die Monte-Carlo-Simulation.

Aktivierte Abschlusskosten – Die Kosten des Versicherungsunternehmens, die im Zusammenhang mit dem Abschluss neuer oder der Verlängerung bestehender Versicherungsverträge stehen. Dazu zählen unter anderem Provisionen und anfallende Kosten bei der Antragsbearbeitung.

Aktuar – Mitarbeiter eines Personenversicherungsunternehmens, der gem. § 65 Versicherungsaufsichtsgesetz zu bildende Deckungsrückstellungen ordnungsgemäß berechnen muss.

Alternative Risk Transfer (ART) – Allgemein: Geschäftstypen, mit denen ein Risikogeber Risiken an einen Risikonehmer gegen Zahlung eines Preises transferiert, wobei es sich nicht um traditionelle For-

men von Versicherung und Rückversicherung handelt.
D. h., im Rahmen des Risikomanagements wird neben der Risikoüberwälzung (Versicherung) eine verstärkte Risikofinanzierung angestrebt. Risikofinanzierung wird über Fonds und Futures (Terminkontrakte, deren Erfüllung in der Zukunft liegt, z. B. Catastrophe Futures als Kontrakte über den möglichen Eintritt von Schadenfällen in der Zukunft) sowie über Versicherungsderivate (Futures und Optionen, deren Werte auf versicherungstechnisch definierte Indizes – sog. Schadenindizes – bezogen sind) durchgeführt.

Appraisal Value – Unternehmenswert, der durch Diskontierung der erwarteten Zahlungsströme kommender Perioden errechnet wird. Barwert aller Zahlungen aus dem in der Zukunft erwarteten Neugeschäft.

Arbitrage – Vorteilhafte Kombination eines Kauf- und Verkaufsaktes durch Nutzung lokaler und/oder zeitlicher Preisunterschiede für Güter, Effekten oder Zinssätze.
Beispiel für Wertpapier-, Waren- und Devisenbörsen: Kauf zum niedrigsten Preis und Verkauf zum höheren Preis mit Erzielung eines Arbitragegewinns.

Asset Backed Securities (ABS) – Ziel der ABS ist es, bisher nicht liquide Vermögensgegenstände in festverzinsliche, handelbare Wertpapiere umzuwandeln. Hierbei werden bestimmte Finanzaktiva eines Unternehmens in einen Forderungspool eingebracht, der treuhänderisch von einer Finanzierungsgesellschaft verwaltet wird.

Asset-Backed-Transaktion – Bei einer Asset-Backed-Transaktion handelt es sich um den Verkauf einer Vielzahl möglichst gleichartiger Forderungen (Forderungspool) zum Zwecke der Liquiditätsbeschaffung.

Asset-Liability-Management (Aktiv-Passiv-Management) – Unternehmerische Politik, die auf ein ausgewogenes Management der Bilanzpositionen der Aktivseite (Assets) und der Bilanzpositionen der Passivseite (Liabilities) abzielt. Durch eine integrierte Steuerung der Aktiva (z. B. Kapitalanlagen) und Passiva (z. B. Verbindlichkeiten) sollen finanzielle Unternehmensziele angestrebt werden.

Sequentielles ALM: Steuerung der Kapitalanlage unter Berücksichtigung bestehender, fixierter Verbindlichkeiten.
Simultanes ALM: wechselseitige Abstimmung des Kapitalanlageportefeuilles und des Portefeuilles an Verpflichtungen.

Asset Securitisation – Prozess der Konversion illiquider, nicht marktgängiger Finanzaktiven in handelbare Wertpapiere. Aus finanzwirtschaftlicher Sicht versteht man darunter eine innovative Form der Off-Balance-Sheet-Finanzierung.

At Amortized Cost – Gemäß diesem Bilanzierungsgrundsatz wird der Unterschied zwischen Anschaffungskosten und Rückzahlungsbetrag zeit- bzw. kapitalanteilig den Anschaffungskosten ergebniswirksam zugerechnet bzw. von diesen abgesetzt.

At-Equity-Konsolidierung – Im Konzernabschluss der Muttergesellschaft wird der Beteiligungsbuchwert entsprechend der Entwicklung des anteiligen Eigenkapitals des Unternehmens, an dem die Beteiligung gehalten wird (sog. assoziiertes Unternehmen), fortgeschrieben. Vermögensgegenstände und Schulden werden somit nicht in den Konzernabschluss übernommen. Analog findet sich in der Konzern-Gewinn-und-Verlust-Rechnung nur die Position »Beteiligungserträge von assoziierten Unternehmen«.

Audit Committee – Prüfungsausschuss; nach einer »Soll«-Bestimmung im Deutschen Corporate Governance Kodex soll der Aufsichtsrat einen Prüfungsausschuss einrichten, der sich insbesondere mit Fragen der Rechnungslegung und des Risikomanagements, der erforderlichen Unabhängigkeit des Abschlussprüfers, der Bestimmung von Prüfungsschwerpunkten und der Honorarvereinbarung befasst. Der Vorsitzende des Prüfungsausschusses sollte – nach den Bestimmungen des Deutschen Corporate Governance Kodex – kein ehemaliges Vorstandsmitglied der Gesellschaft sein.

Ausfallrisiko – Mögliche Gefahr, dass ein Vertragspartner bei einem Geschäft seinen Verpflichtungen nicht nachkommen kann und dadurch bei dem anderen Partner finanzielle Verluste verursacht.

Ausfallwahrscheinlichkeit – Wahrscheinlichkeit des Ausfalls der Erfüllung einer Zahlungsverpflichtung. Im Kreditwesen wird unter Ausfallwahrscheinlichkeit das Ausfallrisiko der fehlenden Krediterfüllung eines Schuldners verstanden.

Backtesting – Verfahren zur Überwachung der Güte von Value-at-Risk-Modellen. Hierzu wird über einen längeren Zeitraum geprüft, ob die über den VaR-Ansatz geschätzten potenziellen Verluste rückwirkend nicht wesentlich häufiger überschritten wurden, als gemäß dem angewandten Konfidenzniveau zu erwarten ist.

Back- und Frontoffice – Im Rahmen von Unternehmen der Finanzdienstleistung werden Kundenbereiche als Front-Office und nachgeordnete Organisationen ohne unmittelbare Kundenberührung als Back-Office bezeichnet.

BaFin (Bundesanstalt für Finanzdienstleistungsaufsicht) – Zum 1. Mai 2002 wurden die Aufgaben der ehemaligen Bundesaufsichtsämter für das Kreditwesen (BAKred), das Versicherungswesen (BAV) und den Wertpapierhandel (BAWe) unter dem Dach der Bundesanstalt für Finanzdienstleistungsaufsicht zusammengefasst. Damit existiert in Deutschland eine einheitliche staatliche Aufsicht über Banken, Finanzdienstleistungsinstitute und Versicherungsunternehmen, die sektorübergreifend den gesamten Finanzmarkt umfasst. Ausschlaggebend für die Schaffung der neuen Bundesanstalt waren die tief greifenden Veränderungen auf den Finanzmärkten. Banken, Finanzdienstleistungsinstitute und Versicherungen konkurrieren in immer stärkerem Umfang an denselben Märkten mit ähnlichen oder sogar fast identischen Produkten. Angesichts dieser grundlegenden Veränderungen im Finanzsektor war die ehemals praktizierte Teilung der Aufsichtskompetenzen zwischen BAKred, BAV und BAWe nicht mehr zeitgemäß.

Balanced Scorecard – Die Balanced Scorecard hat die Funktion, den gesamten Planungs-, Kontroll- und Steuerungsprozess zu gestalten. Dabei ergänzt die Balanced Scorecard die finanziellen Kennzahlen vergangener Leistungen um die werttreibenden Faktoren künftiger Leistungen. Die Ziele und Kennzahlen der Scorecard werden aus den Visionen und Strategien des Unternehmens abgeleitet. Die Wertschöpfung des Unternehmens wird dabei aus vier Perspektiven betrachtet: 1. finanzielle Perspektive, 2. Perspektive der internen Geschäftsprozesse, 3. Kundenperspektive, 4. Innovationsperspektive. Durch die Verknüpfung der Perspektiven und die Berücksichtigung von Ursache-Wirkung-Beziehungen werden die Zusammenhänge bei der Strategieumsetzung verdeutlicht. Hierbei ist auch auf eine Ausgewogenheit (»Balanced«) zwischen kurzfristigen und langfristigen Zielen, monetären und nicht monetären Kennzahlen, zwischen Spätindikatoren und Frühindikatoren sowie internen und externen Performanceperspektiven zu achten.

Bank für internationalen Zahlungsausgleich (BIZ) – International gegründete Bank mit Sitz in Basel zur Förderung der Zusammenarbeit der Zentralbanken aller Länder. Zudem arbeitet die BIZ als Treuhänder und Agent bei internationalen Zahlungsgeschäften (z. B. Entwicklungshilfezahlungen).

Baseler Ausschuss für Bankenaufsicht (Basel Committee on Banking Supervision) – Konferenz, die 1975 von den Präsidenten der Zentralbanken der G10-Staaten (die 10 führenden Industrienationen der Welt) gegründet wurde und nunmehr aus Vertretern der Zentralbanken bzw. Bankaufsichtsbehörden von Belgien, Deutschland, Frankreich, Italien, Japan, Kanada, Luxemburg, Niederlande, Schweden, Schweiz, Spanien, USA und Großbritannien besteht. Sein Name leitet sich vom ständigen Sekretariat des Ausschusses im schweizerischen Basel ab, welches sich bei der Bank für Internationalen Zahlungsausgleich (BIZ) befindet, wo der Ausschuss auch in der Regel alle drei Monate zusammentritt.

Basel II – Der Baseler Ausschuss für Bankenaufsicht hat im Januar 2001 einen Vorschlag zur Änderung der internationalen Eigenkapitalregelung vorgestellt. Allgemein ist der Entwurf unter der Bezeichnung Basel II bekannt. Ab dem Jahr 2006 sollen die Bestimmungen in mehr als 100 Ländern in nationales Recht umgesetzt werden, um eine größere Sicherheit des Weltfinanzsystems zu erreichen. Dazu sollen Risiken bei der Kreditvergabe besser erfasst und die Eigenkapitalvorsorge der Kreditinstitute risikogerechter gestaltet werden. Je höher also das Risiko des Kreditnehmers, desto mehr Eigenkapital muss das Kreditinstitut zukünftig vorhalten, und umgekehrt, wobei durch den Kreditnehmer gestellte Sicherheiten eine erhöhte Bedeutung erlangen. Nach den bislang geltenden Regelungen sind unbesicherte Kredite an inländische Unternehmen einheitlich mit acht Prozent des Kreditbetrages zu unterlegen. Von den voraussichtlich ab 2007 geltenden neuen Vorgaben werden nicht nur die Kreditinstitute, sondern auch deren Firmenkunden – insbesondere die mittelständische Wirtschaft – betroffen sein. Neben diesen weit reichenden Konsequenzen für die Mindestkapitalanforderungen werden insbesondere auch höhere Anforderungen an das Risikomanagement und die Offenlegungsvorschriften gestellt. Banken mit niedrigen Risiken (Kreditrisiken/operationelle Risiken) werden zukünftig auch eine niedrigere EK-Unterlegung vorhalten müssen (und vice versa).

Basispreis – Vertraglich festgelegter Preis zur Ausübung einer Option über Devisen oder Wertpapiere (siehe Call- und Put-Option).

Benchmarking – Systematischer Vergleich betrieblicher Abläufe und Prozesse mit den Branchenbesten. Ebenso systematischer Vergleich mit branchenfremden Betrieben, die bestimmte, vergleichbare Betriebsabläufe optimal geregelt haben. Problem: Benchmarking kann nur ein »Aufholen«, nicht aber die Marktführerschaft erbringen.

Benchmark-Methode – Eine im Rahmen der IFRS-Rechnungslegung bevorzugte Bilanzierungs- und Bewertungsmethode.

Betafaktor – Risikomaß zur Ermittlung der Sensitivität der Kursentwicklung eines einzelnen Wertpapiers im Vergleich zu einem allgemeinen Wertpapierindex. Bei einem Beta > 1 entwickelt sich das Wertpapier (z. B. die Aktie) überproportional zum Gesamtmarkt (analog bei Beta = 1 und Beta < 1). Der Betafaktor wird üblicherweise für Zeiträume von 30 Tagen oder 250 Tagen ermittelt.

Biometrische Grundlagen – Physiologische Bestandteile eines Menschen (Sterblichkeit, Überlebenswahrscheinlichkeit, Mortalitätsrisiko, Morbiditätsrisiko) als Grundlagen der Tarifierung von Lebens- und Krankenversicherungsprodukten.

Binomialverteilung – Auch als Bernoulli-Verteilung bezeichnet. Wahrscheinlichkeitsverteilung einer diskreten Zufallsvariablen mit zwei einander ausschließenden Realisationen (Schadenfall im Zeitraum x, kein Schadenfall), deren Eintritts-/Nichteintrittswahrscheinlichkeit konstant ist. In der Versicherungsmathematik häufig angewendete Verteilung, insbesondere für Schadenhäufigkeiten. In der Regel wird die Binomialverteilung durch die Poisson-/Normalverteilung approximiert.

Black/Scholes-Modell – Modell zur Bewertung von Optionen bzw. Optionsscheinen. Es soll den theoretisch richtigen Optionsscheinpreis ermitteln. Entwickelt wurde das Modell von Fischer Black und Myron Scholes.

Bondmarkt – Auch im deutschen Sprachgebrauch verwendete Bezeichnung für den Rentenmarkt (Markt für Wertpapiere mit fester Verzinsung).

Bundesanstalt für Finanzdienstleistungsaufsicht – siehe BaFin.

Call-Option – Zeitlich befristetes Recht, Aktien zu einem festgelegten Preis (Basispreis) jederzeit innerhalb einer Laufzeit (sog. amerikanische Option) bzw. am Laufzeitende (sog. europäische Option) zu erwerben (Kaufoption). Handel von Calls an Options- und Terminbörsen.

Cap – Zinsbegrenzungsverträge im Sinne einer Garantie, dass die eigenen Zinszahlungen eine bestimmte Zinsobergrenze nicht übersteigen. Selbst bei steigenden Marktzinsen hat der Käufer eines Cap die Sicherheit, mit seiner Zinsobergrenze planen zu können.

Capital Asset Pricing Model (CAPM) – Auf der Portfoliotheorie nach Markowitz aufbauendes Modell des Kapitalmarktes. Mittels CAPM werden Aktien bewertet, indem der Risikoanteil einer Aktie innerhalb des Portefeuilles als Bewertungsmaßstab herangezogen wird.

Captive – Zur Deckung unternehmenseigener Risiken wird keine Versicherungsnahme bei externen Versicherungsunternehmen gesucht, sondern das Unternehmen gründet eine unternehmenseigene Versicherungsgesellschaft, die mittels Risikofinanzierung ausschließlich unternehmenseigene, aber auch Risiken der Anteilseigner zeichnet.

Cashflow – Unter Cashflow werden die »verfügbaren, erarbeiteten Mittel« verstanden. Gemeint ist damit der Nettozugang an liquiden Mitteln. Der Cashflow ist eine betriebswirtschaftliche Kennziffer, mit der sich die gesamten, von einem Unternehmen selbst erwirtschafteten Mittel einschließlich der Rückstellungen und Abschreibungen ermitteln lassen. Der Cashflow nach Steuern berücksichtigt außerdem die anfallenden Steuern auf Einkommen und Erträge.
Als Bestandteil des Cashflow Statement ist der Cashflow ein zwingender Bestandteil des Jahresabschlusses der Rechnungslegung nach IAS und US-GAAP.

Cashflow-at-Risk – Risikomodelle, in denen die Unsicherheit über zukünftige Cashflows, etwa infolge von zufälligen Absatzschwankungen, über einen eigenen Risikofaktor abgebildet wird. Wenn zukünftige Cashflows – wie bei einem Versicherer – unsicher sind, kann kein sicherer Barwert mehr bestimmt werden. Zum einen lassen sich die Einnahmen und Ausgaben eines Unternehmens betrachten. Dies ist der Gegenstand der Cashflow-at-Risk-Modelle. Aus einer bilanziellen Sichtweise heraus kann auf der anderen Seite bei den so genannten Earnings-at-Risk-Konzepten auch die Entwicklung von Erträgen und Aufwendungen simuliert werden.

Chief Risk Officer (CRO) – Gesamtunternehmensbezogener Risk-Manager auf der Ebene der Geschäftsleitung.

Clearing – Bewusst vorgenommener Ausgleich von Forderungen und Verbindlichkeiten zwischen Banken oder zwischen Marktteilnehmern auf Finanzmärkten. Clearing-Stellen (sog. Clearing-Houses) sorgen für eine ordnungsgemäße Verrechnung und Abwicklung sowie Besicherung der Geschäfte zwischen Käufer und Verkäufer.

Code of Best Practice – In fast allen Ländern gibt es einen Code of Best Practice, in dem die Grundsätze für »gute« Corporate Governance festgelegt werden. In Deutschland sind diese Grundsätze im »Deutschen Corporate Governance Kodex« niedergeschrieben.

Collar – Vereinbarung einer Zinsober- und einer Zinsuntergrenze (somit die Verbindung von Cap und Floor).

Combined Ratio – Schaden-Kosten-Quote. Summation aus Schadenquote (Anteil der Schadenaufwendungen – Zahlungen und Reserven – an den Bruttobeitragseinnahmen) und Kostenquote (Anteil der Kosten – Vertriebs- und Verwaltungskosten – an den Bruttobeitragseinnahmen).

Compliance – Allgemein versteht man hierunter die Einhaltung bestimmter Regeln. Compliance ist eine vertrauensbildende Maßnahme zu Gunsten der Kapitalmärkte und deren Marktteilnehmer. Bei Banken, Versicherungen und großen Konzernen handelt es sich um ein internes Überwachungsorgan mit dem Ziel, die Einhaltung der Gesetze, Vorschriften, Verhaltensmaßregeln und Weisungen sicherzustellen. Grundsätzlich gilt, dass Insiderinformationen nicht für eigene Geschäfte, für Geschäfte des Unternehmens oder für Empfehlungen an andere verwendet werden dürfen.

Copulas – Funktionen, die die Abhängigkeitsstruktur von mehrdimensionalen Verteilungsfunktionen beschreiben.

Corporate Governance – Philosophie ethisch verantwortungsvoller, auf Wertschöpfung und -steigerung ausgerichteter Unternehmensführung mit dem Ziel, das Vertrauen der Anleger in die Leitung und Überwachung börsennotierter Aktiengesellschaften zu fördern.
Corporate Governance soll somit dem Shareholder-Value (Unternehmenswertsteigerung für Anleger) wie auch dem Stakeholder-Value (Unternehmenswertsteigerung für Vertragspartner) dienen.

Credit Risk – Risiko der unvollständigen Bedienbarkeit einer Fremdkapitalverpflichtung (eines Kredits).

Cross Impact Analyse – Quantitative Analysemethode zur Erforschung von Wechselwirkungen zwischen mehreren relevanten Faktoren (Interdependenzanalyse).

Customer Relationship Management – Interaktive Maßnahmen einer individuellen und interaktiven Kundenansprache mit dem Ziel der Kundenaufwertung und -bindung. Im Sinne eines ganzheitlichen Marketingansatzes versucht CRM eine langfristige Kundenbeziehung aufzubauen und somit ein akquisitorisches Potential zu generieren.

Deckungsgrad – Bedeckung des Fremdkapitals durch Eigenkapital (prozentuale Aussage, in welchem Verhältnis das Fremdkapital durch Eigenkapital gedeckt ist).

Deckungsrückstellung (Deckungsstock) – Nach gesetzlichen Vorgaben zu bildende Rückstellungen im Lebensversicherungsbereich (anteilig auch im Haftpflichtbereich sowie bei Unfallversicherung mit Prämienrückgewähr), die eine Kapitalgarantie für den Versicherungsnehmer im Falle der Versicherungsleistung darstellen. Deckungsrückstellungen bilden den Deckungsstock als den Versicherungsnehmern zustehendes Sondervermögen (Rückkaufs- und Beleihungswert einer Lebensversicherung ergeben sich aus dem anteiligen Wert des Deckungsstocks).

Default – (engl.: Mangel, Säumnis) Ausfall eines Kreditnehmers. Mit dem Default geht zunächst der nominelle Verlust vor Einbringung, d.h. in der Höhe des aushaftenden Kreditbetrags, einher, der sich nach Ausschöpfung aller Einbringungsmöglichkeiten zum eigentlichen Verlust (loss) reduziert. Ein Default kann durch verschiedene Ursachen entstehen: 1. eine Zins- oder Tilgungszahlung wird nicht oder nur verspätet geleistet; 2. ein Insolvenzverfahren wird beantragt; 3. ein Austausch der Schuldentitel gegen ein Paket von Wertpapieren mit einem niedrigeren Wert wird vorgenommen.

Deferred Acquisition Cost – Nach IAS-Rechnungslegung geforderte Verteilung gezahlter Abschlussprovisionen und sonstiger Abschlusskosten für Mehrjahresverträge (z.B. Versicherungsverträge) auf die erwartete Laufzeit. Somit Gegenteil zur sog. Zillmerung nach HGB.

Delphi-Methode – Expertenbefragung (Experten bleiben untereinander anonym) zu Zukunftsprognosen mit dem Ziel einer abschließenden, einheitlichen Gruppenmeinung. Prognose vollzieht sich im Sinne eines stufenweisen Verfahrens in mehreren Rückkoppelungsrunden.

Deregulierung – Wegfall gesetzlicher Vorgaben, die für die Regulierung eines Marktes, z.B. des Marktzugangs, gesorgt haben. Produzierende Unternehmen und Finanzdienstleister werden durch deregulierte Binnenmärkte gezwungen, ihre Geschäftsprozesse im Hinblick auf Effektivität und Wettbewerbsfähigkeit zu untersuchen.

Derivate – Finanzinstrumente, deren eigener Wert vom Wert eines anderen Finanzinstruments abhängt. Der Preis des Derivats wird vom Preis eines Basiswerts abgeleitet (Aktie, Währung, Zins, Edelmetall etc.). Diese Instrumente bieten erweiterte Möglichkeiten für Risikomanagement und -steuerung.

Deutscher Corporate-Governance-Kodex – Eine Reihe spektakulärer Unternehmenskrisen hat im In- und Ausland die Diskussion über eine effektive und an der Steigerung des Unternehmenswertes ausgerichtete gute Unternehmensführung (Corporate Governance) entfacht. Die Bundesregierung (Bundesministerin für Justiz) berief im Juni 2000 aufgrund drohender Rechtsunsicherheit die Regierungskommission Corporate Governance ein. Mit dem Deutschen Corporate-Governance-Kodex sollen die in Deutschland geltenden Regeln für Unternehmensleitung und -überwachung für nationale wie internationale Investoren transparent gemacht werden, um so das Vertrauen in die Unternehmensführung deutscher Gesellschaften zu stärken. Am 26. Februar 2002 veröffentlichte die Kommission den Deutschen Corporate-Governance-Kodex (DCGK), der konkrete Handlungsempfehlungen und -anregungen für Vorstände und Aufsichtsräte börsennotierter Unternehmen liefert. Dieser kann, muss aber nicht eingehalten werden. Bei Nichteinhaltung der Empfehlungen werden die Anleger jedoch eine Erklärung verlangen. Der Kodex besitzt über die Entsprechendserklärung gemäß § 161 AktG (eingefügt durch das Transparenz- und Publizitätsgesetz, in Kraft getreten am 26.07.2002) eine gesetzliche Grundlage.

Discounted-Cashflow – Barwertermittlung geplanter Cashflows künftiger Wirtschaftsperioden. Methode zur Beurteilung unternehmenspolitischer Investitionen.
Entity-Methode: zukünftige Cashflows werden mit einem durchschnittlichen Kapitalkostensatz diskontiert.
Equity-Methode: den Eigenkapitalgebern zustehende Cashflows werden mit dem Eigenkapitalkostensatz diskontiert.

Downside-Risk – Gefahrenpotenzial, im Gegensatz zum Chancenpotenzial (Upside Risk).

Downside-Risikomaß – Maßzahl für Downside-Risiken. So ist etwa der Value-at-Risk (VaR) ein Downside-Risikomaß im Bereich des Markt- und Kreditrisikos.

Dynamic Financial Analysis – Die Dynamische Finanzanalyse (DFA = Dynamic Financial Analysis) ist eine Form des ALM (Asset-Liability-Management), die auf einem Szenariengenerator und -optimierer basiert. Der Szenariengenerator ist das Herz eines DFA-Modells und entwirft verschiedene Szenarien für die Aktiv- und Passivseite eines Versicherers und die allgemeinen wirtschaftlichen Bedingungen.

EBIT (Earnings before Interest and Taxes) – Unternehmensergebnis laut Bilanz vor Berücksichtigung von Zinsen und Steuern.

EBITDA (Earnings before Interest, Taxes, Depreciation and Amortization) – Unternehmensergebnis laut Bilanz vor Berücksichtigung von Zinsen, Steuern, Abschreibungen auf materielle Güter (Depreciation) und immaterielle Güter (Amortization).

Economic Value Added (EVA) – Überschuss des Jahresergebnisses über die durchschnittlichen Gesamtkapitalkosten (Eigen- + Fremdkapitalkosten). Unter Renditegesichtspunkten stellt der EVA das Produkt aus Investment (investiertes Kapital) und Spread (erreichte Rendite minus geforderte Rendite) dar und ist somit die Darstellung der Wertsteigerung eines Unternehmens in absoluten Werten.

Earnings-at-Risk (EaR) – Risikobewertungsmethode, die auf dem Value-at-Risk-Konzept aufbaut und die Schwankungen von Periodenerfolgsgrößen aus der Gewinn- und-Verlust-Rechnung analysiert.

Eigenkapitalrentabilität (Return on Equity, RoE) – Kennziffer der Unternehmensertragslage. Quotient aus Jahresüberschuss vor Steuern und durchschnittlichem Eigenkapital eines Unternehmens.

Embedded Value – Summe aus Nettovermögenswert eines Unternehmens (Net Asset Value = Substanzwert eines Unternehmens) und erwartetem Barwert aller mit vorhandenen Versicherungsverträgen einhergehenden zukünftigen Zahlungsströmen.

Enforcement-Institution – Öffentliche Kontrollinstanz, die neben der Wirtschaftsprüfungsgesellschaft die Einhaltung der Rechnungslegungs- und Publizitätsvorschriften börsennotierter Unternehmen überwacht (analog zur Security and Exchange Commission SEC der US-amerikanischen Börse).

Erwartungswert – Der theoretische Mittelwert einer Wahrscheinlichkeitsverteilung; für diskrete Verteilungen die Summe aller Produkte aus möglichen Werten und zugehöriger Wahrscheinlichkeit. Der Erwartungswert ist der Wert, den man bei genügend großem Stichprobenumfang (Stichprobe) im Durchschnitt erwarten kann.

Exposure – Umfang, in dem eine bestimmte Position Risiken ausgesetzt ist.

Extremwerttheorie – Die Extremwerttheorie ist die Theorie über das stochastische Verhalten besonders großer oder kleiner zufälliger Werte. Bei potenziell katastrophalen Ereignissen, die zwar selten eintreten, dafür aber fatale Schadensummen produzieren, greift man auf die Extremwerttheorie (»Extreme-Value-Theorie« bzw. die Peaks-over-Threshold-Methode, PoT) zurück. Mit ihrer Hilfe wurde beispielsweise die Höhe der Deiche berechnet, die die Niederlande vor Überschwemmungen schützen. Für die Fluthöhen oberhalb von drei Metern setzte man eine verallgemeinerte Pareto-Verteilung an. Deren Parameter bestimmte man jedoch nicht nur aus den Daten der seltenen Katastrophenereignisse (vier Meter im Jahr 1570 als höchste Flut aller Zeiten; 3,85 Meter im Jahr 1953), sondern aus den empirischen Daten »normaler« Zeiten. Daraus ergab sich, dass ein Deich von 5,14 Metern Höhe eine Katastrophe mit großer Sicherheit verhindert, da mit einer solchen Flut nur einmal in 10 000 Jahren zu rechnen ist.

Fair Value – Angemessene und den Assets und Liabilities adäquate Börsenkapitalisierung eines Unternehmens. Unter Rechnungslegungsgesichtspunkten beschreibt der Fair Value das Ziel, die Summe aus Nettovermögenswert und Neugeschäftsbarwert (Embedded Value) sowie den Barwertänderungen im Vertragsbestand umgehend und ad hoc in die Jahresergebnisrechnung zu integrieren.

Faktorbasiertes Risikokonzept – Vereinfachtes Kapitalmodell, das auf der Anwendung einer Reihe von Faktoren (etwa Kapitalkosten) zu Volumina wie Prämien, Reserven oder Aktivwerte basiert. Das Modell stellt lediglich eine Annäherung an die Risikokapitalanforderungen dar.

FAS – US-amerikanische »Financial Accounting Standards« (Rechnungslegungsvorschriften), die Einzelheiten zu US-GAAP (Generally Accepted Accounting Principles) festlegen.

FASB (Financial Accounting Standards Board) – Private Organisation, der über das SEC (Securities and Exchange Commission) in den USA der Erlass der Rechnungslegungsvorschriften obliegt.

Feasibility Studie – Durchführbarkeitsstudie etwa zur Prüfung alternativer Kapitalanlagemöglichkeiten im Ausland bzw. bei Direktinvestitionen im Ausland

Fehlerbaumanalyse (auch: fault tree analysis) – Hier werden potenzielle Störfälle simuliert und versucht, deren Ursachen zu analysieren. Ziel ist es, eine Aussage über das System bzgl. Zuverlässigkeit, Verfügbarkeit und Sicherheit zu erhalten. Methodisch wird mit Schadeneintrittswahrscheinlichkeiten gerechnet. Die einzelnen Komponenten des Schadenbaumes werden mittels logischer Operationen (AND, OR, NOT etc.) verknüpft. Die Tiefe des Fehlerbaumes wird durch die betriebswirtschaftliche Sinnhaftigkeit bestimmt.

Financial Mobility at Risk – Bestimmung der benötigten Liquiditätsreserven, die im Falle des Eintritts von Ausfall-, Zinsänderungs- und Währungsrisiken mit bestimmter Wahrscheinlichkeit verbraucht würden. Über den Value-at-Risk-Ansatz ist ein zu hinterlegendes Risikopotenzial zu quantifizieren.

Free Cashflow – Cashflow aus der Geschäftstätigkeit abzüglich Auszahlungen für Investitionen und Steuern.

Frequency – Häufigkeit, d. h. die Anzahl, mit der gleiche Ereignisse, Merkmalsausprägungen, Kategorien in einer Gruppe von Ereignissen oder Untersuchungseinheiten vertreten sind.

Frühindikatoren – In einer frühen Phase des betriebswirtschaftlichen Prozesses werden bestimmte Vorgänge als Leistungstreiber (z. B. Umsatz-, Kostentreiber) erkannt und fortan unter quantitative Beobachtung gestellt.

Frühwarnsystem – Informationssystem zur Aufdeckung latenter Erfolgsgefährdungen, die sich in absehbarer Zeit für ein Unternehmen ergeben können. Signale zur Früherkennung von Risiken bilden sich in Kennzahlen (sog. Hard Facts) sowie in qualitativen Informationen (sog. Soft Facts) ab.

Futures – Standardisierte Verträge bzw. Kontrakte am Terminmarkt, bei denen sich eine Vertragspartei verpflichtet, die im Kontrakt definierte Menge einer Währung, Ware oder eines Wertpapiers zu einem festgelegten Preis und einem festgelegten Zeitpunkt zu kaufen oder zu verkaufen (sog. unbedingtes Termingeschäft). Bei Futures über Devisen, Wertpapiere oder Zinsdifferenzen spricht man von Financial Futures.

Generally Accepted Accounting Principles (US-GAAP) – Allgemein anerkannte Grundsätze der Rechnungslegung für US-amerikanische Unternehmen. Formal sind sie mit den Grundsätzen ordnungsmäßiger Buchführung (GoB) vergleichbar, inhaltlich bestehen jedoch erhebliche Unterschiede.
In den USA dominiert das Aktionärsschutzprinzip, in Deutschland das Gläubigerschutzprinzip.

Gesamtkapitalrentabilität – Kennziffer für die erzielte Rendite des eingesetzten Eigen- und Fremdkapitals. Quotient aus Jahresüberschuss vor Steuern plus Fremdkapitalzinsen zu Eigen- plus Fremdkapital.

Gesetz der großen Zahlen – Zusammenfassende Bezeichnung für mehrere Gesetze der Wahrscheinlichkeitstheorie. Grundsätzlich besagt das Gesetz, dass bei Massenbeobachtungen Zufallsschwankungen eine umso geringere Rolle spielen, je größer die beobachtete Masse ist. Im Einzelnen unterscheidet man: a) schwaches Gesetz der großen Zahlen und b) starkes Gesetz der großen Zahlen. Auch bei Risikoanalyse/-bewertung sind die Gesetze der großen Zahlen von großer Bedeutung, um beispielsweise Erwartungswerte zu ermitteln.

Granularität – Körnigkeit, ein Maß für die Anzahl und Höhe der einzelnen Forderungen im Verhältnis zum Gesamtvolumen eines Kreditportfolios.

Hedge-Fonds – Investmentfonds, die bezüglich ihrer Anlagepolitik keinerlei gesetzlichen oder sonstigen Beschränkungen unterliegen. Sie unterhalten ihre Domizile mit Vorliebe in Offshore-Regionen.

Hedge-Fonds bieten die Chance auf eine sehr hohe Rendite, bergen aber auch ein entsprechend hohes Risiko des Kapitalverlusts in sich. In erster Linie versuchen Hedge-Fonds Markineffizienzen aufzudecken, sich entsprechend zu positionieren und bei Korrektur der »falschen Marktpreise« dann die Gewinne einzustreichen. Die Kapitalgeber sind eine eng begrenzte Zahl institutioneller Anleger (Banken, Firmen, andere Fonds) oder vermögende Privatpersonen. Die Einlagen der Kapitalgeber sind in der Regel lange (bis zu 3 Jahre) gebunden, was dem Fondsmanagement erlaubt, seine Strategie auf längere Zeiträume auszurichten. Hedge-Fonds reagieren äußerst flexibel, da das Fondsmanagement Anlagemärkte, Instrumente und Strategien frei wählen kann. Die Vergütung der Manager ist weit gehend erfolgsabhängig, wobei die Manager selbst eine relativ hohe Kapitalbeteiligung halten müssen und ihr Gewinnanspruch in der Regel an den Ausgleich ggf. zuvor eingefahrener Verluste gekoppelt ist. Zur Steigerung der erwarteten Rendite werden oft zusätzlich auch durch Kredit finanzierte Mittel eingesetzt.

Hedging – Finanzierungstechnisches Verfahren zur vollständigen oder teilweisen Minderung eines Risikos durch Aufbau einer Gegenposition in derselben Geschäftsart. Ziel des Hedging ist eine optimale Kombination von Risiko und Risikoaversion im Sinne gewinnträchtiger Transaktionen. Primär versucht der Hedger Währungs- und Zinsänderungsrisiken durch den Abschluss von Gegengeschäften auszuschalten (z. B. zwei sich gegenseitig kompensierende offene Positionen oder gleichzeitige Positionen auf Kassa- und Terminmarkt).

High-Severity-Risiken – High-Severity-Risiken (etwa Naturkatastrophen, aber auch Produkthaftpflichtansprüche) sind durch ein katastrophales Schadenausmaß und häufig durch eine geringe Schadeneintrittswahrscheinlichkeit (Low Frequency) gekennzeichnet. Demgegenüber sind High-Frequency-Risiken durch ein geringes Schadenausmaß (Low Severity) und eine hohe Frequenz von Schäden gekennzeichnet.

Historische Simulation – Simulationsverfahren, bei dem die Schadens-/Verlustfälle über einen längeren Zeitraum hinweg für eine festgelegte Halteperiode abgebildet werden. Dabei wird unterstellt, dass alle Risikofaktoren aus der Vergangenheit auch in Zukunft die unterschiedlichen Risikoparameter in gleicher Weise beeinflussen werden.

IAS (International Accounting Standards) – Ab dem Jahr 2005 verpflichtender Rechnungslegungsstandard börsennotierter Unternehmen der Europäischen Union. Angelehnt an den US-GAAP (Generally Accepted Accounting Principles) soll der Bilanzausweis eines Unternehmens primär der Investoren- und Kapitalmarktinformation und erst sekundär dem Gläubigerschutz dienen. Die IAS verlangen einen strengen, periodengerechten Erfolgsausweis und werden durch Aufgabe des Vorsichtsprinzips tendenziell zu einer Bilanzverlängerung führen.

IAS 32/39 – Vom International Accounting Standards Board (IASB) veröffentlichte Rechnungslegungsvorschriften in Bezug auf Finanzinstrumente. IAS 32 regelt die Offenlegung von Finanzinstrumenten, während sich IAS 39 mit der Erfassung und Bewertung von Finanzinstrumenten befasst.

IAS-Impairmentregel – Niederstwerttest – Verfahren zur Ermittlung eines außerplanmäßigen Abschreibungsbedarfs.

IFRS (International Financial Reporting Standards) – Entwicklung branchenbezogener Rechnungslegungsstandards nach IAS-Rechnungslegung, womit auch die Rechnungslegung nach IAS umbenannt werden wird in IFRS. Branchenbezogene IFRS-Standards werden ab dem Jahr 2007 bindende Rechnungslegungsvorschriften.

Impairment-Test – Verfahren zur Ermittlung der nach IAS-Rechnungslegung beizulegenden Wertminderung von Vermögensgegenständen. In einem ersten Schritt wird der Recoverable Amount eines Vermögensgegenstands durch Vergleich des Net Market Value (Verkehrswert i. S. des Nettoverkaufserlöses) und des Value in Use (Barwert der bei weiterer Nutzung zu erwartenden Cashflows) ermittelt. Sollte der Recoverable Amount kleiner als der Buchwert sein, so muss eine außerplanmäßige Abschreibung des Vermögensgegenstands erfolgen.

Irrtumsrisiko – Bei einer falschen Diagnose bzw. Prognose der Gesamtschadenverteilung (durch die Annahme einer nicht adäquaten Schadenverteilung) und der daraus resultierenden negativen Abweichung der tatsächlichen kollektiven Schadenausgaben von dem Erwartungswert spricht man allgemein vom Irrtumsrisiko (auch als Prognoserisiko bezeichnet). Das Irrtumsrisiko kann daraus resultieren, dass entweder die Gesamtschadenverteilung ex post falsch ermittelt wurde (Diagnoserisiko) oder dass die Gesamtschadenverteilung der Risikoausgleichsperiode ex ante falsch prognostiziert wurde (Prognoserisiko). In beiden Fällen liegt die Ursache regelmäßig in der unvollkommenen Information, wobei eine Isolierung nur modelltheoretisch möglich ist. Eine falsche Diagnose führt in der Regel auch zu einem Fehler in der Prognose. Hierbei wird auch das Änderungsrisiko erfasst.

Jarrow-Turnbull-Modell – Modell zur Schätzung von Ausfallwahrscheinlichkeiten beim Kreditrisiko. Im Modell von Jarrow und Turnbull sind die Recovery-Rate und die Ausfallintensität konstant, der Short-Rate-Prozess, der Ausfallzeitpunkt und die Funktion der Recovery-Rate sind voneinander unabhängig.

Kapitaladäquanz – Angemessenheit des Verhältnisses von Eigenkapital einer Versicherung bzw. Bank zu den vorhandenen Risiken.

Kapitalflussrechnung – Nach IAS- und US-GAAP-Rechnungslegung geforderte Darstellung der Zahlungsströme im Unternehmen. Zur Kapitalflussrechnung zählen die Bestandsdifferenzenbilanz, die Bewegungsbilanz und die Cashflow-Berechnungen. Die Veränderung der liquiden Mittel wird durch die Betrachtung der Mittelzu- und -abflüsse aus der Geschäftstätigkeit, der Investitionstätigkeit und der Finanzierungstätigkeit dokumentiert.

Kapitalkostensatz – Kosten für die Bereitstellung von Eigenkapital. Das Geschäftsergebnis muss eine Eigenkapitalrendite erwirtschaften, die einer analogen Risikoanlage entspricht bzw. diese übertrifft – diese Renditeforderung stellt für das Management eine Kostenkomponente dar. Somit geht man üblicherweise von einem Kapitalkostensatz von 3-%-Punkten über dem Zinssatz für 10-jährige Staatsanleihen aus.

Kennzahlen – Messgrößen oder Maßgrößen zur Ermittlung der Zielerreichung strategischer Unternehmensziele. Kennzahlen sollen Informationen über betriebswirtschaftliche Abläufe und Zusammenhänge in aggregierter Form verdichtet vermitteln. Man unterscheidet in Kennzahlen der Vermögenslage (z. B. Verhältnis von Anlage- zu Umlaufvermögen, Warenlagerumschlag, Verschuldungsanalyse und Kapitalstruktur), Kennzahlen der Finanzlage (z. B. Kapitaldeckungsgrade, Liquiditätsgrade) und Kennzahlen der Ertragsanalyse (z. B. Vergleich Börsen- und Bilanzkurs, Rentabilitätskennziffern).

Key-Control-Indikator (KCI) – KCI sind Parameter, die sich auf Geschäftsprozesse oder Prozessbündel beziehen und in der Lage sind, Veränderungen in den Kontrollprozessen des Unternehmens vorherzusehen. Die Indikatoren sollen folgende Ziele erfüllen: Risikoereignissen soll vorgebeugt und ungünstige Trends sollen rechtzeitig entdeckt werden.

Key-Performance-Indikator – Kritische Erfolgsfaktoren, die durch Kennzahlen abgebildet werden.

Key-Risk-Indikator – Key Risk Indicators sind Parameter, die sich auf Geschäftsprozesse oder Prozessbündel beziehen und in der Lage sind, Veränderungen im Risikoprofil dieser Geschäftsprozesse oder Prozessbündel vorherzusehen. Die Risiko-Indikatoren sollen folgende Ziele erfüllen: Risikoereignissen soll vorgebeugt und ungünstige Trends sollen rechtzeitig erkannt werden.

KonTraG – Gesetz zur Kontrolle und Transparenz im Unternehmensbereich. Das »Gesetz zur Kontrolle und Transparenz im Unternehmensbereich« (KonTraG) verpflichtet seit 1. Mai 1998 Vorstände börsennotierter Unternehmen zur Einrichtung eines Überwachungssystems, um Risiken frühzeitig zu erkennen. § 91 II AktG sieht vor, dass »der Vorstand geeignete Maßnahmen zu treffen, insbesondere ein Überwachungssystem einzurichten hat, damit den Fortbestand der Gesellschaft gefährdende Entwicklungen früh erkannt werden«.

Korrelationsanalyse – Mathematisch-statistisches Analyseverfahren (im Rahmen der bivariaten (auf zwei Variablen beruhenden) und multivariaten (auf mehr als zwei

Variablen beruhenden) Analysemöglichkeit) mit dem Ziel, die Stärke des Zusammenhangs zwischen zwei Merkmalen durch eine geeignete Maßzahl zu beschreiben.

Korrelationskoeffizient – Maß der Korrelationsanalyse, mit dem die »Stärke« eines positiven oder negativen Zusammenhangs zwischen zwei quantitativen Merkmalen bzw. Zufallsvariablen gemessen werden kann. Der Korrelationskoeffizient kann zwischen +1 (totaler Gleichlauf) und −1 (total gegeneinander gerichtet) schwanken. Besteht zwischen den Risiken überhaupt kein Zusammenhang, so beträgt der Korrelationskoeffizient 0.

Kreditrisiko – Auch Adressausfallrisiko genannt. Risiko, dass eine Wirtschaftseinheit ihre Verpflichtungen gegenüber dem Gläubiger nicht erfüllen kann, etwa aufgrund einer Insolvenz des Vertragspartners.

Krisenmanagement – Koordination und Durchführung von Kommunikationsanstrengungen mit dem Ziel, negative Konsequenzen wie Vertrauensverlust, Imageeinbußen etc. bei Krisen und Konflikten zu verhindern. In der Praxis bedeutet Krisenmanagement die klare Zuordnung von Zuständigkeiten und Verantwortlichkeiten zu Personen in der Unternehmensführung sowie eine klare Kommunikationslinie für ein inhaltlich und argumentativ einheitliches Auftreten. Dazu bedarf es auch der Einigung darüber, wie Medien bei der Aufarbeitung der Krise eingebunden werden sollen. Üblicherweise wird das Vorgehen in einem Krisenplan festgehalten. Bei Bedarf bzw. fehlender Vorbereitungszeit bedeutet Krisenmanagement aber auch die Entwicklung einer Ad-hoc-Strategie.

Kumulrisiko – Teil des versicherungstechnischen Risikos. Gemeint ist das Risiko, dass ein einziges auslösendes Ereignis (beispielsweise ein Erdbeben oder ein Wirbelsturm) zu einer Häufung von Schadenfällen führt. Das Kumulrisiko wird auch teilweise Katastrophenrisiko genannt.

Länderrisiko – Länderrisiko ist begründet in wirtschaftlichen, politischen und währungspolitischen Unsicherheiten, die aus wirtschaftlichen Verbindungen mit ausländischen Partnern entstehen.

Leistungen f. e. R. – Aufwendungen (nach Abzug der Anteile der Rückversicherer) für Versicherungsfälle, für Beitragsrückerstattungen und für Veränderung der Deckungsrückstellung bzw. versicherungstechnische Rückstellungen.

Leverage-Effekt – Erhöhung der Eigenkapitalrentabilität infolge einer über dem Fremdkapitalzins liegenden Gesamtkapitalrentabilität. Eine zunehmende Verschuldung bewirkt somit eine Hebelwirkung (Leverage-Effekt) auf die Eigenkapitalrentabilität.

Liquiditätsrisiko – Die Möglichkeit, dass ein Unternehmen möglicherweise nicht in der Lage sein wird, innerhalb einer angemessenen Zeit und zu einem Preis, der dem theoretischen Wert des Vermögensgegenstandes bzw. der eingegangenen Verpflichtung entspricht, einen Käufer zu finden.

Long-Hedge – Absicherung gegen ein Verlustrisiko, resultierend aus ungünstigen Preisschwankungen, durch Kauf von Termin- oder Optionskontrakten an den jeweiligen Märkten. Siehe auch: Hedging.

Long tail – Synonym für »fat tail«. Verlustverteilungen (insbesondere bei Kreditrisiken und operationellen Risiken) sind sehr häufig durch eine linkssteile Verteilung gekennzeichnet. Der »Long tail« der Verteilung beinhaltet die Extrembereiche, in denen etwa Katastrophenschäden abgebildet werden. Die Eintrittswahrscheinlichkeit ist sehr gering und konvergiert am Ende des »Long tail« gegen null. Das Schadenausmaß hingegen kann ein katastrophales Ausmaß annehmen. Die Extremwerttheorie bietet hier Unterstützung, da sie das stochastische Verhalten besonders großer oder kleiner zufälliger Werte analysiert. Sie findet praktische Anwendung etwa bei der Kalkulation von Rückversicherungsverträgen und in der Risikoabschätzung von Finanzanlagen.

Loss – Verlust, Schaden

Low-Frequency-Risiken – Risiken, die durch ein geringes Schadenausmaß (Low Severity) und eine hohe Frequenz von Schäden gekennzeichnet sind (Diebstahl von Büromaterial, Kfz-Schäden). Siehe auch High-Severity-Risiken.

Lower Partial Moment – Risikomaße, die nicht die ganze Bandbreite potenzieller Renditen in die Risikomessung einbeziehen. Sie zielen nur auf den Teil der Verteilung unterhalb einer definierten Mindestrendite ab und beschreiben somit den linken Ausläufer der Wahrscheinlichkeitsverteilung der Renditen. Sie beschreiben insbesondere, was geschieht, wenn eine gewisse Mindestrendite unterschritten wird.

Margin – Mindesteinlagen bei einem Termingeschäft im Sinne einer Sicherheitsleistung, die täglich neu bewertet und von Kursveränderungen abhängig laufend ab- respektive zugebucht werden.

Market Value Added (MVA) – Messgröße für Aktionäre und Anteilseigner zur Bewertung eines Shareholder-Value-orientierten Handelns der Unternehmensleitung. Ziel ist der Überschuss des Marktwertes eines Unternehmens über seinem Geschäfts- bzw. Bilanzwert. Dabei wird der Marktwert in Form der Marktkapitalisierung des Unternehmens (Börsenpreis multipliziert mit Unternehmensanteilszahl, sprich Anzahl ausgegebener Aktien) ermittelt.

Marktdisziplin (Market Discipline) – »Dritte Säule« der Neuen Baseler Eigenkapitalvereinbarung sowie von Solvency II. Infolge der erweiterten Offenlegungsvorschriften für Banken und Versicherungen sollen stets ausreichend Informationen für alle Marktteilnehmer verfügbar sein, sodass sich die Kräfte des Marktes unverzerrt entfalten können.

Marktpreisrisiko – Hiermit sind Geschäfte behaftet, deren Wert von der Entwicklung eines Marktpreises bzw. Börsenpreises abhängt. Je nach Art des Marktpreises lassen sich Fremdwährungs-, Rohwaren-, Zinsänderungs- bzw. Aktienkursrisiken unterscheiden.

Materiality Principle – Zentraler Bilanzierungsgrundsatz (Grundsatz der Wirtschaftlichkeit und Wesentlichkeit) der US-GAAP sowie der IAS. Der Jahresabschluss muss nur solche Informationen wiedergeben, die für die Kauf- und Verkaufsentscheidungen eines Kapitalanlegers relevant sind.

Monte-Carlo-Simulation – Verfahren der stochastischen Simulation zur näherungsweisen Bestimmung von mathematischen Größen, die abhängig vom Zufall sind. Die Monte-Carlo-Methode basiert im Vergleich zur historischen Simulation nicht auf Vergangenheitswerten, sondern auf einer Simulation der Risikoparameter. So beruht die Berechnung des Value-at-Risk (VaR) nach der Monte-Carlo-Simulation darauf, dass zukünftige Entwicklungen der betrachteten Risikoparameter mit Hilfe eines jeweils eigenen stochastischen Prozesses modelliert werden. Ein Zufallszahlengenerator ermöglicht es, im Anschluss an die Modellierung eine Vielzahl von Modellrealisierungen durchzuführen, um so zu einer Schätzung des gesuchten Quantils der Verteilung zu gelangen.

Moral Hazard – Moralisches Risiko eines subjektiv, durch individuelle Verhaltensweisen gesteuerten Fehlverhaltens bezüglich vertraglich vereinbarter Bestandteile. Beispiele sind die Vernachlässigung der Verwendungssorgfalt von Gütern gegen Diebstahl bei Abschluss von Versicherungsverträgen.

Net Asset Value – Substanzwert eines Unternehmens zum Stichtag, ausgedrückt über das bilanzielle Eigenkapital plus/minus stille Reserven/stille Lasten minus/plus latente Steuern auf stille Reserven/stille Lasten.

Niederstwertprinzip – Grundsatz ordnungsmäßiger Bilanzierung, nach dem Vermögensgegenstände des Umlaufvermögens grundsätzlich (strenges Niederstwertprinzip) respektive Vermögensgegenstände des Anlagevermögens bei nicht dauerhafter Wertminderung wahlfrei (gemildertes Niederstwertprinzip) mit dem niedrigsten Wert am Bilanzstichtag zu bilanzieren sind, um eine verlustfreie Bewertung zu gewährleisten.

Normalverteilung – Die Wahrscheinlichkeitsdichte der Normalverteilung nimmt die Form der Gaußschen Glockenkurve ein. Viele ökonomische Variablen sind (basierend auf dem Zentralen Grenzwertsatz) normalverteilt. Die Normalverteilung eignet sich zur Approximation anderer Verteilungen.

Option – Termingeschäft zur Spekulation auf bzw. Absicherung gegen Währungsrisiken (Wechselkursrisiken) und Kursschwankungen von Wertpapieren an Börsen und Terminmärkten.

Optionsschein – Verbrieftes und separat handelbares Recht zum Kauf (Call) oder Verkauf (Put) eines dem Optionsschein zugrunde liegenden Basiswerts innerhalb der Optionsfrist (amerikanische Option) bzw. zu einem bestimmten Optionstermin (europäische Option).

Poissonverteilung – Wahrscheinlichkeitsverteilung einer diskreten Zufallsvariablen mit zwei einander ausschließenden Realisationen (beispielsweise Schadenfall innerhalb des Zeitraums x und kein Schadenfall), deren Eintritts-/Nichteintrittswahrscheinlichkeit konstant ist. Die Poissonverteilung wird in der Versicherungsmathematik recht häufig angewendet.

Portfolioanalyse – Ursprünglich in der Finanzwirtschaft entwickelte Planungsmethode (»Portfolio Selection«, 1952, Harry M. Markowitz) zur Zusammenstellung eines Wertpapierportefeuilles, um eine optimale Verzinsung des an der Börse investierten Kapitals zu erzielen.

Portfoliotheorie – Theorie über die optimale Mischung von Risikopapieren, etwa Aktien in einem Portfolio. Hier gilt ganz allgemein: Man diversifiziert Risiken, wenn man nicht alle Eier in einen einzigen Korb legt. Die Portfoliotheorie entstammt einer Theorie über die optimale Mischung von Wertpapieren (»Portfolio Selection«) und wurde 1952 von Harry M. Markowitz erstmalig quantifiziert. Im Vergleich zu einer Investition des gesamten Betrags in eine einzige Aktie lässt sich durch eine breite Streuung des Betrags auf mehrere verschiedene Titel (Diversifikation) das Risiko der Anlage (beschrieben durch die Varianz) vermindern. Voraussetzung hierfür ist, dass die Renditen der Wertpapiere nicht perfekt positiv miteinander korreliert sind.

Principal-Agent-Theorie – Theorie zur Gewinnung eines optimierten Informationsverhältnisses zwischen eine Prinzipal (Beauftragender z. B. Aktionär, Versicherungsnehmer) und einem Agenten (Beauftragter z. B. Vorstand einer Aktiengesellschaft, Versicherungsvermittler). Die Interessenkonflikte und Informationsasymmetrien zwischen diesen beiden Parteien sind Gegenstand der Principal-Agent-Theorie.

Probability of Default (PD) – Erwartete Ausfallwahrscheinlichkeit.

Property/Casualty – Schaden- und Unfallversicherung; Sammelbegriff für alle außerhalb der Geschäftsfelder Leben/Kranken gezeichneten Versicherungsgeschäfte wie Haftpflicht-, Kraftfahrzeug- und Feuerversicherung.

Put-option – Jederzeitige Pflicht eines Aktienverkäufers (Stillhalter), Aktien zu einem festgesetzten Preis zu verkaufen (sog. Verkaufsoption). Für die Erfüllung dieser Verpflichtung erhält der Verkäufer vom Käufer eine Prämie.

RAC (Risk Adjusted Capital) – Eigenkapitalvolumen, welches gerade ausreicht, um nur mit einer kleinen Restwahrscheinlichkeit (siehe Ausfallwahrscheinlichkeit) völlig aufgezehrt zu werden. Analogie zum Value-at-Risk-Ansatz des Kreditwesens.

Random-Walk-Hypothese – These im Rahmen der technischen Wertpapieranalyse, wonach der Wertpapierkurs zufällig um den so genannten inneren Wert des Anteils schwankt.

RAROC (Risk Adjusted Return on Capital) – Synonym zum Kapitalkostensatz, mithin die vom Aktionär erwartete Rendite auf seine Investition. Kennziffer der risikoadjustierten Eigenkapitalrendite als Weiterentwicklung des Return-on-Equity (RoE). RAROC ermittelt sich als Quotient aus Erträgen abzüglich Standardrisikokosten incl. Verwaltungskosten geteilt durch das zugeordnete ökonomische Kapital. Standardrisikokosten beziffern den Aufwand zur Absicherung versicherungs-, bank- oder wertpapierportefeuillespezifischer Risiken.

Regulatorisches Kapital – Kapital, das die Bank bzw. die Versicherung aufgrund aufsichtsrechtlicher Vorschriften haben muss.

Retrozessionär – Rückversicherer, der das von anderen Versicherungsgesellschaften in Rückdeckung übernommene Geschäft rückversichert. Retrozession ermöglicht es dem Rückversicherer, einen Teil seiner Risiken an andere Versicherungsgesellschaften abzugeben.

Risikoaggregation – Bei der Bewertung der Gesamtrisikolage (»Risk Exposure«) ist zu berücksichtigen, dass kompensatorische bzw. kumulative Effekte der Einzelrisiken dazu führen, dass das Gesamtrisiko nicht identisch mit der Summe der Einzelrisiken ist. Diese Tatsache wird in der betrieblichen Praxis ebenso vernachlässigt wie die Frage, welche relative Bedeutung Einzelrisiken für die Gesamtrisikolage haben (Sensitivitätsanalyse). Möglicherweise sind bestimmte Einzelrisiken isoliert betrachtet von nachrangiger Bedeutung, während sie kumulativ ein bestandsgefährdendes Risiko darstellen. Eine Methodik zur Bestimmung der Gesamtrisikoposition unter Berücksichtigung der Wirkungszusammenhänge zwischen den Einzelrisiken stellt die Monte-Carlo-Simulation dar.

Risikodiversifikation – Verteilung der Risiken in räumlicher und zeitlicher Hinsicht, etwa durch verschiedene Geschäftsbereiche. Ziel ist ein Portfolio mit einem geringeren Gesamtrisiko. Hier gilt ganz allgemein: Man diversifiziert Risiken, wenn man nicht alle Eier in einen einzigen Korb legt.

Risikoinventar – Informationen einer Risikoanalyse werden systematisch aufgenommen. Im Risikoinventar finden sich Risikoidentifikationsmuster, Risikobewertungen und risikopolitische Maßnahmen. Ziel des Risikoinventars ist die Bereitstellung eines unternehmensinternen Überblicks über bestehende Risikomanagementmaßnahmen.

Risikokapital – Das Risikokapital ist der Kapitalbetrag, der hypothetisch dem Betrieb des Erst- oder Rückversicherungsgeschäfts zugeordnet ist, um damit sicherzustellen, dass die Wahrscheinlichkeit einer Zahlungsunfähigkeit des risikobehafteten Teils des Geschäfts so gering wie möglich wird. Das für diesen Zweck erforderliche Kapital wird anhand mathematischer Risiko- und Finanzmodelle ermittelt.

Risikolandkarte – Das Risikoprofil eines Unternehmens kann in einer so genannten Risikolandkarte abgebildet werden. Die Risikolandkarte wird häufig auch als Risk Landscape, Risk Map, Risikomatrix bezeichnet. Neben den Einzelrisiken bzw. den aggregierten Risiken kann in einer Risikolandkarte auch die individuelle Akzeptanzlinie abgebildet werden. Diese zeigt an, ab welchem Schwellenwert ein Handlungsbedarf ausgelöst wird.

Risikowahrnehmung – Oft werden die Begriffe Risikowahrnehmung und Risk Perception als bedeutungsgleich betrachtet. Die Perzeption ist in der Psychologie die sinnliche Erfassung eines Objekts, ohne es bewusst zu erfassen (als erste Stufe des Erkennens gegenüber der Apperzeption als zweiter Stufe [bewusste Auffassung]. Wahrnehmung ist hingegen Vorgang und Ergebnis der Reizverarbeitung. Das Risiko ist kein direkt perzipierbarer Reiz, von daher ist Risikowahrnehmung mehr als Zuschreibungsprozess zu verstehen. Der aus dem Englischen entlehnte Begriff Risikoperzeption steht im engeren Sinne für das intuitive Erkennen des Risikos. In Abgrenzung zur – häufig synonym verwendeten – Wahrnehmung obliegt der Perzeption keine subjektive Evaluation. Aus Sicht der Psychologie finden Perzeptions- und Evaluationsprozesse zeitlich voneinander getrennt statt.

Risk Adjusted Capital – Das »risikoadjustierte Kapital« hat Eigenkapitalcharakter und ist beim Versicherungsunternehmen im Prinzip definiert als der Betrag, der mit hoher Wahrscheinlichkeit ausreicht, um allen aus den gezeichneten Versicherungsverträgen entstehenden Verpflichtungen nachzukommen.

Risk Based Capital (RBC) – Beim Risk-Based-Capital-Ansatz orientieren sich die regulatorischen Mindesteigenkapitalanforderungen nach den Risiken, die das Versicherungsunternehmen eingeht. Das RBC-Prinzip besteht darin, jeder der Hauptrisikoarten, mit der ein Versicherungsunternehmen belastet ist, einen Eigenkapitalbedarf zuzuweisen. RBC wurde durch die National Association of Insurance Commissioners (NAIC) 1992 für die Lebens- und Krankenversicherung und 1993 für die Schaden- und Unfallversicherung eingeführt. Ziel war eine harmonisierte Mindestkapitalausstattung durch den Vergleich von erforderlichem Risikokapital (Risk Based Capital) und adjustiertem Eigenkapital (Total Adjusted Capital).

Risk-Management – Identifikation, Analyse und Bewertung potenzieller Risiken, die kurz-, mittel- und langfristig Auswirkungen auf die Vermögens-, Finanz- und Ertragslage haben können. Risk-Management soll den Fortbestand eines Unternehmens durch Absicherung der Unternehmensziele gegen störende Ereignisse sichern.

Risk-Management-Informationssystem (RMIS) – Rechnergestütztes, daten-, methoden- und modellorientiertes Entscheidungsunterstützungssystem für das Risk-Management, das inhaltlich richtige und relevante Informationen zeitgerecht und formal adäquat zur Verfügung stellt und dem Risk-Manager bei der Entscheidungsvorbereitung methodische Unterstützung bietet.

Risk Mapping – Technik zur Risikobeurteilung, mit deren Hilfe man einen pragmatischen und dennoch wirkungsvollen Überblick über relevante Risiken erhält. Die Risiko- bzw. Prozessverantwortlichen beurteilen dabei die Risiken in Bezug auf deren quantitative Auswirkungen und die erwartete Eintrittswahrscheinlichkeit.

Risk Securitisation – Hierbei werden Risiken in den Kapitalmarkt transferiert. Risk Securitisation basiert auf einer ähnlichen Logik wie die aus der Bankenwelt bekannten Asset Backed Transactions (ABT), d.h. die außerbilanzielle Verbriefung von Vermögenswerten. Für eine klassische Asset Backed Transaction werden Forderungen nach festgelegten Eignungskriterien ausgewählt, in Pools zusammengefasst und vom Forderungseigentümer (Originator – etwa einer Firma oder einer Bank) an eine Spezialgesellschaft (Special Purpose Company = SPC) verkauft.

ROCE (Return on Capital Employed) – Gesamtkapitalrendite vor Steuern. Berechnung des ROCE als Quotient aus dem Ergebnis vor Zinsen und Steuern (EBIT) und dem aktuell investierten Gesamtkapital (Capital Employed).
Das betriebsnotwendige Kapital (Capital Employed) ergibt sich aus der Summation von Eigenkapital, Anteile Dritter zu Marktwerten, Steuerrückstellungen, kumulierten Firmenwertabschreibungen, Finanzverbindlichkeiten, Pensionsrückstellungen unter Abzug liquider Mittel und der Beteiligungen zu Marktwerten.

ROI (Return on Investment) – Kennziffer für die Rendite des investierten Gesamtkapitals bzw. für die Rendite einer einzelnen Investition (ROI = Quotient von Jahresüberschuss vor Steuern zu Gesamtkapital). Somit bildet der ROI eine Maßzahl für die Ertragskraft eines Unternehmens. Im Sprachgebrauch wird der ROI als Kapitalrendite bezeichnet.

RORAC (Return on Risk Adjusted Capital) – Risikoadjustierte Eigenkapitalrendite. Es handelt sich bei RORAC, ebenso wie bei RAROC, um eine Weiterentwicklung des Return-on-Equity (RoE). Im Gegensatz zum RAROC-Konzept werden nicht die Erträge um Standardrisikokosten bereinigt, sondern diese Standardrisikokosten finden im Nenner beim zugrunde gelegten eingesetzten Kapital Berücksichtigung.

Rückstellung für Beitragsrückerstattung (RfB) – Rückstellung für am Bilanzstichtag noch nicht fällige Verpflichtungen zu Beitragsrückerstattungen an Versicherungsnehmer, insbesondere in der Lebens- und Krankenversicherung. Der Ansatz ergibt sich aus aufsichtsrechtlichen oder einzelvertraglichen Regelungen. Zusätzlich werden hier die unrealisierten Gewinne oder Verluste aus der Bewertung bestimmter Kapitalanlagen zu Marktwerten ausgewiesen, soweit diese bei ihrer Realisierung auf die Versicherungsnehmer entfielen (Rückstellung für latente Beitragsrückerstattung).

Ruinwahrscheinlichkeit – In der Risikotheorie spricht man von zu den Ruinzeitpunkten korrespondierenden Wahrscheinlichkeiten. Als Ruinzeitpunkte bezeichnet man Zeitpunkte, zu denen Risikoreserven erstmals negativ werden. Von einem Ruin eines Versicherungsunternehmens spricht man dann, wenn durch Schäden alle die Passiva übersteigenden Aktiva aufgebraucht wurden. Die Ruintheorie versucht daher, die Wahrscheinlichkeit eines Ruins zu errechnen. Insbesondere Kumulschäden können zu einem Ruin des Versicherungsunternehmens führen.

Sarbanes-Oxley Act (SOA) – Ziel des Gesetzes ist es, das Vertrauen der Anleger in die Rechnungslegung wiederherzustellen sowie die Anleger zu schützen. Der SOA regelt die Verantwortlichkeiten der Unternehmensführung und der Wirtschaftsprüfer grundlegend neu und definiert Regeln für die Zusammenarbeit von Unternehmen und Wirtschaftsprüfern. Anlass für das Gesetzgebungsverfahren waren die Unternehmenszusammenbrüche von Enron und WorldCom. Vorausgegangen waren diesen Zusammenbrüchen Bilanzskandale, die nicht nur in der US-amerikanischen Öffentlichkeit, sondern auch weltweit in einer bislang nicht gekannten Intensität diskutiert wurden. Das Gesetz wurde am 30. Juli 2002 von US-Präsident George W. Bush unterzeichnet. Der Name des Gesetzes beruht auf den Namen der Autoren des Gesetzentwurfes: Paul Sarbanes ist Vorsitzender des Bankenausschusses des Senats (Demokrat), Michael G. Oxley ist Vorsitzender des Ausschusses für Finanzdienstleistungen im Repräsentantenhaus (Republikaner).

Securitization – Kapitalbeschaffung mit Hilfe der Ausgabe verbriefter Wertpapiere über das eigene Vermögen (z. B. bei Forderungen sog. Asset Backed Securities). Diese mittels Wertpapieremission gestützte Finanzmittelaufnahme als Ersatz direkter Bankfinanzierungen ersetzt somit die Bankenfunktion (sog. Disintermediation).

Self Assessment – Selbsteinschätzung in Bezug auf bestehende und potenzielle Risiken, die der Identifikation und Bewertung von Risiken dient.

Sensitivitätsanalyse – Kontrolle der Stabilität eines Rechenergebnisses bei Variation des Dateninputs bzw. der Parameter der Rechnung. Ursachevariablen werden modifiziert, um die Auswirkungen auf die Ergebnisstruktur messen zu können (Simulation). Somit zeigt die Sensitivitätsanalyse die Empfindlichkeit des Entscheidungsmodells (der Ursache-Wirkung-Beziehungen).

Signifikanz – Maß der Wahrscheinlichkeit für die Richtigkeit einer Aussage über ein Stichprobenmerkmal im Verhältnis zur Grundgesamtheit. Somit ein Maß im Rahmen der statistischen Hypothesenprüfung.

Solvabilität – Von staatlicher Finanzdienstleistungsaufsicht gefordertes Mindesteigenkapital der Versicherungsunternehmen im Sinne freier Eigenmittel. Solvabilitätsvorschriften richten sich in ihren Größenordnungen nach Beitrags- und Schadenindizes aus. So wird z. B. von Lebensversicherungsunternehmen der Europäischen Union eine Solvabilität von 4% des Deckungsstocks (gebundenes Vermögen) verlangt.

Solvabilitätskoeffizient – Der Solvabilitätskoeffizient setzt die Eigenmittel zu den risikogewichteten Aktiva und außerbilanzmäßigen Geschäften ins Verhältnis.

Solvency II – Projekt der EU zur Entwicklung und Einführung eines EU-weiten Aufsichtssystems für die Versicherungsbranche.

Spätindikatoren – Ergebnis- und Kennzahlen, deren Ermittlung erst am Ende eines betriebswirtschaftlichen Prozesses möglich ist (z. B. Umsatz, Gewinn, Cashflow, Marktanteil).

Spieltheorie – Erweiterung der Entscheidungstheorie durch Berücksichtigung der Aktionen und Reaktionen möglicher Gegenspieler. Während die Entscheidungstheorie nur eine Gegenüberstellung eigener Handlungsmöglichkeiten im Hinblick auf deren Zielwirkung erfasst, berücksichtigt die Spieltheorie auch die hieraus entstehenden Reaktionen der Konkurrenten.

Spread – Differenz zwischen zwei Zinssätzen resp. Preisen auf Waren-, Wertpapier- oder Devisenmärkten. Spread wird als Zinsspanne besonders bei Unterschieden von Devisenankaufs- und -verkaufskurs, von Kassa- und Terminkurs sowie von kurz- und langfristigem Wertpapierzins gewählt.

Standardabweichung – Mittlere absolute Abweichung einer Zufallszahl vom Erwartungswert. Der Begriff der Standardabweichung wird häufig als quantitative Risikoumschreibung gewählt.

Stille Reserven – Bewertungsreserven in der Form von Rücklagen, die aus der Bilanz nicht ersichtlich sind oder deren Höhe nicht erkennbar ist. Sie entstehen durch Unterbewertung von Aktiva oder Überbewertung von Passiva. Gegensatz: Stille Lasten.

Stresstest – Modellbasierte Methode zur Messung von Auswirkungen auf Modellvariablen, die bei extremen Parameteranderungen entstehen können, z. B. im Bereich der Kapitalanlagen Marktwertveränderungen bei extremen Marktschwankungen.

Substance over Form – Zentraler Bilanzierungsgrundsatz der US-GAAP und der IAS, nach dem bei der Beurteilung eines buchhalterischen Sachverhalts nicht primär auf seine rechtliche Gestaltung, sondern auf die wirtschaftlichen Auswirkungen abzustellen ist. Bilanzierungsfragen sollen in erster Linie dem wirtschaftlichen Sachverhalt entsprechen.

SWOT-Analyse – Analysemethode der Wettbewerbspositionierung eines Unternehmens. Kernpunkte der Analyse sind die Stärken (Strengths), Schwächen (Weaknesses), Chancen (Opportunities) und Risiken (Threats) eines Unternehmens oder einer Unternehmenspolitik.

Swap – Austausch unterschiedlicher Zins- oder Devisenfazilitäten (z. B. Tausch von Zinszahlungsvereinbarungen mit fixem Zinssatz und variabler Verzinsung). Durch den Swap werden somit Rechte und Pflichten aus Währungs- oder Zinspositionen als Tauschgeschäft vollzogen.

Szenarioanalyse – Prognoseverfahren zur modellhaften Beschreibung der künftigen, langfristigen Entwicklung eines Prognosegegenstandes bei alternativen Rahmenbedingungen. Hilfsmittel der Planung unter Unsicherheit. Szenarien berücksichtigen stets die Extrempunkte des Worst Case (alle Ursachevariablen nehmen den schlechtesten Wert an) und des Best Case (alle Ursachevariablen nehmen den besten Wert an). Das Szenario mit der höchsten Eintrittswahrscheinlichkeit repräsentiert den Most Likely Case.

True-and-fair-view – Bilanzierungsgrundsatz, der von Kapitalgesellschaften der EU im Rahmen der Bilanzierung beachtet werden muss. True-and-fair-view besagt, dass der Jahresabschluss ein den tatsächlichen Verhältnissen entsprechendes Bild der Vermögens-, Finanz-, Ertragslage vermitteln muss.

US-GAAP (United States Generally Accepted Accounting Principles) – US-amerikanische Rechnungslegungsgrundsätze. Dabei repräsentieren die US-GAAP kein kodifiziertes Recht (siehe Grundsätze ordnungsmäßiger Buchführung), sondern stellen durch ihre fallrechtspezifische Gestaltung als eine Art Richterrecht, sog. Common Law, dar. Das Primat der US-GAAP liegt auf der korrekten Periodenzuweisung von Gewinnen und Verlusten im Sinne einer genauen Marktwertbetrachtung. In der Zielsetzung dominiert nach US-GAAP die Informationsfunktion für die Anteilseigner (im Gegensatz zur Gläubigerschutzfunktion der deutschen Rechnungslegung). Aus der Informationsfunktion wird das Prinzip der »fair presentation« abgeleitet, die auf aktuelle Zeitwerte der Unternehmenswerte abzielt (im Gegensatz zum Vorsichtsprinzip deutscher Rechnungslegung).

Value-at-Risk (VaR) – Maximal zu erwartender Verlust aus dem Ausfall von Aktiva sowie aus der Veränderung von Zinsen, Währungen und Aktienkursen, der unter üblichen Marktbedingungen innerhalb einer bestimmten Periode mit einer bestimmten Wahrscheinlichkeit eintreten kann. Über die Verteilungsfunktion der unternehmerischen Aktivität (z. B. Gewinnverteilung, Renditeverteilung) wird ein Verlustpotenzial in Höhe und Wahrscheinlichkeit ermittelt. Value-at-Risk wird insbesondere bei der Bilanzierung von Derivaten sowie im Kreditwesen bei Ausfall-, Zinsänderungs- und Währungsrisiken berechnet, indem das Risikovolumen (zu erwartende Schadenhöhe) mit einem Risikofaktor (Eintrittswahrscheinlichkeit) multipliziert und gewichtet wird. Durch Summation aller so ermittelten Risikopotentiale des Unternehmens erhält man den VAR des Unternehmens.

Value-Based-Management – Wertschöpfung und Steigerung des Unternehmenswertes stellen das dominierende Ziel dieses Managementansatzes dar. Durch die Erfüllung der primären Shareholder-Value-Interessen soll auch den Stakeholdern nachhaltig am besten gedient sein.

Value in Force (VIF) – Barwert des Bestands im Sinne der Diskontierung der aus dem Bestand zu erwartenden Zahlungsüberschüsse. Der VIF bildet mit dem Substanzwert den Embedded Value.

Value Pricing – Preispolitische Strategie: neuartige Kombination von Preis und Qualität, die aus der Sicht des Kunden einen höheren Wert darstellt.

Verdiente Beiträge – Die rechnungsmäßig abgegrenzten Beiträge, die den Ertrag des Geschäftsjahres bestimmen. Zu ihrer Ermittlung werden zu den gebuchten Bruttobeiträgen die auf das Geschäftsjahr entfallenden Beitragsüberträge aus dem Vorjahr hinzugerechnet und die auf zukünftige Geschäftsjahre entfallenden Beitragsteile abgezogen.

Versicherungstechnische Rückstellungen – Ungewisse Verbindlichkeiten, die unmittelbar mit dem Versicherungsgeschäft zusammenhängen. Ihre Bildung soll die dauernde Erfüllbarkeit der Verpflichtungen aus den Versicherungsverträgen sicherstellen.

Versicherungstechnisches Risiko – Gefahr (als negative Risikoausprägung) eines Versicherungsunternehmens, dass der Gesamtschaden (des Gesamtrisikobestandes) die Summe der zur Verfügung stehenden Gesamtprämie (incl. Sicherheitsmittel) übersteigt. Das versicherungstechnische Risiko kann unterteilt werden in das Zufalls-, Änderungs- und Irrtumsrisiko.

Volatilität – Schwankungsmaß von Aktien- oder Devisenkursen und Zinssätzen, gemessen als Standardabweichung um den

Mittelwert über einen festgelegten Zeitraum. Ursachen für die Schwankungen sind u. a. in der Globalisierung der Finanzmärkte und einer Informationsasymmetrie durch Verwendung neuer Techniken (computergestützter Handel) zu suchen.

Wahrscheinlichkeit – Statistische Bezeichnung für eine Aussage über den Grad der Bestätigung einer Hypothese. Unter bestimmten Bedingungen lässt sich dem Eintreten eines definierten Ereignisses A eine Zahl zwischen 0 und 1 zuordnen und als dessen W. bezeichnen – in der Regel P(A) geschrieben.

Weighted Average Cost of Capital (WACC) – Kennziffer des durchschnittlichen Gesamtkapitalkostensatzes als durchschnittliche Verzinsung des Eigen- und Fremdkapitals. Mittels arithmetischer Berechnung der Eigenkapitalkosten (z. B. Dividende) und der Fremdkapitalkosten (z. B. Zinsen und Gebühren auf Fremdkapital) ermittelt sich der WACC.

Wertorientierte Unternehmenssteuerung – Zentraler Gedanke der wertorientierten Unternehmensführung ist die Ausrichtung der unternehmerischen Maßnahmen und Aktivitäten an den Interessen und Erwartungen der Eigentümer. Beantwortet werden sollen die folgenden zentralen Fragen: Erhalten die Eigentümer eine unter Risikogesichtspunkten angemessene Rendite auf ihr zur Verfügung gestelltes Kapital? Welche Parameter und Maßnahmen erhöhen den Unternehmenswert, d. h. erwirtschaften eine höhere Rendite als die Kapitalkosten?

Working Capital – Absolute Bilanzkennzahl, die sich aus der Differenz des Umlaufvermögens abzüglich der kurzfristigen Verbindlichkeiten ergibt. Somit ist das Working Capital Ausdruck der Bindung und Freisetzung von Mitteln im operativen Bereich. Als Quotient der beiden Größen spricht man von der Working Capital Ratio, mithin einer Liquiditätskennzahl.

Zession – a) allgemein: Abtretung von Forderungen; b) Rückversicherung: Weitergabe von Risiken im Wege der Rückversicherung. Der Zedent ist der Versicherer, der das Risiko abgibt, der Zessionar ist der Rückversicherer, der die Risiken übernimmt.

Zessionar – Rückversicherer, der die Risiken von einem Zedenten übernimmt.

Zinsänderungsrisiko – Es ist ein Teil des Marktrisikos, und es lässt sich als das Risiko der Beeinträchtigung der Vermögens-, Finanz- und Ertragslage der Unternehmung aufgrund einer Änderung der Zinssätze beschreiben. Das Zinsänderungsrisiko kann in drei weitere Risiken unterteilt werden, und zwar in ein variables Zinsänderungsrisiko, in ein Festzinsrisiko und in ein Abschreibungsrisiko.

Zinsertragskurve (Yield Curve) – Gibt die Rendite von Anleihen in Abhängigkeit von der Endfälligkeit wieder.

Zufallsrisiko – Bestandteil des versicherungstechnischen Risikos. Tatsächliche Schäden weichen in Schadenhöhe oder Schadeneintrittswahrscheinlichkeit durch zufällige, externe Einflüsse vom langfristigen Erwartungswert ab.

Register

a

A posteriori-Wahrscheinlichkeit 41
A priori-Wahrscheinlichkeit 42
ABC-/XYZ-Analyse 203 f.
Abweichungen, entscheidungstheoretische 49
Akzeptanzlinie, individuelle 58
Alternative Risk Financing s. ARF
Alternative Risk Tranfer s. ART
Analyse, issueorientierte s. Issueorientierte Analyse
Analysemethoden, ABC-Analyse 77
–, Equity-Risk-Counter-Methode 77
–, Fehlerbaumanalyse 77
–, High-Severity-Risiken 77
–, Low-Frequency-Risiken 77
–, Monte-Carlo-Simulation 77
–, Sensitivitätsanalyse 77
–, Störfallablaufanalyse 7
–, Stresssimulation 77
–, Value-at-Risk 77
–, Scoringmodell 77
–, Szenariotechnik 77
Änderungsrisiko 84 f.
Anker-Heuristik 331
ARF (Alternative Risk Financing) 98
ART (Alternative Risk Tranfer) 98 f.
Asset Backed Securities 116, 124
Asset-Liability-Management 82, 124, 220, 235–255
–, Analysemethoden 252
–, Begriff 237 ff.
–, Makroebene 239 ff., 245
–, Mikroebene 239 ff.
–, Phasen 248
–, Ziele 250
Asset-Liability-Mismatching 220
Asset-Management 82
Asset-Re-Allocation 253
Assoziationstechniken 205 f.

b

BaFin (Bundesanstalt für Finanzdienstleistungsaufsicht) 117, 119 f., 232 f., 244 f.
Balanced Scorecard 346–379
–, Frühwarnsystem 373
–, Tipps und Tricks 355 ff.
–, Top-down-Prozess 367, 369
–, Ursache-Wirkung-Beziehungen 366 ff.
Basisindikatorenansatz (Basic Indicator Approach) 307
Bayes-Theorem 41
Bedarfsprämie, Kalkulation 86
Bemessungsansatz, fortgeschrittener (Advanced Measurement Approach – AMA) 308
Bemessungsansätze, einfache 307
–, faktorbasierte 307
–, fortgeschrittene 307
Bewertungsmethode, Bottom-up 76
–, Top-down 76
Beyond-Budgeting-Ansätze 194
Binomialverteilung 39 f.
Bodmerei 28 f.
Bottom-up-Ansatz 311 f.
Bundesanstalt für Finanzdienstleistungsaufsicht s. BaFin

c

Capital-Asset-Pricing-Modell s. CAPM
CAPM (Capital-Asset-Pricing-Modell) 279
Cashflow Matching 251 ff.
Cashflow Testing 251
Cashflow Underwriting 83, 85, 242
Cashflows 242, 291, 344 f., 362
Conditional-Value-at-Risk 232
Corporate Governance 135 f.

d

Daten, unternehmensbeeinflussende 199 f.
Datenbasis, hausintern akzeptierte 210
DCGK (Deutscher Corporate-Governance-Kodex) 56, 72, 138 ff., 298
–, Entwicklungspfad 141
–, Spielregeln 140 f.
–, Überblick 142–157
Deckungskapital, Einführung 34
Delphi-Gruppen 212, 216
Delphi-Methode 204 f.
Deutscher Corporate-Governance-Kodex s. DCGV
DFA (Dynamische Finanzanalyse/Dynamic Financial Analysis) 251 f., 287 f., 290
DFA-Modell 288–296, 288 f.
–, Prozessphasen 291
Dreikomponentenmodell 332
Dreisäulenstruktur 307, 309
Duration Matching 251 ff.
Dynamic Financial Analysis s. DFA
Dynamische Finanzanalyse s. DFA

e

Eigenkapitalbedarf s. RAC
Eintrittswahrscheinlichkeit 49 f., 57 f., 79
Einzelrisiken 58
Entscheidungsmatrix 48
Entscheidungssituation 48
Entscheidungsträger 48 f.
Ergebnisablaufanalyse (EAA) 312
Ergebnissimulation, Detailschritte 210 ff.
Erste Lebensversicherungsrichtlinie (79/267/EWG) 113
Erste Schadenversicherungsrichtlinie (73/239/EWG) 113
Erwartungswert 57
EVT (Extreme-Value-Theorie) 306
Extreme-Value-Theorie s. EVT
Extremwerttheorie 307

f

Fair Value 250
Fehlerbaumanalyse (Fault Tree Analysis – FTA) 312
Fehlermöglichkeits- und Einflussanalyse/Ausfalleffektanalyse (Failure Mode and Effect Analysis – FMEA) 312 f.
Fibonacci-Zahlen 37 f.

Finanzrisiken, Aktienkurs-/Indexkursrisiko 95
–, Bonitätsrisiko 96
–, Derivategeschäfte 96
–, Kredit-/Adressenausfallrisiko 96
–, Liquiditätsrisiko 96
–, Optionsrisiko 96
–, Rohstoffpreisrisiko 96
–, Währungsrisiko 95
–, Zinsänderungsrisiko 95
First-Best-Lösung 246
Frühaufklärung 310
Früherkennung 310
Frühindikatoren 311
Frühwarnsystematik, Indikatorenkatalog 192
–, strategisches Radar 193
–, systemorientierter Ansatz 193 ff.
Frühwarnsysteme 310
Frühwarnung, Plan-Ist-Abweichung 192
Führung, interpretative 343
–, prozedurale 343

g

Gaußsche Normalverteilung 41
GDV (Gesamtverband der Deutschen Versicherungswirtschaft) 259
Geleitzugtheorie 219
Gesamtverband der Deutschen Versicherungswirtschaft s. GDV
Gesetz der großen Zahl (Satz von Bernoulli) 39
Gesetz zur Kontrolle und Transparenz im Unternehmensbereich s. KonTraG
Gewinn-und-Verlust-Rechnung s. GuV-Rechnung
Global-Benchmark-System 198 f.
Glücksspiel 25
GuV-Rechnung (Gewinn-und-Verlust-Rechnung) 200, 202, 210–216, 219, 264

h

Haftungsverlagerung 79
Hazard and Operability Study (HAZOP) 312 f.

i

IAIS (International Association of Insurance Supervisors) 244

IAS (International Accounting Standard) 128
IASB (International Accounting Standard Board) 167f.
IFRS (International Financial Reporting Standard) 121, 128, 167–183
Informationsbeschaffung 73f.
Instrumentalrelationen 190f.
Intangible Assets 344f.
Interdependenzrelationen 190
International Accounting Standard Board s. IASB
International Accounting Standard s. IAS
International Association of Insurance Supervisors s. IAIS
International Financial Reporting Standard s. IFRS
Irrtumsrisiko 85
Issueorientierte Analyse 207f.
Ist-Solvabilität 120

j
Jahresabschlussanalyse 202f.

k
Kalkulationsrisiko 83
Kapitalkostensätze 279ff.
Kennzahlen 361–365
–, typische 363ff.
Kennzahlensysteme 210f.
KonTraG (Gesetz zur Kontrolle und Transparenz im Unternehmensbereich) 56f., 72, 136f., 160, 197, 220, 233
Kontrollsystem, internes 160–164
Kontrollsystem, internes, Komponenten, Information/Kommunikation 163
–, Kontrollaktivitäten 163
–, Kontrollumfeld 162
–, Risikobewertung/-steuerung 162f.
–, Überwachung 164
KPMG-Report 68
Kuppelprodukt 242

l
Lag Indicators 303
Lead indicators 303
Lebensversicherungsprämien, Kalkulation 34
Leistungsmessung s. Performance Measurement

m
Makroperspektive 76
Markowitz-Verfahren 251
Markt-/Wettbewerbsrisiko 85
Markteinflüsse, Katalog 196
Matching-Risiko 237f., 244
Modell, deterministisches 229
–, spieltheoretisches 231
–, stochastisches 229
Monte-Carlo-Simulation 78, 195, 226ff., 231f., 251f., 261, 289
Müller-Report 71, 118

n
Normalverteilung (Gaußsche Glockenkurve) 40

p
Pascalsches Dreieck 37f.
Peaks over Threshold s. PoT
Performance Measurement 343–347
Phantomrisiken 77
PHEA (Predictive Human Error Analysis) 312f.
Planungs- u. Prognoserechnungen 189f.
Police (Begriff) 29
Portfolio Dedication 240
Portfoliosegmentierung 246
PoT (Peaks over Threshold) 306
Predictive Human Error Analysis s. PHEA
Principal-Agency-Problem 135
Prognosemodelle, externe Datenquellen 198
–, interne Datenquellen 198

q
Quantile (Verteilungsgrenzen) 228, 230, 272

r
RAC (Risk Adjusted Capital, Eigenkapitalbedarf) 272, 274–278, 280f.
Rating 276f.
RBCM (Risk Based Capital Model) 115f.
Regression, multiple lineare 200f.
Regressionsmodell, multiples, Einflussgrößen 202
Rendite-/Risiko-Optimierung, direkte 251
Reporting, Ampel-Darstellung 79
–, Cockpit-Darstellung 79

Repräsentativitäts-Heuristik 330
Return on Equity 250
Return on Investment 250
Return on Risk Adjusted Capital s. RORAC
Risiken, aggregierte 58
Risiken des finanzwirtschaftlichen Bereichs 60 f.
– des leistungswirtschaftlichen Bereichs 60 f.
–, operationelle 102 ff., 302, 304–307, 324–336, 339 ff.
–, operative 302
–, signifikante nach IFRS 171 f.
–, strategische 302 f., 325
–, unternehmensendogene 326
Risikenkriterium, Eindeutigkeit 87
–, Größe 87
–, Schätzbarkeit 87
–, Unabhängigkeit 87
–, Zufälligkeit 86 f.
Risikoaggregationsmodelle 229 ff.
Risikoakzeptanz, beeinflussende Eigenschaftpaare 333
Risikoantizipation 333, 335 ff.
Risikoausmaß 58 f.
Risikoaversion 52
Risikobegriff 25 ff., 47 f.
–, Definitionen 50 ff.
Risikobereiche, High-Frequency-Bereich 99
–, High-Severity-Bereich 99
–, neue Risiken/Finanzrisiken 99
Risikobewertung 74, 313
–, Methoden 314
Risikodefinitionen 47
Risikoeinstellung 53
Risikoereignisse 74
Risikofreude 52
Risikofrüherkennung 138
Risikoidentifikation 74
Risikoidentifikationsmethoden 75
Risikoindikatoren (Key Risk Indicators) 310 f.
Risikokategorien 64–70
Risikokategorisierungen 61 f.
Risikokommunikation 338
Risikokompensation 338
Risikolandkarte 55 ff., 99, 305
Risikolandschaft 55, 58, 313
Risikomanagement, Entwicklungsphasen 134

Risikomanagementhandbuch (Risk Management Policy) 72
Risikomatrix 55, 314
Risikopolitische Maßnahmen, ursachenbezogene 328
–, wirkungsbezogene 328
Risikoportfolio 74, 314
Risikoprofil 55
Risikoselbsttragung 328
Risikosilos (operationelle Risiken, Marktrisiken, versicherungstechnische Risiken) 61, 115, 304
Risikosteuerung 78 f.
–, Prozessstufen 78
Risikotransfer 79
Risikotransformation 82 f.
–, horizontale 82
–, vertikale 82
Risikoüberwälzung 327
Risikovermeidung 327
Risikoverminderung 327
Risikowahrnehmung 52 f., 55, 332
Risk Adjusted Balanced Scorecard 372
Risk Adjusted Capital s. RAC
Risk Based Capital 116, 272
Risk Based Capital Model s. RBCM
Risk Landscape 55
Risk Landscaping 314
Risk Map 55, 57, 314
Risk Policy 56
Rolling Forecasts 194
RORAC (Return on Risk Adjusted Capital) 276
Rückstellungen 93 ff.

S
Safety-First 251
Sarbanes-Oxley Act s. SOA
Scenario Testing 251
Schadenausmaß 49 f., 53, 57 ff., 79
Schadenbearbeitung, mangelhafte, fehlerhafte Überweisung 88
–, mangelhafte Dokumentenablage 88
–, schleppende Schadenbearbeitung 88
–, übersehene Regressnahmen 88
–, ungerechtfertigte Schadenzahlung 88
–, unzureichende Deckungsprüfung 88
–, Versicherungsnehmerkündigung 88
Schadeneintrittwahrscheinlichkeit 53
Schadenkennziffern 89 f.

Schadenquote 89
Schadenverhütung 93
Schadenzahlung, Parameter 92 f.
Second-Best-Lösung 246 f.
Sensitivitätsanalyse 78, 304
Sharma-Report 62 f.
Simulation, deterministische, Problematik 221 ff.
Simulationsmodell, Beschreibung 264–271
–, Entwicklung 262 ff.
–, Excel-basiertes 216
Simulationsrechnung, ergebnistechnische 199
SOA (Sarbanes-Oxley Act) 158 f., 298
Soll-Ist-Analyse 249
Soll-Solvabilität, Berechnungsmethode 119 f.
Solvency I 118 ff.
Solvency II 56, 121 ff., 130 f., 233, 244
–, Dreisäulenstruktur 125 ff.
Spätindikatoren 310
Standardansatz (Standardised Approach) 307 f.
Störablaufanalyse (Consequence Tree Method – CQTM) 312
Stresstest 125, 245
Stresstestmodell 124
Szenarioanalyse, Best Case 225 f.
–, Most likely 225 f.
–, Worst Case 225 f.
Szenariotechnik 208 f., 224 ff.

t
Tail-Value-at-Risk 232
Top-down-Ansatz 311 f.
Total Adjusted Capital 115
Transparenz durch IFRS 168

u
Underwriter 31 f.
Unternehmen, kapitalmarktorientierte 167
–, nicht kapitalmarktorientierte 167
Ursache-Wirkung-Ketten, Herleitung 366 f.

v
Value-at-Risk s. VaR
Value-at-Risk-Betrachtung 230
VaR (Value-at-Risk) 40, 50, 77 f., 232, 245, 272

Verfügbarkeits-Heuristik 331
Versicherbarkeit, Voraussetzungskriterien 336
Versicherungsaufsicht 111–116
Versicherungsaufsichtsinstrumente, formelle 112
–, materielle 112 f.
Versicherungsbetriebsrisiko, mangelnde Bonität des Rückversicherers 89
–, Risikokalkulation 82–88
–, Schadenbearbeitung, mangelhafte 88–95
–, unzureichende Rückstellungen 88 f.
Versicherungsbetrug 90 f.
Versicherungsgeschäft, Dienstleistungsgeschäft 83
–, Risikogeschäft 82 f.
–, Spar-/Entspargeschäft 83
Versicherungsmathematik 30, 32, 34, 38
Versicherungsnehmer, amoralisches Verhalten 90 f.
Versicherungsproduktrisiken 97 ff.
Versicherungsrisiko nach IFRS 169
Versicherungsverträge, Bilanzierung nach IFRS 167–182
Versicherungsvertriebsrisiken 100 ff.
Verteilungsgrenzen s. Quantile
VVG 55

w
WACC (Weighted Average Costs of Capital, Kapitalkostensatz) 279 ff.
Wahrnehmung von Risiken und Wahrscheinlichkeiten, unterschiedliche 54 f.
Wahrscheinlichkeit (Begriff) 35
Wahrscheinlichkeitsgesetze 35
Wahrscheinlichkeitsrechnung 32, 39, 44
Wahrscheinlichkeitstheorie 26, 39
Wahrscheinlichkeitsverteilung 40, 49
Weighted Average Costs of Capital s. WACC
What-if-Analysen 312 f.
Worst-Case-Szenarien (Stresstests) 220, 245
Würfelspiel 35 f.

z
Zinsrisiko 236
Zufallsrisiko 84
Zufallsvariablen 40

Operationelle Risiken

Marktrisiken

Kreditrisiken

DAS Fachmagazin
für Risikomanagement

Finanzrisiken

Strategische Risiken

Versicherungstechnische Risiken

Attraktives Schnupper-Abonnement:

2 Ausgaben der RISKNEWS
für nur € 7,50 pro Heft!

www.risknews.de

WILEY